上海市I类高峰学科（外国语言文学）建设项目成果。

跨学科视野下
俄罗斯东欧中亚研究

Interdisciplinary Approachs to Russian, Eastern European and Central Asian Studies

许 宏 主编

图书在版编目（CIP）数据

跨学科视野下俄罗斯东欧中亚研究 / 许宏主编．—
北京：中国商务出版社，2020.11
ISBN 978-7-5103-3568-6

Ⅰ．①跨… Ⅱ．①许… Ⅲ．①俄罗斯—国际学术会议
—文集②东欧—国际学术会议—文集③中亚—国际学术
会议—文集 Ⅳ．① D751-53 ② D736-53

中国版本图书馆 CIP 数据核字（2020）第 196340 号

跨学科视野下俄罗斯东欧中亚研究
KUAXUEKE SHIYEXIA ELUOSI DONGOU ZHONGYA YANJIU
许宏　主编

出　　版： 中国商务出版社
地　　址： 北京市东城区安定门外大街东后巷 28 号　**邮编：** 100710
责任部门： 国际经济与贸易事业部（010-64269744　bjys@cctpress.com）
责任编辑： 侯青娟

总 发 行： 中国商务出版社发行部（010-64266119　64515150）
网购零售： 010-64269744
网　　址： http://www.cctpress.com
邮　　箱： cctp@cctpress.com

印　　刷： 天津雅泽印刷有限公司
开　　本： 787 毫米 × 1092 毫米　1/16
印　　张： 22.25　　**字　　数：** 380 千字
版　　次： 2021 年 1 月第 1 版　　**印　　次：** 2021 年 1 月第 1 次印刷
书　　号： ISBN 978-7-5103-3568-6
定　　价： 88.00 元

凡所购本版图书有印装质量问题，请与本社总编室联系。（电话：010-64212247）

前　言

在上海外国语大学俄罗斯东欧中亚学院成立之际，为了对俄罗斯 - 中东欧 - 中亚这一独特地区展开多方位的立体研究，打造具有上外特色的俄罗斯东欧中亚研究学术品牌，2017 年 12 月 15–16 日，上海外国语大学俄罗斯东欧中亚学院举办了首届“跨学科视野下的俄罗斯东欧中亚研究”国际学术研讨会。国内外 85 所高校、科研院所和学术单位共 200 多位代表参加了此次学术研讨会。在汇集该研讨会上国内外专家、学者所提交的学术论文的基础上，本书《跨学科视野下俄罗斯东欧中亚研究》精选了其中的 38 篇。论文作者来自国内外各大高校和研究院所，论题涵盖外国语言文学、政治学两大一级学科，内容涉及俄罗斯、东欧、中亚等国家和地区的语言、文学、翻译、文化、政治、外交以及“一带一路”沿线非通用语种的教学等，是对“一带一路”沿线重要国家和地区进行多维视角研究的最新成果。

首届“跨学科视野下的俄罗斯东欧中亚研究”国际学术研讨会虽然已经落幕，但是专家学者们的思想理念影响甚广。很多同仁受其启发，在研讨会结束后将自己对研讨会相关主题的思考发给了我们，颇有价值。为了让广大学者能够了解此次国际学术研讨会所取得的成果，我们特将此次论坛的相关论文及后续收到的论文结集成册，以飨读者。

编　者

2020 年 10 月

目　录

I. 语言与教学

II. 文学与翻译

III. 跨文化与国别区域研究

I. 语言与教学

论范式视域的俄罗斯语言哲学史研究[①]

复旦大学　姜宏

【摘要】俄罗斯语言哲学所彰显的既不同于西方又有别于东方的学术样式和思想特质是世界语言哲学宝库中弥足珍贵的精神财富，其源远流长的历史及演化的过程很值得我们去探究。然而，俄罗斯和中国国内学界对该问题的研究还存在各种各样的不足。将“范式”（研究角度）、“历史事实”（研究时限）和“批评体系”（研究意义）三个方面结合起来对俄罗斯语言哲学进行全面研究不失为一种合理的研究思路和途径。

【关键词】俄罗斯；语言哲学史；范式视域

1. 引言

“语言哲学”作为一门独立学科，它既可作为哲学的分支，也可作为语言学的分支，其实质是从人类语言的视角对哲学的基本问题做出解答，即从语言的本质以及语言在人类社会和文化发展中的功能出发所展开的对语言与世界、语言与现实、语言与思维（认知）、语言与文化、语言与逻辑、语言与使用语言的人等相互关系的探究。由于东西方语言哲学的思想渊源和学理形态不同，

① 本文为作者主持的国家社科基金一般项目“范式视域的俄罗斯语言哲学史研究”（项目批准号：17BYY034）的阶段性成果。

从而形成了与东西方不同的语言哲学思想体系。毋庸置疑的是，在这场世界范围内历久而弥新的有关语言的哲学思维和理论探究进程中，处于东西方交际的俄罗斯语言哲学之生成、发展和演化的历史不容小觑，它所彰显的既不同于西方又有别于东方的学术样式和思想特质更是世界语言哲学宝库中不可多得的精神财富。显而易见，对俄罗斯语言哲学史的全面研究有着十分重要的学术价值和理论意义。

2. 学术史梳理及研究现状分析

2.1 俄罗斯的相关学术成果梳理

西方语言哲学的研究源远流长，但真正成为独立的研究对象则起始于 19 世纪初；而在俄罗斯，具有真正科学性质的语言哲学史则发端于 18 世纪的“启蒙时代”，至今已走过 250 余年艰辛而光辉的历程。但不无遗憾的是，俄罗斯学界就本国语言哲学史的专门研究并不多见。我们目前共收集到相关成果 139 项，从成果涉及的主题来看，可以归为以下几类：

（1）俄罗斯语言哲学的发端及其历史根源，也即形成背景。这方面的成果所占比例为 4%。其中涉及较多的问题包括罗蒙诺索夫（М.В. Ломоносов）的《俄语语法》（Российская грамматика）的出版、循旧派和革新派的语法大辩论、彼得大帝的改革、斯拉夫派和西方派思潮的对立和抗衡等。例如，Б.М. Гаспаров（1999）和 Н.И. Безлепкин（2002）等。

（2）俄罗斯语言哲学发展的基本阶段及其理论学说。这方面的著述主要就俄罗斯语言哲学的发展进行阶段或时期划分，并就每个阶段的理论学说进行阐述。例如，А.Л. Д оброхотов（1990）、А.П. Романенко（2001）和 Н.В. Скрынникова（2007）等。这方面的成果所占比例为 9%。其中大多是对 20 世纪初的俄罗斯经典语言哲学的研究，其次是 19 世纪，而对 20 世纪后半叶以及现代俄罗斯语言哲学史的专门研究十分罕见。

（3）俄罗斯语言哲学史中的主要流派及其学说。但这方面的成果主要限于对本体论流派（онтологическое направление）的介绍和分析，例如，А.Х. Султанов（2000）、А.И. Резниченко（2004）和 Н.И. Безлепкин（2014）等。

（4）俄罗斯语言哲学史中的主要代表人物及其思想。相对而言，这方面的成果是最多的，所占比例为 71%。其中对波捷布尼亚（А.А. Потебня）和洛谢夫（А.Ф. Лосев）及其语言哲学思想的论述最为多见。例如，И.И. Хайруллин

（2007）、Б.Н. Соваков（2013）、С.Г. Рифкатовка（2014）和 В.П. Троицкий（2017）等。其次是关于巴赫金（М.М. Бахтин）、弗洛连斯基（П.А. Флоренский）、马尔（Н.Я. Марр）和什佩特（Г.Г. Шпет）的相关论述，例如，Н.К. Бонецкая（1986）、В.М. Алпатов（1992）、А.Н. Портнов（1995）、Ю.М. Шилков（2004）、А.Б. Бочаров（2010）和 И.В.Павленко（2013）等。但是，这远远不能涵盖俄罗斯语言哲学史上出现过的众多哲学家和语言学家，他们就语言哲学问题做过精彩纷呈的阐述。

需要指出的是，以上绝大多数的成果形式都是期刊论文或学位论文，而相关的学术专著十分缺乏。应该说，到目前为止，俄罗斯学界专门研究或部分涉及本国语言哲学史的主要著作只有一部，即 Н.И. 别兹列普金的《俄罗斯的语言哲学》（Философия языка в России: К истории русской лингвофилософии）（Безлепкин 2002）。该著作从“作为民族自觉体现形式的语言”“实证主义与语言的心理学理论”“俄罗斯精神复兴与语言本体论”等三个方面对 18 世纪后半叶至 20 世纪初期俄罗斯语言哲学的思想形态及其发展脉络进行了梳理和论证。其中，第一部分的内容较为充实，对俄罗斯语言哲学的兴起动因及其有关学术纷争问题做了较为细致的描写。但该著作的不足之处也较为明显：一是时间跨度不够，仅局限在 20 世纪初期前的 150 余年时段内，而对俄罗斯语言哲学的发展至关重要的最近百余年（苏联和后苏联时期）的相关成果并未涉及；二是内容有失全面，仅对相关的形式主义、实证主义、心理主义、形而上学等范式做了评介，而事实上，俄罗斯语言哲学所经历的科学范式远比上述的要丰富。

当然，除此之外，俄罗斯出版的一些哲学史著作也会涉及语言哲学方面的内容，但大多仅将其作为哲学的一个分支——“语言学哲学”来看待的，因此难免有“轻描淡写”的“点缀”性质。例如，由彼得堡大学多位学者集体编写的《俄罗斯哲学史》（История русской философии）（Замалеева 2012）一书就曾专门辟出一节来审视“语言学哲学”问题，但其研究对象仅限于 18 世纪“斯拉夫主义”的代表人物之一 К.С. 阿克萨科夫的相关学术思想。

2.2 中国的相关学术成果梳理

国内学界对俄罗斯语言哲学及其史学的关注度并不高，甚至是有关俄罗斯哲学及其历史研究的著述也少有涉及语言哲学主题，即便涉及也是顺带而过。例如，贾泽林（1999）、白夜昕和陈凡（2005）和陈树林（2010）等学者都是仅对俄罗斯语言哲学产生的社会历史背景有所谈及。在语言学界也是如此，如郅友昌（2009）和赵爱国（2012）等学者的俄罗斯语言学史著也没有专门对语言哲学史问题进行描写，只是对一些语言学家的语言哲学思想有所介绍。

而就专门的俄罗斯语言哲学史研究，我们收集的成果仅20余项，并且基本上都是以论文形式呈现，成果涉及的都是俄罗斯语言哲学史中的个别论题，如隋然（2006）、萧净宇（2006）、萧净宇和霍花（2007）和陈勇（2015）等学者分别审视过俄罗斯早期语言哲学的形成与发展、斯拉夫派与俄罗斯语言哲学史的关系、俄国语言哲学史上的语言本体论流派以及俄罗斯语言哲学发展史观等问题；也有少数学者和研究生对俄罗斯语言哲学史中起到重要作用的学者（如A.A.波铁布尼亚、M.M.巴赫金、K.C.阿克萨科夫和Г.Г.什佩特）的语言哲学思想做过探讨，如杨喜昌（1999）、凌建侯（2001）、肖静宇（2007）、宫军（2007）、胡连影（2008）、高国翠和高凤兰（2010）和徐柳（2011）等。

2.3 研究现状分析

总体上看，俄罗斯对语言哲学的研究与世界保持着同步发展的态势，且颇具“俄罗斯特色”，如当代俄罗斯语言学哲学研究已进入具有语言认知和文化认知性质的“人类中心论”范式。但俄罗斯学界对本国语言哲学史的研究却还存在不少问题：（1）成果数量较为贫乏，成果形式中专著缺乏；（2）系统性不够，历史跨越时间短，无法对俄罗斯语言哲学的发展脉络做出完整描述；（3）少有范式视阈的审视，且缺乏批评体系，其认知维度依然停留在传统的哲学本体论和语言本体论方面；（4）国内学界对俄罗斯语言哲学史的研究则刚刚起步，不仅谈不上系统性，更没有形成相应的批评体系。

3. 范式视域研究的主要对象、基本思路和总体框架

3.1 主要对象

“语言哲学”的概念主要包含两层意思：既指作为哲学分支的“语言学哲学”（лингвофилософия），也指作为语言学分支的“语言哲学”（философия языка）。前者与物理学哲学、心理学哲学等并列，特指对语言学共相所进行的哲学思考以及对语言学理论的逻辑地位和验证方式进行考证的学科；后者指从语言的本质以及人类社会和文化发展中的功能出发所展开的对语言与世界、语言与现实、语言与思维（认知）、语言与文化、语言与逻辑、语言与使用语言

的人等相互关系的探究。我们的研究对象将上述两种哲学维度加以整合：既包括哲学视角的对语言学理论学说之认识论、方法论价值的审视，也包括语言学视角的对语言在人（人的意识或思维）社会化、文化化、观念化过程中的作用的考察。

3.2 基本思路

从“范式”出发进行史学研究，是透过“历史事实”而探究其“历史意义”，其最大的特点就在于把“学术思想”作为其核心。因而，范式视域的史学研究最能体现和反映一个学科的学术思想和特点，也是真正意义上的学术遗产梳理。

我们认为，基于前人研究的基础，针对其中存在的问题，可以将“范式”和“历史事实”两要素组合起来对俄罗斯语言哲学史进行研究：前者指建立在一定哲学基础之上的某历史阶段科学研究和新的知识聚合关系的方法论，因此为研究视阈；后者指语言哲学作为独立研究对象以来的全部事实，因此为研究时限。总之，这种研究旨在用“范式”这一全新的视阈来全面审视“历史”所限定的“语言哲学”之内容。再加以对所有“范式”所体现的学术思想、理论样式等做出客观的分析和评价（批判）。从而在“时间维度”上完整地而不是部分地，系统地而不是零碎地展现出250余年间俄罗斯语言哲学史的全貌；在“范式”即方法论层面上准确把握俄罗斯语言哲学之学术思想在250余年间的发展、演化走向及规律；在“意义维度”上通过对俄罗斯语言哲学所有“范式”的理论样式、学说观点进行审视，搂析出作为“俄罗斯思想”重要组成部分的语言哲学方法及其思想特质，以为我国的语言哲学研究以及研究俄罗斯的思想传统提供借鉴。

3.3 总体框架

我们的总体框架是紧扣思路的三要素——“范式视阈”“语言哲学”“历史”所构建的：即以“范式”为统领，以“语言哲学”的“意义维度”（即“学术思想”）为核心，以“历史”为“时间维度”，三位一体统揽俄罗斯语言哲学史所特有的思想特质和方法论价值。注重“意义维度”的审视表明，这是一部基于语言的思想史；对“时间维度”审视，起点是俄罗斯拥有“统一民族性”和“统一规范语言”以来的有关语言哲学思想和理论学说。据此，研究的总体框架可以由三大部分构成：

（1）学理梳理部分。内容包括：对250余年来俄罗斯语言哲学研究范式的发展脉络、学理内涵及相互关系等进行梳理和概览；对俄罗斯语言哲学“史前阶段”的相关学术思想进行发掘，以考证俄罗斯语言哲学“有史以来”的思想根源和学理基础。

（2）范式转进部分。内容涉及九大范式：欧洲主义范式（由语言学研究中的“普遍唯理主义”流派构成）；斯拉夫主义范式（由语言学研究中的“逻辑语法”和“历史比较主义”两大流派构成）；心理主义范式（主要有A.A.波捷布尼亚的“语言思维”说，Д.Н.奥夫夏尼克-库尔科夫斯基的“语言主体”思想等）；语言本体主义范式（如哲学家B.C.索洛维约夫、П.А.弗洛连斯基、С.Н.布尔加科夫、А.Ф.洛谢夫等提出的“称名哲学”“智慧学”等思想）；形式主义范式（如P.O.雅各布森的“语言形式”观，Ф.Ф.福尔图纳多夫的“形式功能”观以及A.A.沙赫玛托夫的“句子语义”说等）；结构-系统主义范式（如И.А.博杜恩·德·库尔德内的“语言系统”观和Н.В.克鲁舍夫斯基的“符号系统”理论学说，以及В.В.维诺格拉多夫的“词的学说”等）；结构-功能主义范式（如Н.С.特鲁别茨科依等学者的音位学理论学说，Л.В.谢尔巴的“语言现象三层面”说，以及А.В.邦达尔科的“语义范畴”理论等）；辩证唯物主义范式（如В.И.列宁、И.В.斯大林所阐发的有关语言哲学思想，以及М.М.巴赫金的“超语言学”理论等）；认知主义范式（由两大流派组成：一是心理认知方向，二是语言认知方向。前者有视语言为人类意识存在之“形式”的“心理活动论”“言语活动论”以及“语言个性”理论等；后者有视语言为人类自身“镜子”的“语言世界图景”理论、“语言逻辑分析”理论，以及视语言为人类获取知识之“手段”的“语言对世界的观念化”理论等）。

（3）批评及评价部分。主要对上述“范式”之间的内在逻辑和学理内涵做出概括性的批评分析，对其所呈现的方法论价值做出客观评价。

4. 范式视域的学术价值和应用价值

4.1 学术价值

从范式视域出发对俄罗斯语言哲学史进行全面研究，其学术意义毋庸置疑。主要体现为：（1）研究对象本身的重要性决定了本课题的学术价值。从世界尤其是西方语言哲学体系的发展轨迹看，俄罗斯语言哲学思想在该体系中具有“不可或缺性”：一是时间上早于西方。俄罗斯语言哲学史起始于18世纪中叶，其标志是М.В.罗蒙诺索夫的《俄语语法》（Ломоносов 1757）；而西方的语言哲学研究从柏拉图到B.洪堡特的2000余年间并没有将语言哲学和语言学区分开，因此，它直到19世纪初的“洪堡特主义”时期才开始成为独立的研究对象，并于20世纪初西方哲学实现“语言学转向”后才得以完成；二是所经历的范式较之西方有特色。例如，除语言本体主义、心理主义、结构主义、认知主义等范式外，俄罗斯还经历了斯拉夫主义、辩证唯物主义等范式。因此，俄罗斯语言哲学无论在形式上还是在内容上非但毫不逊色于西方，且在方法论上“别具特色”。（2）“范式”视阈具有较高的学术价值。史学研究通常有两种基本维度：一是以“历史事实”为主线的社会学方法，二是以“历史意义”为主线的语言学方法。作为方法论的“范式”，其本身就具有哲学中的“概括性意义”。因此，本课题是透过“历史事实”而探究其“历史意义”的，其最大的特点就在于把“学术思想”作为其核心，以“学术批判”作为其“灵魂”。（3）完整“历史”所体现的认知价值。250余年纵横，不是割裂的而是贯通的，不是仅限于某领域而是对语言哲学所涉及的所有领域的主要学术思想和理论成果进行梳理和批判性审视，是本课题的任务所在，这是对俄罗斯语言哲学乃至世界语言哲学研究的重大补充和完善。

4.2 应用价值

我们的研究不仅具有重要的理论意义，而且无不体现出重要的应用价值。主要为：（1）以史为镜，为发掘和考证“俄罗斯思想”特质提供哲学理据；（2）以史为鉴，对250余年来俄罗斯语言哲学研究所经历的科学范式做学理上的梳理、方法上的考证和学术上的批判，可供我国哲学、语言哲学乃至语言学研究借鉴的有关思想和观点。

5. 结论

综上所述，范式视域的俄罗斯语言哲学史研究不仅在方法论层面上具有学术观点创新的性质，这指的是采用“语言学哲学”与“语言的哲学”合二为一的综合性方法论对俄罗斯语言哲学史所做出的“理性-经验主义”的“定性”概括；同时，它以“范式”为统领，以“意义维度”为核心，以“时间维度”为顺序，在研究路径上也体现出创新性；尤其是最终以“学术批判”为基本定位，使得该研究具有批评哲学和批评理论语言学的特色。

参考文献

[1] Алпатов В.М. Марризм и марксизм (заметки неисторика) [J]. Восток. Афро-азиатские общества: история и современность, 1992(3):5-9.

[2] Безлепкин Н.И. Философия языка в России: К истории русской лингвофилософии [M] .СПб.: Искусство-СПБ, 2002.

[3] Безлепкин Н.И. Онтология языка в русской религиозной метафизике[J]. Вестник Санкт-Петербургского университета, Философия и конфликтология, 2014:(3):43-54.

[4] Березин Ф.М. История русского языкознания[M].М.: Высшая школа,1979.

[5] Бонецкая Н.К. Философия языка П.А. Флоренского [J]. Studia Slavica Hung. Budapest, 1986(32):118-123.

[6] Бочаров А.Б. М.М. Бахтин: от филологии к философии, от металингвистики (метариторики) к философии языка (рецепция Бахтина в Европейской культуре).URL: http:// anthropology. ru/ru/ texts/ bocharov/ruseur_07. html,2010.

[7] Виноградов В.В. Из истории изучения русского синтаксиса (от Ломоносова до Потебни и Фортунатова) [M]. М.: Издательство Московского университета,1958.

[8]Гаспаров Б.М. Лингвистика национального самосознания[J]. Логос, 1999(4):48-67.

[9]Доброхотов А. Л. «Философия имени» на историко - философской карте XX века[M]. М.: Издательство Московского университета,1990.

[10] Замалеев А.Ф. и др. История русской философии[M]. СПб.: Издательство Санкт-Петербургского государственного университета, 2012.

[11]Звегинцев В.А. История языкознания XIX-XX вв. в очерках и извлечениях[M]. М.: Просвещение,1964.

[12]Павленко И.В. Густав Шпет: Философия языка и проблема семантической интерпретации ментальных феноменов[D].Днепр: Национальный горный университет, 2013.

[13]Панова О.Б. Русская философия о природе и сущности языка[J].

Философские науки, 2013(4):53-68.

[14]Петров М.К. Роль языка в становлении и развитии философии[J]. Историко-философский ежегодник,1991:310-335.

[15]Портнов А.Н. Язык и сознание: основные парадигмы исследования проблемы в философии XIX-XX вв. [M].Иваново: Издательство Ивановского гос ударственного университета, 1994.

[16]Портнов А.Н. Философия языка Г.Г. Шпета: внутренняя форма, смысл, знак[A].Вече. Альманах русской философии и культуры[C].СПб.: Издательство Санкт-Петербургского государственного университета, 1995(4): 20-48.

[17] Резниченко А.И. Категория Имени и опыты онтологии: Булгаков, Флоровский, Лосев[J]. Вопросы философии, 2004(8): 134-144.

[18] Рифкатовка С.Г. Онтологические основания языка в учении А. А. Потебни[J].Молодой учёный, 2014(5):229-231.

[19]Романенко А.П. Советская философия языка: Е.Д. Поливанов - Н.Я. Марр [J]. Вопросы языкознания, 2001(2):110-122.

[20]Скрынникова Н.В. Философия языка в России начала 20 века[D].Владик: Государственное образовательное учреждение высшего профессионального образования «Российская таможенная академия», 2007.

[21] Соваков Б.Н.О языковой концепции А. Ф. Лосева[J]. Научные ведомости Белгородского государственного университета. Серия: Философия. Социология. Право, 2013(16): 300-304.

[22] Султанов А.Х. Проблема термина в контексте русской философии имени[D]. М.: Российский университет дружбы народов,2000.

[23] Троицкий В.П. Тезаурус философского языка А.Ф. Лосева[J]. Журнальный клуб Интелрос, 2017(1):21-31.

[25] Хайруллин И.И. Язык как социальный феномен в концепциях В. фон Гумбольдта и А. А. Потебни[J].Вестник Мурманского государственного технического университета, 2007(3):468-472.

[26] Чичерин А.В.К вопросу о формировании русского философского языка[J]. Вопросы славянского языкознания, 1953(3):179-189.

[27] Шилков Ю.М. Яфетическая философия языка Н.Я. Марра [C]// Ю.Н. Солонин. Вече. Альманах русской философии и культуры. СПб.: Издательство

Санкт-Петербургского государственного университета, 2004(16):72-91.

[28] 白夜昕，陈凡 . 苏联 — 俄罗斯科技哲学价值论思潮研究 [J]. 科学技术与辩证法，2005(6)：81-83.

[29] 陈勇 . 俄罗斯语言哲学发展史观 [J]. 解放军外国语学院学报，2015（6）：29-36.

[30] 陈树林 . 俄国文化哲学研究概观 [J]. 哲学动态，2010（9）：29-33.

[31] 高国翠，高凤兰 . 波铁布尼亚的语言哲学观 [J]. 外语学刊，2010（5）：11-15.

[32] 宫军 . 巴赫金语言哲学观的渊源与走向 [J]. 四川外语学院学报，2007（3）：57-61.

[33] 胡连影 . 俄国语言哲学形式主义流派的形成和发展 [D]. 北京：首都师范大学，2008.

[34] 贾泽林 . 20 世纪与苏俄哲学 [J]. 国外社会科学，1999（4）：2-9.

[35] 凌建侯 . 巴赫金话语理论中的语言学思想 [J]. 中国俄语教学，2001（3）：30-36.

[36] 徐柳 . 洪堡特语言内部形式理论在俄罗斯语言哲学中的解读 [D]. 北京：首都师范大学，2011.

[37] 隋然 . 俄罗斯早期语言哲学的形成与发展 [J]. 中国俄语教学，2006（1）：2-7.

[38] 萧净宇 . 斯拉夫派与俄罗斯语言哲学的发展 [J]. 俄罗斯文艺，2006（2）：75-79.

[39] 萧净宇 . 超越语言学 —— 巴赫金语言哲学研究 [M]. 上海：上海人民出版社，2007.

[40] 萧净宇，霍花 . 俄国“语言哲学史上的语言本体论流派” [J]. 俄罗斯研究，2007（2）：89-92.

[41] 杨喜昌 . 巴赫金语言哲学思想分析 [J]. 解放军外国语学院学报，1999（2）：11-14.

[42] 赵爱国 .20 世纪俄罗斯语言学遗产：理论、方法及流派 [M]. 北京：北京大学出版社，2012.

[43] 郅友昌 . 俄罗斯语言学通史 [M]. 上海：上海外语教育出版社，2009.

论俄语句法研究的“动词中心”视角和“构式中心”视角①

信息工程大学洛阳校区 赵亮

【摘要】自20世纪70年代起，句法研究体现了从“动词中心”向“构式中心”的转变。俄语句法“动词中心”的研究通过“转换”模式实现，“构式中心”的研究不借助投射的“转换”模式，而是把构式视作形式—语义统一体，其意义决定于构式表达式本身，而非表达式的组成部分。

【关键词】动词中心；构式中心；俄语句法

1. 引言

俄罗斯语言学家Апресян指出：“现代语义学和经典语义学的区别首先在于，其关注的与其说是个别词的意义，不如说是整个句子的意义。而且，现代语义学的研究对象是谓词表达式（предикативное выражение），谓词表达式由谓词本身和表物变元符号占据的位置构成。如A имеет B（A拥有B），A берет B у C（A向C借B）等。”（Апресян 1967: 8）以这种认识为背景，研究句子及其语义逐渐成为语言学家关注的中心。而对句子语义研究而言，词汇与句法的界面研究是一个重要的切入点。

自20世纪70年代起，词汇与句法的界面研究开始进入语言学家的视野，其发展历程体现了从“动词中心”向“构式中心”的转变。“动词中心”视角的研究认为，词汇（主要是动词）主导了句法关系，这类研究主要探讨动词的意义如何影响句法结构，如何表征动词意义对句法结构的影响，动词意义结构向句子结构的映射如何实现等问题。动词中心视角的研究关注格角色（题元

① 本文为国家社会科学基金资助项目“认知语言学视野下俄语空间概念的人类中心性研究”(13CYY095)和中国博士后科学基金面上资助项目“俄罗斯视角下的当代中国道路及对俄话语策略研究”（2017M610102）的阶段性研究成果。

角色）向句法论元的映射，代表理论是美国语言学家 Fillmore 的格语法（case grammar）[①]。“构式中心”视角的研究不再仅仅关注动词，而是将构式作为分析的基本单位，构建构式与动词、构式与构式的互动体系，从而探讨在构式层面上的语言共性特征，代表理论是 Kay 和 Fillmore 的构式语法、Lakoff 和 Goldberg 的认知构式语法等。

国内学者杨成凯（1986a，1986b，1986c）、魏屏（1987）、俞如珍（1990）、程琪龙（1995）、潘艳艳（2003）、冯志伟（2006）、陶明忠和马玉蕾（2008）系统分析了 Fillmore 的格语法理论的发展及其分期问题，探讨了框架语义学的理论观点及其在框架网络项目中的应用。武仲波（2015）梳理了框架语义学、框架网络与格语法的继承发展关系。刘宇红（2011）、张焕香和高平（2011）比较了格语法、框架语义学（谓词分解）和构式语法的异同，探讨了这些理论对词汇与句法界面问题的阐释力。

以上学者的研究主要以英语为对象，我们尝试从“动词中心”到“构式中心”的分析模式入手，探讨俄语句法研究的不同视角。从总体看，“动词中心”体现为“转换”模式，“转换”模式强调动词语义角色（题元角色）和句法论元之间的映射，后期格语法又在其基础上增加了“透视域”这一中间层次，而“构式中心”体现为“非转换”模式，即把构式作为形式—语义统一体，表层句法结构与句子语义结构依靠象征联系起来。

2. 前期格语法理论的“动词中心”视角

2.1 动词“格框架”

20 世纪 60 年代后期，Fillmore 提出格语法理论[②]，该理论关注句法分析过程中的语义因素，力图通过分析“语义深层格”，实现对转换生成语法的修正。

---

① 动词中心视角的研究不限于此，其他还有 Gruber (1965) 和 Jackendoff（1972, 1976, 1983）的题元关系（thematic relation）理论、Stowell(1981) 的题元珊（Theta-grid）理论、Cruse(1986) 的参与者角色（participant role）理论、Talmy(1985,1988) 的弹子球碰撞因果模型（billiard ball collision model of causation）、Givón(1990) 的语义角色（semantic role）理论和 Tenny(1994) 的动词体接口假设等。

② 前期格语法的主要著述为 Fillmore 1966 年发表的 *Toward a Modern Theory of Case*（《关于现代格理论》），1968 年发表的 *The Case for Case*（《“格”辩》），1971 年发表的 *Some Problems for Case Grammar*（《格语法的某些问题》）。

与转换生成语法不同，格语法着重探讨词汇语义与句法结构之间的关系，认为可以通过分析动词的“格框架”（Case Frame）① 实现句子结构分析，即认为句法生成必须依靠句法转换，而其源头在词汇语义。格语法的创立目的是提出“在语义上可以证明的普遍句法理论”（Fillmore 1968: 88），格语法中的“格框架”是连接外部世界场景和语法表达的桥梁，是不同语言之间相互理解的语义基础。

Fillmore（1968）认为，句子词汇结构体现为“深层语义格”，深层语义格反映位于底层的句法 — 语义关系。语义格的数量在 Fillmore 的各篇论文中并不一致，杨成凯（1986a：39）列举了 Fillmore 各个时期所提出的语义格的名称，其中主要有施事（Agentive, Agent）、客体（Objective, Object）、与格（Dative）、感受（Experiencer）、受益（Benefactive）、工具（Instrumental, Instrument）、源点（Source）、终点（Goal）、路径（Path）、处所（Locative, Place）、时间（Time）、伴随（Comitative）和永存 / 转变（Essive/Translative）等。

语义格揭示了表层句法关系之下深层的语义关系，句子的不同成分反映的是相同的语义关系，而语义关系是各种语言所共有的，体现了不同语言之间深层上的共性。如：

(a) The door opened.（门开了。）

(b) John opened the door.（约翰打开了门。）

(c) The key opened the door.（那把钥匙打开了门。）

(d) John opened the door with the key.（约翰用钥匙打开了门。）

上述四个句子的格框架（即命题的基本类型）分别为：[____O], [____O + A], [____O + I], [____O + I + A]，其中表示“客体”的 the door 在表层句法层面体现为主语或宾语，表示“工具”的 the key 在表层句法层面体现为主语或介词宾语。表层句法关系互不相同的几个句子，其对应的语言外“场景”（scene）是相同的，在这个场景中，John 为“施事”，the door 为“客体”，the key 为“工具”。

类似地，在俄语中动词 открыть（打开）的格框架存在以下几种情况：

---

① 根据动词和名词的搭配关系，可以对动词分类，即分为不同的格框架，每一类格框架中特定的搭配关系即“框架特征”（Frame feature），框架特征通常用方括号表示。Fillmore(1966) 列举了动词主要的 15 个格框架，如 run 的格框架为 [____ A]，remember 的格框架为 [____O + A]，murder 的格框架为 [____D + A]，give 的格框架为 [____O +D+ A]，die 的格框架为 [____ D]，kill 的格框架为 [____ D(I)(A)]（其中 I 和 A 两者至少有一个出现在表层结构中），see 的格框架为 [____ O+D]，show 的格框架为 [____ O+D+A] 等。

(e) Казалось, что она открыла новую дверь и вошла в новый мир.（她好像打开了一扇新门，走进一个新的世界。）

(Токарева Виктория. Своя правда // «Новый Мир», 2002; НКРЯ)

(f) «Небесная паутина» является лишь ключом, открывающим дверь к некоторым из таких сверхвосприятий.（“天网”只是打开部分超感官知觉大门的钥匙。）

[Осваиваем проносочное состояние (2003) // «Боевое искусство планеты», 2003.10.18; НКРЯ]

(g) Гробовая тишина царила в квартире, когда он открыл дверь своим ключом и вошёл.（他用自己的钥匙打开门，走了进去，房间里一片死寂。）

(Ирина Муравьева. Мещанин во дворянстве; НКРЯ)

上述三个句子的格框架分别为：[____O + A], [____O + I], [____O + I + A]，其中表示“客体”的 дверь（“门”）在表层句法层面体现为直接补语（相当于英语中的直接宾语），表示“工具”的 ключ（“钥匙”）在表层句法层面体现为主语或状语。与英语中 open 相比，俄语中 открыть（打开）的格框架缺少 [____O]，这是由于俄语中 открыть（打开）只能作及物动词，如果表示“门开了”，必须使用不及物动词 открыться（< 被 > 打开，施事在句法表层往往不出现），如：

(h) Она услышала, как за ней открылась дверь, кто-то вошёл в комнату.（她听到她身后的门关上了，有人走进了房间。）

(Анатолий Рыбаков. Тяжелый песок; НКРЯ)

语义格的提出，为不同语言之间的共性研究提供了有效的分析框架。不同语言在表层句法关系上有可能千差万别，但对应的语言外“场景”却是共同的。例如：在英语和俄语中，“打开门”这一场景中，“门”均是客体，“（用）钥匙打开门”这一场景中，“钥匙”均为工具，只不过在句法表层，如果打开门的主体（开门的人）在概念化的过程中没有参与，那么“钥匙”体现为主语，如果句子中已经存在开门人，“钥匙”体现为非核心成分（介词宾语和状语）。

2.2 基于格框架的“转换”模式分析

前期格语法理论中，词汇语义结构和句法结构之间的对应关系体现为深层语义格与表层句法结构成分的对应。“格框架”是连接动词语义结构和句法结构的桥梁，在词汇语义和句法的界面中强调动词各个语义格与句子各个句法成分之间的对应关系，将词汇语义分析和句子句法结构分析结合起来。与转换生成语法相同，格语法主要关注句法的“核心成分”（主语、宾语），对“外围成分”的研究放在次要位置（将部分“外围成分”视为“情态”的一部分）。因此，动词语义格可能出现的句法位置，尤其是主语位置，成为格语法关注的主要问题。Fillmore(1968: 33) 提出主语选择原则（Subject Selection Principles），即句子表层主语的无标记选择①体现在以下优先顺序：

（ⅰ）如果句子中有 A（施事），则 A 为主语；

（ⅱ）如果句子中没有 A，但是有 I（工具），则 I 为主语；

（ⅲ）如果句子中没有 A，也没有 I，但是有 O（客体），则 O 为主语。

在上述 (a)~(g) 几个例子中，句中 O 必须出现，除了 O 以外，如果还有 A，则 A 必须作主语，O 不能为主语（*The door opened by John. *Дверь открыла ей.）；如果除了 O 之外，还有 I，则 I 必须作主语，O 不能为主语（*The door opened with the key. *Дверь открыла ключом.）；如果除了 O 之外，还有 A 和 I，则 A 为主语，O 和 I 不能为主语（*The door opened with the key by John; *The key opened the door by John. *Дверь открыла ей ключом; *Ключ открыл дверь ей）。

格语法把主要的句子结构归于动词与名词的搭配，句法描写和阐释的任务落在了动词身上。意义相近的动词，格框架也存在相同之处，如俄语中表示“移动”的动词（如 прийти< 走到 >, приехать< 乘坐交通工具来到 >, прилететь< 飞抵 > 等）可以与 S（源点）, G（终点）搭配：

(a) Но в МВД пришёл человек из так называемой питерской команды президента – Николай Бобровский.（但是内务部来了一个来自所谓总统“彼得堡帮”的人 —— 尼古拉·博布罗夫斯基。）

（Евгений Чубаров. Продолжение следует. Кадровые перестановки в МВД завершаются, реформа -- продолжается (2001) // «Известия», 2001.07.10; НКРЯ）

(b) В Самару мы приехали из Белоруссии, все родственники и друзья

---

① 有标记的选择通常在动词具有特定意义（被动语态等）的情况下出现，例如：The door was opened by the boy.

были далеко, поэтому ни на кого положиться в этой ситуации я не могла.（我们从白俄罗斯来到萨马拉，所有的亲戚朋友都在异地，所以在这种情形下我没有人可以指望。）

（Эльвира Савкина. Если впрягаюсь, то основательно (2002) // «Дело» (Самара), 2002.05.03; НКРЯ）

(с) В начале 90-х, во время войны в Таджикистане, он прилетел в Екатеринбург из Душанбе с шестью рублями в кармане.（20 世纪 90 年代初塔吉克斯坦内战时，他从杜尚别飞抵叶卡捷琳堡，当时口袋里只有六卢布。）

（Д. Соколов. Нет больше сил терпеть безнадегу (2002) //«Витрина читающей России», 2002.10.25; НКРЯ）

三个句子中的прийти(走到)、приехать(乘坐交通工具来到)和прилететь(飞抵)均可与表示“从某处”的 S（源点）和表示“到某处”的 G（终点）搭配。语义相关的谓词在句法行为上通常具有近似的搭配，因此能够在一定程度上预测谓词的格框架。

3. 后期格语法理论的“动词中心”视角

在该阶段[①]，Fillmore 在前期理论的基础上增加了深层语法关系平面，即该模式包含三个分析平面——底层结构（即动词的格框架，对应“场景”）、深层语法结构（深层主语、深层宾语等成分间关系，对应“透视域”）和表层语法结构（表层句法中核心成分、外围成分及其相互关系）。增加中间层次的目的是解释动词的各个格角色当中有哪些角色可以进入透视域，从而成为核心句法成分。

3.1 “透视域”

后期格语法理论继承了前期理论有关“场景”的思想。场景属于语言外世界，包括整体性的知觉、记忆、经历、行为或者物体。场景具有内部结构，一个场景可能由其他场景构成。（Fillmore 1977b: 84-86）在前期格语法阶段，Fillmore 认为格框架直接联系了场景和句法表达，格角色对应着语言外场景的参与者。后期格语法理论增加了“透视域”(perspective)，透视域与认知主体的“注意”“视

① 后期格语法理论的主要著述为 1977 年发表的 The Case for Case Reopened（《再论 <‘格’辩>》）和 Topics in Lexical Semantics（《词汇语义学中的论题》）。

角”，概念化过程中的“凸显”密切相关。被认知主体纳入透视域的成分是关注的焦点，这些成分在句子中作主语和直接宾语，与“外围成分”（间接宾语、状语、定语等）相比，这些成分在语义上更为重要，是“核心成分”，因而在表层句法中不能省略。同时，某个动词的格框架是更大场景的一个特定部分，更大场景作为人类百科知识的一部分储存在长期记忆当中。例如，在“商务事件”的原型场景中主要要素为顾客、卖主、商品和钱，该事件包括一些次事件（购买、出售、支付等）：

(a) I bought a dozen roses from Harry for five dollars.（我以五美元的价格在哈里那儿买了一打玫瑰。）

(b) Harry sold a dozen roses to me for five dollars.（哈里以五美元的价格卖给我一打玫瑰。）

(c) I paid Harry five dollars for a dozen roses.（我付给哈里五美元买一打玫瑰。）

如果选择顾客和商品进入透视域，就是“购买”，核心成分为顾客和商品，在句法表达层面必须出现，卖主和价格为外围成分，在表层句法中外围成分可以不出现；如果选择卖主和商品进入透视域，就是“出售”，核心成分为卖主和商品，顾客和价格为外围成分；如果选择顾客和价格进入透视域，便是“支付”，其中顾客和价格为核心成分，卖主和价格为外围成分。

由于对不同语言使用者而言，外部场景是共同的，人们对场景中的事件具有相似的经验，因此，不同语言对事件的概念化方式具有一定的结构共性。以俄语为例，商务事件同样包含“购买”“出售”和“支付”等一些更为具体的事件框架，在“购买”框架中，顾客是主语，商品是直接补语，在“出售”框架中，卖主是主语，商品是直接补语，在“支付”框架中，顾客是主语，钱是直接补语。选取哪一个框架，取决于说话人的视角，即侧重于哪些关系，从而激活哪个概念和事件框架：

(d) Он хочет купить её у вас за шестнадцать, а потом продать несколько дороже.（他想用一万六千美元从您手里买下它<指房子>，然后高价卖出。）

（Андрей Волос. Недвижимость (2000) // «Новый Мир», 2001; НКРЯ）

(e) Она выгодно продала квартиру соседям— за шесть тысяч долларов.（她把房子以六千美元的价格卖给了邻居，并因此获利。）

（Токарева Виктория. Своя правда // «Новый Мир», 2002; НКРЯ）

(f) События последнего времени показывают, какую цену приходится платить всему мировому сообществу за односторонние действия,

не подкреплённые санкцией Совета Безопасности ООН. (最近一段时间的事件表明，如果未经联合国安理会批准，就采取单边行动，为此需要向国际社会付出多少代价。)

（С. В. Лавров. Статья в газетах «Коммерсант» и «Уолл-стрит джорнал» // «Дипломатический вестник», 2004; НКРЯ）

3.2 基于透视域的“转换”模式分析

在前期格语法阶段，表层句法成分与动词格框架中的语义格存在直接对应关系，也就是说，表层句法与场景具有直接对应关系，例如，表层主语的无标记选择体现为 A>I>O 的优先顺序。但是，主语选择优先顺序的认知机制并不清楚，其他核心成分（宾语）和外围成分与动词语义格的对应关系也未能详细展开。

与格语法前期的格层级（主语位置的选择体现了 A>I>O 的优先顺序）不同，后期格语法的凸显性层级没有针对具体的语义格做出排序，而只是提出了几条语义上的倾向性原则。Fillmore(1977) 将突显性层级描述为：

（ⅰ）主动（active）成分的级别高于非主动成分；

（ⅱ）原因（causal）成分的级别高于非原因成分；

（ⅲ）人或其他有生命的感受者的级别高于其他成分；

（ⅳ）经历改变的成分的级别高于未经历改变成分；

（ⅴ）完整（complete）成分或个体（individuated）成分的级别高于该成分的某一部分或非个体成分；

（ⅵ）图形的级别高于背景；

（ⅶ）有定（definite）成分的级别高于不定（indefinite）成分。

场景中级别最高的成分体现为主语，如果有两个实体进入透视域，级别较高的作主语，级别较低的作直接宾语。如果两个实体都有可能作动词的直接宾语，级别较高的作直接宾语，级别较低的作外围成分。

突显性的差别是跨语言的，体现了人类认知的共同特性。在不同语言中，“有显著变化”和“无显著变化”的成分通常在表层句法层面体现为不同性质的成分。Partee（1979：85）曾举例说明英语中的一些同义表达：

(a) John smeared paint on the wall.（约翰把油漆涂到墙上。）

(a’) John smeared the wall with paint.（约翰把墙上涂满油漆。）

句 (a) 中，paint（油漆）作为直接宾语进入句子核心成分，wall（墙）为外围成分；句 (a') 中，wall（墙）作为直接宾语进入句子核心成分，paint（油漆）为外围成分。然而，其实两个句子在意义上具有一定差别，前者强调“涂抹”的方向，后者强调“涂抹”的结果一定是“遍及整个客体”。

俄语中有一些动词表示一个物体相对另一物体（该物体为参照物，通常不移动）的移动①，或者动作涉及两个物体。由于进入透视域（即前景 / перспектива）的只能是其中的一个客体，那么这一客体通常是移动的那个物体，而不移动的物体只能作为外围成分（例 b 和 c）。如果句子中静止的物体作为核心成分进入透视域，而移动的物体充当外围成分，那么这时静止的那个物体通常包含“遍及”“充满”意义，因而获得“有显著变化”的意义成分，具有较高的认知突显度（例 b' 和 c'）。

俄罗斯语言学家 Тестелец(2001：225) 对比了 намазать（涂抹）的两种句法形式（例 b 和 b'）：其中句 b 中“涂抹”这一动作涉及两个客体——“黄油”和“面包”，此时，强调其中一个客体（“黄油”，作直接补语）相对另一客体（“面包”，作外围成分）的移动；句 b' 中“涂抹”这一动作同样涉及这两个客体，但意义发生了细微变化，此时强调其中的一个客体“面包”被“涂满”，即客体发生了显著变化。

(b) намазать　масло　на　хлеб

涂抹　黄油　向……上　面包

（客体格，直接补语）　（终点格，外围成分）

“往面包上抹黄油”

(b') намазать　хлеб　маслом

涂抹　面包　黄油

（客体格，直接补语）（工具格，外围成分）

“把面包涂满黄油”

上面两个例子中，两种句法搭配所涉及的动词是同一个动词（намазать< 涂

① Langacker(1987) 在论述“关系性述义”时，将移动的物体称为射体（TR, trajector），不移动的物体称为界标（又译地标；LM, landmark）。Talmy(2000) 指出，移动的物体一般为图形（figure），不移动的物体一般为背景（ground）。认知心理学的研究表明，与静止的物体相比，移动的物体具有较高的认知突显性。

抹>），也有可能涉及不同动词：

(c) Я　　положил　　скатерть　　　на　　　　стол.

我　　　放　　　　桌布　　　向……上　　　桌子

（客体格，直接补语）　　　（终点格，外围成分）

“我往桌子上铺桌布。”

(c’) Я　　накрыл　　стол　　　　　　скатертью.

我　　铺上　　　桌子　　　　　　　桌布

（客体格，直接补语）（工具格，外围成分）

“我把桌子铺上了桌布。”

这两个例句中，动词不能换用，*Я накрыл скатерть на стол. 的用法并不存在，这是由于 накрыть 本身表示“铺上、铺好、覆盖”之义，不强调动作移动的方向，而 положить（放置）表示动作所涉及的客体发生移动，必须与表示方向的补语连用，因此 *Я положил стол скатертью. 不符合动词的搭配习惯。

4. 构式语法的“构式中心”视角

构式语法[①]认为，构式的抽象性高于词汇，认为构式具有独立意义。Freg 曾提出，句子意义是其组成成分和组合方式的函数。构式语法拓展了这一认识，认为句子意义不仅仅取决于词汇，还取决于构式本身。构式有其固有的形式和意义，这个意义无法从其组成成分和已有构式推导出来，所以句子的整体意义大于部分意义之和。另外，构式的抽象性低于句法，可以将构式与反映人类经验基本情景的语义结构直接相联，构式体现了语义结构和具体形式的配对。

4.1 “转换”模式的分析

生成语法、生成语义学、关系语法、格语法均认为表层句法结构是通过深层语义结构转换而来，不同语言的句法同一性仅体现在底层结构，即只有在语义结构层面才可能发现广泛的语法共性，而在句法表层，由于不同语法规则的作用，各种语言体现出差异性。形式上关联的、意义相同的句子在原始表达层

---

① Lakoff（1987）曾对“There- 构式”进行研究，Fillmore, Kay 和 O’Connor（1988）通过对英语习语“let alone”的分析，提出了构式语法理论。随后 Goldberg（1995, 2006）对英语论元结构构式的研究以及从使用和二语习得角度对构式的探讨，将构式研究的观点进一步发展，从而使构式语法成为系统理论。

面必须共有一个语义深层结构，而两个句子当中，其中有一个更为基础，将其转换之后，可以得到另一个同义的句法表达形式。例如：

(a) I like it.（我喜欢它。）

(a') It pleases me.（它让我喜欢。）

两句话当中，例 (a) 更为基础，例 (a') 通过“翻转”（flip）转换而来。（Lakoff, 1965:126）

俄语中有一些近义表达，例如：

(b) Его отец умер.
他的 父亲 去世
（主格，主语的限定语） （主格，主语）
“他的父亲去世了。”

(b') У него умер отец.
在……那里 他 去世 父亲
（前置词）（领有属格，外围成分） （主格，主语）
“他死了父亲。”

后者由前者转换而来，转换的机制是“语义配价的分裂”（расщепление валентности），即动词的一个语义配价 A 用两个句法题元表示，这两个句法题元的成分在词汇构成上来源于 A。（Апресян 2006；张家骅 2011）例句 (b) 中原有的名词短语 его отец（他的父亲）整体为第一格（即主格），在句中充当主语。例句 (b') 中原先主语的限定语、表示领属关系的物主代词 его（他的）脱离主语，成为全句限定语 у него（在他那里），在交际结构中位于主题（тема）位置是话题的起点。类似地：

(c) гладить чье-либо плечо
抚摸 某人的 肩膀
（宾格，直接补语的限定语）（宾格，直接补语）
“抚摸某人的肩膀”

(c') гладить кого-либо по плечу
抚摸 某人 触及……表面 肩膀
（宾格，直接补语）（前置词）（部位与格，外围成分）
“抚摸某人的肩膀”

两个句子中，谓词 гладить（抚摸）的直接补语 чье-либо плечо（某人的肩

膀）分裂为两个句法格："宾格"（某人）和"部位与格"（肩膀）。（Апресян, 1974: 154）

4.2 构式语法的"非转换"模式分析

然而，构式语法与"转换派"持不同观点。构式语法认为，句法生成不通过转换实现，句法研究的任务是对形式 — 语义结构提供统一解释。形式和意义是相对应的，不同结构形式的语言表达式不可能表达完全相同的意义。即使在相同场景下，由于说话人的识解方式不同，可能形成不同的概念结构和语义结构。句法转换之后的结构表达式在语义上往往与先前的表达式有所不同。例如，在英语中有相关的两种表达：

(a) John smeared paint on the wall.

（约翰把油漆涂到墙上。）

(a') John smeared the wall with paint.

（约翰把墙上涂满油漆。）

俄语中也有语义相近的两种表达：

(b) Виктор намазал масло на хлеб.

（维克多往面包上抹黄油。）

(b') Виктор намазал хлеб маслом.

（维克多把面包涂满黄油。）

以上几个例子当中，a 和 a' 并非完全等值，b 和 b' 意义也不完全相同。与 a、b 不同，a'、b' 强调动作对客体作用的充分性和遍及性。因此，a 和 a' 之间，以及 b 和 b' 之间并不存在共同的所谓"深层语义表征"，并不存在"转换"过程，而是完全不同的语义 — 形式结构，即不同的"构式"。a、b 为"致使 — 移动构式"，a'、b' 为含有 with（俄语中为工具格名词）的"及物构式"。"致使 — 移动构式"和含有 with（工具格名词）的"及物构式"在地位上是平等的，不需要假设其中一个构式更为基本，是无标记的，而另一个构式是在无标记构式的基础上转换而来。

构式具有独立于其构成词汇的意义，即具有特有的构式义，即使动词相同，在不同的构式中也体现为不同的句子意义。以"致使 — 移动构式"（动词 + 名词 + 带前置词的名词间接格）和含有工具格名词的"及物构式"（动词 + 名词 + 工具格名词）为例：

(c) налить　воды　в　бак

倒　水　向……里　水箱

（客体格，直接补语）　（终点格）

“把水倒入大桶”

(c’) налить　бак　водой

倒　水箱　水

（客体格，直接补语）（工具格）

“把大桶倒满水”

(d) замотать　бинт　на　руку

缠　绷带　向……上　手

（客体格，直接补语）（终点格）

“把绷带缠到手上”

(d’) замотать　руку　бинтом

缠　手　绷带

（客体格，直接补语）（工具格）

“用绷带把手缠上”

（例 c、c’、d、d’ 出自 Апресян 1974: 280）

(e) погрузить　уголь　в　вагон

装　煤　向……里　车皮

（客体格，直接补语）　（终点格）

“把煤装上车皮”

(e’) погрузить　вагон　углем

装　车皮　煤

（客体格，直接补语）（工具格）

“把车皮装满煤”

以上几组动词相同，但是用于不同的构式当中。其中 c、d、e 为“致使—移动构式”，表示使客体朝着一定方向移动，至于客体（通常为填充物或者可以遍及某处的材料）最终是否充满或者遍及终点（通常终点为一种容器或物体）并不是强调的重点；而 c’、d’、e’ 为含有工具格名词的“及物构式”，隐含“遍及、充满”的意义，表示使客体（通常为一种容器）充满某种填充物，或者被某种材料所覆盖。

5. 结语

格语法和构式语法分别代表了两种词汇与句法界面研究方法，即“动词中心”方法和“构式中心”方法。通过对俄语相关语言现象的研究，可以发现，“动词中心”的研究方法致力于揭示语义格与句法结构成分的对应关系，这种对应通过“转换”模式实现。前期格语法的“转换”模式建立在格框架的基础上，体现了场景参与者到句法论元的直接映射。后期格语法的“转换”模式建立在透视域的基础上，体现了认知主体对场景参与者的主观选择，认知突显性在句法成分映射中起到了决定性作用。“构式中心”方法致力于对构式的研究，认为构式是“形式 — 功能的对应体”，构式的表义部分和句法实现部分不是通过投射实现对应，而是作为具有理据性的统一体存在于语言之中，如果构式的形式不同，其意义必定不同。

需要指出的是，针对同一种语言现象，不同的分析模式有可能给出不同的解释，如 намазать масло на хлеб 和 намазать хлеб маслом 两种结构，可以用认知突显性层级来解释，即突显程度高的成分可以进入透视域。与背景（或界标）（хлеб）相比，图形（或射体）（масло）具有较高的认知突显性，因此，намазать масло на хлеб 结构中 масло 为直接补语，形式上为不带前置词的第四格（客体格），而 хлеб 为间接补语，形式上为带前置词的第四格（终点格）；与“被涂上”的客体（намазать масло на хлеб 中的 хлеб）相比，“被涂满”的客体（намазать хлеб маслом 中的 хлеб）具有较高的认知突显性，因此，намазать хлеб маслом 中 хлеб 为直接补语，形式上为不带前置词的第四格（客体格），而 намазать масло на хлеб 中的 хлеб 为间接补语，形式上为带前置词的第四格（终点格）。同时，这两种结构也可以用构式解释，即 намазать масло на хлеб 为“致使 — 移动构式”，而 намазать хлеб маслом 为含有工具格名词的“及物构式”，前者强调使客体（масло）移动（“朝着面包”），后者构式中隐含“遍及”意义，强调使客体（хлеб）表面被某物（“黄油”）覆盖。

参考文献

[1] Апресян Ю. Д. Экспериментальное исследование семантики русского глагола[M]. М.:Наука, 1967.

[2] Апресян Ю. Д. Лексическая семантика. Синонимические средства

языка[M]. М.:Наука, 1974.

[3] Апресян Ю. Д. Типы соответствия семантических и синтаксических актантов[C]// Проблемы типологии и общей лингвистики. Международная конференция, посвященная 100-летию со дня рождения А.А. Холодовича. Материалы. СПб. 2006. 15-27

[4] Тестелец Я.Г. Введение в общий синтаксис[M]. М., 2001.

[5] Fillmore C J. The Case for Case[C] // E. Bach & R. Harms (eds.). Universals in Linguistic Theory. New York: Holt, Rinehart and Winston, 1968, 1-88.

[6] Fillmore C J. The case for case reopened[C] // Cole P., Sadock J. M.(eds). Syntax and semantics. Volume 8. Grammatical relations. N. Y. et al., 1977a, 59-81.

[7] Fillmore C J. Topics in Lexical Semantics[C]// R. W. Cole (ed.) Current Issues in Linguistic Theory. Bloomington: Indiana University Press, 1977b.

[8] Fillmore C J, KAY P and O'Connor M C. Regularity and Idiomaticity in Grammatical Constructions: The Case of Let Alone[J]. Language, 1988, 64(3): 501-538.

[9] Goldberg A E. Construction: A Construction Grammar Approach to Argument Structure[M]. Chicago: The University Chicago Press, 1995.

[10] Goldberg A E. Constructions at Work: The Nature of Generalization in Language[M]. Oxford: Oxford University Press, 2006.

[11] Lakoff G. Women, Fire, and Dangerous Things: What Categories Reveal about the Mind [M]. Chicago: University of Chicago Press, 1987.

[12] Partee B H. Subject and Object in Modern English[C]. In J. Hankamer, ed., Outstanding Disserdations in Linguistics Series. New York: Garland, 1979

[13] 程琪龙 . 试论 Fillmore 格语法 1971 模式 [J] . 解放军外语学院学报 , 1995(6):16-20.

[14] 冯志伟 . 从格语法到框架网络 [J] . 解放军外国语学院学报 , 2006(3):1-9.

[15] 刘宇红 . 从格语法到框架语义学再到构式语法 [J] . 解放军外国语学院学报 , 2011(1):5-9.

[16] 潘艳艳 . 框架语义学：理论与应用 [J] . 外语研究 , 2003(5):14-18.

[17] 陶明忠 , 马玉蕾 . 框架语义学：格语法的第三阶段 [J] . 当代语言学 ,

2008(1):35-42.

[18] 魏屏 . 菲尔摩的格的语法简介 [J] . 外语研究 , 1987(1): 8-12.

[19] 武仲波 . 框架语义学和框架网络对格语法的继承与发展 [J] . 外语研究 , 2015(6): 22-27.

[20] 杨成凯 . Fillmore 的格语法理论 (上)[J] . 国外语言学 , 1986(1): 37-41.

[21] 杨成凯 . Fillmore 的格语法理论 (中)[J] . 国外语言学 , 1986(2): 76-83.

[22] 杨成凯 . Fillmore 的格语法理论 (下) [J] . 国外语言学 , 1986(3): 110-120.

[23] 俞如珍 . 格语法后期理论 [J] . 外国语 , 1990(1): 54-58.

[24] 张焕香 , 高平 . 从格语法到构式语法 [J] . 哈尔滨师范大学社会科学学报 , 2011(1): 89-94.

[25] 张家骅 . 俄罗斯语义学：理论与研究 [M]. 北京 : 中国社会科学出版社, 2011.

基于语料库的俄语话语标记语语用功能研究
——以 ну 为例

国防科技大学南京国际关系学院　张岚

【摘要】话语标记语是一种常见的语言现象，很多学者从不同角度对其功能进行了诸多有益的探索。但在俄语中专门建立话语标记语语料库对其研究并不多见。基于语料库的方法能够对其进行更加翔实和科学的分析。本文以言语交际中十分常见的话语标记语 ну 为例，并结合语料库的研究方法以及 Wordsmith 5.0 检索软件对 ну 在不同语境中的语用功能、分布位置以及出现频率进行全面深入的探讨。

【关键词】俄语话语标记语 ну；语用功能；基于语料库的研究

引言

在传统俄语语法中，通常把 ну, вот,а 等归类于"语气词"(частицы)(Шведова, 1960； Земская, 1983；Николаева，1985)，因为它们不像实词那样具有典型的语义特征，所以常常被人忽略。20 世纪 80 年代以后，随着语用学这门新兴学科的孕育、确立与发展，俄罗斯语言学界对这类词的描写发生了质的飞跃。在 1993 年俄罗斯出版的《俄语话语词手册》（《Путеводитель по дискурсивным словам русского языка》)一书中，把 ну, вот 等归入到话语词的范围，认为它们"一方面能够保证语篇的连贯性，另一方面它用最直接的方法反映说话者和受话者相互作用的进程、说话者的立场：说话者如何阐释他向受话者所报道的事实并怎样从重要性、真实性、可能性程度方面评价它们。正是这些语言单位调控着交际的进程"。（Баранов, Плунгян и Рахилина，1993：7）俄罗斯学者们趋同于认为它们在话语中的作用主要是动态的语用功能，"它们在交际过程中所起的作用远远超出常规意义上一个普通词汇或结构的作用，它们依附在一定的话语中，起着由语境才能确定的语用功能。"（冉永平，2004：340）[①]

---

① 注：文中所有例句均来自俄语国家语料库（НКРЯ）。

1. 话语标记语 ну 研究概述

在《俄语详解词典》（Д.Н. Ушакова）中 ну 的释义共有九条，多是作为感叹词或语气词，对它的分析没有超出句法 - 语义的层面。随着语用学这门新兴学科的孕育、确立与发展，借鉴西方语言学理论，俄罗斯学者们对 ну 这类“小词”分别采用了“话语词”（discourse words；дискурсивные слова）(Баранов，Плунгян，Рахилина，1993；Киселёва，Пайар，1998、2003）、“寄生词语”（word-parasites；слова-паразиты）(Дараган，2000)、“话语标记语”（discourse markers；дискурсивные маркеры）(Дараган，2000) 等不同术语。为了与西方语言学界的术语保持一致，本文将其称为“话语标记语”。

话语标记语是组织话语的重要手段，同传统意义上的虚词并不相同，根据 К. Л. Киселёва 和 Д. Пайар 的观点，一个词或结构是否属于话语标记语取决于它在话语中的功能。话语标记语的确定有以下两个方面的准则：（1）不具有指物意义；（2）建立两个（或更多）话语组成部分间的关系。（Киселёва и Пайар，1998：8）所以那些按照传统分类法归入不同词类的词进入了话语标记语的组成部分，如：连接词（и, но, если 等）、语气词（ну, вот, значит 等）、情态词（безусловно, возможно, разумеется）等，其核心是语气词和情态词。著名语言学家、俄罗斯科学院院士 В.Плунгян 在《话语词：关于寄生词语丰富意义的 7 个事实》（《Дискурсивные слова：7 фактов о богатстве значений слов-паразиты》）一文中，指出：“话语词在狭义上是指这样一组特别的词语，总之不是在传递意义过程中承载主要任务的‘意义核’，而是这样一些微小的、很难被翻译的小词。乍一看，这几乎就是寄生词语，但实际上它们无论对于话语的说话人，还是受话人来说都是完全必要的，它们帮助构建话语，或者像有些语言学家说的那样，保证语篇的连贯性”“自然的俄语话语没有这些词语将变得枯燥、缺乏表现力。你可以检查一下，你在自然交际情景下是如何交际的。几乎每个句子都会要么从‘а’，要么从‘ну’，要么从‘вот’开始。看上去这些词语没有什么意义，但实际上它们具有非常复杂和繁多的意义，而这些意义是很重要的”。他还特别举了 ну 的例子。他说：“ну 这个词具有非常复杂的意义综合体。它通常出现在答话的开头，证明说话人正在思考，不知道怎么准确地回答，并试图赢得时间来选择他认为最好的回答。这个词语也叫做考虑语、等待语。”[①] 可见，

① （http://postnauka.ru/video/2961）

在 20 世纪 80 年代以后，ну 这个传统语法中的语气词已逐渐被看作是话语词或话语标记语。

在我国俄语界，对 ну 的研究主要从两个方面：（1）从语气词的句法 - 语义角度研究其功能，代表学者有徐翁宇、崔卫、张沛恒等。在张沛恒所著的《俄语语气词》一书中把 ну 看作是多义型的语气词，划分出了 14 种意义，对每一种意义和用法进行了详尽全面的描述，并配以相应的例句。（张沛恒，1991：262-274）但他所划分的这些意义主要还是来源于俄语详解词典中对 ну 的释义，仍然没有超出句法 - 语义的层面。（2）从语用角度研究其功能，如许宏的《俄语话语词 ну 在言语交际中的语用功能》，文中以作为话语标记语的 ну 为例，阐释了它在不同的语境中的多种语用功能；王永在《俄语口语语气词功能研究》一书中指出，语气词具有交际功能，并做了系统论述，他认为 ну 可以充当反应语、充当话轮的衔接手段以及填补语流空白（王永，2005：132-165）。可见，我国学者也逐渐把 ну 看作是话语标记语，并开始从语用的全新角度来研究其功能。

总之，俄罗斯和国内语言学界已从语用角度来研究 ну 在言语交际中的功能，但多以定性分析为主，随着语料库语言学的发展，以自然语料为研究基础，结合定性分析的研究将具有一定的特色。定量与定性研究相结合会发挥各自方法的优势，使得研究结果同时具有理论价值和实践意义。尽管语料库的研究方法在英语领域已经广泛展开，但是在我国俄语界基于语料库的研究尚处于起步阶段，用语料库和定性分析相结合的研究方法对话语标记语进行研究在俄语界尚属空白领域。

2. 本文将结合语料库的研究方法以及 Wordsmith 5.0 检索软件对 ну 在不同语境中的语用功能、分布位置以及出现频率等进行全面深入的考察

由于 ну 在口语中使用十分广泛，因此本文拟采用自建小型语料库的方式，选择俄语国家语料库的口语子语料库中的语料作为研究对象，选取包含话语标记语 ну 的口语语料共计约 68 篇，约 30633 字。语料有电视 / 电台访谈（谈话）、日常生活交谈、口头演讲（报告）、电话交谈等各种类型。具体语料情况见下表：

交际类型	语料长度（字）
日常生活交谈	10254
电视 / 电台（访谈、谈话、直播）	8400
口头演讲、报告、发言、回忆等	4517
电话交谈	2569
会议谈话、讨论等	5795

建成小型语料库后，对所选语料进行人工标注，然后用 Wordsmith5.0 检索软件进行检索、统计和分析。本文将根据 ну 在句中出现的位置对 ну 的语用功能分别加以分析。

本文将参考学者许宏对 ну 的语用功能的相关分类（《俄语话语词 ну 在言语交际中的语用功能》，许宏，2005）并结合语料库的研究方法对 ну 的语用功能做全面的分析考察。在分析了大量真实口语语料后，我们认为 ну 主要具有以下语用功能：

话语标记语 н у 的语用功能
1. < 引发话题 >
2. < 转换话题 >
3.< 延续话题 >
4. < 结束话题 >
5. < 信息修正 >
6. < 信息延缓 >
7.< 转接话轮 >
8. < 祈使 >
9.< 充当反应语 >

根据（ну，分布位置，语用功能）这样的赋码原则，其中分布位置用俄语单词表示，语用功能用数字表示，如：（ну，начало，7）表示（ну，句首，转接话轮功能），我们可以检索出以下几个结果：

2.1 ну 的分布位置的出现频次

分布位置	出现频次	百分比 %
句首（начал о ）	372	74.7%
句中 (середина)	126	25.1%
句末 (конец)	0	0%
独词句 (слово-предложение)	1	0.2%

用 Wordsmith5.0 检索软件检索后，经统计，ну 通常出现在句首和句中。

2.2 ну 的分布位置 + 语用功能排序（ну，分布位置，语用功能）

2.2.1 ну 在句首时，其语用功能出现频次排序

分布位置	语用功能	出现频次排序
句首（начало）	7.< 转接话轮 >	154
	3.< 延续话题 >	85
	1.< 引发话题 >	65
	2.< 转换话题 >	31
	8.< 祈使 >	21
	6.< 信息延缓 >	10

排在前三位的语用功能分别是转接话轮、延续话题和引发话题功能，连同第四和第六位的转换话题和信息延缓功能，它们分别属于语篇的形式连贯和内容连贯方面的功能，可见 ну 在句首时，其主要语用功能是保证语篇的连贯性。排在第 5 位的祈使功能属于人际互动功能，虽然也出现了 21 次，但远远少于其语篇连贯功能出现的频次。

下面就 ну 在句首时所发挥的语用功能逐一加以分析。

2.2.1.1 转接话轮功能

ну 的转接话轮功能主要是帮助话语使用者占据说话人地位，标示其交际身份由听话人向说话人的转换，从而引发出自己想要发表的见解和话题。从我们收集的语料显示，这一语用功能多出现在话轮开端的句首，且出现频率最高。在对 154 个执行这一功能的 ну 用例分析中，我们发现，ну 一般出现在以下两种会话模式中：

模式 1：A：提出问题

B：ну+ 回答 A 所提出的问题

模式 2：A：引发某话题并期待有所回应

B：ну+ 回应 A 所引发的内容

模式 1：

在以话轮转换为特点的互动式对话中，当 ну 出现在话轮开端时，为避免过长的停顿，说话者感到必须先把话轮转接过来，向对方表示自己已开始回答上一话轮提出的问题，尽管有时应答的内容还没有完全组织好。这种转接功能可以通过自然式和抢夺式两种方式来实现。

（1）自然式转接

自然式转接通常发生在两人对话中，说话人提出问题，听话人则用 ну 标示开始回答对方的问题，如例 1 和例 2：

例 1：[№ 0] Вот давайте поговорим об этом событии. Не могли бы Вы своими словами объяснить / зачем государство проводит перепись населения?

[№1,жен,61] № 1. Ну / для того чтобы узнать / какое количество людей у нас осталось / какая демографическая обстановка у нас / какие ресурсы / куда что нужно запланировать / сколько.

[Беседа с социологом о переписи населения, 7, Владивосток // Интернет, 2001]

例 2：[Вопрос] Вопрос. Борис Борисович / а какие наиболее значимые детали в личности вы считаете важными?

[Гребенщиков] Гребенщиков. Ну конечно / бицепсы / во-первых. Смеётся. Есть ещё разные… вы не видели всего остального / кстати.

[Борис Гребенщиков. Пресс-конференция Б.Гребенщикова // Интернет, 2003]

例 1 和例 2 中的 ну 都属于自然式转接话轮功能。例 1 中说话人用 ну 标示开始回答对方的问题“您能不能用自己的话来解释一下为什么国家要进行人口调查？”；例 2 中 Гребенщиков 使用 ну 来表示将回答记者提出的问题“您认为在个性中什么是最重要的品质？”他以玩笑的方式进行了回答“嗯，当然首先是要有二头肌”。

（2）抢夺式转接

抢夺式转接大多发生在多人会话中，比如聚会谈话、会议交谈、讨论等。这一转接功能通常发生在上一话轮说话人在提出问题后，标记使用者在其他交谈者未开始应答前用 ну 来抢先占据说话权，成为下一话轮的说话人，如例 3：

例 3：[0] А что вы слышали? И какие страны вступили в НАТО / вы не слышали?

[4, жен, 60] № 4. Ну$_1$ / Болгария / Прибалтика вся / Польша / Словакия. Информация / может быть / она не полная.

[0] № 0. Юрий / а вы что слышали?

[1, муж, 58] Непосредственно нужно быть готовым. Вот так. Моё отношение отрицательное. Ну / им деваться некуда. Надо где-то находиться. Либо с нами /

либо с НАТО / но с НАТО выгоднее.

[0] № 0. А что плохого вы в этом видите?

[2, жен, 51] № 2. Ну$_2$ / потому что НАТО как бы подходит к нашим границам. Не хочу / чтобы было здесь НАТО. И надо / чтобы мы невступали туда тоже.

[3,жен, 35] Мне кажется / что надо вступать в НАТО / потому что в принципе я не вижу ничего в этом плохого…Почему бы и нет?

[9, жен, 41] № 9. Ну$_3$ / а что в этом плохого?

[3, жен, 35] № 3. Ничего плохого. Говорят все.

[2, жен, 51] № 2. Это же военная организация.

[9, жен, 41] № 9. Нет / ну / они и не принимают нас / даже если мы этого захотим.

[3, жен, 35] № 3. К сожалению.

[0] № 0. Почему?

[7, муж, 22] № 7. Ну$_4$ / мы достаточно остаёмся сильным государством / на нас / покрайней мере / сейчас никто точно не покусится. А Европейский блок /он нам сейчас сильно нужен / потому что в экономическом плане. Мы в экономическом плане очень слабая страна и далеко находимся от большого развития. Американцы / конечно / не показатель.

[Беседа в Новосибирске // Фонд «Общественное мнение», 2004]

在上面这段关于加入北约组织到底是有益还是有害的交谈中，[4, жен]、[2, жен]、[9, жен] 和 [7, муж] 四位交谈者分别用 Ну$_{1-4}$ 来抢先占据了说话权，成为下一话轮的说话人，引发出自己的观点和见解。

模式 2

在以话轮转换为特点的互动式对话中，说话人在话轮开端用 ну 来标示自己开始回应上一话轮所引发的话题。如例 4：

例 4：Модератор: Но мы определение даём. Что такое партия?

Надежда: Это группа людей…

Виктор. Ну$_1$ извините / группа людей в 19 миллионов. Общее обсуждение.

Надежда: И так / объединение группы людей по целям / задачам / интересам.

Александра: С общей программой своей выработанной. Как я знаю / они дают водку / деньги. Таким образом заинтересовывали народ на выборах. Как недавно по ТВ показывали / раздавали две машины мороженого.

Модератор: $\underline{\text{Ну}}_2$ это что касается голосования на выборах. А меня интересует / то после выборов. Вот сидят партиив Госдуме.Они пользу приносят? Если да / то в чём она заключается?

Виктор: Чисто в парламенте поддержка / чтобы проходили законы.

Модератор: То есть / Путин сказал партии / что закон должен пройти…

Виктор: $\underline{\text{Ну}}_3$ я не думаю / что Путин бы сказал. Он глубоко порядочный человек. Вы / извините / замужем?

Модератор: Чистые руки / как и совесть.

[Беседа в Самаре // Фонд «Общественное мнение», 2001]

例 4 中 Виктор 用 Ну_1 标示自己对上一话轮话题“政党定义”的进一步补充说明; Модератор 用 Ну_2 来回应上一话轮的话题“政党为获得选票所采取的手段”，并表达了自己的观点；Виктор 用 Ну_3 表示对上一话轮 Модератор 所说的话的回应。

2.2.1.2 延续话题功能

在对 85 个执行延续话题功能的 ну 用例分析中，我们发现，执行这一功能的 ну 通常出现在话轮中间的小句句首位置，而且出现在长话轮中的频率较高。为什么会出现这种情况呢？因为当说话人要说一个比较长的话轮时，他不可避免地要将他的话分成比较小的部分，每一个都有自己的结构和联系的手段，但说话人还想表达它们之间在话题上的连贯性和延续性，就会运用话语标记语来标记小句间的联系，而 ну 即为这样的标记语之一，如例 5：

例 5：[Е.П., жен] Ребят забрали в детский дом / а мы с братом…брат меня не отдал старший. Сказал / что «Будешь у меня тут хозяйкой» . $\underline{\text{Ну}}_1$ и вот/ мы с ним жили вдвоём. Братья приходили / асестру маленькую / ей было шесть лет / её забрала тётя из Северо-Казахстанской области. $\underline{\text{Ну}}_2$ потом мы написали письмо отцу / я написала письмо отцу / чтобы он приехал и забрал нас всех.Что я написала / сказала / что мы хотим жить вместе / ну чтобы не разъединяли нас никуда / вместе чтобы мы жили. $\underline{\text{Ну}}_3$ / правда / отец вроде бы сперва несоглашался / артачился / а потому же настояли. Настояла мачеха моя.

[Воспоминания женщины о молодости // Из коллекции Казахстанского филиала МГУ, 2011]

例 5 中说话人在一个较长话轮中都多次使用了 ну，以此保持了话题内容的延续性和连贯性。

2.2.1.3 引发话题功能

在互动式对话中，说话人使用 ну 表示他要发起一个话题这样的元语用意识，这种意识不通过话语标记语表现出来也未尝不可，只是那样就会使整个话语在连贯性上有所欠缺，使话题发起显得突然，不太容易接受。在对 65 个引发话题功能的 ну 的例子分析中，我们发现，执行这一功能的 ну 可能出现在话轮开端或话轮中间的句首位置，且大多出现在以话轮转换为特点的互动式对话中，在独白式言语中较少出现。如例 6：

例 6：[№ 1, муж] № 1. То есть такой тандем / сочетание произошло. $\underline{\text{Ну}}_1$ а вообще / скажите по секрету всему свету и радиослушателям за одно / сатириками становятся или всё-таки рождаются? Как вы думаете?

[№ 2, муж] № 2. Сначала рождаются / а потом становятся.

[№ 2, муж] № 2. Да.

[№ 1, муж] № 1. $\underline{\text{Ну}}_2$ вы обиделись тогда на него?

[№2,муж] № 2. У меня есть интересная черта / которой я горжусь / я не очень обижаюсь / и когда люди делают мне замечание / я думаю / что в каждом замечании какая-то доля истины есть / но надо всё-таки уметь прислушиваться и к своему мнению. То есть я прислушиваюсь к замечаниям / но не всё принимаю конечно.

[М. Задорнов. Беседа на радио с М. Задорновым // Интернет, 2001]

例 6 中的 Ну_1 和 Ну_2 分别位于话轮中间和开端，引发出不同的新话题：“总之，您可否告诉全世界以及电台听众们一件事，讽刺作家是后天形成的还是天生的？您怎么看？”；“嗯，您那时受他欺负了吗？”

2.2.1.4 转换话题功能

在发话过程中 ну 还可起到转换话题的作用。说话人可利用话语标记语 ну 表达自己想改变话题的想法，同时使话语的连贯性没有欠缺，让新话题的开始不显得唐突，从而更容易为人们接受。如例 7 和例 8：

例 7：[Ведущий, муж] Так что / надеюсь / вам понравится. Слушайте! В принципе / можно нам позвонить по телефону 43-24-14 / что-нибудь по этому поводу сказать. Ну а сейчас ещё одна песня / наиболее известная песня Екатерины Болдыревой / по крайней мере / в Иркутске. Песня «Избранница» / на самом деле самая известная в Иркутске. Дело в том / что года уже 3 назад её привезла в наши края Женя Логвинова / сама исполняла / плюс выдала кассету с записью.

[Александр Филатов. Радиопрограмма «Полнолуние», посвященная авторскойпесне Е. Болдыревой, «Радио-Пик», Иркутск // Интернет, 2000-2004]

例 8：мать и сын

— Ну как вы? Как спали? Как папа?

— Сегодня ничего/ вот завтракаем.

—Я уж волнуюсь.

— Да я только пришла / пальто сняла. Тролейбуса полчаса не было. Ну у ва свсё нормально?

— Угу.

— Ну хорошо. Целую. Попозже позвоню.

[Телефонные разговоры // М. В. Китайгородская, Н. Н. Розанова. Речь москвичей: Коммуникативно-культурологический аспект. М.: ИРЯ РАН, 1999, 1991-2002]

例 7 中，主持人先介绍了一下电台点播歌曲的号码，然后话锋一转，用 ну 标示开始新的话题“现在有一首 Екатерина олдырева 最为著名的歌曲，实际上在伊尔库斯克是最著名的，歌名叫作《心上人》”；例 8 中，妈妈说完自己刚回来，因为无轨电车半个小时都没有来，然后用 ну 转换了话题“你那儿一切都好吧？”

从我们收集的语料显示，执行转换话题功能的 ну 通常出现在话轮中间位置，且在长话轮中的出现频率较高。

2.2.1.5 祈使功能

在以话轮转换为特点的互动式对话中，ну 有时也标记祈使意义，可以表达“要求”“请求”“恳求”等。如例 9 和例 10：

例 9：[Продавец, жен] Хотите / килограмм / потому шо их … Они редко бывают //[Покупатель2, жен] Ну давай килограмм.

[Продавец,жен] Килограмм восемьсят шесть рублей // Я уже отвешала / потому что нет у меня /кончаются вон //

[На рынке: в кондитерском контейнере // ДВГУ, База данных «Речь дальневосточников», 2009]

例 10：[Влад Абрамов, муж] Ну / может / просто вас заинтересует одежда / вы ее…вы увидите ее и …

[КсенияЛяпина, жен] <u>Ну</u> / вы пришлите там какие-то / я с удовольствием может быть и куплю…А я это не могу…

[Ксения Ляпина, Влад Абрамов. Как мы разыграли Ксению Ляпину // Из коллекции НКРЯ, 2009]

从上述例子中可以看出，在句首标记祈使意义的 ну 经常和动词命令式一起构成祈使言语行为，从而赋予语句不同的祈使意义并起到强调的作用。例 9 中，顾客用 ну 来标记祈使意义，与 давай 一起表示“请来一公斤”；例 10 中，КсенияЛяпина 使用 ну 来表示祈使意义。“嗯，请你寄一些衣服来吧，我很乐意可能会买，但是也不能确定……”

2.2.2 ну 在句中时，其语用功能出现频次排序

分布位置	语用功能	出现频次排序
句中 (середина)	6.< 信息延缓 >	77
	5.< 信息修正 >	23
	3.< 延续话题 >	16
	2.< 转换话题 >	10

ну 在句中时，其语用功能主要是信息延缓和信息修正功能，而这两个功能属于语篇的形式连贯功能。下面对这两个功能逐一加以分析。

2.2.2.1 信息延缓功能

ну 可以用做一个信息延缓标记语。在言语交际中，说话人有时会一时答不上对方的问题，会流露出为难、犹豫不决的情况致使语流中断。在这种情况下，为了保住当前话轮，说话人使用 ну 这一标记语，填补语流空白，同时也为自己争取时间寻找合适的词语。如例 11 和例 12：

例 11：[Грсбснщиков] И мне представляется / что вот этот новый этнос / он в смысле идей гораздо интереснее / чем тот этнос / который есть уже / потому ч то тот этнос мы уже так и так знаем / и никакие бастарды от индийской музыки или от японской музыки / они не будут лучше / чем оригинальная музыка.

А то / что сейчас в компьютерах происходит /»музыка лэптопов дешёвых «/ вот она очень интересна / потому что в них кипят идеи. То есть я вижу / что происходит и мне очень нравится. Такие люди…ну я не знаю… Как неразборчиво …они делают очень интересные штуки / которые люди пока ещё не отсканировали. Но это будет.

[Борис Гребенщиков. Пресс-конференция Б.Гребенщикова // Интернет, 2003]

例 12：[Сергей, муж,25] Нет / ну / просто / видишь / как-то так все…ну / а… Множество людей говорило о том / что мне идёт / конечно / быть блондином. Множество людей говорили / вот нет / не идёт. Ну / и я / в общем / подумал / ну / нет / так нет. Не понравилось моим фанаткам / ну вот решил состричь всё это… на фиг. Вот / и теперь буду ходить.

[Беседы с популярными певцами в радиостудии // Из коллекции Ульяновского университета, 2009]

例 11 中，说话人一时不知如何形容“такие люди”，于是用 ну 来填补语流空白，同时为自己争取时间寻找合适的词语“Как неразборчиво”；例 12 中，说话人频频使用 ну 来填补语流空白，同时争取时间寻找合适的词语，从而起到信息延缓的作用。

通过对 77 个实行信息延缓功能的 ну 的例子进行分析，我们发现，它一般出现在话轮中间位置，且在长话轮中出现频率高于短话轮。

2.2.2.2 信息修正功能

言语交际是一个动态的过程，说话人在说话时经常会发生口误、用错词或听错对方的话语，或对某一信息产生误解，这时说话人可能随即对它进行修正。作为一种语言手段，ну 插入话语中可以起到修正的标记作用。如例 13 和例 14：

例 13：[№3, жен, 18]№ 3. Хоть кто-то приехал к ней / да? На кастинге меня спросили / «Так ты едешь к Алёне Водонаевой?» . Я говорю / «Нет / я еду не к Алёне / ну / к ней / конечно / тоже». Вот и всё. Я / как бы / сначала хотела ехать к Майклу либо к Стасу. Вот / но как-то с Майклом я / честно говоря / не знаю / я не думала / что он такой.

[Беседа участников реалити-шоу «Дом-2», ТНТ // практиканты, 2005]

例 14：[S,жен,19] Там так любят лечить…

[Г] Угу / любят. Надя вот тоже в феврале здесь упала / потеряла сознание около больницы….ну….ой / около пекарки…Ладно…/ народ проходил мимо… Всё-таки зимой всё равно меньше же ходят…

[Разговор на кухне, деревня в Челябинской области // практиканты, 2005]

例 13 中，说话人先说“我不去阿廖娜那里”，然后发现说错了，随即用 ну 插入进来发挥修正信息的作用；例 14 中，说话人先说“在医院附近”，接着用 ну 标记信息有误，应该是“在面包房附近”。

2.2.3 充当反应语

ну 作为独词句可能由于语料的局限只出现了 1 次，但它作为独词句充当反应语的例子在以话轮转换为特点的互动式对话中还是较常见的。那么什么是反应语呢？在非正式场合下，听话人常常会使用一些没有实际意义的词，如 ну、да 和 нет 等。当我们从语用学的角度来考察这些词的时候，可以发现，尽管它们没有意义或不再具有原来的意义，但却具有交际功能，在言语过程中起着支持话语、使话语得以延续的作用。它们似乎在告诉说话人：“我听着呢”“你接着说吧，我想听下去”。对于言语中的这种现象，国外一些社会学家、语言学家给予了充分重视并做了一些研究。这些学者对这种现象的命名及其所使用的语词各不相同。美国社会学家 Sack 认为这是一种“hesitation filler”（搪塞语）（何兆熊，1999：221）；而语言学家 Duncan 则把这种语言现象称作“back-channel”（副声道信息）；Bublitz 冠其名曰“hearer’s signal”（听话者的信号）（转引自何安平，1998：75）。Yule 则认为这些语词可以称之为副声道信息信号（backchannel signals）或简称副声道信息，“这种信号可以将他收到消息的信息反馈给说话人。它们一般表示听话人在注意听对方说话，而不是对此不予理会……在面对面的相互交际中，若没有副声道信息，会被理解为一种拒绝同意的方式而被推断为不同意（Yule，1996：75）。”Сиротинина 认为，这类语词可以独立构成对话的刺激话轮，用作“刺激不知因何原因中断了语句的交际对方继续语句”，这时它可以被看做是说话人发出的祈使言语行为，要求对方快把话说下去。ну, да, нет 等都有类似的用法（Сиротинина，2003：38）。王永则把这种语言现象称为反应语，“它们既不充当语句的结构要素，也没有给语句增加修辞色彩，只是对对方言语做出的一种反应，体现出双方相互合作的态度。”（王永，2005：137）。在本文中，我们比较认可王永的观点，即在言语过程中 ну 可以独立成句，充当反应语，起着支持话语、使话语得以延续的作用。如例 15 和例 16：

例 15：[Денис]Чувак/ она повисла / чувак. А знаешь почему?

[Артем] Ну?

[Денис]Потому что ты балбес.

[Праздный разговормолодых людей, Московская область // практиканты, 2005]

例 16：[Наташа] У меня к тебе один философский вопрос, можно ?

[Елизавета Максимовна] Ну, ну!..

[Наташа] Скажи, бабушка, бывает так：знаешь человек год, два, три, и вдруг встречаешь его, а он тебе кажется совсем иным, ну просто другим человеком ?

(В. Розов)

例 15 中，Денис 问 Артем“你知道为什么吗？”，Артем 用 ну 来回应 Денис，以此告诉他“你接着说吧，我想听下去”；例 16 中，Наташа 想问 Елизавета Максимовна 一个哲学问题，但又不知道她是否愿意回答，这时 Елизавета Максимовна 用 ну 来鼓励她说下去。

2.2.4 标记话题结束

在本文语料中尚未发现 ну 位于句末的情况，这说明 ну 通常不分布在句末。但 ну 有时会位于话轮末尾的小句句首，标记话题的结束，这一语用功能（4）<结束话题>由于本文语料的局限尚未出现在检索结果中，但在实际口语交际中这样的例子是存在的。如例 17 和例 18：

例 17：—Сволочи,—сказал он,—Саботажники, подлецы...Завтра пораньше приходитеко мне в городской комитет, устроим, чего-нибудь придумаем...Ну, будьте здоровы.(А. Толстой)

例 18：—Ну, ну!—прервал Шебалов.—Это ты мне не разводи...Это ты теперь Галдухвалишь, а раньше, бывало, всегда с ним собачился. Какие ещё там десять лишнихчеловек Ты мне очки не втирай. Ну, да ладно, об этом потом...

(А, Гайдар)

例 17 中，说话人在话轮末尾使用 ну 来标示话题的结束“明天早一点到我这市委员会来，我们看看能想出什么办法……好吧，祝你一切顺利”；例 18 中，说话人同样也是在话轮末尾的小句句首使用了 ну，表示即将结束这一话题“诺，好吧，关于这件事之后再……”

3. ну 的出现频率特征及影响因素

从我们收集的语料显示，ну 在不同语料中出现的频率差异很大。我们初步认为 ну 所出现的频率可能会受到交际类型的影响。为了证明这一观点，我们对所收集的语料又进行了进一步的考察，结果发现 ну 出现频率从高到低可以分为5个等次：出现频率最高的是日常生活交谈类语料，其次是电话交谈类语料，第三是电视／电台访谈类语料，第四是会议谈话、讨论类语料，出现频率最低的是口头演讲、报告类语料。

以上结果表明，ну 的出现频率特征会受以下几个因素的影响：

（1）交际主体对交际内容的熟悉程度和准备的充分程度。通常情况下，说话人对交际内容越熟悉、准备的充分程度越高，ну 的使用频率就越低；相反说话人对交际内容越陌生、准备的充分程度越低，ну 的使用频率就越高。如 ну 在口头演讲、报告类语料中出现频率最低，这是因为通常演讲、报告的准备程度都很高。再如，ну 在日常生活交谈类语料中出现频率最高，也是由于在日常生活交谈中，说话人对交际内容准备程度较低，通常带有随意性、动态性的特点。

（2）话题内容的复杂程度。通常情况下，交谈话题的内容越复杂、难度越大，ну 出现的频率越低；话题内容越随意、简单，它们的出现频率越高。比如 ну 在会议谈话、讨论类语料中出现频率较低，因为会议谈话、讨论的话题内容专业性都很强，难度也较大。

（3）话轮长短。通常情况下，说话人的话轮越长，信息量越大，需要思考、调整的必要性就大，因此 ну 出现的频率就会越高，反之亦然。如在电视／电台访谈中，受访者说的话轮往往都较长，有的几乎占据了整个交际活动，所以 ну 的出现频率就较高。

（4）交谈者的谈话距离（面对面交谈还是电话交谈）。通常情况下，电话交谈中话语标记语的出现频率会相对偏高，这是因为交际双方不能通过手势、面部表情等非语言手段来协助交际，只能依靠语言来促进交际双方的互动性和交际内容的连贯性，话语标记语便是非常有效的手段之一。ну 的使用也不例外，它们在电话闲谈语料中的出现频率比它们在面对面聚会闲谈中的频率要高。

4. ну 的语用功能使用差异及影响因素

从我们收集的语料显示，ну 在不同语料中发挥的语用功能也存在差异。我

们设想 ну 发挥的语用功能可能也会受到交际类型的影响。为此，我们对 ну 在句首排前四位的语用功能以及在句中排前两位的语用功能出现频次进行了进一步的统计和分析，得出 ну 在不同交际类型语料中发挥的语用功能频次情况，具体见下表：

н у 的语用功能	以话轮转换为特点的互动式对话（日常生活交谈、电视 / 电台访谈 <谈话>、会议讨论、电话交谈等）	独白式言语（口头演讲、报告、发言、回忆等）
句首 <转接话轮>	151	3
句首 <延续话题>	52	33
句首 <引发话题>	51	14
句首 <转换话题>	26	5
句中 <信息延缓>	62	15
句中 <信息修正>	21	2

由上表可见，在以话轮转换为特点的互动式对话中，ну 在句首主要发挥转接话轮功能；在句中则是信息延缓功能。在独白式言语中，其在句首以延续话题为主，在句中则主要实行信息延缓功能。可见，在这两种不同交际类型语料中，ну 发挥的语用功能差异主要体现在其分布在句首时的转接话轮功能和延续话题功能上。为什么会出现这种差异呢？我们认为，这是由不同交际类型的特点决定的。互动式对话是以话轮转换为特点的，说话人和听话人频繁互换交际角色，从而完成整个会话过程。会话的基本单位是相邻对，它是一对话语语列，其中第一配对部规定了第二配对部的产生，具有刺激功能，而第二配对部是对第一配对部的反应，具有反应功能。因此，俄罗斯语言学家称前者为刺激话语（реплика-стимул），后者为反应话语（реплика-реакция）（Земская，1987: 177）相邻对的类型包括“问候 — 问候”“提问 — 回答”“陈述 — 反应”“邀请 — 接受 / 谢绝”“抱怨 — 否认 / 道歉”“请求 — 答应 / 拒绝”“提议 — 接受 / 拒绝”等，其中“提问 — 回答”“陈述 — 反应”是较典型的语列。话轮和相邻对中的配对部虽然是不同的概念，但两者经常有一致的时候，即一个话轮相当于一个配对部。在收集的语料中我们发现，发挥转接话轮功能的 ну 通常出现在以下两种会话模式中：

模式 1：A：提出问题

B：ну+ 回答 A 所提出的问题

模式 2：A：引发某话题并期待有所回应

B：ну+ 回应 A 所引发的内容

这两种会话模式恰恰和“提问 — 回答”“陈述 — 反应”这两种相邻对语列相吻合，两种模式中的 A 和 B 所说的话构成了一对相邻对，A 引出刺激话语，而 B 借助 ну 在标示话轮转换的同时也标示了将对 A 的刺激话语做出反应，这样，ну 在互动式对话中频繁发挥转接话轮功能就不难理解了。

而独白式言语的特点是没有发生话轮转换，说话人和听话人的交际角色也没有发生改变，这样整个言语交际过程几乎都是说话人一个人完成的，他不可避免地会使用长话轮来表达自己的观点、想法或讲述某个事件等（像口头演讲、报告、发言、回忆等）。在说出一个长话轮时，说话人想表达话轮中各小句之间在话题上的连贯性和延续性，就会经常运用诸如 ну 这样的话语标记语来标记小句间的联系。由此可见，ну 在独白式言语中常常发挥延续话题功能。

5. ну 的认知语用分析

ну 在不同语境中表现出的多功能性，主要基于人类认知中的关联性原则，同时也是说话人元语用意识的反映。

Sperber 和 Wilson（1986/1995）认为，交际涉及说话人和听话人对信息的处理，根据明示 — 推理交际模式（ostensive-inferential communication model），明示与推理是交际过程的两个方面。从说话人的立场来说，交际是一个明白无误的示意过程，说话人通过明示交际行为以让听话人获取某种信息；从听话人的立场来说，交际又是一个推理过程，听话人对话语进行解码和推理，以获取说话人的交际意图。说话人为了减少听话人话语理解时付出的努力，会使用一些明示的话语标记语来表明话语的方向，促使听话人根据该方向利用推理机制将话语的字面意义与可能隐含的信息加以综合，结合语境假设寻求话语之间的最佳关联性，增加话语理解成功的机会，这就是认知语用学中的关联理论（Relevance Theory）。如：

例 1：[№ 0] Вот давайте поговорим об этом событии. Не моглибы Вы своими словами объяснить /зачем государство проводит перепись населения?

[№1,жен,61]№ 1. Ну / для того чтобы узнать / какое количество людей у насосталось / какая демографическая обстановка у нас / какие ресурсы / куда что нужно запланировать / сколько.

例 2：[Е.П., жен] Ребят забрали в детский дом / а мы с братом…брат меня не отдал старший. Сказал / что «Будешь у меня тут хозяйкой». Ну$_1$ и вот/ мы снимжили вдвоём. Братья приходили / а сестру маленькую/ ей было шесть лет/ её забралатётя из Северо-Казахстанской области. Ну$_2$ потом мы написали письмо отцу / я написала письмо отцу / чтобы он приехал и забрал нас всех. Что я написала / сказала / что мы хотим жить вместе / ну чтобы не разъединяли нас никуда / вместе чтобы мы жили. Ну$_3$/ правда / отец вроде бы сперва несоглашался / артачился / а потому же настояли. Настояла мачеха моя.

例 3：[№1жен22] Ну Стас / ты чего / не знаешь Стаса? Кто его лучше знает / чем ты?

[№2жен22] Но / видишь / Стас говорит / что на проект вряд ли придёт девушка / которая ему понравится.

例 4：[Ведущий, муж] Так что / надеюсь / вам понравится. Слушайте! В принципе / можно нам позвонить по телефону 43-24-14 / что-нибудь поэтому поводу сказать. Ну а сейчас ещё одна песня / наиболее известная песня Екатерины Болдыревой / по крайней мере / в Иркутске Песня Песня «Избранница» / на самом деле самая известная в Иркутске. Дело в том / что года уже 3 назад её привезла в наши края Женя Логвинова / сама исполняла / плюс выдала кассету сзаписью.

例 1 中，说话人用 ну 明示了话轮的转换，并表明即将开始回答对方的问题，从而让听话人付出了极小的努力找到话语间的关联。例 2 中，说话人频繁使用 ну 让听话人理解这是同一话题的延续，听话人在认知方向上不会以为是新话题的开始，从而在话语信息处理上很容易把信息融合在一起。例 3 中，说话人使用 ну 表示他要发起一个新话题这样的元语用意识，反映了元语用意识给予说话人做出语言选择时的向导和调控，也引导和制约了听话人对话语信息的处理和加工。例 4 中，说话人利用 ну 表达自己想改变话题的想法，使听话人在认知方向上理解这是新话题的开始，从而在话语信息处理上不会和前面的信息相混淆。

总之，话语标记语 ну 在不同语境条件下具有多功能性，说话人使用 ну 来衔接和连贯语篇的认知机制是关联原则，即说话人用 ну 对听话人的话语理解进行指引和制约，使听话人在理解话语时付出尽可能小的努力去寻找话语关联，从而正确明白说话人的交际意图，增加交际成功的机会。同时，说话人通过 ну 来指示话语各部分之间的衔接，反映了说话人元语用意识对其语言选择的调控和引导。

结论

1. 在口语交际中，ну 作为话语标记语主要分布在句首和句中，其中分布在话轮开端的句首情况最多，发挥的语用功能主要表现在转接话轮和引发话题上；分布在话轮中间的小句句首情况次之，其语用功能主要是在延续话题和转换话题等方面发挥作用，且在长话轮中这两种功能体现得更为明显；ну 分布在句中的情况排第三，它主要是发挥信息延缓和信息修正等方面的功能。由此可见，ну 在话语的形式连贯（保持话轮、转接话轮）和内容连贯（引发话题、延续话题、转换话题）等方面都发挥着重要的作用，因此，它的语用功能主要体现在语篇组织功能上。此外，ну 有时还可以独立成句，充当反应语，或表示祈使意义，实现人际互动功能。

2. ну 所出现的频率特征会受到交际类型的影响，它在不同交际类型中出现的频率差异很大。研究结果表明，ну 的出现频率特征会受到交际主体对交际内容的熟悉程度和准备的充分程度、话题内容的复杂程度、话轮长短以及交谈者的谈话距离等因素的影响。

3. 研究表明，ну 在不同交际类型中发挥的语用功能也存在差异。在以话轮转换为特点的互动式对话中，ну 主要发挥转接话轮功能；而在独白式言语中则常常发挥延续话题的作用。出现这种差异的原因是由于交际类型的不同特点所造成的。互动式对话是以话轮转换为特点，说话人和听话人频繁互换交际角色，从而完成整个会话过程。因而在互动式对话中 ну 的转接话轮功能频频得以实现；而独白式言语的特点是没有发生话轮转换，说话人和听话人的交际角色也没有发生改变，说话人经常使用长话轮导致他要经常运用话语标记语 ну 来表达话轮中各小句间在话题上的连贯性和延续性，即发挥它的延续话题功能。

4. 从认知角度对话语标记语 ну 的语用功能进行分析可知，说话人使用 ну 来衔接和连贯语篇的认知机制是关联原则，即说话人用 ну 对听话人的话语理解进行指引和制约，使听话人在理解话语时付出尽可能小的努力去寻找话语关联，从而正确明白说话人的交际意图，增加交际成功的机会。同时，说话人通过 ну 来指示话语各部分之间的衔接，反映了说话人元语用意识对其语言选择的调控和引导。

话语标记语作为一种语言手段，被人们广泛应用。尽管它的存在并不影响话语的命题内容，但其所起的作用却是不容忽视的。以上我们仅以言语交际中十分常见的话语标记语 ну 为例，分析了它在言语交际中发挥的多种语用功能。正如很多学者所指出的那样，俄语话语标记语是一个很长一段时间以来被人们忽略的问题，对类似 ну 的话语标记语的语用功能及其与之有关的问题还有待于更深入更广泛的研究。

参考文献

[1] Баранов А.Н., В.А. Плунгян, Е.В. Рахилина. Путеводитель по дискурсивным словам русского языка[M]. Москва：Помовский и партнеры, 1993.

[2] Плунгян В. Дискурсивные слова：7 фактов о богатстве значений слов-паразиты [J].http: //postnauka.ru/video/2961.

[3] Киселёва К., Д. Пайар. Дискурсивные слова русского языка：опыт контекстно-семантического описания [M]. Москва：Метатекст, 1998.

[4] Киселёва К., Д. Пайар. Дискурсивные слова русского языка：контекстное варьирование и семантическое единство[M]. Москва：Азбуковник, 2003.

[5] Сиротинина О.Б. Разговорная речь в системе функциональных стилей современного русского литературного языка. Грамматика [M]. Москва：Едиториал УРСС, 2003.

[6]Sperber, D&D.Wilson. Relevance: Communication and Cognition [M]. Oxford: Blackwell, 1986 /1995.

[7] Yule, G. Pragmatics[M]. Oxford: Oxford University Press, 1996.

[8] 何安平. 英语会话中的简短反馈语 [J]. 现代外语，1998(1)：75-80.

[9] 何兆熊. 语用学概要 [M]. 上海：上海外语教育出版社， 1999.

[10] 何自然，陈新仁. 当代语用学 [M]. 北京：外语教学与研究出版社，2004.

[11] 冉永平. 话语标记语的语用学研究综述 [J]. 外语研究，2000(4)：8-14.

[12] 王永．俄语口语语气词功能研究 [M]．北京：外语教学与研究出版社，2005．

[13] 许宏．俄语话语词 н у 在言语交际中的语用功能 [J]．中国俄语教学，2005(4)：35-40．

[14] 张沛恒．俄语语气词 [M]．长春：吉林教育出版社，1991．

面向区域国别知识体系构建的俄语地名研究

上海外国语大学　蒋勇敏

【摘要】地名学是语言学分支学科专名学的重要组成部分，研究自然或人文地理实体专有名称的意义与来源、功能与结构、分布区域、发展与变化等。在19世纪初迄今的整整两个世纪中，俄语地名学与地理学、历史学、民族学等人文学科关系密切，在相互影响和共同发展中取得了丰硕的成果，形成了一整套传统的研究理论与方法。当前我国高等院校正在深入开展区域国别研究工作，为全面推进“一带一路”建设提供学理支撑。俄罗斯联邦地处欧亚大陆的核心地带，又是“丝绸之路经济带”的沿线国家，对其政治、经济、社会、军事、地理、历史、文化等领域进行全面、深入、及时和战略性的研究意义重大。俄语地名学因具有跨学科、多功能的特点而直接服务于俄罗斯研究，其传统的研究理论与方法在新的实际运用中得到不断的丰富和完善。

【关键词】俄罗斯研究；俄语地名；意义与功能；理论与方法

引言

2017年9月，上海外国语大学成功入选国家“双一流”建设高校名单；10月，上外俄语系扩建为俄罗斯东欧中亚学院得到正式批准，作为一名在母校学习和工作30年的上外人，为此感到无比自豪，同时也深知责任重大。如何将自己长期所从事的俄语语言学方向的教学及科研与国家发展战略、学校建设规划主动对接，是我当前和今后工作中需要深入思考和积极探索的问题。今天，我们怀着喜悦的心情迎来了上海外国语大学俄罗斯东欧中亚学院成立后首次举办的大型国际学术活动——“跨学科视野下的俄罗斯东欧中亚研究”国际学术研讨会，有幸能借助这个多语种、跨学科、多角度、多层次的学术交流平台，将自己近年来在同时作为教学与科研系列主题之一的俄语地名研究中所取得的些许感悟与参会的同行们进行简短的交流。

1. 地名及其研究

地名是指人们在某一时期赋予一定空间位置上自然或人文地理实体的专有名称，是自古以来人类在社会活动和日常生活中必不可少的一种称名单位。众所周知，几千年来，地图一直是世界各国在政治、经济、军事、航海、科学等诸多领域普遍用于查询地理信息的便捷工具，而在古今中外、各种材质、不同用途的地图上，用作文字注记的地名向来都是地理信息描述中必不可少的元素。

近代以来，地名逐步成为地理学、语言学、历史学、民族学等学科共同的研究对象。如今，无论在自然地理、人文地理还是环境地理领域，地名都是描述地理实体空间位置、阐释其本质特征的必然切入点和全程参与者；绝大多数现用正式地名都是在不同程度上遵循一定语言规律所形成的词汇单位，揭示其语源、演变以及音形义方面的规律是语言学家（尤其是专名学家）的研究任务；而那些出现在史书、地方志中的曾用地名成为后人观察地域文化的历史窗口，为历史学和民族学领域提供了宝贵的研究素材。因此，地名在不同历史时期、不同国家和地区的语言文化研究中始终占有特殊地位，随着其研究范围的扩大、体系性的增强，该学科领域逐步从语言学分支学科专名学中分离出来，成为一门独立分支学科 – 地名学（топонимика），主要研究自然或人文地理实体专有名称的意义与来源、功能与结构、分布区域、发展与变化等（ЛЭС 1990: 515）。

2. 俄语地名学的传统理论与方法

学界通常认为，俄语地名学始于19世纪初，并以1812年俄国语文学家、诗人、彼得堡科学院院士沃斯托科夫（А. Х. Востоков）所著《对词源学爱好者提出的任务》[①]问世作为标志；走过漫长的发展历程，直到20世纪50年代末至60年代中才取得实质性进展：1959年“苏联地理协会莫斯科分会”成立了由语言学家和地理学家组成的“地名学委员会”，定期举办全国性研讨会和出版论文集等学术活动，有力推动了俄语地名学的发展，这一时期苏联专名学家所取得的大量研究成果为这门独立分支学科奠定了坚实的理论基础，建立了科学的研究方法，指明了合理的学科走向；20世纪70 – 80年代兴起的语言国情学为俄语

① Востоков А. Х. Задача любитслям этимологии // Санкт-Петербургский вестник, 1812. Ч. 1. С. 204 – 215.

语言文化研究开辟了新的视角、注入了新的活力，莫斯科语言国情学派认为，专名是一种“背景词汇”，是对民族历史、文化、风俗等的集体记忆和概念认知，名字（或名称）、语言、文化成为这一时期地名学术文献的关键词；20 世纪 90 年代初苏联解体后俄罗斯社会所发生的巨大变化引发了大规模的地名变更，之后的十年间，这一现象从词汇学、专名学、历史学和文化学等角度得到广泛的研究；21 世纪人类步入了信息时代，地名因富含地理、历史、语言、文化等方面多种信息而备受关注，综合性、跨学科成为其研究特点和发展趋势。

从 19 世纪初迄今，在俄语地名学发展史上镌刻着诸多苏俄专家学者的名字，对俄语地名的进一步研究理应是对这些传统理论和方法的继承与发展，而不是毫无学术根基地建造空中楼阁。对面向区域国别知识体系构建的俄语地名研究起指导作用的理论与方法主要来自以下两位著名俄语专名学家的学术论断。

2.1 尼科诺夫的俄语地名研究理论

尼科诺夫（В. А. Никонов，1904 – 1988）是苏联时期杰出的俄语专名学家，1972 年当选为联合国教科文组织“国际专名学委员会”名誉委员。这位学者 20 世纪 60 年代中撰写的专著《地名学概论》（Никонов 1965）及编纂的《简明地名词典》（Никонов 1966）均在 40 年后得到再版，他在专著中阐释的理论观点至今仍为世界各国地名研究者引用，他在词典中收录的大量地名依然是该领域不可多得的语言事实材料。《地名学概论》一书是尼科诺夫在其多年地名研究成果基础上撰写的，他在这部专著中运用大量实例从语义、结构和形式特点入手，对俄语地名进行了全面深入的研究。下面我们对尼科诺夫所提出的俄语地名研究理论进行梳理和归纳。

2.1.1 地名的历史层面

尼科诺夫认为：“地名是一种社会现象，不是被命名地理实体的组成部分”；“每个地名都是用语言手段表示的历史”。地名的历史层面（исторические пласты）具有以下特点：

(1) 最古老的地名是由表示地理实体种类名称的普通名词演变而成的；

(2) 在人类因不理解自然现象而认为山川有灵性的时代出现的地名反映出原始泛神论；

(3) 发达的氏族制度赋予地名新的特征：开始按居民的共同特征来命名其居住地；

(4) 在土地私有化的封建社会的初期，产生了大量以土地和堡垒所有者之名命名的地名；

(5) 在商业和手工业兴起的封建社会晚期，商人和手工业者按行业聚居，涌现出大批表示经济活动和职业名称的地名；

(6) 在 15—16 世纪开辟通往印度新航路的“地理大发现”时代，西班牙和葡萄牙的航海家们用来布满世界地图的地名许多源于天主教节日名称、不少取自欧洲国家君主的名字（Никонов 2011：24-33）。

2.1.2 地名的系列规律

每个地名将被命名的地理实体与其他地理实体区分开来，同时又将其与同类地理实体聚合起来；名称从不孤立存在，总是相互依存，只产生于不同名称组成的一定系列之中。在地名诸多特征中一项显而易见、所有名称共有的主要特征是“可比性”（сравнительность），该特征最明显地表现在带有 Большой – Малый, Старый – Новый, Верхний – Нижний, Дальний – Нижний（包括其阴性、中性和复数形式）等表示各种典型对立关系限定词的成对（二元）地名列中。

具有可比性特征地名列的“成员”数量还可能是两个以上，三元地名列的典型组成是：在某些二元地名列中加上“第三成员” – 带有表示“中间、中等”意义限定词 Средний（包括阴性、中性和复数形式）的地名。多元地名列的典型例子是：

(1) “成员”为带有 Чёрный, Белый, Красный, Жёлтый（包括阴性、中性和复数形式）等表示‘颜色’意义限定词的地名列；

(2) “成员”为带有表示“方向，方位”意义的第一成素（如：Северо-, Восточно- 等）或前缀（如：за- 等）的地名列；

(3) “成员”为带有表示“通往地点名称”的词干和表示“地名意义”的后缀 -ск 的关系形容词的地名列，如：Тверская улица, Владимирское Шоссе 等（Никонов 2011：24 – 33）。

2.1.3 地名的类型

尼科诺夫按被命名地理实体的种类对地名进行了分类并给出相应的术语：

(1) “水体名称”（гидронимы），即江、河、湖、海等地理实体的名称；

(2) “垂直地形名称”（оронимы），即山、岭、丘、谷等地理实体的名称；

(3) “小型地理实体名称”（микротопонимы），这类地理实体包括溪流、小河、小树林、人工园林、田地 / 田野、草地 / 牧场、道路、桥梁、水井、居民点的组成部分、甚至是一棵棵有自己名字的树。

尼科诺夫认为，大多数“自然地理实体名称”比“居民点名称”更固定；地名系统中数量最多、特征显著的部分是“小型地理实体名称”；地理实体的规模越大，其名称越固定（Никонов 2011：42－48）。

2.1.4 地名的语义特点

地名的语义特点反映在其“三层意义”及所对应的“三种功能”上：

(1)“地名意义”（топонимическое значение），即地名的“直接地理意义”（прямое географическое значение），是每个地名必须具有的意义，与之对应的是地名的“称名功能”（номинативная функция）。

(2)“前地名意义”（до-топонимическое значение），即地名的“词源意义”（этимологическое значение），这种意义可有可无；若有的话，则是唯一的；如出现一个以上词源意义，则其准确性有待求证；与之对应的是地名的“描写功能”（дескриптивная функция）和“意识形态功能”（идеологическая функция），前者仅在地名词源意义与被命名地理实体的现有特征相符的情况下起作用。

(3)“后地名意义”（от-топонимическое значение），即地名的“派生意义”（производное значение），是地名因承载所指地理实体的“发展中特征”而产生的新义，这种意义并非每个地名都有；同一地名的派生意义可能不止一个；与之对应的是地名的“意识形态功能”（Никонов 2011：57－63）。

2.1.5 俄语地名的结构模式

正因为形容词是表示物体性质、特征或属性的词类，便于描写地理实体的特性或属性，所以名词化的形容词是所有印欧语系语言中构成地名专名部分的常用手段；俄语中构成地名专名部分最主要的语言手段是构词法，特别是词缀法中的后缀法（Никонов 2011：66－68）。

尼科诺夫将由两个或两个以上词干组成的地名统称为“组合地名”（составные топонимы），并将其分成“合干地名”（слитные двуосновные топонимы）和“词组地名”（топонимы-словосочетания）。组合地名多数为限定关系结构模式：一个成素（被限定词 / 词干）表示地理实体的种类，另一个成素（限定词 / 词干）则表示地理实体的特征，如：Зелёный Гай、Советская Гавань 和 Новгород；此外，还存在少量“同等词干相合”的并列关系结构模式，如：Орехово-Зуево（Никонов 2011：90－95）。

2.1.6 俄语地名的形式与意义关系

按照尼科诺夫的阐释：“初始意义完全清晰的各种构词手段逐渐开始用于表示更加宽泛的意义并且形式化，变成纯辅助性元素”，如：后缀 -ск, -к(а); 词干为表类地理术语的地名，其复数形式通常表示的不是被命名地理实体的多数意义，而只是其地名意义，例如：地名 село Мосты 中名词复数形式 Мосты 所表示的意义不是“几座桥的”，而是“位于桥边的”；又如：地名 деревня Горка 中名词指小形式 Горка 所表示的意义不是“小山的”，而是“山上的”（Никонов 2011：95 – 100）。

2.2 苏佩兰斯卡娅的学术贡献

20 世纪 80 年代中期，苏联和俄罗斯著名语言学家苏佩兰斯卡娅（А. В. Суперанская）带领一支由苏联科学院语言研究所专家组成的学术团队撰写了集体专著《专名研究的理论与方法》（Суперанская и др. 1986），书中阐明了包括地名在内的俄语专名词汇在语音、拼写、词法、构词、句法和语义方面的特点，制定了这类词汇的分析方法和手段，对苏联专名学家最近 10 年的工作经验进行了总结，并对专名学的学科走向作了原则上的规划。

20 世纪 90 年代初，苏佩兰斯卡娅又在其独立撰写的专著《名字：穿越时空》（Суперанская 1990）中用整章的篇幅对地名进行了全面深入的研究，她根据地理实体的种类相应地将所有地名分成两大类：“自然地理实体名称”和“人文地理实体名称”，并指出后者属于较晚的历史时期，几乎所有这类地名都能确定命名时期和起源，其中大部分地名都可根据各种档案文件确定命名依据。此外，她还认为存在两种对地理实体进行评价的基本方法：一是根据其自然属性；二是根据其社会属性，即根据其在人类生活中的作用（Суперанская 1990：110 – 114）。

3. 俄语地名研究的新思路

当前我国高等院校正在深入开展区域国别研究工作，为全面推进“一带一路”建设提供学理支撑。上海外国语大学国际关系与公共事务学院院长郭树勇教授 2016 年 2 月 15 日在《人民日报》第 14 版发表了题为《加强区域国别研究》的署名文章，明确了该学科服务“一带一路”建设和全球治理的学科走向，强调了科学研究方法是做好区域国别研究的关键，并对此做出了精辟的阐释：“一是统筹兼顾、突出重点，即在开展普遍研究的同时，加强对重点国家、重点区域、重点内容的研究；二是因地制宜、角度多元，即应融会贯通，从人类学、民族学、地理学、语言文学和历史社会学等角度，因地制宜地开展研究。同时，可以将语言文化研究、历史比较研究与政治社会研究等方法有机结合，逐步建立起中国特色的区域国别研究体系。”

正如中国驻俄罗斯大使李辉在其2017年10月27日发表于俄罗斯《消息报》上题为《党的十九大为深化中俄关系指明方向》的署名文章中所指出的：“中俄是好邻居、好朋友、好伙伴，中俄全面战略协作伙伴关系在中国特色大国外交中占有特殊地位，是践行习近平新时代中国特色社会主义思想的重要体现。”俄罗斯联邦地处欧亚大陆的核心地带，又是“丝绸之路经济带”沿线国家，从政治、经济、社会、军事、地理、历史、文化等各个领域对该国进行全面、深入、及时和战略性的研究意义重大，俄罗斯理应成为我们区域国别研究的重点国家，加强俄罗斯研究必将有助于未来中俄战略协作伙伴关系以更加踏实、稳健的步伐向前迈进。俄语是俄罗斯人的母语，也是俄罗斯联邦的官方语言，当前形势下我们俄语专业的学科走向应当与俄罗斯研究主动对接，为其提供俄语语言学、文学、文化和翻译方向的理论知识和实践经验。

俄罗斯联邦是世界上领土面积最大的国家，其自然地理实体无论在数量还是种类上都占有优势；俄罗斯又是世界上民族文化底蕴深厚的国家，其人文地理实体从外观到内涵都别具一格。本文所研究的俄语地名是指该国境内自然和人文地理实体的正式名称，俄语地名学因具有跨学科、多功能的特点而直接服务于俄罗斯研究，并在使用过程中不断丰富和完善传统的研究理论与方法。

3.1 重视对俄语地理通名的研究

完整的俄语地名是由“地理通名”和“地理专名”两部分组成的，传统地名学的研究对象集中在专名部分，而通名部分常被误认为只是地理学的研究对象。当前跨学科、多角度的研究方法要求我们将地名视为一种集地理、历史、社会、文化信息为一体的多功能语言单位进行综合性研究，鉴于大量地理通名（如：гора, холм, река, озеро, море, океан, город, село, улица, проспект 等）是普通名词术语化的结果，而这些普通名词之所以能够成为术语，很重要的原因是其所表示的概念信息量大，因此我们有必要对地理通名进行深入研究。

地理通名，又称“表类地理术语”（родовые географические термины），是表示具有一定特征的自然或人文地理实体种类概念的约定性语言符号。

通名部分既是专名部分不同的地名列的共性元素（如：Подольское шоссе, Путилковское шоссе, Пятницкое шоссе 等），又是专名部分相同的地名列的种类概念区分性元素（如：Тверская область, Тверская площадь, Тверская улица, Тверской бульвар, Тверской проезд 等）。

确定地理通名之间的概念关系（共性和区分性）很重要，我们以 дорога 和 улица 为例，试比较二者的定义[①]：

дорога – любой путь сообщения, как правило, выходит или исторически выходил за пределы городской черты.

улица – стандартное название, элемент городской инфраструктуры. Обычно два ряда зданий и пространство между ними для передвижения.

可见，前者指任何交通线路，通常超出或者历史上曾超出市区范围；后者是市内基础设施的组成部分，通常指两排建筑物及其间用于通行的空间。因此，当我们研究城市路名时，应选择后者作为统称和表类地理术语。

俄语中存在不少表示道路种类名称的普通名词，当其用作地理术语时，对其区分性概念意义的确定显得尤为重要，试对比以下地理通名的定义[②]：

(1) аллея – улица, обсаженная по обеим сторонам деревьями, часто в парке или саду.

(2) бульвар – широкая улица со скамейками, газонами и аллеями, предназначенными для пешеходного движения и кратковременного отдыха, проезжая часть занимает гораздо меньше ширины, чем газоно-пешеходная зона.

(3) кольцо – улица, имеющая форму круга.

(4) линия – название улиц в некоторых городах России.

(5) магистраль – главная широкая улица с интенсивным транспортным движением.

(6) набережная – улица вдоль реки или другого крупного водоёма.

(7) переулок – небольшая улица между двумя крупными улицами.

(8) проезд – обычно небольшая улица, соединяющая две более крупные

① 定义来源：Типы улиц // Улица. Википедия. <ru.m.wikipedia.org> [2018–03–25]），部分定义经本文作者编辑。

② 同上。

улицы, то же, что переулок.

(9) проспект – прямая, длинная и широкая улица в городе, обычно осаженная зеленью.

(10) проулок – небольшая и узкая улица, соединяющая две крупные улицы, небольшой и узкий переулок.

(11) спуск – улица, имеющая наклонный рельеф.

(12) съезд – улица, имеющая наклонный рельеф и ведущая к берегу или мосту. То же, что спуск.

(13) тупик – улица, не имеющая сквозного проезда.

(14) шоссе (в черте города) – магистральная улица, направленная на выезд из города, либо сохранившийся в городской черте участок старинной внегородской дороги.

经对比，我们将以上通名的区分性概念特征归纳为：

(1) 通行对象特点：仅行人的路 аллея, бульвар；

(2) 行车能力特点：具有强大行车能力的路 магистраль, шоссе；

(3) 宽度特点：宽路 магистраль, проспект, шоссе, бульвар，窄路 переулок, проезд, проулок, аллея；

(4) 地势特点：下坡路 спуск, съезд；

(5) 穿通性特点：通道 переулок, проезд, проулок，死巷 тупик；

(6) 通往地特点：通往河岸或桥的路 съезд，通往城外的路 шоссе；

(7) 绿化特点：有绿化带的路 аллея, бульвар, проспект；

(8) 区域性特点：只出现在俄罗斯个别城市某个区域路名中的通名 линия（如：俄罗斯圣彼得堡市瓦西里岛上的 Восьмая линия [Васильевского острова]）。

地理通名研究还可采用统计法，这种辅助性研究方法早就在语言科学中得到运用，我们以城市路名的语言学特点研究为例，可对某个特定区域内各种类型道路的数量进行对比；还可对具有某种共性的城市（如：行政级别相同、建市年代或地理位置相似的城市）中同一类型道路的数量进行对比。俄罗斯学者对首都莫斯科市内路名做了类型化数量统计，按总数从大到小的通名依次是：улица（路，街），переулок（巷），проезд（胡同），тупик（死巷），аллея（林荫小径），набережная（河滨街），проспект（大街），бульвар（林荫道），

шоссе（公路）[1]。位居第一、通名为区分性概念特征最少的统称 улица 的街道数量远远高于位居第二、通名为 переулок 的连接两条平行大街的横巷，而后者数量上又比位居第三、通名为 проезд 连接两条平行大街的胡同多一倍。这些统计数据不仅可视为上述语言单位的实际使用状况，而且勾勒出当代莫斯科市的街景，反映出该市街道布局、外观和功能上的总体特点：呈环状平行的大街之间穿梭着小巷，在车辆交通日益发达的今天，供市民休闲的河滨街、林荫道和小径逐渐成为稀缺资源。

值得注意的是，上述通名中不少词语都是外语借词：源自法语的有 аллея, бульвар，шоссе，源自拉丁语的有 магистраль，проспект；此外，通名在地名结构中所处的位置一般可分为：前置通名（如：Проспект Мира，Улица Грскова），后置通名（如：Пятницкая улица, Васильевский спуск, Ярославское шоссе）和少量的中置通名（如：1-я улица Машиностроения）。

3.2 重视对地名所含地理信息的现时和动态研究

20 世纪 60 年代起，尤其是在尼科诺夫提出“地名具有三层意义及三种功能”的学术观点之后，不少研究者将注意力集中到地名的文化含义上，特别注重对“前地名意义”（即地名词源意义）的研究，忽视了对地名“直接地理意义”的研究。在社会信息化、研究视野跨学科的今天，我们应当加强对每个地名都必须具有的直接地理意义的研究，将其视为现时有效的自然和社会地理信息的总和，并以参数形式加以体现。我们以俄罗斯城市名称 Нижний Новгород 为例，该地名现时有效的地理信息包括：

(1) 自然地理信息：

① 地理坐标：经度：44° 00’ 27”，纬度 56° 19’ 37”；

② 境内方位：俄罗斯中部（центральная Россия）；

③ 气候类型：温和型（умеренный）。

(2) 社会地理信息：

① 所属国家：俄罗斯联邦（РФ）；

② 行政级别：市级行政中心（административный центр）；

③ 直接上级行政区：下诺夫哥罗德州（Нижегородская область）；

---

① 该统计数据取自电子文献：Географический термин как компонент урбанонима // <http://www. jourclub.ru /24/906/2/> [2017-12-01].

④ 直接下级行政区：8 个市内区（район）；

⑤ 建市年份：1221 年；

⑥ 当前居民人口：1 264 075 人（2017 年）；

⑦ 人口密度：3078 人 / 平方千米；

⑧ 民族组成：俄罗斯人（93.93%）、鞑靼人（1.33%）、莫尔多瓦人（0.58%）、乌克兰人（0.53%）、亚美尼亚人（0.40%）及其他民族居民；

⑨ 宗教信仰：基督教（东正教为主）、伊斯兰教、佛教和犹太教；

⑩ 所在时区：UTC+3；

⑪ 电话区号：+7 831；

⑫ 邮政编码：603000 – 603999。

与多数恒定的自然地理信息相比，不少社会地理信息需要我们定期进行数据的核实和更新[①]。

3.3 重视对俄罗斯地名命名原则的研究

当前，我国高校各种学科都在积极为全面推进"一带一路"建设提供学理支撑，俄罗斯地名学家为其本国现有地理实体更名和为新的地理实体命名所制定的一系列规则值得我们借鉴。篇幅原因，以下我们仅以城市街道的主要命名原则为例加以说明。

原则一：绝对不允许出现读音相同或相近的路名，避免用路名永久纪念仅名字、职务或职称不同的同姓人士；

原则二：当用名人姓氏命名街道时，建议使用更便捷的"物主形容词 + 通名"结构模式（如：Пушкинская улица），不用"通名 + 人名（第二格）"结构模式（如：улица Пушкина），更不必在人名（第二格）前加上表示"以某人命名的"之意的词语形式 имени；

原则三：复合词形式的专有名词，尤其是在真实言语和通常使用中令人感觉不便、容易产生曲解的外来语专有名词，不宜用于命名街道，只适用于命名没有门牌号码的广场；

原则四：应当保留和恢复在不同时期划入市区范围的其他居民点（如：镇、村、市）的名称，这些地名作为大量历史信息的载体，犹如为付出辛勤劳

① 信息来源：Нижний Новгород // Википедия. <ru.m.wikipedia.org> [2018-03-25].

动却不曾留下姓名的创建者和居住者所立的纪念碑，对当代人而言弥足珍贵（Горбаневский 1997: 320 – 321）。

结语

综上所述，地名是一种典型的跨学科研究对象，语言学、地理学、历史学、文化学原理在这一领域得到融会贯通，相互支撑。俄语地名学从理论基础到研究方法，有着坚实的学术根基，在当前跨学科的视野下，我们应当在传统理论的基础上，加强对俄语地名中地理通名的概念特征、包括现时自然地理信息和社会地理信息在内的直接地理意义进行全面、及时的动态分析，并对该国地名的命名原则加以充分研究，为俄罗斯研究的全面推进助上一臂之力。

参考文献

[1] Горбаневский М.В. Москвоведение [M]. М.: Издательский дом «Московский учебник-2000», 1997.

[2] ЛЭС – Лингвистический энциклопедический словарь [K]. Гл. ред. В. Н. Ярцева. М.: Советская энциклопедия, 1990.

[3] Никонов В.А. Краткий топонимический словарь [K]. М.: Мысль, 1966; 2-е изд. М.: Русские словари: Астрель: АСТ, 2002.

[4] Никонов В.А. Введение в топонимику [M]. М.: Наука, 1965; 2-е изд. М.: Издательство ЛКИ, 2011.

[5] СТСРЯ – Современный толковый словарь русского языка [K]. Гл. ред. С. А. Кузнецов. СПб.: Норинт, 2002.

[6] Суперанская А.В., Сталтмане В. Э., Подольская Н. В., Султанов А. Х. Теория и методика ономастических исследований [M]. М.: Наука, 1986.

[7] Суперанская А.В. Имя – через века и страны [M]. М.: Наука, 1990.

[8] 郭树勇 . 加强区域国别研究 [EB/OL]（2016-02-15）[2017-12-01]. http://paper.people.com.cn/rmrb/html/2016-02/15/nw.D110000renmrb_20160215_3-14.htm .

[9] 李蓝 . 地名：观察地域文化的历史窗口 [N]. 光明日报，2016-04-17（7）.

[10] 王修君 . 中国驻俄大使：十九大为深化中俄关系指明方向 [EB/OL].

中国新闻网，（2017-10-27）[2017-12-01]. http://www.china.com.cn/19da/2017-10/27/content_ 41805402.htm.

[11] 俞蕾 . 当代俄罗斯城市名称的语言与文化特点（硕士学位论文）[D]. 上海：上海外国语大学，2014.

俄语广告文本标题部分的言语行为分析[①]

贵州师范大学　王梓云博

【摘要】言语行为理论已占有现代语用学的中心位置，语言学家通过言语行为来描述广告文本的特征被认为是广告文本研究的新视角。重要的是，言语行为理论代表的是对研究对象实现交流的方法，而不仅是语言符号与交流者之间的潜在关系。

【关键词】俄语；广告文本；言语行为

1. 背景

随着俄罗斯社会商品经济越来越发达，广告作为一种重要的商业手段显得越来越重要，为了达到售卖商品的目的，俄罗斯广告商无所不尽其极，但不管现代广告构成如何的种类繁多，但最中心部分依然脱离不了一个基本因素——语言。由于本文篇幅有限，所以仅选择广告文本的标题部分进行言语行为分析，标题部分受字数所限，它必须做到简洁且过目难忘、有趣并赋有一定内涵，才能吸引消费者的关注或者兴趣。本文以言语行为理论为向导，分析俄语广告文本标题部分的语用特点及原则，探讨其中的语言技巧是如何影响消费者的心理，并最终达到刺激消费的目的。

2. 回顾言语行为理论

言语行为理论已占有现代语用学的中心位置，把广告文本放置于言语行为理论下研究的意义在于：言语行为理论研究的是实现交流的方法，不仅仅是单方面的行为，而是对于说话者和听话者都有关的双方的共同行为，所以在言语行为框架内的研究不仅仅是语言符号对交流者的潜在关系，还是语言符号和它的使用者在具体语言环境下的关系，它的重点是传递信息的效能，而不是信息

① 本文为2018年度贵州省教育厅高校人文社会科学研究基地项目“俄语语言生态危机研究”；（项目编号：2018JD032）和2016年度贵州师范大学资助博士科研项目“俄语中的欧美外来词汇以及它们对俄罗斯社会的影响”（项目编号：16SKB023）的阶段性成果。

的内容本身。而广告文本注重的也是传递影响或者说效能，而不是传递信息本身，由此可以看出，广告文本的构造是一种最契合言语行为理论框架的文本表现形式之一。

言语行为理论是英国逻辑学家奥斯丁创立的，1962 年他以 «How to do things with words» 为名的著作详细阐述言语行为理论。简单地说，任何一种言语交流行为都可以放在奥斯丁三种言语行为类型下加以分析：①言外行为（иллокутивный акт）指的是说话者在具体语境下通过言内行为想要在听话者那里达到的目的和意图；②言内行为（локутивный акт）指通过词法、句法或者其他语言学手段表达字面意思的行为；③言后行为（перлокутивный акт）指说话者对听话者在言内行为完成之后产生的影响及效果。在这三种言语行为中，语言学家们最感兴趣的是言外行为，因为它涉及说话者的意图。在奥斯丁之后，美国逻辑学家赛尔将其理论深入研究并加以完善，并于 1969 年提出间接言语行为理论，他把言语行为进行了分类，在阐述区别单个言外行为的十二个方面后，将其归纳为五大类：①断言（ассертивы）即说话者断定所言为真；②指令（директивы）即说话者表达指令，听话者服从指令；③承诺（комиссивы）即说话者对听话者表达承诺或保证；④心理状态（экспрессивы）即说话者表达心理感受和状态；⑤宣告（декларации）即说话者在一定条件下做出的权威宣告。

3. 广告文本中标题部分的言语行为分类及解析

言语行为理论在实际运用中究竟有多么普遍呢？举了一个最典型的例子，仅仅是某报纸上的一个标题，共五个单词：《Наращивать протестное давление на власть》，首先从言内行为角度来看，该标题使用了语言学知识；从言外行为来看，它含有实现某种指定的社会活动的计划；从言后行为来看，它刺激更多的读者参加到这种社会活动中。所以说，在任何一个语言交际模式中都必须包含一个言语行为，当然也包括广告文本。对于广告文本来说，从言内行为角度来研究已经是非常多了，语言学家对广告文本的语言学分析已经足够，但既然广告文本的本质是要吸引消费者对商品产生的消费行为，那么最富有成效的就是从言外行为这个角度来进行研究。言外行为是广告文本中最主要的语用因素，它包含了该文本创造者的意图和目的、广告文本的宏观结构和表达该文本所使用的语言学知识。如果把广告文本投射到赛尔的言外行为分类来看，那我们可以得到以下结论：任何广告文本都可以归纳在赛尔的言外行为分类中的至少一个类别中。为了方便归纳分类，我按照言语行为的分类把广告文本分成以下五类：①宣告类广告文本；②指令类广告文本；③断言类广告文本；④承诺类广告文本；⑤心理状态类广告文本。

下面，我通过从网络、电视和报纸杂志等媒介收集到的各行各业不同类型广告文本的标题部分来加以分类和分析：

(1) 断言类广告文本包含有产品的详细参数和产品的使用效果，所以常常使用在广告文本的正文部分，本文研究对象是广告文本的标题部分，由于标题的字数限制，难以详细阐述产品功能或者效果，所以广告文本的标题部分通常不含有断言类言语行为。

(2) 宣告类广告文本在食品饮料类广告中比较常见，比如：

1) Всегда Кока-Кола (Кока-Кола)

2) Отбеливающий удар – моющее средство фирмы «Rin» (Rin)

3) Новое поколение выбирает Пепси! (Пепси)

饮品面向的消费者群体以年轻人为主，使用宣告类广告文本符合年轻人彰显自我的心理状态和价值认同，特别是第三个百事可乐的广告非常典型，它直接以第一人称方式宣告："新的一辈人选择百事！"这里有个题外话是关于中俄两国对可乐称谓的差异，我们对比一下第一个的 Кока-Кола 和第三个广告的 Пепси，按照国内的习惯，可口可乐和百事可乐可称为可乐，不过是两个不同品牌的可乐。可在俄罗斯，可乐专指可口可乐，百事可乐在俄罗斯只能被称为百事。

(3) 指令类广告文本的优势在于直接促使消费行为的产生。中国人性格相对内敛和含蓄，如果直接使用指令类可能会引起中国消费者的反感，所以中文广告文本多使用断言类和承诺类言语行为。俄罗斯人性格比较直接，所以俄语广告文本创作中使用指令类间接言语行为的频率非常高，比如：

1) Укрепи мир малыша с Nutrilon (молочная смесь «Nutrilon»);

2) Отдохните в нашей тихой гавани (пивной ресторан «Гавань в Хамовниках» в Москве);

3) Открой своё дело в Интернете (сайт www.svoedelo.info);

4) Поставь точку в выборе провайдера! (фирма «Точка.ру» – размещение веб-сайтов);

5) Если кашляешь – прими Бромгексин Берлин-Хеми! (лекарственный пре-

парат «Бромгексин Берлин-Хеми»).

以上这些例子直接通过“指令”以激起消费者对商品的购买行为，还有一些指令类广告文本，使用两行体押韵诗结构，不仅可以减轻消费者对“指令行为”的反感情绪，还可以加深消费者对产品的印象，比如：

В животе ураган – принимай Эспумизан (лекарственный препарат «Эспумизан»);

在指令类广告文本中，有一种常用的类型是“императивы”，我把它译成“绝对命令式”。虽然说广告文本制作者会尽量不使用“购”或者“买”等直接表露其商业意图的词汇，避免引起消费者的反感，但是这种“绝对命令式”的广告用语并非完全不可取，毕竟这才是达到广告宣传、刺激消费最直接最有力的表达方式，如果广告商把命令式广告类型隐藏在“建议”或者“邀请”伪装之下，其实更能达到事半功倍的效果，比如：

1) Добро пожаловать в страну «Мальборо»! (сигареты «Мальборо») – приглашение;

2) Запьём на кризис! (фирма «Девиз литкафе») – предложение;

3) Изменим жизнь к лучшему (продукция компании «Philips») – предложение;

4) Max Factor. Советуют профессионалы (декоративная косметика «Max Factor») – совет;

5) Pantene Pro-V. Начните со здоровья – и многое изменится! (шампуни и бальзамы «Pantene Pro-V») – совет.

这种直接的、目的性很强的广告文本需要注意的是一定要简洁明了、朗朗上口以及容易记忆，所以最好在广告文本的标题部分使用。我们把这个看作是广告文本制作者（广告商）对于消费者而言的玩弄的一种小小的心理游戏，使用一些心理定型（психологические стереотипы）去吸引消费者听进去他们的意见或者推荐。这种意见或者推荐通常是在广告文本的影响下被动地接受，而非消费者本意。众所周知的是，高明的广告文本始终会给消费者一种错觉：似乎消费者接受广告信息是自愿的和主动的，而非被动和不情愿的。上文我们提到命令式广告会尽量避免使用“购”或者“买”等直接表露其商业意图的词汇，避免引起消费者的反感，我们另外再看一些广告文本，它们用第三人称以间接的方式告知消费者该商品的优点和使用之后的效果，同样可以达到刺激消费的目的。比如以下这些：

1) Примерь красоту (колготки «Sanpellegrino Bio-Complex»);

2) Сохрани свое тепло! (термобелье «Guahoo»);

3) Балуйте свои ноги на каждом шагу! (обувь фирмы «Терволина»);

4) Levante. Разбуди свою фантазию! (колготки «Levante»);

5) Savage: бери и грейся! (зимняя одежда «Savage»);

6) Примерь свою свободу (фабрика женской одежды «Zrimo»);

7) Вкуси радость безделья (ресторан «Обломов», Москва).

为了弱化命令式广告文本的命令风格，广告商还会使用一些语言游戏来降低消费者的抵触，比如使用变化的成语，比如：

1) Не упусти «Момент»! (реклама клея);

2) Заведи себе пару! (обувь «Trasta»)

3) Камелот. Оставь свой след (обувь «Camelot»);

4) IL Патио. Намотай на ус (сеть итальянских ресторанов «IL Патио»).

还有一种弱化命令风格的方法：重建对话情节，预设对话内容，把对话重点放在听话者身上，即消费者身上，对话框架为问答式，比如：

1) Пришло лето, а ты без Интернета? (фирма «Саахателеком»);

2) Кто идет за Клинским? (пиво «Клинское»);

3) Снежная Королева. А вы где одеваетесь? (Сеть магазинов «Снежная Королева»);

4) Скажешь у меня нет вкуса? (сигареты «Winston»);

5) Нужна ли реклама совершенству? (автомобиль BMW);

6) Хочешь похудеть? Спроси меня как! (продукция фирмы «Herbalife»).

这样看来，命令式的广告文本的表现形式是隐蔽的，既要刺激消费者的购买欲，又要让消费者自愿地接受，所以常常隐藏在友好的建议下或者体贴的关心下。在俄语广告文本中，命令式广告文本是一种最常见的广告类型。

(4) 现代社会广告文本创作中另一个趋势是：文本创作的中心不是听话者（消费者），而是以说话者（广告商）为中心，承诺类广告就属于这种类型。承诺类广告是由说话者向听话者做出承诺，比如：

1) Мы разбудим вас ароматными сырниками! (VОЙLOK, ресторан в Москве);

2) Мы работаем для того, чтобы вы имели возможность танцевать! (фирма «Геликон танцевальная обувь»);

3) Мы создаем для Вас праздник (ресторан выездного обслуживания «Абсолют Кейтеринг», Москва);

4) Мы делаем жизнь вкуснее! (фирма «КДП Кейтеринг», кейтеринг и доставка обедов в офисы);

5) Сейчас мы готовим (ресторан «Denny's», Лас-Вегас);

6) Мы финансируем все, что изменяет жизнь к лучшему (финансовая группа «Менатеп»);

7) Вы нажимаете кнопку, мы делаем все остальное (продукция компании «Kodak);

8) Техносила. Знаем людей, предлагаем решения (бытовая техника);

9) Philips. Изменим жизнь к лучшему (электротовары «Philips»);

10) Tefal. Мы заботимся о вас (посуда «Tefal»);

11) Indesit. Мы работаем, вы отдыхаете (бытовоя техника);

12) Мы заботимся о вас и вашем здоровье (средства гигиены «Johnson & Johnson»).

从上面的例子可见，为了实现这种承诺效果，广告商通常使用动词第一人称复数形式，并创造出一种友好的对话氛围。

再细分一下承诺类广告文本中动词的用法，可以使用将来时态动词 (сделает лучше, поможет, сохранит, защитит, позволит насладиться) 或者现在时态动词 (гарантируем, гарантирует)。在这里我们有必要比较一下英语和俄语承诺类广告文本在动词时态使用上的区别，英语承诺类广告文本常常使用动词的现在时态，而俄语同类型广告文本使用将来时态更加频繁。现在时态主要为了确定事实，重点在结果。但这种结构也并不完全准确，要知道语义学范畴中现在时态并不代表着事件的完成或者结果，而代表事件的开始和正在运行的状态。要体现事件的结果性反而要使用过去时态和将来时态或者是二者兼有的动词完成形式。从上面的例子我们可以总结出，在俄语承诺类广告文本中，使用动词现在时态和将来时态是平等的相互关系。

(5) 心理状态类型的广告文本采用方法的是表达对商品本身或者使用商品后的感觉和心情来吸引消费者的注意力。在俄语广告文本中常常使用的策略有：恭维（комплимент）、祝贺（поздравление）、美好的愿望（хорошее пожелание）、问候（приветствие）、感谢（благодарность）、定位的表达（выражение расположения）、嘲弄的表达（выражение насмешки）、胜利（триумфа）、负面的愿望（негативного пожелания）、表达暴风雨般的喜悦和欢乐（выражение бурной радости, ликования, надежд, сочувствия, сожаления, соболезнования, извинения, озабоченности）、抱怨（жалоба）...... 在这些之中，出现频率最高的是："комплимент, выражения расположения, радость, пожелание"，比如以下这些例子：

1) Wella. Вы великолепны (комплимент);

2) Колготки Bellissima. Браво! Брависсимо! (выражение бурной радости);

3) Blend-a-med. Пусть улыбка сияет здоровьем! (пожелание);

4) Большому городу – большой боулинг! (пожелание);

5) Легкого Вам паркета! (реклама танцевальной обуви; пожелание).

这里需要提一下的是，有些俄罗斯学者把恭维、称赞和评价同样归纳于断言类，但是我认为归入心理状态类还是更适当，因为这一类型的广告文本注重的并不是描写商品的功能或者特点，而更注重表达感情或者情绪，比如：

1) От Парижа до Находки «Omsa» – лучшие колготки! (фирма «Omsa»);

2) Мирра Люкс. Тонкая работа! (фирма «Косметика Мирра Люкс»);

3) Лучший хостинг на двух континентах (фирма «Хостинг mastak.ru»);

4) Gillette. Лучше для Мужчины нет; Му-му. Вкусно по-домашнему! (фирма «Му-му», кафе быстрого обслуживания);

5) Молоко вдвойне вкусней, если это Milky Way! (шоколадный батончик «Milky Way»)

心理状态类广告文本甚至可以直接表达对商品的印象或者感想，号召消费者喜爱上商品，以达到商品贩卖的目的，比如：

1) Та, которую люблю (обувь «Vena-moda-Austria»);

2) McDonalds. Вот что я люблю (сеть ресторанов «McDonalds»);

3) Juicy Fruit. Уже хочу! (жевательная резинка «Juicy Fruit»).

(6) 通过归纳总结，在广告文本的标题部分，常常用的还是断言、指令和心理状态三种类型的广告文本。接下来我要总结一下广告文本的特殊类型，即广告文本可以在赛尔的间接言语行为五个分类里找到至少两个对应的类型，我把它们叫做“混合型广告文本”。我们来看看俄语广告文本最常见的几种混合型广告文本的例子：

断言类加承诺类：Новый майонез «Calve Экстра Легкий» содержит всего 30 ккал в одной ложке!(репрезентатив) Он поможет поддерживать отличную форму. «Calve Экстра Легкий» – легко быть в форме! (комиссив)

断言类加心理状态类：MondoroAsti-сладкое игристое вино. (репрезентатив), Страстное и соблазнительное (экспрессив)

断言类加指令类：Evian. Естественный источник молодости. Ваше тело на 60% состоит из воды. Вода, которую Вы пьете, становится частью Вас (репрезентатив) Что пить? Выбор за Вами» (директив)

需要注意的是，上面三个例子的都是出现在广告文本的正文部分，我们可以确定的是断言类广告文本在正文部分出现频率是非常高的，正文部分由于可容纳的字数相对较多,所以广告商会在此处对产品的功能和效果进行一些描述，以便消费者进行一些理性思考，并最终达到商品售卖的目的。

4. 总结

通过言语行为理论研究俄语广告文本，分析语用特点和原则，我引用一个术语 —— 操纵（манипуляция）来解释这一现象。操纵含有一个隐喻的特征，字面意义上的操纵的意思是：用手操作某一特定物体进行的复杂动作。显然，这种情况下的行为对象是一个无生命体，当这个词被转移到社会心理学领域时，操纵的对象就会发生变化，变成有生命的人，操纵成为一种影响力，并开始具有一种隐藏的属性。总之，操纵把一个人变成一个“傀儡”。需要指出的是，成功操纵的前提是被操纵者始终有一种可以独立做出决策的幻觉。所以，我们可以用一句话概括：广告文本就是字面上（对商品）的肯定和暗地里（对消费者）的心理引导，最终刺激消费行为的产生。其中暗地里对消费者的心理引导，其实就是操纵（манипуляция）。消费者在不知不觉中，接收广告商想传达的意思，并做出了心理上自以为的独立决策，即消费活动，广告文本就达到了预期效果。

参考文献

[1] Остин Дж. Слово как действие[M]. Москва: Наука,1986.

[2] Страшевский О.Г. Семантика и прагматика рекламных текстов[J].Vita Cogitans,2008,12(6):98–103.

“一带一路”沿线非通用语种课程体系建设研究①

上海外国语大学　许宏

【摘要】为对接国家发展战略，推进“双一流”建设，上外俄语系近年来增设7门“一带一路”沿线非通用语种专业并更名为俄罗斯东欧中亚学院。论文以俄欧亚学院开设的非通用语言专业入手，在对这些语言专业教育教学师资现状调研的基础上，根据《外国语言文学类教学质量国家标准》、上外办学定位和俄欧亚学院特色和优势，对非通用语种课程体系的设置进行了一定的研究和实践。

【关键词】《外国语言文学类教学质量国家标准》；教学理念；非通用语种课程体系

1. 俄欧亚学院概况

2013年9月和10月，中国国家主席习近平在出访中亚和东南亚国家期间，先后提出共建“丝绸之路经济带”和“21世纪海上丝绸之路”的合作倡议，得到国际社会高度关注和有关国家积极响应。2015年3月，国家三部委联合发布《推动共建丝绸之路经济带和21世纪海上丝绸之路的愿景与行动》，拉开了一带一路建设的序幕。2015年10月，国务院印发《统筹推进世界一流大学和一流学科建设总体方案》，要求以立德树人为根本，以支撑创新驱动发展战略、服务经济社会发展为导向，坚持“以一流为目标、以学科为基础、以绩效为杠杆、以改革为动力”的基本原则，加快建成一批世界一流大学和一流学科。由此，我国大学“双一流”建设全面启动。

为主动对接国家发展战略，推进“双一流”建设、高峰学科建设和落实学校发展规划，加强外国语言文学学科建设，大力发展“一带一路”沿线国家战略语言专业，加强俄罗斯东欧中亚地区区域国别研究，上海外国语大学2017年

① 本文是2020年上海高校本科重点教改项目“‘一带一路’沿线非通用语人才培养模式的探索与实践”的阶段性成果。

10 月 14 日发文，决定成立俄罗斯东欧中亚学院，同时撤销俄语系。俄罗斯东欧中亚学院依托原俄语系为主体组建，是学校从事俄罗斯、中东欧和中亚地区语言文学、文化教学和研究的机构，同时为学校俄罗斯、中东欧和中亚区域国别研究的重要学术平台，亦是俄语语言文学学科点及中东欧和中亚区域语言学科的依托单位。

众所周知，上外的俄语教育肇始于建校之初，今天的上海外国语大学就是由 1949 年的上海俄文学校、1952 年的上海俄文专科学校发展而来的。俄语系所依托的学科点是俄语语言文学全国最早的重点学科，也是全国俄语语言文学学科教学科研中心之一，在国内有着传统的影响力，发挥着引领和示范作用。1981 年 5 月，中国俄语教学研究会在上海正式成立。上外俄语语言文学学科是研究会发起单位之一和首届会长单位、研究会会刊《中国俄语教学》的创办者和首任主编单位。1983 年，俄语学科获得博士学位授予权；1987 年 7 月，根据国家教委的通知，上外的俄语语言文学专业被评为国家教委重点学科，这也是当时全国唯一的俄语重点学科。2002 年和 2007 年连续被列为国家重点学科，2009 年被教育部设定为国家级特色专业建设点。学科建设不仅需要传承，还应与时俱进，顺应时代发展需要，优化学科结构。拥有优良学风、深厚学术传统和学科积淀的俄语系此次“转型升级”，正是为了推进一流学科建设，服务“一带一路”发展倡议，打造“一带一路”沿线俄罗斯东欧中亚地区的战略语言群。

更名后的俄罗斯东欧中亚学院（以下简称“俄欧亚学院”）下设三个系和一个中心，即：俄语系、中东欧语系、中亚语系和欧亚研究中心。俄语系、中东欧语系和中亚语系包括 8 个语言专业，分别是俄语专业、乌克兰语专业（2008 年开始招生）、匈牙利语专业（2016 年开始招生）、波兰语专业（2017 年开始招生）、哈萨克语专业（2017 年开始招生）、捷克语专业（2018 年开始招生）、乌兹别克语专业（2018 年开始招生）、塞尔维亚语专业（2019 年开始招生），其中俄语专业是学院的核心专业。

欧亚研究中心包括俄罗斯研究中心、哈萨克斯坦研究中心、中亚研究中心、中东欧研究中心、乌克兰研究中心、高加索研究中心、俄罗斯传统文化研究中心、匈牙利研究中心、波兰研究中心、乌兹别克斯坦研究中心等。其中俄罗斯研究中心是 2012 年原俄语系携国际关系与公共事务研究院成功申报的教育部第一批区域和国别研究培育基地；哈萨克斯坦研究中心和中亚研究中心属 2017 年新增备案的教育部区域和国别研究中心。除了上述各中心，俄欧亚研究中心还包括俄罗斯“俄语世界”基金会资助建立的俄语中心和哈萨克斯坦教育科学部国际计划中心与上外合作建设的哈萨克斯坦中心。

2. “一带一路”沿线非通用语种专业开设的重要性

习主席在哈萨克斯坦提出建设“丝绸之路经济带”倡议时，还提出“五通”，即政治沟通、道路联通、贸易联通、货币流通和民心相通。“‘五通’之中，民心相通看似最‘软’，但要把‘一带一路’建设为命运共同体，实现利益互惠、责任共担，民心相通更为根本……欲表情、通心，需用本区域各国各族人民最乐意使用的语言。”（李宇明，2015）因而，“五通”的基础是语言互通，“一带一路”需要语言铺路。

“一带一路”沿线国家大约有65个。按照地域划分，主要包括东南亚11国，东亚1国、南亚7国，中亚5国，西亚20国，中东欧16国，东欧4国以及北非1国。“一带一路”沿线国家的官方语言有53种之多。（王辉）俄欧亚学院目前开设的8个语言专业，皆为一带一路沿线国家的官方语言（见下表）。其中以俄语为官方语言（或之一）的国家有4个，集中在中亚和东欧。除俄语之外的其他7个语言都属于非通用语种。

表1　俄欧亚学院目前开设的语言专业所涉语言概况

官方语言	国家	地区	语言所属语系
俄语	俄罗斯、哈萨克斯坦、吉尔吉斯斯坦、白俄罗斯	东欧、中亚	印欧语系—斯拉夫语族—东斯拉夫语支
乌克兰语	乌克兰	东欧	印欧语系—斯拉夫语族—东斯拉夫语支
哈萨克语	哈萨克斯坦	中亚	阿尔泰语系—突厥语族—克普恰克语支
乌兹别克语	乌兹别克斯坦	中亚	阿尔泰语系—突厥语族—葛逻禄语支
匈牙利语	匈牙利	中东欧	乌拉尔语系—芬兰－乌戈尔语族—乌戈尔语支
波兰语	波兰	中东欧	印欧语系—斯拉夫语族—西支
捷克语	捷克	中东欧	印欧语系—斯拉夫语族—西支
塞尔维亚语	塞尔维亚	中东欧	印欧语系—斯拉夫语族—南支

《国家中长期教育改革和发展规划纲要（2010—2020年）》中明确指出，高等教育阶段要“提高人才培养质量”，高校应该培养“适应国家经济社会对外开放的要求，培养大批具有国际视野、通晓国际规则、能够参与国际事务与

国际竞争的国际化人才”。而随着中国“一带一路”倡议的不断推进，改革开放由“引进来”转变为“走出去”。“引进来”战略强调学习西方发达先进国家，语言战略方面体现为凸现英语等通用语种教育。“走出去”战略强调中国国家利益的海外拓展，语言战略转变为重视非通用语种。2015 年 9 月，教育部印发了《教育部关于加强外语非通用语种人才培养工作的实施意见》，提出通过加快培养国家亟须非通用语种人才等重要举措，实现所有已建交国家官方语言全覆盖，加快人才培养和相关智库建设，基本满足我国经济社会发展特别是扩大对外开放的新需要。因而，对接非通用语教育的宏观战略，有必要加强非通用语的教学。俄语系此次的转型，不仅在重点围绕俄语通用语种的人才培养的同时，适时地承担起培养沿线国家非通用语种人才的责任；而且还需创新人才培养模式，积极探索新时代应该如何培养新型人才，努力把非通用语种建设与国家战略利益亟须的国际问题研究紧密结合，积极探索“会语言、通国家、精领域”的卓越国际化人才培养模式。

3. 俄欧亚学院非通用语种专业现状

俄欧亚学院目前开设有乌克兰语、匈牙利语、波兰语、捷克语、塞尔维亚语、哈萨克语和乌兹别克语等 7 个非通用语专业。除了匈牙利语专业是三年一招生，其余语种专业都是四年一招生。现有专任教师乌克兰语专业 2 人、匈牙利语专业 2 人、波兰语专业 1 人、哈萨克语专业 2 人，乌兹别克语专业 1 人，捷克语专业 1 人，塞尔维亚语专业教师 2 人；每个语种专业都另配外籍教师 1~2 人。从学历层次看，除了乌克兰语专业 2 名教师具有博士学位，其余教师都是硕士毕业。从职称看，无一人具有高级职称。由此可以看出，目前学院内非通用语种教师力量不足，结构失衡。

另一方面，这些非通用语专业所在的俄欧亚学院有着学校最早成立的俄语专业（俄语专业 2019 年入选国家级一流本科专业建设点，俄语学科为国家级重点学科），办学经验极其丰富，专任教师中高级职称比例达 83%，外国语言文学下设的语言学、文学、翻译学、国别与区域研究、比较文学与跨文化研究 5 大领域都有着充足的师资力量。此外，学院内设有教育部区域与国别研究培育基地“俄罗斯研究中心”，教育部区域与国别备案研究中心“哈萨克斯坦研究中心”和“中亚研究中心”，学校自设“匈牙利研究中心”“乌克兰研究中心”、中东欧研究中心等。这些给予了非通用语种建设强有力的支撑，提供了优质资源共享的可能，使得非通用语种专业在初创阶段就有着较高的起点，促进了其课程体系的合理设置。

4. 课程体系设置理念

2018 年 1 月，教育部出台《普通高等学校本科专业类教学质量国家标准》，其研制遵循三大基本原则，即三个突出：突出学生中心、突出产出导向和突出持续改进。《关于一流本科课程建设的实施意见》中也明确指出，课程建设时要转变观念，更新理念，要“确立学生中心、产出导向、持续改进的理念，提升课程的高阶性，突出课程的创新性，增加课程的挑战度”。目前“学生中心（Students'center）、产出导向（Outcomes-based Education）、持续改进（Continuous quality improvement）”的基本理念也是世界高等教育发展的先进理念，国内无论是在院校评估还是在专业认证中也已经成为共识。《普通高等学校本科专业类教学质量国家标准》中的“外国语言文学类教学质量国家标准”（以下简称“《国标》”）对人才培养规格做了明确的要求。我们看到，除了“学制与学位”外，大纲对培养规格做了素质、知识和能力方面的要求。培养规格决定了学生在毕业时所应具备的三大要素，它对我们制定课程体系提供了依据和参照。我们知道，“产出导向”在国际上被称作为 OBE，它更注重学生素质和能力的培养，产出导向教育特别强调三个产出（outcomes）：专业教育产出（program education outcome，通常称培养目标），学生学习产出（student learning outcome, 通常称毕业要求）和课程教学产出（course teaching outcome, 通常称课程目标）（李志义，2018）。这三个产出的确立，遵循的是反向设计原则，即根据经济社会发展需求和学校的办学定位，科学合理地设置人才培养目标。比如，《国标》中规定外语专业应培养“适应我国对外交流、国家与地方经济社会发展、各类涉外行业、外语教育与学术研究需要的各外语语种专业人才和复合型外语人才”（教育部高等学校教学指导委员会，2018）。上海外国语大学致力于培养“思想素质过硬、中外人文底蕴深厚、跨文化沟通和专业能力突出、创新创业能力强的‘会语言’‘通国家’‘精领域’的卓越国际化人才，致力于为国家和地方发展、为社会进步、为人才全面发展和为中外人文交流做贡献”。这两者决定了我们学院非通用语种专业人才培养目标，再由培养目标决定学生毕业时所应具备的素质、掌握的知识、拥有的能力。它们将细化为毕业要求，然后建立与之对应的课程矩阵，“素质、知识、能力”将融入每一门课程中，落实在具体教学环节中，并且能对其进行有效评价，形成毕业要求与培养目标、课程体系的对接。课程矩阵中不同性质的课程，课程目标和教学内容侧重点可能不同，但是课程目标的高阶性，课程内容、教学形式的创新性，课程设计、学习结果的挑战度应贯穿课程体系的始终，不能将其割裂，分别由不同的课程孤立培养。

如前所述，课程学习是专业教育的基础培养环节，它是一项整体性的系统工程，必须要对学生的学习产出定期进行分析和总结，吸取内部和外部评价相关方的意见和建议，立足培养目标，在毕业要求的基础上，完善课程体系、课程对毕业要求的支撑矩阵，从而构建一种具有开放性的并能持续改进课程教学质量的闭环运转机制。因而课程建设中质量保障体系的建设极其重要，它们能够帮助寻找短板，发现问题，优化教学环节，持续改进课程质量。比如，完善考试制度，健全能力与知识考核并重的课程考核评价体系并进行考核结果分析；对课程质量进行学生、督导、院系和学校层面的评估；加强学习过程管理，依托第三方公司对在校生和毕业生跟踪评价，进行综合分析，将评价结果反馈给教师；加强现代信息技术手段的利用，建立数据库，提高评估信息的采集能力和应用水平等。

5. 非通用语种课程设置实践

下面我们以学院内开设较早的匈牙利语专业为例，谈一下我们初步的实践。根据上外的办学定位及人才培养目标，我们确定上外匈牙利语专业的培养目标（专业产出）为：以立德树人为核心，以多种外语教学为基础，融合人文社科、国别区域和跨专业领域知识，培养具备深厚人文素养、跨文化沟通能力，专业知识和专业技能精深，通晓国别区域与领域，具有全球视野、创新能力的国际化高端匈牙利语人才。学生毕业后 5 年左右能实现以下目标：① 践行社会主义核心价值观，具有良好的道德品质、正确的世界观、人生观、价值观以及良好的人文素养；② 具有扎实的匈牙利语语言运用能力和一定的研究能力；③ 具有宽厚的匈牙利语语言学、文学和文化等专业知识、中国语言文化知识和必要的跨学科基础知识；④具有较强的跨文化交际能力、实践创新能力、自主学习能力和思辨精神；⑤具有较开阔的国际视野和参与国际事务的意识；⑥ 能够适应外语教育、对外交流、语言服务、国家和地方经济社会发展等各类涉外行业的职业发展要求。

培养目标决定了匈牙利语专业的毕业要求（学生学习产出）为：①具有人

文底蕴、科学精神、职业素养和社会责任感，了解国情社情民情，践行社会主义核心价值观；② 具有扎实的基础知识和专业知识，掌握必备的研究方法，了解本专业及相关领域最新动态和发展趋势；③ 具有批判性思维和创新能力。能够发现、辨析、质疑、评价本专业及相关领域现象和问题，表达个人见解；④具有解决复杂问题的能力。能够对本专业领域复杂问题进行综合分析和研究，并提出相应对策或解决方案；⑤ 具有信息技术应用能力。能够恰当应用现代信息技术手段和工具解决实际问题；⑥ 具有较强的沟通表达能力。能够通过口头和书面表达方式与同行、社会公众进行有效沟通；⑦ 具有良好的团队合作能力。能够与团队成员和谐相处，协作共事，并作为成员或领导者在团队活动中发挥积极作用；⑧具有国际视野和国际理解能力。了解国际动态，关注全球性问题，理解和尊重世界不同文化的差异性和多样性；⑨具有终身学习意识和自我管理、自主学习能力，能够通过不断学习，适应社会和个人可持续发展。

为支撑毕业要求的达成，匈牙利语课程设置为：通识教育必修课程（31学分）、通识教育选修课程（4学分）、专业教育课程（109学分，内含大类平台课程24学分、专业核心课程42学分、英语基础课程30学分、专业方向课程13学分）、实践教育课程（16学分）。

表2　匈牙利语专业课程设置

通识教育必修课程（共31学分）	通识必修（政治）（共18学分）	1 思想道德修养与法律基础
		2 中国近现代史纲要
		3 毛泽东思想和中国特色社会主义理论体系概论
		4 马克思主义基本原理
		5 世界中国
		6 形势与政策
	通识必修（体育）（共4学分）	7 体育
		8 体育
		9 体育
		10 体育
	通识必修（计算机）（共5学分）	11 计算机应用基础
		12 媒体信息处理
		13 数据库基础与动态网页制作
	通识必修（语言）（共4学分）	14 现代汉语
		15 中国现代文学
		16 中国古代文学
		17 语言学概论

续表

专业教育课程（共 109 学分）	大类平台课程（共 24 学分）	18 基础匈牙利语Ⅰ
		19 基础匈牙利语Ⅱ
		20 匈牙利语语法 I
		21 基础匈牙利语 III
		22 匈牙利语语法 II
		23 基础匈牙利语Ⅳ
	专业核心课程（共 42 学分）	24 匈牙利语阅读Ⅰ
		25 匈牙利语视听说 I
		26 匈牙利语阅读Ⅱ
		27 匈牙利语视听说 II
		28 匈牙利语高级视听说 I
		29 高级匈牙利语Ⅰ
		30 匈牙利语高级视听说 II
		31 匈牙利语翻译理论与实践Ⅰ
		32 高级匈牙利语Ⅱ
		33 匈牙利语翻译理论与实践Ⅱ
		34 高级匈牙利语Ⅲ
		35 高级匈牙利语Ⅳ
	英语基础课程（共 30 学分）	36 英语视听说Ⅰ
		37 综合英语Ⅰ
		38 英语视听说Ⅱ
		39 综合英语Ⅱ
		40 综合英语Ⅲ
		41 综合英语Ⅳ
		42 高级口笔译
		43 商务英语
		44 综合英语Ⅴ
		45 综合英语Ⅵ
		46 英语演讲与辩论
		47 英语文学导论
		48 英语国家导论
		49 跨文化交际
		50 思辨与写作
		51 语言学概论
		52 外国教育名著选读

续表

	专业方向课程（共 13 学分）	53 匈牙利国情
		54 匈牙利历史与文化
		55 匈牙利语听力Ⅰ
		56 匈牙利地理
		57 匈牙利语听力Ⅱ
		58 匈牙利文学史Ⅰ
		59 匈牙利语报刊阅读Ⅰ
		60 匈牙利经济与贸易Ⅰ
		61 匈牙利文学史Ⅱ
		62 匈牙利语报刊阅读Ⅱ
		63 匈牙利经济与贸易Ⅱ
		64 匈牙利语文学作品选读Ⅰ
		65 匈牙利语写作
		66 俄罗斯东欧中亚国家对外关系
		67 匈牙利语文学作品选读Ⅱ
实践教育课程（共 16 学分）		68 匈牙利语会话Ⅰ
		69 匈牙利语会话Ⅱ
		70 匈牙利语口译Ⅰ
		71 匈牙利语口译Ⅱ
		72 专业实习
		73 创新创业实践
		74 毕业论文（设计）

从课程设置看，课程与毕业要求能实现一定的对应矩阵关系，但同时我们也发现存在不少问题，需要接下来进一步改进。

5.1 培养学生的人文素养

因受限于课程总体容量，培养学生人文素养的课程无法兼顾。匈牙利语专业属于人文社会科学学科，人才培养应突出人文特色，这就意味着匈牙利语专业不仅仅是为了让学生掌握一门语言交际工具，而且还要让学生通过语言学习，了解掌握人文社会科学方面的知识。因而后续应在教学中需要更多地注重培养学生的人文素养。

5.2 注重专业知识课

因受限于师资力量，目前课程体系中语言技能课和专业知识课比例不当。

后续应处理好语言技能培训与专业知识教学之间的关系。在教学过程中，我们不仅要让学生掌握匈牙利语语言技能，还要让学生掌握匈牙利语语言、文学和匈牙利社会与文化等方面的知识。此外，还要注意培养学生的跨文化意识、跨文化能力。因为我们的学生是非母语，因而在知识要求中应增加熟悉中国语言文化知识的课程。我们可在低年级以加强匈牙利语基本技能训练为主，夯实学生的语言基本功，促进学生语言综合能力的提高，增强学生的匈牙利语学习兴趣；在高年级以学习学科主干知识为主，课程体系中增加跨文化交际、语言学导论、文学导论、学术写作与研究方法等专业知识课程，同时增加与专业教育相关的通识选修课程，促进通识教育与专业教育的融合，使必修课程和选修课程相互补充，从而使课程体系更趋合理化，为学生的自主学习和个性化设计提供更多的空间和时间。

5.3 开设多语种课程和特色性院内通识教育课程

目前匈牙利语专业除了匈牙利语学习，还有 30 学分的英语学习。由于生源较好，学生入校后英语水平普遍较高，因此学生有多学一门语言的需求。鉴于本学院哈萨克语专业已实施“哈萨克语 + 俄语”的教学，且大部分同学都能将 2 门零基础的语言学得较好，因而学院接下来考虑会利用学院多语种的优势，为学生增开俄语课程。此外，利用学院 8 个语言专业的优势，开设相应的“一带一路”沿线国家语言文化通识课。目前俄欧亚学院已经开设了几门院内选修课，供所有语种学生选修，但这还远远不够。接下来将继续对语言文化通识课进行探寻，争取开设更多的语言文化通识课，使其有助于增强学生的语言能力、跨文化交际能力，拓展其国际视野，培养语言能力、国际交往实务能力和国别研究能力并重的“多语种 +”卓越国际化人才。

参考文献

[1] 教育部高等学校教学指导委员会．普通高等学校本科专业类教学质量国家标准(上)［M］．北京：高等教育出版社，2018.

[2] 李宇明．“一带一路”需要语言铺路 [N]. 人民日报，2015-09-22（7）.

[3] 李志义．“水课”与“金课”之我见 [J]．中国大学教学，2018（12）：24—29.

俄语专业新生导学模式改革的探索与实践

——以南京大学“俄语专业新生导学课”为例

南京大学　徐来娣

【摘要】开设“俄语专业新生导学课”作为南京大学俄语专业新生导学模式改革的一个创新举措，目的在于及时解决本专业新生入学时对于专业学习及就业前景所产生的种种困惑，及时引导他们主动适应本专业学习，努力激发其学习俄语和俄罗斯文化的兴趣。本文重点介绍南京大学“俄语专业新生导学课”这一门全新课程开设的背景与初衷、目标与计划、团队与安排、授课与成效，试图对近年来本校俄语专业新生导学模式改革的初步探索与实践作一简要的回顾和思考。

【关键词】俄语专业；新生导学模式改革；“俄语专业新生导学课”

1. 引言

众所周知，现阶段我国高校俄语专业的新生绝大多数为中学学习英语的零起点学生，他们在入学阶段，面对全新的学习内容——与英语迥然不同、被大家普遍认为是“最复杂、最难学”的俄语，通常会产生各种困惑与迷茫，因而亟须专业教师的悉心引导。长期以来，南京大学俄语专业的惯常做法是开一场新生见面会。具体而言，也就是请两三位专业教师，向新生简要介绍专业历史与现状、专业学习内容与就业前景。然而，由于专业新生见面会总是被安排在院新生见面会之后“顺便召开”，因而我们专业教师的可用时间相当有限，根本不可能介绍清楚想要介绍的内容，也根本不可能真正了解学生内心的种种困惑并给予及时引导，每次只能“匆匆见面，匆匆散会”。因此，客观而言，这样的专业新生见面会往往流于形式，收效甚微。换言之，我们专业的新生导学模式显然已经不符合现阶段的学生实际需求，亟待新的探索和改革。

从 2015 年秋季学期开始，我校俄语专业对以往的新生导学模式进行了大胆革新，其中，有一个重要举措就是为本专业新生量身定做，给他们专门开设了一门全新课程——“俄语专业新生导学课”。该门课程于每年秋季学期 10—11

月开设，至 2017 年 11 月，前后已开设 3 次。三年来，该课程受到了本专业新生的普遍欢迎，我们教师在课程开设过程中也积累了不少经验教训。作为课程主持人，本人觉得很有必要与兄弟院校的众多同仁交流一下我们在俄语专业新生导学模式改革方面的探索与体会。本文重点介绍南京大学“俄语专业新生导学课”这一门全新课程开设的背景与初衷、目标与计划、团队与安排、授课与成效，对近年来本校俄语专业新生导学模式改革的初步探索与实践作一简要的回顾和思考，以便今后进一步完善和优化新生导学工作，为本专业新生更快地适应大学里的俄语专业学习，更合理地制定个性化学业规划和职业规划，起到积极有效的引导作用。我国俄语教学领域著名专家史铁强先生曾在《关于俄语教学的改革》一文中提出，现阶段中国俄语教学的最主要问题在于“学生的知识面略窄，研究能力不强，更重要的是缺少研究氛围和兴趣，究其因有培养目标、师资队伍、课程设置、教学方法等多种因素”（史铁强 2004：3）。因此，课程设置的改革是现阶段中国俄语教学改革所面临的主要任务之一。我们希望，本课程教学团队在“俄语专业新生导学课”课程建设方面所进行的种种探索，不仅能为我校俄语专业新生导学模式改革积累一点经验教训，而且能为我国兄弟院校俄语专业课程改革提供一点有益参考。

2. 背景与初衷

南京大学“俄语专业新生导学课”这一门新课程的开设并非偶然，其源起与本校“三三制”教学改革的大背景密切相关。所谓“三三制”教学改革，是我校从 2009 年起正式启动的一项本科教学改革方案，“是在‘通识教育与个性化培养融通’的理念基础上，按照学生培养的不同阶段目标，分阶段实施多元教育”（谈哲敏 2013：50）。“三三制”教学改革的宗旨在于教学工作重点的大转移——从以教师为中心，转移到以学生为中心，为每一位本科生制定个性化培养方案，通过多元化的培养手段，向学生提供更大的自主选择权和更广阔的自由发展空间，从而使其具备更强大的社会竞争力，最终实现其更理想的个性化发展。“三三制”教学改革方案中的两个“三”，分别指学生的“三个培养阶段”（“大类培养”“专业培养”和“多元培养”）和“三条发展路径”（“专业学术类”“交叉复合类”和“就业创业类”）（董婷 等 2014：20）。我校的“三三制”本科培养新方案引发了一系列的课程改革，各个院系积极建设通识通修类课程、研讨类课程、专业前沿类课程、复合交叉类课程、就业创业类课程等。

我系当然也不例外。考虑到我们俄语专业教学的特殊性，我们在课程设置方面不断进行优化调整，一方面尽量缩减一些俄语传统专业课程，另一方面开设一些深受学生欢迎的新型选修课，如“俄语计算机网络应用”“旅游俄语”“俄语口译”“经贸俄语”等课程，并积极建设多个俄语翻译实践基地。

也正是在如此大规模的本科教学改革浪潮中，我校各专业的新生导学课纷纷应运而生。毋庸讳言，对于我们这些常年站在俄语本科教学第一线的教师来讲，本专业新生导学课的开设，除了顺应我校“三三制”改革浪潮的大背景以外，更为重要的是充分考虑到了我们专业新生在改革浪潮中所表现出来的普遍心理特点。

我们发现，自从2009年我校推行“三三制”本科教学改革以来，我们俄语专业的新生入学以后，比以前更加困惑与迷茫。一方面他们感到踌躇满志，因为在他们面前展现的是一个全新的精彩纷呈的大学生学习生活，他们每个人都有充分的自主权和选择权，可以按照自己的兴趣爱好制定个性化学业规划和职业规划；另一方面他们又感到困惑不已，因为他们对俄语专业知之甚少，对于四年的俄语专业学习和四年后的就业前景充满忧虑。因此，现阶段我校俄语专业新生最为关心的问题主要有以下三个：第一，大学四年的俄语专业学习，我将学些什么？第二，俄语是世界上最难学的语言（几乎所有零起点新生都这么认为），我怎样才能学好俄语？第三，学了俄语之后，我今后可以选择什么样的职业？此外，还有一个我们无法回避的事实是，每年总有部分学生向我们坦陈，他们之所以选择俄语，纯粹是因为听人劝导，或实属无奈，实际上他们对俄语专业学习毫无兴趣。这部分学生最关心的问题是：我是否应该转换专业？我们认为，对于现阶段俄语专业新生中客观存在的种种困惑，我们教师不仅应该在思想上给予足够的重视，而且应该在行动上采取积极有效的应对措施，不能光靠一场新生见面会来简单应付一下，而应该大胆革新新生导学模式，以便及时引导新生迈好大学学习阶段的第一步，从而顺利完成俄语专业学习任务，真正成为一名具有个性化特点的俄语专业人才。

也正是出于以上多方面的考虑，从2015年秋季学期开始，我校俄语专业对以往的新生导学模式进行了大胆革新，其重要举措之一就是专门为本专业新生开设了一门全新的课程——“俄语专业新生导学课”。

3. 目标与计划

如上所述，我校“俄语专业新生导学课”的开设目标，主要在于及时解决俄语专业新生入学时对于本专业学习及就业前景所产生的种种困惑，及时引导俄语专业新生主动适应本专业学习，通过择要介绍本校俄语专业发展历史与现状，详细分析我系毕业生的就业去向和就业层次，深度研讨现阶段俄语语言文化的发展动态，重点剖析中俄双边关系的发展动向等教学内容，努力激发学生学习俄语和俄罗斯文化的兴趣，帮助其选择适合自己的个性化发展路径，制定合理的个性化学业规划和职业规划。

为实现课程开设目标，我们还认真制定了课程计划，具体如下：

本课程的授课任务全部由熟悉本校俄语专业发展历史与现状、了解现阶段俄语语言文化发展动态的本专业教师担当，以研讨课的形式面向一年级本科生授课，在授课过程中必须安排一定时间的师生互动环节。与此同时，还计划不定期邀请本专业毕业生中的知名学者和业界精英开设相关讲座，与学生交流思想，激发其专业学习兴趣和创新思维。在条件许可的情况下，组织学生参与相关的外事和文化活动，增强其感性认识和直接体验。简而言之，也就是计划以本校俄语专业的历史与现状为切入点，以现阶段俄语语言文化的发展动态为主题，为学生勾勒出一幅粗线条的俄语专业学科知识地图[①]，引导其理性地制定个性化学业规划与职业规划。

4. 团队与安排

要想建设好一门新课，仅有课程目标和课程计划是远远不够的，还需要组建课程教学团队。所谓“课程教学团队”，就是指由若干教师组成的、知识结构互补、团结合作、共同承担某一门课程授课任务的教师团队。众所周知，课程是高校人才培养体系中的基本单元，课程教学团队的组建对于完成课程目标与计划、确保课程教学进度与质量、推进课程建设与发展具有不可或缺的重要作用。近年来，“教学团队建设的重要性已经成为教育界的共识，各高校普遍认为有效的教学团队建设，可以极大地提高教师队伍的教学水平，为社会培养

① “学科知识地图”，亦称“学科知识图谱”，是指某一门学科知识体系的结构示意图。学科知识地图通过可视化方式来显示整个学科知识体系中各个知识点之间的相互联系。在本文中该词用于隐喻义。

更多更加优秀的综合创新型人才”（谭杰 2015：76）。因此，我们在开设“俄语专业新生导学课”的筹备阶段，不仅认真制定了课程目标与课程计划，而且还在课程教学团队的组建方面下了一番功夫。考虑到这是一门专业性质的新生导学课，也考虑到要尽量扩大新生与专业教师的接触面，以便新生尽早融入南京大学俄语专业这一大家庭，我们动员了本专业全体教师参与本课程师资队伍的组建工作。经过系会讨论决定，我系每位专业教师，不管是资深教授还是中青年教师，原则上在每一个学年中至少参与完成一次新生导学课的授课任务。也正是在我系全体教师的大力支持和通力合作之下，我们很快在本专业师资队伍的基础上组建了一个年龄层次、职称结构、学历结构都较为合理的课程教学团队。

尽管我系专业教师人数不多，但大家的研究方向不尽相同。有的教师擅长俄罗斯文学研究，有的教师专攻俄语语言文化研究，有的教师在俄语修辞学研究方面独树一帜，还有一些教师致力于俄罗斯学研究。因此，我们在安排具体教学内容时，充分考虑到了我系各位专业教师的自身特点。具体来讲，我们在拟定每学年的教学周历前，先请各位老师结合自己的研究专长，围绕课程的目标和计划，自行拟定各自的专题讲座题目和授课内容，为此，我们还专门组织大家开会讨论。经过多次协商和调整，最后由课程主持人和教学主任一起确定授课方案和教学周历，尽量争取在最大程度上既能落实课程的目标与计划，又能兼顾每一位教师的研究专长。

5. 授课与成效

在学校教务处的大力支持下，经过本专业全体教师的精心策划和倾力打造，我校俄语专业在 2015 年秋季学期，第一次面向本专业的所有新生以及部分对俄语语言文化感兴趣的其他院系学生，开设了为期 8 周的新生导学课，主题为“俄语语言文化导学”。在短短的 2 个月期间，我们专业的各位教师，或是独自担当，或是两两合作，总共推出了 8 个既各自独立又相互关联的系列专题讲座。这些专题讲座的题目分别是：“南京大学俄语专业的历史与特色”“南京大学俄语专业的发展前景”“南京大学俄语专业本科毕业生的就业方向及实例分析”“俄语学习方法漫谈”“俄罗斯之美——从礼仪文化谈起”“俄罗斯文艺共赏”“当代中国社会文化中的俄罗斯元素”“从俄罗斯国歌宣传片谈俄罗斯人”等。此外，我们还围绕新生导学这一宗旨，倚重本专业的教师和学生干部，开展了一系列的相关课外活动，例如，新老学生联谊会、俄语俱乐部活动、本专业杰出校友专题讲座、俄语戏剧节、俄罗斯诗歌朗诵会等。所有这些课外活动，犹如润物细无声的春雨一般，对于进一步增强新生学习俄语语言文化知识的兴趣和信心起到了很好的潜移默化作用。

当然，一门新课程的建设不可能一蹴而就，在开设的最初阶段必定会出现各种意想不到的问题。2015 年秋季学期我们第一次开设“俄语专业新生导学课”，在初步开设成功的同时，也留下了不少遗憾，例如，其他院系选修本课程的人过多，本专业的学生反而有几位未能在学校教务网络系统及时选上这门课；有个别新生的困惑没有及时得到解决；有个别教师在授课过程中与学生互动不够；期末考核要求没有及时通知到每一位学生。在 2016 年秋季学期的第二次开课过程中，我们有针对性地进行了调整和改进，一方面与教务处加强沟通，另一方面进一步优化本课程的授课内容、授课形式以及组织工作，开课效果比第一年有明显提升，学生普遍反映较好。然而，尽管如此，第二次的开课依然还是不无遗憾，例如，由于学校教务网络系统的局限性，还是有一位本专业学生没能及时选上本课程。因此，2017 年秋季学期，在正式开课前一个月，我们专门就学生选修权限和人数问题，多次与学校教务处进行协调沟通工作，同时提醒本专业学生及时办理选课手续，以免再次出现本专业学生未能选上本课程的现象。

此外，每年在为期 8 周的新生导学课结束时，我们通常会请学生交流一下听课体会，并对我们的课程提出意见和建议。通过这样的交流方式，一方面，本人作为课程主持人，对于每年新生导学课的开课效果以及后期努力方向也就了然于心；另一方面，把这些信息及时反馈给各位教师之后，大家也就可以更加有的放矢地进一步完善自己的教学工作。如此一来，课程品质的提升也就有了持续的推动力，课程建设也就逐年趋于成熟。

6. 结语

教育心理学原理告诉我们：“任何学习都需要学习者具备应有的准备状态(readiness)。没有足够的准备，很难期望教学目标能够如期完成。”（张周易 2006：126）。另外，教育心理学原理还告诉我们：“纠正一种已养成的不良习惯难于从头培养一种正确的新习惯。”（赵洁 2003：97）。正如前文所言，刚刚踏入大学校门的俄语专业新生，面对新的学习生活环境，面对一门全新的外国语 —— 大家都认为“最复杂、最难学”的俄语，他们不仅需要调整自己的心理状态，而且还需要全面调整自己的学习方法、学习习惯、学习目标等。而我们开设的“俄语专业新生导学课”，一方面，在帮助学生了解俄语专业学习内容、适应俄语专业课学习、确定新的学习目标等方面，起到了重要的引导作用；另一方面，对于激发学生的俄语学习兴趣、培养学生良好的俄语学习习惯、提高学生创新思维能力，同样也起到了很好的推进作用。当然，这只是我们在俄语专业新生导学模式改革方面的初步尝试和探索，在以后的教学实践中，我们应该进一步加强与本专业新生的沟通力度，在广泛听取学生意见和建议的基础上，不断优化“俄语专业新生导学课”的教学内容、教学手段和教学效果，力争为我们专业的新生提供更为优质的导航服务。

参考文献

[1] 董婷，王唯，吴恺．“三三制”创业课程建设的探索与实践 [J]. 创新与创业教育，2014 (2).

[2] 史铁强．关于俄语教学改革的思考 [J]. 中国俄语教学，2004 (4).

[3] 谈哲敏．重构大学本科教育：南京大学“三三制”本科教学改革 [J]. 创新人才教育， 2013 (1).

[4] 谭杰．教学团队建设与教师能力提升方式探析 [J]. 教育与职业，2015 (13).

[5] 张周易．实践新的教学理论·提高四六级成绩 [J]. 重庆交通学院学报（社会科学版），2006 (1).

[6] 赵洁．“零起点”班入门阶段教学方法初探 [C]// 俄语教学与研究论丛（第十六辑），2003.

“一带一路”视角下的中东欧语专业发展前景①

上海外国语大学　钱琴

【摘要】自从习近平总书记于2013年提出了共同建设“丝绸之路经济带”和“21世纪海上丝绸之路”两大倡议以来，我国与中东欧国家的联系愈加密切，这主要体现在政治、经济、外交、文化、教育等方方面面，作为培养“多语种+”区域和国别通才与领域专长结合的卓越国际化人才的外语院校，需要对接国家“一带一路”倡议、服务国家大外交，上海外国语大学在俄罗斯东欧中亚学院设立了中东欧语系，先后开设了乌克兰语、匈牙利语、波兰语、捷克语和塞尔维亚语等语种，未来还将开设罗马尼亚语等中东欧语种。本文探讨的就是在一带一路视角下的中东欧语专业的发展背景和前景。

【关键词】一带一路；卓越化；多语种+；区域国别人才

习近平总书记在党的十九大报告中指出要优先发展教育事业，建设教育强国是中华民族伟大复兴的基础工程，必须把教育事业放在优先位置，加快教育现代化，办好人民满意的教育。同时，自2013年9月提出了共同建设“丝绸之路经济带”和“21世纪海上丝绸之路”两大倡议以来，“人类命运共同体”这一关于人类社会发展的新理念也应运而生，“一带一路”建设正是我国对“人类命运共同体”理念的一次言而有信的实践。“一带一路”沿线连通中亚、东南亚、南亚、西亚和东亚等数十个国家，这些国家在历史上多数遭受过殖民统治和压迫，由于历史因素对于这些国家发展的制约，很多国家至今无法摆脱贫困、饥饿和动乱的困扰。其在现代化的进程中不得不面对二战以来形成的世界政治和经济格局，但发展战略和发展道路又不可能走以往发达国家的老路，因而在世界多极化、经济全球化、文化多样化和社会信息化的潮流中，迫切需要构建一个更加公平、公正、平等的国际政治经济新常态，促进自己国家更快、更好地发展。“一带一路”建设就是践行欧亚大陆互利共赢一体化发展、打造利益

① 本文是2020年上海高校本科重点教改项目“‘一带一路’沿线非通用语人才培养模式的探索与实践”的阶段性成果。

共同体和命运共同体的理念，是兼济天下的使命担当。

习总书记在十九大报告中谈到“人类命运共同体”时特别强调了：“教育应该顺此大势，通过更加密切的互动交流，促进对人类各种知识和文化的认知，对各民族现实奋斗和未来愿景的认同，以促进世界各国增强相互了解，树立世界眼光，激发创新灵感，确立为人类和平与发展贡献智慧和力量的远大志向。”

在经济全球化背景下，教育的全球化已经成为不可逆转的时代潮流，与时俱进，方是正道。中国高校应紧紧抓住这一重要战略机遇期，顺势而为、有所作为，必可大有所为。全面拓展国际交流领域，开展实质性的国际交流合作，创新人才培养模式，驱动外语教育内涵发展，为服务国家战略和“一带一路”建设培养紧缺人才。

随着中国特色大国外交的推进，更趋合理的外交战略布局正在日益显现，这对我国非通用语种人才培养的重要性和紧迫性提出了更高的要求。作为教育部直属全国首屈的高等外语院校之一，我校从最初的培养俄语单语种人才到培养国家外交亟须的多语种外语人才阶段完成了向从培养外语单科性人才到培养改革开放亟须的外语复合型人才阶段的转变。当下，我校又正在积极创新，朝着培养“多语种 +”区域和国别通才与领域专长结合的卓越国际化人才，即注重发挥语言特长来研究问题，能与专业有机相融这一创新驱动模式探索前行。作为外语类高等院校，紧跟“一带一路”倡议步伐，致力培养熟悉党和国家方针政策、知晓中国国情且具有全球视野、善于熟练运用外语、通晓国际规则、精通国际谈判的专业人才，可以说这就是我们的使命担当。

“十三五”规划实施以来，特别是在近年来高校双一流建设的大旗指引下，我校确立了“多语种 +”卓越国际化人才培养机制。其中的“多语种”指的就是至少精通两门以上第二语言，具有出众的跨文化沟通能力；“+”指的就是“互通互联”，即以基于多语言的跨文化沟通能力为前提，打破专业、学科壁垒，以人文通识教育培养学生的价值观取向，以社会科学方法论教学促进国别区域研究意识，以问题研究导向提升学生在某一领域的专精。

在这一背景下，上海外国语大学中东欧语专业的设立正是学校对接国家一带一路倡议、服务国家大外交所推出的一系列政策的受益者，更是上海外国语大学非通用语种培养的探路者。我校在 2016-2018 年期间再增加包括马来语、爪哇语、乌尔都语、斯瓦西里语、乌兹别克语、哈萨克语、匈牙利语、波兰语、捷克语和塞尔维亚语等 10 门非通用语种。随着 2016 年匈牙利语专业正式落户上海外国语大学、2017 年波兰语专业隆重揭牌、2018 年捷克语专业本科招生启动以及塞尔维亚语专业筹建申请等工作的陆续推进与实质性落地，上海外国语大学的中东欧语专业数量已经在短短的两年内从一无所有猛升至了 4 个，加上原有的乌克兰语专业划归为中东欧语系，为中国在“一带一路”框架下正在积极推进的中东欧“16+1”合作机制提供强有力的人力资源支撑。另一方面，学校也不断探索和创新非通用语种人才培养途径，依托学校与 56 个国家和地区的 330 多所高校建立的合作伙伴关系以及与联合国和欧盟等国际组织所保持的紧密交流平台借力发力，与匈牙利的塞格德大学、波兰的华沙大学、波兰密兹凯维奇大学、波兰雅盖隆大学、波兰西里西亚大学、波兰西里西亚理工大学、捷克的布拉格大学、捷克马萨里克大学、塞尔维亚的贝尔格莱德大学、乌克兰国立基辅大学，乌克兰国立利沃夫大学，乌克兰国立基辅语言大学等多所大将开展多元化的实质性合作，为非通用语种师资和人才培养、“一带一路”建设语言人才储备开辟了新的路径。与此同时，中东欧语专业学生也能在该人才创新培养模式及国际合作交流平台下实现出国留学全覆盖。此外，上海外国语大学中东欧语专业未来发展势必要将学科自身发展与区域国别研究有效相结合，建立一系列对象国研究中心，促进中东欧 16 国的区域国别研究的全面开展与全覆盖，力争将中东欧语专业学生打造成为具有跨文化人文情怀、全球治理观念和国际视野、能直接参与国际合作与竞争、既有高级外语水平又有专业知识、服务中国大外交所需的区域国别和领域的国际化复合型人才。

1. 匈牙利语本科专业情况简报及未来工作设想

上海外国语大学匈牙利语本科专业的申报调研工作于 2013 年开始筹备启动，当年 4 月 17—19 日分别对北京外国语大学和中国传媒大学的匈牙利语专业建设情况进行了实地调研，走访了上述两所高校匈牙利语本科专业的学科带头人和相关教师，对招生规模、开设课程、师资配备等相关情况逐一进行了详细了解，并得到了上述两所高校对我校即将启动设立匈牙利语本科专业工作的大力支持。

2014 年，经我校俄语系专业负责人基于前期细致周到的实地调研成果以及后期精心撰写和修改后，由校教务处代表上海外国语大学向中国教育部正式递交了“上海外国语大学开设本科匈牙利语专业申请报告”“上海外国语大学匈牙利语专业教学计划”“普通高等学校本科专业设置申请表”等多项正式申请文件。同时，我校人事处网站正式对外发布匈牙利语教师的招聘信息。当年收到应聘材料 7 人，面试 2 人，录取 1 人，现为我校匈牙利语专业专职教师。

2016 年 2 月，根据中国教育部印发的《关于公布 2015 年度普通高等学校本科专业备案和审批结果的通知》，我校组织申报的匈牙利语本科专业（专业代码 050237，学位授予门类：文学，修业年限：四年）通过教育部审核，获得教育部备案，成为继北京外国语大学、中国传媒大学后国内第三所、上海第一所开设匈牙利语本科专业的高校。我校匈牙利语专业旨在培养具备扎实的匈牙利语综合能力，能够在政府部门、教育科研单位及涉外国际组织等机构中成为兼备中国情怀、世界视野、跨文化沟通能力、外语水平出众、人文素养过硬、通晓国际规则的非通用语种高层次国际化人才。

当年 9 月新学年伊始，上海外国语大学匈牙利本科专业首批 10 名学生入学。10 月 10 日，上海外国语大学匈牙利语专业开设暨匈牙利文化周开幕仪式在我校松江校区隆重举行。我校匈牙利语专业的成立，标志着我校将在匈牙利语人才培养和匈牙利文化研究等方面发挥更多的外语专业特长，为我校对接国家一带一路倡议需求做出更大的贡献。

作为匈牙利语专业今后发展的方向，主要有以下三个方面。

1）立足于匈牙利语本科教学，在夯实外语教学的基础上，通过多途径多渠道拓展该专业学生的国际化视野。

2）2016 年 10 月与匈牙利语专业设立的同时，我校又一个国别区域研究中心——匈牙利中心挂牌成立，成为继北二外后国内第二个匈牙利研究中心。该中心将在培养人才的同时，加强对“一带一路”沿线国家，特别是中东欧国家的区域国别研究，主要是加强匈牙利的基础研究，匈牙利的历史、文化、社会、政治、经济和双边关系的研究，对接国家“一带一路”政策，服务国家和地方发展。

3）适时将推动匈牙利语走入高中，并与大学四年制相呼应，实现七年的贯通式培养模式。这样既可以将匈牙利语的基础教学延伸到中学阶段，又可以在大学本科阶段精炼匈牙利语高端人才的培养方案。

2. 波兰语本科专业情况简报及未来工作设想

我校波兰语专业于 2015 年向教育部申报，根据教育部发布的教高〔2017〕2 号文，2016 年度普通高等学校本科专业备案和审批结果显示，波兰语专业获准设立，使得我校本科专业总数增至了 44 个，授课语种达到了 32 种。

我校始终秉承着“格高志远、学贯中外”的校训精神和“诠释世界、成就未来”的办学理念，以“服务国家发展、服务人的全面成长、服务社会进步、服务中外人文交流”为办学使命，并把建成国别区域和全球知识领域特色鲜明的世界一流外国语大学作为自身今后发展目标。在此大背景下，我校波兰语本科专业的优势主要体现在以下五个方面：1）借助学校雄厚的综合实力彰显学科特色；2）依托国内一流的外国语言文学学科优势打造学有专长的师资队伍；3）凭借规范的学科教学管理经验育才树人；4）拥有先进的教学硬件设施助力学科建设；5）成功且广泛的国际交流合作平台拓展丰富学科的国际化视野。

我校波兰语专业于 2017 年 9 月招收首批学生，波兰语专业的成立暨启动仪式也计划同期举行。今后，波兰语本科专业的学生将被纳入全校“多语种 +”卓越国际化人才培养机制中，学习精通波兰语语言、文学、历史、政治、经济、外交、社会文化等方面的基本理论和基本知识，接受波兰语听、说、读、写、译等方面的技能训练，掌握一定的科研方法，达到具备从事翻译、研究、教学、管理工作的较好素质和较强能力的水平。与此同时，在四年的本科阶段学习中，学生的英语必须达到听、说、读的熟练水准和一般的口语翻译能力（专业英语四级），部分学生还可以通过考试获得专业英语八级证书。我校将充分利用学校在外国语言文化领域的优势，强化学生波兰语应用能力的培养，开设优质的波兰语课程。学生毕业后能够很快地适应工作需要，能够自如地运用汉语、波兰语、英语，熟练地进行三种语言之间的互译，以保障完成日后工作中各类的口译和笔译任务。

另外，经过前期多方多渠道的布局和沟通联系，波兰语专业已与包括华沙大学、雅盖隆大学、密兹凯维奇大学在内的波兰著名大学建立校际合作关系或良好的沟通渠道，聘请波兰语言学专家赴我校担任外籍教师，为该专业学生开设相关的波兰语国情文化、语言文学等方面的专业课程。在此基础上，今后还计划定期派遣专业教师赴波兰进行短期、长期师资培训和交流访学，参加国际学术研讨会。为了进一步提高国际化办学的水准，我们还将借力国家留学基金委项目资助、国际区域问题研究及外语高层次人才培养项目等途径派遣公费留学生，并计划在校际交流合作等多种形式下，派遣波兰语本科专业学生赴波兰进行长短期的学习，拓展国际化视野。

除了作为外国语言文学学科方向的专业建设外，波兰地处“一带一路”沿线，是中国连接中东欧乃至全欧洲地区的重要通道之一。开展对波兰的区域国别研究，也有助于丰富对波兰的细节认知和全面认识，科学研判合作发展的形势和条件，有利于有针对性地开展中波人文交流和公共外交，服务于中国特色大国外交和民心相通战略，更有利于掌握中波交往枢纽的发展动向，为构建中东欧合作共赢的新型国际关系贡献力量。

3. 捷克语和塞尔维亚语本科专业情况简报及未来工作设想

我校捷克语专业于2015年向教育部申报，根据教育部发布的教高〔2017〕2号文，2016年度普通高等学校本科专业备案和审批结果显示，捷克语与波兰语专业同时获准设立，使得我校本科专业总数增至了44个，授课语种达到了32种。

我校捷克语于2018年9月开设，已录用一名捷克语专业教师，捷克语外方专家也在积极联系中。目前已与捷克驻华使领馆、捷克知名高校查理大学建立了沟通联络机制，与捷克马萨里克大学正在联络进一步合作中，将会在专业建设和师资派遣方面得到具体的协助和交流合作。同时，我校领导代表团于2017年5月赴捷克出访期间，重点向捷克高校介绍了我校捷克语专业的建设情况，得到了捷克方面的高度关注和支持，也带回很多有用信息和对我们后续工作的极大支持。

同时作为中东欧语言的重要语种——塞尔维亚语本科专业，也拟于今年年底启动专业开设的前期调研，目前刚刚结束了北京高校的调研工作，主要是在北京外国语大学和北京第二外国语大学调研，预计在2019年上半年形成塞尔维亚语本科专业的可行性报告并提交给学校审批，再交教育部申请备案，尽量于2019年9月开设塞尔维亚语专业，塞尔维亚语中外教的招聘也在紧锣密鼓地进行中。

4. 乌克兰语本科专业情况简报及未来工作设想

乌克兰语专业是上海外国语大学于2007年被批准开设的专业，由俄语系负责具体教学工作的实施，2008年首次对外招生，至今已有四届学生。目前在校人数10人。预计2018年毕业人数10人。该专业现划归俄罗斯东欧中亚学院中东欧语系管理。

乌克兰语专业学生主要学习乌克兰语语言、文学、历史、社会文化等方面的基本理论和基本知识，会受到乌克兰语听、说、读、写、译等全方位言语训练，掌握一定的科研方法，具有从事翻译、研究、教学、管理工作的素质和能力。主干课程为：基础乌克兰语、高级乌克兰语、乌克兰语听力、乌克兰语会话、乌克兰语报刊选读、乌克兰语写作、乌汉翻译理论与实践、乌克兰语口译、乌克兰语文学、基础俄语、俄语乌克兰语比较研究等。此外，俄语或英语能力达到专业四级水平。

乌克兰语专业课程注重听说读写译的语言技能的培养，课程设置以国际化、专业化、实务化为特征，部分专业课程如“口语”和“泛读”采用原版教材及进行双语教学；积极采用现代教学技术进行授课，在“视听说”和“听力”等课程上采用多媒体教学，多媒体授课的课时达到总课时的30%；积极选用近三年出版的新教材；加强实践教学环节，通过与乌驻沪领馆联系，多次组织学生参加社会实践活动。

目前，乌克兰语专业专职主讲教师共2名，职称为讲师。乌克兰语专业课程涵盖了语言学习基本的听说读写译五个方面，并根据上海外国语大学的教学特色，增加了乌克兰国情与文化方面知识摄入的力度。教师注意改革教学方法与手段，开设多媒体课程，积极提倡和开展俄乌双语教育。乌克兰语教师大多俄语出身，教师在教学过程中经常采用对比教学法，引导学生进行乌俄双语对比学习，从而有节奏有效率地掌握两门斯拉夫语。考虑到全球化和国际化的大背景，教师还鼓励学生学好英语，时而会用英语启发同学，开展作为拉丁语系的代表英语和斯拉夫语的代表乌克兰语和俄语的对比转化教学，提升同学学习外语的兴趣。

结语

作为中东欧语专业今后发展的方向，主要有以下几个方面。

1）立足于中东欧语本科教学，作为新起步的专业，教学才是生存之本和发展之根，不能急进和急于求成，需要关注语言教学发展的周期，所以必须首先夯实中东欧语言教学的基础，保证师生资源的优秀性和培养教育的高质量，争取培养国内一流的具有国际化视野的优秀人才。

2）在中东欧语各专业设立的同时，拟逐步建立相应的国别区域研究中心，加强对中东欧国家的基础研究，历史、文化、社会、政治、经济和双边（多边）关系的研究，对接国家“一带一路”政策，服务国家和地方发展。

3）在有可能的情况下，对接国家16+1战略，继续开发和开设新语种，如：拉脱维亚语、克罗地亚语、罗马尼亚语、立陶宛语等。

同时目前中东欧语教学及人才培养方面的也存在着一些问题，主要体现在：

1）中东欧语教学师资还较为匮乏。以目前的乌克兰语、匈牙利语专业和波兰语专业为例，所有专业课程就只有是一名（或两名）中国籍的老师和一名外国籍的老师担当，从一定程度上容易产生近亲繁殖的现象，不利于学生博采众长。应该继续扩大引进优秀的中东欧中外教师资源，扩大教师队伍。同时也影响了目前在职的中东欧语教师进一步进修和发展，教师受制于繁重的教学任务，无法腾出时间进行科学研究以及进一步进修以提高学历水平。

2）中东欧语教学资源和图书影响资源还需进一步完善。作为一个新兴的非通用小语种专业，学生除学习掌握课本内的知识点外，还需要了解掌握学习对象国语言和文化的相关知识，目前在这方面的图书、影像、视频、报刊等资源都比较缺乏，今后有待与对象国合作院校、驻沪领馆、外教加强沟通，丰富完善。

3）学生学以致用的途径较为缺失。外语学习需要一个能与对象国国民互相交流交际的学习环境和氛围，以及能赴对象国进行长短期的学习交流。今后应该多利用我校校际交流合作渠道、在校国际学生交流沟通渠道促进中外学生共融，拓宽学生视野，同时可以考虑借助对象国驻沪企业，促进该专业学生能利用业余时间进行实习，以便学生在提高自身语言能力的同时，丰富自己在国际化环境下的阅历，为四年后的就业打下基础做好铺垫。

关于塞尔维亚语教学过程中的不同年龄阶段学生学习特点调查研究

北京第二外国语学院　王淳杨

【摘要】塞尔维亚语作为高度屈折语，在针对贯培生和本科生两种层次的学生的语言教学过程中，呈现出共同点及各自的不同点，彼此拥有学习该语言的优势与劣势。针对这些异同，我们可提出不同的教学建议。

【关键词】塞尔维亚语；教育；语言；语法

1. 绪论

塞尔维亚语作为塞尔维亚官方语言，使用人口大约 1000 万。广泛应用于塞尔维亚本土、克罗地亚、波斯尼亚黑塞哥维那和黑山的部分地区。我国的塞尔维亚语专业教学虽然起步较早，但是在 2016 年以前，只有北京外国语大学一所学校将其作为第一专业进行授课。随着“一带一路”倡议的推进，近年来中塞两国合作密切。2016 年起，北京第二外国语学院、广东外语外贸大学等也陆续开设此专业。

北京第二外国语学院的塞尔维亚语专业创建于 2016 年 9 月，距今已有两个年级共两个班 27 名学生，其中包括 11 名 2016 年入学的“北京市贯通培养试验项目”的目前平均年龄 17 岁的“贯培生”和 16 名 2017 年入学的通过高考统招录取的平均年龄 19 岁的本科生。其中贯培生为中考结束后通过自愿报名进行选拔录取进行为期 7 年（包括第一至第二年的国内学习，第三年的国外学习，第四年的国内学习及第五至第七年的国外学习）的塞尔维亚语学习，每周专业课时为 14 节，除了专业课程以外，同时学习相应高中阶段的语文、数学、英语、历史、地理、政治及合唱、艺术赏析等艺术课。本科生与其他外国语大学的本科生所学内容大同小异，每周为 12 课时。均由同样的中教和外教上课。使用教材和上课方式等条件也是如出一辙。每个学生均为塞尔维亚语零起点。

在教学过程中，我们发现两种学生在教学过程中的学习方式、学习效果及学习进度、反映出来的问题及优劣势呈现出各自的特点。其中有共通处也有迥异的地方。即便是同一阶段进行比较（即第一学期零起点起步），两种学生所展现出的特点也都不尽相同，耐人寻味。

本文将以北京第二外国语学院的两类不同学生在塞尔维亚语专业前两年的课程学习中呈现的特点为样本，以先统一分析共同点，再分别分析各自相异点的结构来分析现象产生原因，并在各个部分提出建议如何改进教学方式以适应不同年龄阶段学生的学习状况。

2. 正文

2.1 塞尔维亚语的基本特点

塞尔维亚语隶属印欧语系斯拉夫语族南斯拉夫语支西南斯拉夫副语支，属于高度屈折语。在塞尔维亚语中，名词、代词、形容词及部分数词具有丰富的性、数、格等变化，动词具有性、数、人称、时态、方式及体等不同的形式变化。而两类学生的母语都是汉语，属于汉藏语系中的汉语族，语言类别属孤立语。与此同时，两类学生分别掌握不同程度的英语水平，英语隶属于印欧语系日耳曼语族西日耳曼语支，在不断地演化过程中，呈现“多屈折变为少屈折”的状态，并且还在不停地简化过程中。以上是两类学生所涉及语言的基本情况。针对个别学生自身还曾学过其他语种的现象，因为没有出现明显影响到探究结果的情况，所以暂时不予考虑。

此外，在语法的教学过程中，我们参考欧洲语言共同参考框架为标准，按照 A1-C2 的等级标准制定学习计划（按照实际情况，只能拟定 A1-B2 的教学计划），塞尔维亚语 A1 的语法涵盖内容是名词的 7 个格、形容词的 7 个格与比较级 / 最高级、动词的 3 种基本时态及情态动词、人称、指示及疑问代词的 7 个格、基数词、序数词、副词的比较级与最高级、句子的 3 种基本形式及部分连词与前置词。A2 内容包括动名词、集合名词、指小表爱和不规则名词、物主形容词、被动形动词、动词的假定式、命令式和体、现在副动词、集合数词、反身代词、词序和各类从句。B1 内容包括数字名词、构词法、关系代词、直接引语与间接引语。B2 内容包括过去副动词、将来式 II、条件句、无主句、动词的过去完成时和过去未完成时。以上是 4 个阶段的语法要求。

2.2 两类学生学习状况的共同点

在两类学生第一学期的启蒙阶段，都表现出了在一两个星期内迅速掌握塞尔维亚语的基础语音语调、可以自行进行较为流畅的阅读，对于没有学过的单词在听写中也可以正确书写等特点，而在第一学期之内，都掌握了两种字母的听读以及可以进行一些简单的日常会话能力。这是基于塞尔维亚语的发音规则产生的现象。塞尔维亚语的发音规则遵循 18 世纪塞尔维亚语言学家武克・斯特凡诺维奇・卡拉季奇 (Vuk Stefanović Karadžić) 所提出的“怎么说就怎么写，怎么写就怎么读（Piši kao što govoriš i čitaj kako je napisano）”的准则，30 个西里尔字母和 30 个拉丁字母完全对应，并且一个字母只对应一个发音，每一个字母都发音，不会有不发音的情况。相对于英语一个字母有多个读音并存在大量的不规则发音的情况（例如 hour, honor, straight 等多个字母有不发音现象），塞尔维亚语的发音规则对于学生来说较为容易掌握。但是，并非每一个字母都有同等难度，两类学生都展现出了对于“ć, č, c, đ, dž”等几个发音类似的辅音有一定混淆的情况，一部分贯培生到了第二年仍然会时不时弄错。尤其是舌音“r”，只有部分学生经过一段时间的练习之后才能较为清晰的发出，因为这个音在英语和汉语里面都没有对应的音素。值得一提的是，塞尔维亚语与汉语一样，同样具有音调的区别。塞尔维亚语的音调分为长抑、短抑、长扬、短扬 4 类，某些单词的字母构造完全一样，但是音调不同，含义大相径庭。如 sam（我是）-sâm（独自），grâd（城市）-gräd（冰雹）。在某些情况下，变格发生之后，也会发生音调的改变。由于音调对于塞尔维亚语的影响远不如汉语音调对汉语的影响来得大，并且汉语母语者较难清晰辨认塞尔维亚语 4 种音调的区别，因此在教学过程中无法对此部分进行明确的学习要求。因此，在某些语法的变化方面，涉及与音调有关的，两类学生都呈现出比较困难的情况。例如位于单词最后两个辅音之间没有声调的 a（即不稳定元音 a）在多个格里需要脱落的情况。在调查问卷里，相当多学生表示较难辨认是否为不稳定元音 a，因此往往需要借助字典，否则容易出错。

在语法学习中，两类学生在第一年学习中也出现了类似的困难。在英语和汉语里面，由于格的概念被大幅弱化，句子中的成分相对位置较为固定，即不同成分所处的位置会影响到整个句子含义。而在塞尔维亚语中，句子各成分位置相对灵活，是通过中心词（名词、代词、动词等）本身的格变化进行句意的不同转换，对于处在启蒙阶段的两类学生来说都有不同程度的考验。尤其是形容词与名词的变格形态各不相同，也需要进行记忆。

在 7 个格里面，两类学生普遍容易理解的是主格和宾格，在英语学习中，有部分词语拥有此类变化，如 She（主格）、saw him（宾格）、He（主格）、saw her（宾格）。从含义上看，他们也能较容易理解呼格、工具格及方位格。比较难以掌握的是属格和给格，因为这两格用途广泛而复杂，除了表示所属和给予之外，还承担别的含义。有时也会用来表示宾语或主语，因此对于初学者来说会有一定难度。例如在动词 sviđati se（喜欢）中，形式宾语为反身代词 se，而形式主语为被喜欢的对象，因此发出“喜欢”这种感情的人变为给格，被喜欢的对象变为主格。但在逻辑上，宾语为被喜欢的对象，主语为发出“喜欢”这种感情的人。因为逻辑与形式的不统一，且与汉语、英语表达方式南辕北辙，学生较难迅速掌握此类用法。

同时，也有学生反映，即是熟练掌握名词变格、动词变位的变化规则，在日常会话中，因为一个句子里面涉及多种变化，必须考虑到方方面面的规则正确，因此做到脱口而出还是需要经过长时间的练习。

2.3 两类学生学习状况的不同点

从学习习惯和吸收能力来说，贯培生的优势在于，年龄较小，处于大学这个相对轻松自由的环境，能够畅所欲言。他们往往能够并且愿意尝试新语言、新知识。相对于普通的课堂教学而言，他们更喜欢用图画、音乐、舞蹈、电影等更刺激感官的途径来了解一个国家及语言。由于他们未经高中三年的高强度英语训练，因此在学习塞尔维亚语这门第二外语时会较少受到英语发音、单词及语法的影响，与此同时，由于节省了在大脑内将所学新语种与已经会的旧语种进行比较、区分和归纳整理的时间，他们能够快速接收课堂上全新的信息。

不过同样的，他们的劣势也在于这两个方面。首先在行为习惯上，因为没有受过高考的考验，也不需要面对升学的压力，在大学这样一个绚烂多彩的世界里他们会比较容易无法集中精力，会受到各种各样的诱惑。在开始阶段短暂的兴奋过后，他们会对日复一日记忆单词、逐渐深入变难的语法以及更高的口语要求产生厌倦和畏难情绪。而对于语言学习来说，一旦脱离语言环境，只能靠每天一定量的重复来保持自己对语言的敏感度及单词的记忆，一旦有所懈怠，便会很快回到之前的水平。除此之外，贯培生欠缺的记笔记的习惯、定期归纳整理的能力都会对其学业产生影响。从全日制封闭的义务教学阶段一下子进入学风自由的大学，但缺乏自主学习的能力，也无明确的学习计划和职业生涯规划，因此在第一年的迅速进步之后紧接而至的是第二年的缓步不前及水平倒退。

在教学过程中，多次发现同样的问题会由一年级的本科生与二年级的贯培生同时问出，然而他们之间的学习进度已经相差一年。在第一年期末，贯培生 11 人中有 9 人通过 A1 等级模拟测验，但在第二年的教学过程中，尽管考核内容依然为一年级所学内容，效果却不尽人意。除了学习习惯之外，贯培生在能力方面的欠缺也是语言学习的一大障碍。连续两堂课（90 分钟）的语言学习并不是所有人都能适应，相当一部分学生会出现注意力无法集中的情况，主要是跟吸收能力有关。除此之外，由于对于母语及英语知识相对比较欠缺，在塞尔维亚语中无论是理解语法还是对外来词的记忆都稍显吃力，而且相对较弱的汉语水平无法使他们很好理解塞尔维亚语的谚语、格言、诗歌等文学体裁。

相对于贯培生而言，本科生的优势在于，相对较高的英语水平可以让他们在塞尔维亚语单词词汇量不够充足的情况下尽可能多的理解文段含义，例如 civilizacija、konstrukcija、asocijacija 等来源于英语的词，他们能够大致明白是文明、结构、联合等含义。良好的学习习惯可以让他们在课后的自我学习中消化并整理新的知识。因此使用同样的教材、同样的老师、更少的课时情况下，他们第一学期的进度是贯培生第一学期进度的 3 倍，即贯培生学了 4 课，本科生学了 12 课，意味着基本完成 A1 阶段的语法学习。在塞尔维亚语里面，动词的完成体、未完成体，命令式、被动式都属于贯培生经过长时间的学习也很难完全消化的部分，目前的本科生暂时未接触这些知识点，但是有着基本的语法概念，即命令语气和陈述语气有区别，被动式的主语实则是主动语态的宾语、完成体与未完成体跟英语的瞬间动词、延续性动词有着部分联系等等。

不过相对地，本科生的劣势在于，由于受九年义务教育的教学模式的影响，总是希望在语言学习中得到非黑即白的答案。希望一切语法有着十分严谨的公式和法则，然而语言教学有大量的灰色地带，有约定俗成的用语，十分灵活和变通。因此往往有很多学生舍本逐末，钻进语法正确与不正确的牛角尖。他们往往希望把一个新的概念或事物转化为自己认知范围内的熟知的事物而进行擅自归类，当遇见与他们观念不合的事实时，他们往往需要长时间去适应和理解。例如塞尔维亚语中副词可用来修饰名词，这与英语语法的差异让部分学生觉得无法接受。这种拒绝新事物的心理不仅对于外语学习，也对接受对象国的文化、文明有害无益。同样，因为追求语法上的绝对正确，出现不敢发言、害怕讲塞语的现象，也属于本末倒置，没有认识到“语言是一门工具，语言需要被运用”的道理。另外不得不一提的是，相对于都为北京学籍的贯培生而言，本科生来自全国各地，部分省市受方言影响比较大，容易出现平翘舌部分、nl不分的现象，对于语言学习也会有一定的妨碍，因此部分学生在语音学习过程中，所花时间比起平均时间要长，也不能不考虑这样一个因素。

2.4 总结与心得

南加州大学语言学系的李艳惠 (Audrey Li) 教授提出，在习得某一语言规则的时候，对儿童来说，并非是在大脑一片空白的情况下进行强行记忆，而是具有基本的语法概念。儿童会根据这些已有的基本概念的共同性提取出一个可能的假设。而在不停向他们输送资料的过程中，他们会不断地验证这个假设是否正确。如果假设正确，那么最终会成为他们语法系统的一部分，如果假设不正确，有的假设被证明是错误的，那么他们会进行重新假设并且测试。经过循环往复的测试，便会逐渐形成成熟的体系。而成人的第二外语的习得便不是这样，他们一开始接受规则输入时，习惯用母语的系统去诠释这个规则，把母语相似的规则映射到目的语中，从而形成一定的假设，继而同样用新的材料来验证假设最后形成系统。这两者是有异曲同工之妙的。[①]

针对目前所教授的两类学生而言，他们都属于成人学习第二外语的模式，即用已知语言替换和归类新语言。区别在于由于对于已知水平的掌握能力不同，它们对于新语言的吸收方式会有细微差异。例如，当贯培生接触到他无法找到对应汉语或是英语的词汇时，他会选择将上下文的内容记忆下来帮助理解这个词汇。这种理解方式，相对于简单地用别的语言替换来说，从某些层次上更接近原意。因为一旦用相似而并不完全等同的概念来替换原有概念的话，人们往往会忽略到原有概念跟他们吸收的概念所不同的部分，进而把他们同化为一种概念。因此，进来我们在教学过程中使用的教学方式进行了较大的更改，对于语言水平和词汇量已经达到一定水平的二年级贯培生而言，中教老师也进行全塞语教学，除了让学生必须强制性听懂塞语、说塞语之外，将所有的名词解释都变为用塞语来解释塞语来尽可能避免在两种语言转化过程中出现的偏差和意义扭曲。在平时练习中，也加入用塞语来进行名词解释的练习，锻炼学生归纳总结的能力。

针对吸收能力有限的贯培生来说，由于下一年即将要前往对象国进行为期

① ［美］李艳惠，魏玮．生成语言学与外语教学 [J]. 外语教学与研究，2016(5): 707–719.

一年的留学，因此在二年级的教学中摒弃了一些过于繁杂的语法知识，加入了更多的口语练习及以主题来进行生活会话，用实用性更强的练习来期望学生能在国外的学习生活中尽可能避免因为语言不通造成的麻烦。

而针对自学能力较强的本科生来说，因为不具有在对象国环境的条件，除了巩固加强语法知识之外，同样应当加入更多的听力、会话练习。鉴于四年后要面临的就业问题，在高年级的教学过程中，应当切合时事政策，以各种文件的翻译、写作以及口译训练为主。

3. 结语

部分学者认为，儿童母语习得和成人第二语言习得存在着本质差异，即成人第二语言习得不可能获得完全成功，二语习得者永远无法达到目标语母语使用者的水平。其次，成人二语习得无法像儿童母语习得那样成功收敛。① 尽管如此，依然有大量二语学习者达到塞尔维亚语 B2 等级，在中塞两国的政治、经济、文化各方面都做出了卓越贡献。他们未必达到塞尔维亚语母语水平，然而他们不仅能够完全胜任自己的岗位工作，还能触类旁通，在其他领域有所造诣。目前，我们国内外国语学校的人才培养目标是为对象国同中国的合作建设输送相关人才,需要的是可以胜任两国翻译工作并且具有国际视野和综合能力的人才。因此在今后的教学中，除了在语言教学上要进行深入研究、及时更正、改进方法和必要的创新改革之外，还需要在多种方面进行人才的培养。对于两类学生以后的学习会呈现出怎样的情况，目前仍在持续关注中。

参考文献

[1] [美] 李艳惠，魏玮 . 生成语言学与外语教学 [J]. 外语教学与研究，2016 (5): 707-719.

[2] 方少华，常辉 . 儿童母语习得与成人二语习得是否存在本质差异 —— 以双宾句习得为例 [J]. 当代外语研究，2017(3):90-95.

① 方少华，常辉 . 儿童母语习得与成人二语习得是否存在本质差异——以双宾句习得为例 [J]. 当代外语研究，2017(3):90–95.

Обучение русскому произношению в китайской аудитории

Ду Юньша, Шанхайский университет иностранных языков

Лысакова И.П., Российский государственный педагогический университет имени А.И. Герцена

Аннотация: Статья посвящена разработке методики обучения русскому произношению китайских студентов (начальный этап обучения). В статье подчеркнута важная роль фонетики в обучении русскому языку, выявлены основные трудности при обучении русской фонетике в китайской аудитории, а также предложены типы фонетических упражнений для китайских учащихся.

Ключевые слова: обучение, русское произношение, китайские студенты, трудности, интерференция, диалекты.

Овладение русским языком считается достаточно трудным для китайских учащихся, так как русский и китайский языки не являются родственными и существенно отличаются друг от друга (фонетика, лексика, грамматика, строение предложений и т. д.). Фонетика — начальный раздел преподавания иностранного языка. Фонетические нарушения оказывают отрицательное влияние на ход всего речевого развития, а также на развитие познавательной деятельности и на формирование личности человека. В русской лингвокультуре нормативное произношение считается достаточно важным.

В России немало научных работ по методике обучения русскому произношению иностранных учащихся, написанных русскими учеными (С.И. Бернштейн, Н.В. Богданова, Е.А. Брызгунова, Л.А. Вербицкая, Л.В. Игнаткина, И.М. Логинова, Н.А. Любимова, Н.Л. Федотова, С.С. Хромов, Т.В. Шустикова, О.В. Щукина и др.).

В Китае обучению русской фонетике уделяется не так много внимания, как в России. В вестнике Китайской ассоциации преподавателей русского языка и литературы (КАПРЯЛ) с 1982 по 2017 год только 29 статей посвящены русской фонетике, в том числе обучению русскому произношению — 16 статей, а опубликованы они были в 80–90-х годах прошлого века.

По результатам анализа действующих учебных программ по специальности «Русский язык и литература» в Китае можно заметить, что по сравнению с преподаванием других аспектов изучения языка (грамматика, лексика и др.), обучение вводно-фонетическому курсу (ВФК) занимает только 64 из 352 академических часов (составляет лишь около 18% от общего количества часов по курсу «Базовый русский язык»), а обучение произношению русских звуков занимает еще меньше часов. Кроме того, содержание обучения русской фонетике занимает только 3 страницы в 360-страничных приложениях учебных программ (т. е. 0,83%). Проведенный обзор учебников и учебных пособий по русскому языку, изданных в Китае, также показал, что в последние годы пособия по обучению русскому произношению для китайских студентов-русистов недостаточно методически разработаны.

На основе анализа действующих учебных программ и наиболее популярных учебных пособий по русскому языку в Китае были выявлены основные трудности обучения русскому произношению в Китае, такие, как англо-китайско-русская фонетическая интерференция, графическая интерференция кириллицы и латиницы, недостаточное количество часов вводно-фонетического курса, большие группы студентов при обучении русскому языку, отсутствие требований к высококвалифицированным преподавателям, отсутствие личного интереса студентов к изучению русского языка, мало возможностей практики по развитию русской речи у студентов и другие.

«Трудности при обучении русскому произношению состоят прежде всего в отказе от своих привычных фонологических навыков в родном языке <…>. Главная трудность не в овладении чужими навыками, а в отказе от своих фонологических навыков в родном языке; через отказ от “своего” к овладению “чужим” — вот путь становления верного произношения в неродном языке»

(Ганиев 2015: 29). При обучении ВФК по русскому языку необходимо учесть англо-китайско-русскую фонетическую и графическую интерференцию, в том числе влияние произносительных особенностей диалектов китайского языка. Важно отметить, что если студент говорит на китайском литературном языке с местным акцентом, то такие же фонетические явления возникают и в его речи на иностранном языке.

Для повышения эффективности обучения русскому произношению китайских студентов следует сопоставить фонетические системы русского и китайского языков, классифицировать сходства и различия в артикуляции звуков обоих языков, а также разработать комплекс фонетических упражнений, специально ориентированных на китайских студентов, учитывая все вышеуказанные трудности. Предлагаются следующие типы упражнения:

1) работа над русскими звуками, имеющими буквенное начертание, одинаковое с английскими буквами и буквами китайского алфавита ханьюй пиньинь;

2) работа над дифференциацией близких по артикуляции звуков русского и китайского языков;

3) работа над звуками, отсутствующими в китайском языке;

4) работа над звуками, в произношении которых возможно влияние китайских диалектов;

5) работа над усвоением фонетических законов русского языка.

Таким образом, благодаря более тщательному учету фонетических различий русского и китайского языков, а также включению в материал обучения фактов диалектной специфики китайского языка и китайско-англо-русской фонетической и графической интерференции, разработанные авторские упражнения и методические рекомендации по обучению русскому произношению представляются эффективными. Они помогают развить фонетический слух обучающихся и способствуют более осознанному формированию произносительного навыка русского звука. Ознакомление студентов с фонетическими законами русского языка способствует усвоению китайскими студентами произносительных норм современного русского литературного языка.

ЛИТЕРАТУРА

[1] Ганиев Ж.В. Контрастивная фонетика русского языка в сопоставлении с узбекским и таджикским языками: Учеб. пособ. [M]. Москва: Флинта: Наука, 2015.

[2] 中国高等学校俄语专业教学大纲（第二版）[M]. 北京：外语教学与研究出版社，2012.

Pragmatic Competence and Heritage Language Teaching

Eötvös Loránd University, Maróti, Orsolya

Keywords: Pragmatic Competence, Teaching Hungarian as a Second Language, Heritage Language

1. Introduction

At countless weekend Hungarian schools located throughout the world, children of Hungarian origin are being educated in Hungarian language and culture. Their education is generally conducted by volunteer tutors who often do not possess a degree or professional qualification in teaching themselves, yet still choose to sacrifice their time and energy in an effort to preserve Hungary's language and culture for the next generation. While these volunteers were previously able to participate in training programs, for a long time they received no support at all, whether financial or professional in nature. As of 2010, the Balassi Institute's main mission has been to establish and maintain professional contact with those educators teaching Hungarian students living in either emigrant communities in the West, or amongst sparsely populated minority communities in the Carpathian Basin. During the last four years this goal has been partially reached through the organization of conferences and training programs, including events such as the 1st Conference in Hungarian Studies and Information Technology held in the spring of 2011, the 2nd Conference in Hungarian Studies and Information Technology in March, 2012, the 3rd in 2014, the 4th in 2016 and the World Meeting of Weekend Hungarian Schools in July, 2012. Last but not least, the 5th Conference in Hungarian Studies and Information Technology will take place in January, 2018. In addition to these events, the publication of the first textbook series ever written for usage in heritage language education, Balassi Booklets 1, 2, 3, 4,5 was released.

The year 2014 also saw the launching of emagyariskola.hu (ehungarianschool.com), a web site created in order to provide educators with information and materials—including online teaching aids, handbooks, lesson plans, lists of useful web sites, scholarships and finanical aid, research papers written on topics in Hungarian As a Second Language or Hungarian as a Heritage Language—relevant to their programs. Following registration, weekend Hungarian schools can take their place on the world map found on the web site's homepage and thereby introduce themselves to the world-wide community of Hungarian language training. This web site also functions as a professional forum and meeting place where visitors can exchange experiences, ideas, or their own teaching materials—in other words, it provides teachers at weekend Hungarian schools the opportunity to form their own, unique community.

In the first part of my lecture I would therefore like to discuss the views expressed by educators from Western diaspora communities who attended the events mentioned above. In their opinions, what necessary direction should language development take? What teaching materials do they use? It is my hope that this brief cross-section will provide an interesting starting point for later research—research that will likely occur once awareness grows concerning this increasingly sophisticated and organized professional field.

2. The Study Group

This study centers upon data gathered from those individuals who participated in various events organized by the Balassi Institute, such as the 2nd and 3rd Conference in Hungarian Studies and Information Technology—held in March, 2012 and April, 2014, respectively—or the World Meeting of Hungarian Weekend Schools coordinated in July, 2012.. It can therefore be stated that these participants are characterized by the desire to share and discuss professional issues while simultaneously adding to and developing their personal knowledge. In summary: this study group is comprised of the most active educators present in diaspora communities today.

The examination was made on the basis of information gleaned from a questionnaire filled out by participants at the time of their application. The questionnaire was prepared by myself in order to organize conference programs that would satisfy the interests and needs of those attending. I therefore do not hold this analysis to be applicable to the entire professional community: the reasons listed above amply demonstrate the fact that this study group cannot be considered representative. If, however, our long-term goal is to find those concerns or areas central to the entire field and to include this community in future professionial discussions, then gaining a greater insight into the daily practices and teaching materials utilized by the field's most active educators is, in my opinion, a worthy endeavor.

3. The Results of the Examination

According to the results compiled and shown in the diagrams , the teaching of Hungarian in diaspora communities is mostly defined by textbooks being published in Hungary today (textbooks developed for schools in Hungary - 41%).

Very few teachers rely upon materials developed by their local community (self-made materials – 4,5%). A variety of reasons explain this circumstance. First of all, time is of the essence: volunteer teachers possess little free time, or only teach at the school for a limited period—usually only as long as their own children are still attending the school. In my opinion, if educators take advantage of the emagyariskola web site's community portal, those just beginning to teach at a weekend school could benefit from the experience of those who have decided to move on. At the same time, this circumstance illustrates the fundamental need to create adequate teaching materials structured according to professional standards.

It must be emphasized that textbooks published in Hungary were designed to be used by students who live in Hungary; these textbooks serve the purpose of organizing and structuring an already extant knowledge, rather than developing or supplementing a language usage that may be missing important elements. For example for a first-grader starting school in Hungary, the phoneme a is something experienced daily and generally within the same context. For a child from a Hungarian immigrant community in England, however, this phoneme must first be separated from that similarly found in English. Perhaps even his or her pronunciation of the sound must be corrected before the a or á sounds can be properly differentiated (Chart 1.). What incredible effort this takes! How can this be compared to what a child living in Hungary experiences?

	HL1	HHL
textbooks needed for	organizing and structuring an already extant knowledge.	developing or supplementing a language usage that may be missing elements.
language experience	eg. the phoneme a is something experienced daily	the phoneme a must first be separated from that similarly found in English
pronunciation	not a problem	needs practicing ↓
		EXTRA EFFORT!

Chart 1. The way of teaching Hungarian

4. Areas Requiring Further Development

In my research the list of the areas requiring further development reveals a very wide range of tasks: other than the four basic skills, further development of Hungarian language skills is generally emphasized, with attention paid to Hungarian literature, history and culture as well. Interestingly enough, this list reveals what importance many educators place on vocabulary development, while the ability to compose texts in either written or oral form is also mentioned. The importance of teaching correct grammar and ortography (grammar, ortography – 24%) was indicated by the majority of those polled .

The second half of my lecture will discuss what techniques and aspects of applied linguistics could be used in order to enhance my colleagues' already effective performance in the classroom.

5. Heritage Language – Interlanguage?

The phrase "heritage language" refers to the kind of linguistic condition frequently characteristic of those individuals living as second or third generation members of a diaspora community, individuals who possess emotional and cultural ties to their heritage—in many instances primarily through knowledge of their heritage language—and country of origin (Maróti 2012). Exact definitions concerning this kind of situation do not exist; at most one or two related aspects have been the focus of discussion. The literature of applied linguistics contains no specific volume or handbook that would not only specifically address the linguistic issues pertaining to heritage language, but also do so from the point of language training, in order to provide heritage language users with a means of preserving their heritage language. There is no systematic or in-depth literature on the subject; studies discussing this phenomenon are few and far between, if written at all.

In this beginning stage, I therefore suggest teachers of heritage language students implement a term coined in relation to the process of language training itself, a term that more aptly describes a student's knowledge and may therefore enable teachers to better pinpoint the areas most in need of development. What does the student find to be the most necessary part of his or her present usage? Which parts can be exchanged for something more useful? What should newly opened weekend schools pay the greatest attention to?

The concepts surrounding interlanguage (Selinker 1971) can pave the way to forming a more complete view of heritage language. This term refers to the type of linguistic system a student creates when utilizing the linguistic material in his or her possession at the time of analysis. This particular condition has been called different terms by different researchers: Corder labelled it idiosyncratic dialect (1971), Nemser (1971) referred to it as approximative system, while Selinker (1972) applied the term interlanguage. As their terms clearly demonstrate, both Nemser and Selinker approached this type of "transitional" language usage from the point of view of the target language.

In research examining the linguistic performance of foreign language learners, the descriptions provided by studies on interlanguage were new in that they revealed how even this stage of language acquisition—previously viewed as only a temporary phase—possesses a system of its own when examined at certain points. I would like to argue that treating heritage language as a form of interlanguage allows us to develop methods that can be applied in heritage language classrooms, even if the kinds of interlanguage used by students can display a bewilderingly broad array of variability, all at the same time and with far more changeability in comparison to natural languages.

Characteristically, Hungarian heritage language usage not only contains elements stemming from either Hungarian or the language dominantly present in the students' environment, but also reveals phenomena independent of these factors. These phenomena are connected to the following five, psycholinguistic processes: communication strategies, learning strategies, teaching environment, language transfer, and over-generalization. Two of these influences obviously bear close relation to teaching methods and therefore deserve greater attention; this is why I emphasized the importance of choosing teaching materials designed to target a certain type of language student in the first half of this lecture.

In contrast to native language norms, the seemingly disconnected variety of usages found in this type of interlanguage can appear totally random at times. It is not uncommon for the very same student to use a plural noun following a numeral, then stick to the singular in an apparently similar case. (For example: négy kifli, or *kevés kiflik) One possible reason for this could be that newly acquired language usage may be falling prey to some kind of hidden semantic factor. The explict nature of a concrete numeral may make it easier for a heritage language student to recognize the need for a singular noun (négy kifli), while an utterance containing a less explict quantifier (*kevés kiflik) will lead the speaker to apply a different grammatical rule. This second utterance can be interpreted in two ways: it can either be labeled as a bad answer, or viewed as an opportunity to unearth the hidden rule directing this particular type of interlanguage usage. Once the latter has occurred, it is quickly possible to supplement teaching materials with exercises designed to address this specific issue.

6. The Importance of Teaching Pragmatic Competence

When conducting interlanguage examinations, it is necessary to consider how effective communication is, as well as weight how well it was structured grammatically. It is not uncommon for heritage language learners to utilize a certain linguistic form either far more, or far less than a native speaker would. This leads to issues arising from the process of over-generalization. Similarly, it is also possible that heritage language speakers will avoid specific structures or linguistic options. In requests, the easily taught structure of legyen szíves or légy szíves + infinitive verb form can in theory replace the imperative, a structure that presents many obstacles in spelling. What kind of consequences can result from this type of habit? In comparison to native speakers, heritage language students begin to use this structure far more often than the imperative. It seems more polite to them than a direct imperative would be. Intralingual analysis of speech acts, however, shows that native Hungarian speakers prefer the direct imperative, which they then offset with more refined, so-called "linguistic downtoners." The infinitive form, on the other hand, is a marked form and one rarely used by native speakers since it—in certain cases—implies the speaker is pulling rank or laying blame. These are the rules of communication only those students can imply who has Pragmatic Competence, the ability of „behaving socially correctly", using the right expressions in a situation. We can call it linguistic politeness as well.

Flynn (quoted by Larsen-Freeman–Long 1991: 105) demonstrated how teachers—in their eagerness to achieve grammatical correctness—can fail to address those errors stemming from inadequate language usage. This is particularly true when already extant forms are functioning in ways only slightly different from one another. We are all familiar with how heritage language students will replace the introductory part of reported speech statements such as János azt mondta, hogy (János said that) with the form János mondta, hogy (János said). Teachers must be quick to pick up on this difference, for in contrast to the second statement, the first one is a marked utterance form possessing additional content that emphasizes the speaker's intent as well as the agent's identity. This type of statement is therefore highly dependent on context and cannot be used with the same level of frequency experienced in heritage language students' usage.

Additional research has also shown how it is not the differences, but the similarities between two spoken languages that lead to greater difficulties. If, for example, a form found in Hungarian also exists in the other language spoken in the students' environment, or possesses a similar function, then heritage language learners sometimes tend to generalize this matching between form and function. As a result, he or she will use this Hungarian form every time any type of grammatical function even remotely related to this original situation manifests itself (Bándli 2016b, Maróti 2016c, Szili 2016).

In the case of heritage language learners it is also true that the more contact they have with the target language and the more ability they have to use it in a variety of situations, the less likely it will be for an inappropriate form to cement itself in their language usage. This is why it is worthwhile to take advantage of all the options presented by information technology, and thereby supplement not only the teacher's repertoire, but also bring the classroom into compliance with a younger generation's expectations. Once a summary of regularly appearing characteristics has been made, educators can prepare exercises that pinpoint questions specific to a group of language learners and can raise their pragmatic awareness as well. Thus, language education is rendered far more effective, exactly why the widespread application of interlanguage techniques in professional circles is a useful step in the development of heritage language education.

BIBLIOGRAPHY

[1] Bándli, J. 2016a. Disagreement in Hungarian. In: Szili Katalin, Bándli Judit, Maróti Orsolya (eds.) Pragmatics in Practice: Empirical studies in the Hungarian language. Budapest: ELTE, 2016:97-113.

[2] Bándli, J. 2016b. (Too) Direct Strategies in Target Language Communication. In: Szili Katalin, Bándli Judit, Maróti Orsolya (eds.) Pragmatics in Practice: Empirical studies in the Hungarian language. Budapest: ELTE, 2016:129-138.

[3] Bándli, J.–Maróti, O. 2016. Culture and Language Behavior. In: Szili Katalin, Bándli Judit, Maróti Orsolya (eds.) Pragmatics in Practice: Empirical studies in the Hungarian language. Budapest: ELTE, 2016:139-150.

[4] Corder,S. P. Idiosyncratic dialects and error analysis. International Review of Applied Linguistics 9. 1971:147-159.

[5] Celce-Murcia, M.–Dörnyei, Z.–Thurrell, S. Communicative competence: a pedagogically motivated model with content specifications. Issues in Applied Linguistics,1995, 6(2): 5–35.

[6] Larsen-Freeman, Diane–Long, Michael H. An introduction to second language acqusition research. Longman. London,1991.

[7] Maróti, O. A Pragmatic View of Heritage Language and Its Relation to HSL. BERLINER BEITRAGE ZUR HUNGAROLOGIE 17, 2012:219-228.

[8] Maróti, O. Research Methods in Speech Act Studies In: Szili Katalin, Bándli Judit, Maróti Orsolya (eds.) Pragmatics in Practice: Empirical studies in the Hungarian language. Budapest: ELTE, 2016:29-36.

[9] Maróti, O. The Refusal of Offers: a Pragmatic Analysis Based on Data Gathered According to Natural Methods In: Szili Katalin, Bándli Judit, Maróti Orsolya (eds.) Pragmatics in Practice: Empirical studies in the Hungarian language. Budapest: ELTE, 2016:77-96.

[10] Maróti, O. Pragmatic Errors in Foreigners' Language Usage of Hungarian In: Szili Katalin, Bándli Judit, Maróti Orsolya (eds.) Pragmatics in Practice: Empirical studies in the Hungarian language. Budapest: ELTE, 2016:123-128.

[11] Nemser, W. Approximate systems of foreign language learners. International Review of Applied Linguistics 9,1971:115-124.

[12] Selinker, L. Interlanguage. International Review of Applied Linguistics 10. 1972:209-231.

[13] The Linguistic Forms of Modesty in the Hungarian Language, pp.37-57.

[14] Szili, K. The Linguistic Forms of Modesty in the Hungarian Language. In: Szili Katalin, Bándli Judit, Maróti Orsolya (eds.) Pragmatics in Practice: Empirical studies in the Hungarian language. Budapest: ELTE, 2016:37-56.

The Structure and Methodological Principles of the Course Book "The History of Ukrainian Literature"(for Chinese Students of Ukrainian)

Shanghai International Studies University, Ivashkiv V. M.

Abstract: The given article highlights the structure and outlines fundamental methodological principles of the textbook on the history of Ukrainian literature for Chinese students. In the author's view, the material should be arranged according to the logic of historical and literary processes, avoiding excessive details of peculiarities in public, political and cultural development as well as creative personalities of certain writers. The textbook will be based on corresponding folklore and literary texts as its integral parts.

Key words: history of Ukrainian literature, Ukrainian studies in China.

The course of the history of national literature is a necessary component of complete philological training for a particular specialist. Such a subject is needed in order to comprehensively understand peculiarities of the national mentality, the people's attitude to the surrounding reality, and the poetic view of the world, which make its generalized image as a great spiritual unity and a uniform formation.

One cannot comprehend all this without a thorough and profound study of the Ukrainian national folklore, in which features of the national character appear most clearly and obviously. Thus, illustration of historical stages of the development of Ukrainian literature by many authoritative Ukrainian scholars (I have to underline – yet not all) is correctly started by the consideration of oral folk literature.

National folklore is an important factor in the life of our people not only in the preliterate era, but also in the subsequent periods of cultural development of Ukraine, in particular in the 15-17th centuries, when the constant struggle of Ukrainians for their freedom created such a unique folk-poetic genre as dumas. A comprehensive review of specific literary texts is impossible without taking into account the fact that in the relations between individual ethnic, social and age groups, as well as men and women, the Ukrainian people developed a whole code of rules, moral and ethical para-digms.

Significant features of the works of oral folk literature are the following: 1) oral form; 2) collective creation; 3) absence of a specific author; 4) variability of folklore texts. Like written literature, folklore is characterized by artistic and aesthetic figurative and metaphorical reflection of the world. Another feature of Ukrainian folklore is aesthetization of the natural world, which includes personification of nature, rather its deification.

An outstanding Ukrainian scholar, academician Mykhaylo Grushevskyy placed great importance on folklore. This can be seen in his fundamental work "The History of Ukrainian Literature", in 6 volumes, 9 books (Lviv, 1923), in which the features of folklore are highlighted in the first volume. For M. Grushevskyy this principle of organization of his work was significant because the scientist wanted to prove that oral literature in the history of literature should take a worthy place. This accounts for the fact that folklore and written literature are phenomena of one level, differing only in formal factors.

Consequently, in the textbook on history of Ukrainian literature for the Chinese students of Ukrainian, a chapter dedicated to folklore will occupy an important place. In my opinion, it would be appropriate to apply the classification scheme proposed by the famous Ukrainian folklorist Roman Kyrchiv and approved of by professor Ivan Denysiuk. Due to his classification the whole variety of oral folklore works is divided into three groups or forms, each of which has its own types: 1) song and verse; 2) prose and 3) drama works. Song and verse include: a) ceremonial (calendar ceremonial and family-ritual) folklore, b) non-ceremonial folklore, and also c) magic formulas; prose form presupposes a) fairy prose, b) non-fairy prose and c) small prose forms (proverbs). Drama works are revealed in two forms: a) creativity associated with the theater, and b) drama-based folk rituals and games. I would like to draw attention to the calendar ritual cycle, which consists of the works of a) spring (vesnianky, i.e. spring songs and their varieties: hayivky (Easter songs), ryndzivky, (songs on

St.George's Day), b) summer (rusal'ni, petrivchani (songs during St. Peter's Lent), kupalski (songs on the holiday of Ivana Kupala) and harvesting songs) and c) winter (carols, shchedrivky (Epiphany songs) and poetical rhymes) cycles①. I think Chinese students will be interested in unique winter calendar ceremonial songs of carols and shchedrivky, popular games "Malanka", "Koza" and folk theater "Vertep" in modern Ukraine.

The theme of folklore is not limited to a special section because folk literature has had a significant influence on written literature during almost all periods of its development. Thus, the prominent Ukrainian scientist Dmytro Chyzhevskyy believed that the basis of the literary tradition of ancient Rus is not "books brought from a foreign country", and not even "translations of contracts with the Greeks of 911 and 944, which were preserved in chronicles". He believed that "the oral tradition is more interesting (not written literature, but "oral literature"), folk poetry", which belongs to the "prehistoric" elements of Kyiv literature②.

Features of Ukrainian folklore being covered, the course of written literature, that is, the Ukrainian literature itself will be presented. Of course, it should be highlighted in chronological order, starting from the 10th century and ending with the early 21st century. At the same time, the specificity of the course book, its content (the necessity of presenting significant material on about 300 pages of printed text) and its purpose provide for adjustments to the traditional scheme for such works.

In the proposed coursebook it is advisable to submit the material in accordance with changes and transformations of literary trends and styles. We should avoid detailed coverage of the peculiarities of social, political, and cultural processes of a certain period, and also excessive attention to certain personalities (even the most prominent ones), in particular, the analysis of their life and creative manner. It is important to emphasize general Ukrainian, European and world context of the author's

---

① Денисюк І. О. Національна специфіка українського фольклору (матеріали до лекції) // Денисюк І. О. Літературознавчі та фольклористичні праці: У 3 томах, 4 книгах. – Львів, 2005. – Т. 3. Фольклористичні дослідження. – С. 19–20.

② *Чижевський Д.* Історія української літератури від початків до доби реалізму. – Нью-Йорк, 1956. – С. 23.

works, while not forgetting about the originality and uniqueness of his artistic world. In this manner the vision of the logic of the historical and literary process is evident, links with the European and, generally speaking, world literature traditions are traced, because comparison between peculiarities of one or another literary direction in other literature with Ukrainian seems inevitable.

One of the first scientists who used this principle of presenting great historical and literary material in his work "The History of Ukrainian Literature from the Beginning to the Age of Realism" (New York, 1956) was the prominent Ukrainian philosopher and literary critic Dmytro Chyzhevskyy. According to the scientist, only "changes in literary styles give the best and purely literary criteria for periodization of literature" ①, although he constantly emphasized that the limits of such directions and styles can often be set only approximately. The researcher mentioned the regularity of changes in literary styles, which "are based on the constant change of opposite tendencies: stylistic development, and to some extent, ideological development goes through a constant fluctuation between the two opposite poles"②.

Of course, in the textbook for Chinese students, the experience of other authors of such works will be taken into account, including Mykola Petrov, Omelyan Ohonovskyy, Ivan Franko, Bohdan Lepkyy, Mykhaylo Hrushevskyy, Serhiy Yefremov, Mykhaylo Voznyak, Mykola Zerov, a collective work "The History of Ukrainian Literature" in 8 volumes (1967–1971), 2 volumes (1987-1988), as well as an unfinished academic edition "History of Ukrainian Literature" in 12 volumes, which is prepared by scientists of the Taras Shevchenko Institute of Literature at the National Academy of Sciences of Ukraine together with the leading literary critics from other institutions.

In the historical and literary process in Ukraine one can single out the following periods: 1. Ancient Ukrainian literature of the 11th–18th centuries; 2. New Ukrainian literature of the late 18th and early 20th centuries, and 3. Modern Ukrainian Literature of the early 20th – early 21st century. Each of these periods has its artistic directions,

① *Чижевський Д.* Історія української літератури від початків до доби реалізму. – С. 19.

② Ibid. – С. 20.

trends and styles. In the Ancient Ukrainian literature, the following directions are distinguished: monumental (10th – the middle of the 11th cc.) and ornamental (late 11th – 13th cc.) styles, followed by Renaissance and Reformation (the second half of the 15th – early 17th cc.), Baroque (17–18th cc.) and classicism (the second half of the 17th – 18th cc.). The New Ukrainian literature includes sentimentalism (the first third of the 19th c.), romanticism (the first half – the middle of the 19th c.), realism (second half of the 19th c.), early modernism (decadence, symbolism, neo-romanticism, impressionism, expressionism) (late 19th c. – early 20th c.). Modern Ukrainian literature of the 20th – early 21st cc. includes modernism (symbolism, neo-romanticism, neoclassicism, and impressionism), avant-gardism (expressionism, futurism, and surrealism) (first half of the 20th c.), social realism (1930s – 1980s), and postmodernism (late 20th – early 21st cc.).

While demonstrating peculiarities of each stage in the development of literature, it should be noted that it developed within the paradigm of the world historical and literary process. In particular, writing about Ukrainian romanticism it is important to emphasize its assonance with the ideas of world romanticism at the end of the 19th and first half of the 20th cc. although in our literature, the heyday of this trend came a bit later than, for instance, in France or England. Despite the similarity of main features with European romanticism, Ukrainian romanticism writers are distinctly peculiar and original in depicting history and modern times as well as individual's inner world. Thus, Ukrainian romanticism writers are far from the themes of the so-called world hero of G. Byron and P.-B. Shelley, or mystics of E.-T. A. Hoffmann. Instead, they deeply concerned themselves with the fate of their enslaved people, they interpreted national history interestingly (admiring the antiquity, yearning for the past glory of their region, turning Ukrainian hetmans into heroes). Romantic texts of our literature are characterized by a unique feature of vivid folklorism (this is not only the use of folk poetic genres, forms, plots or poetics, but also the general awareness of the uniqueness of national culture). To my mind, we will be able to provide a more coherent and profound perception and understanding of the works by prominent Ukrainian romantics such as Taras Shevchenko and Panteleymon Kulish, their place in the Ukrainian and world context, etc.

We will also place particular emphasis in the course book on the works by the most prominent Ukrainian artists, the selection of their texts, and also folklore samples for reading and review. That is why there is a need in explaining main theoretical and literary terms and in the compilation of the textbook with folk poetic and literary works, selected primarily due to aesthetic criteria. The course book should also contain information on studying and promoting works by a particular artist outside Ukraine, in particular in China.

REFERENCES

[1] Денисюк І. О. Національна специфіка українського фольклору (матеріали до лекції) // Денисюк І. О. Літературознавчі та фольклористичні праці: У 3 томах, 4 книгах. – Львів, 2005. – Т. 3. Фольклористичні дослідження. – С. 15–43.

[2] Чижевський Д. Історія української літератури від початків до доби реалізму. – Нью-Йорк, 1956. – 511 с.

How to Teach Less Commonly Taught Languages: The Case of Polish as a Foreign Language

University of Warsaw, Piotr Kajak

The University of Warsaw's Polonicum – Centre of Polish Language and Culture for Foreigners has been offering Polish as a Foreign Language (PFL)① courses since 1956. This was the first time after the World War 2 my Centre, the oldest PFL institute in Poland, organized a summer program for the professors and lecturers of the Slavic studies, who wanted to extend their knowledge not only about the language but also about literature and cultural processes happening in our country. There was some previous experience from the pre-war time: in the 1930s both the University of Warsaw and Jagiellonian University in Krakow offered a mutual program, but of course, World War 2 and new political reality after the war held back such projects. There was however strong demand for learning PFL among countries close to Poland (from the Slavic area, i.e. Russia, Czechoslovakia) or cooperating with – just like the People's Republic of China. One of the pioneers of my discipline, Ms. Teresa Iglikowska from the Polonicum, was among very first teachers sent by the Polish government to Beijing, where she served for one year (1956/57) as a successful lecturer at the BFSU. One of the greatest Chinese professors of Polish studies of all time, Yi Lijun studied at my Alma Mater in the 1950s. This is how a fundament for Chinese-Polish academic activities was created.

Since 1956 we have been developing the PFL teaching, but I must admit things changed dramatically in the 1990s and after 2004 when the Republic of Poland joined the European Union. More and more foreigners decided to visit Poland or to settle in

① By using this term, I mean not only teaching Polish as a foreign language but also teaching Polish as a second/third etc. language, and also teaching Polish as a heritage language. Of course, my goal is not to draw all shades of differences among them – it's an obvious thing there are differences, sometimes in approaches, techniques, etc.

this country. The European educational programs and academic mobility escalated numbers of people interested in learning Polish, which became not only an object of research for the professors of Slavic philology but also a tool for other professionals who could move freely in the EU.

The Polish language belongs to the less commonly taught languages (LCTL[①]), which don't attract millions of people globally. It's relatively small: according to Stanisław Dubisz from the University of Warsaw, except for 38 million of Polish inhabitants, approximately 10-12 million of Polish Diaspora (in Poland called the Polonia) uses it. Adding ethnically non-Polish users, we've got approximately 15 million of speakers from abroad. As we see, the population of Polish language speakers would be a maximum of 53 million worldwide. These numbers show that the Polish language will never be a tool like English, nor Chinese, Russian, German, in business or politics. So, let's forget about crowds attending universities, private schools, participating in state exams, etc. But, among other 'small' languages, Polish seems to be one of the most attractive, because of the Republic of Poland's presence at very important global organizations. The prestige of the Polish language is strengthened by the European Union. Poland is the biggest Slavic country in the Community. Polish is one of the languages of European bureaucracy. The model of Polish economic transformation gained to our side thousands of 'fans'. In the time of the crisis, the Polish economy looked better than the economies of fellow members. I could probably have kept going with my diffident compliments, but it's not the point. The situation is good (I should rather say, being a Pole: 'is not bad' or 'is not so bad'): many foreign people are coming to Poland, so everything depends on us Poles, and specifically, a big chunk of "the everything" depends on us, PFL teachers. Let's show 'them' that 'we' are cool; let's show 'them' how interesting Polish culture is, and let's finally break the stereotype of a very difficult language.

The less commonly taught languages must focus on culture (cultural content) to attract and sustain foreign students. A very important question is how to apply a

① LCTL is not the same as "Lesser-Used Languages" (LUL), which is a term used by the European Union, referring to languages other than official languages of the EU.

"cultural component" in PFL teaching. Language and culture pedagogy is a very broad subject, with excellent authors depicting it (i.e. Karen Risager). What has had been interesting for me for a very long time, is how to "use" popular culture in second/foreign language acquisition. Contemporary, dominant popular culture, with all its texts, messages, values, myths, identities, and (new, and changed/adapted "older") media, creates a space in which educational processes, including foreign language acquisition, occur.

It's impossible to teach any language without its culture. Foreign language acquisition can't afford to limit the meaning of culture, must use the widest possible definition of it. And this one is provided by many thinkers (Stuart Hall, John Fiske, Henry Jenkins – among others). My research is also inspired by scholars from The Institute of Polish Culture, University of Warsaw: Roch Sulima, Andrzej Mencwel, Grzegorz Godlewski, Leszek Kolankiewicz, Paweł Rodak, and others. I find it very useful, especially for a foreign language teacher, what Andrzej Mencwel calls an 'anthropological understanding of culture'. He says that culture is cumulative, and does not eliminate any texts nor contents.

According to the propositions of the above-mentioned researchers, there is no need of dividing 'cultures' into low – high, popular – elite, etc. But isn't it convenient? How to program the process of teaching without categories, without things/elements/concepts which organize our knowledge, put information in order? Culture is a broad space, a database, as some say; embraces everything created by humans. Humans evaluate their deeds and works; some things are recognized as better, some as worse; some are 'lower', some – 'higher', etc.

Attracting and sustaining students with cultural content becomes essential. Why not attract foreign learners with Polish culture, which has so much to offer. In the search for the best way of doing that, in my research, I drew on heterogeneous popular culture which becomes an intermediary code, able to translate a high cultural canon into everyday routines, habits, practices, and customs. An intermediary like this mediates between lifestyles, generations, ethnic cultures, subcultures, etc. According to this theory of Roch Sulima, transferred into the field of PFL and explored by myself, pop-culture as a "common denominator" of many cultures, enables the communication between them, their canons, specific cultural practices. This is extremely important in a multicultural group of students (and by saying "student" I mean every single person learning PFL) because an instructor receives a very convenient tool. This tool, in its global dimension, consists of signs, symbols, myths values, etc. understandable (or at least, transparent) for hundreds of million people.

It is not easy to get access to certain layers of a foreign culture. Reasons vary: sometimes because of the level of difficulty (texts are very difficult, complex; sometimes hasn't been translated, and are not accessible for lower levels of language proficiency), sometimes – they are not very attractive, though extremely important. Sometimes, popular culture as an intermediary can be the only chance of introducing important elements of a foreign culture. New performances, new versions of classic cultural texts may change the way people, especially young, raised in the different cultures, perceive 'old' components of a canon. Pop-cultural texts can arouse curiosity, but also show components which can be used more than once, motives which can gain new meanings, negotiated in a new reality – created by (and within) participatory culture, the culture of convergence, the culture of spreadability, and global flows, and (of course) new technologies.

The main goal of foreign language teaching (and PFL as well) is to prepare learners as much as possible to a comfortable life in a world of this language (in our case: the world of Polishness). PFL learners don't need to know everything about Polish culture, but they ought to know relevant elements of this culture, which is (or should be) enough to feel they are not excluded. The answer to this question, how much is 'to feel comfortable in Polish culture', is given in various programs, syllabi prepared and offered by many experienced authors or institutions, dealing with this subject daily. Unfortunately (or fortunately), there is no one, mandatory "Polish culture program" (and/or a "Polish culture state exam" – unlike state certificate examinations in PFL, conducted by the State Commission for the Certification of Proficiency in Polish as a Foreign Language), so the knowledge what to do, comes from practice. And the practice forces teachers to adjust to the needs and expectations of our learners. Simply put, teaching foreign languages and cultures means taking as much as possible from reality, from life. This informal language teachers' rule (and

Malcolm X's, of course): 'use all means necessary', works perfectly. Every source, every help is good while learning a new language, because it gives a chance of extending one's language skills and experience.

Taking a class beyond the classroom is a must in the 21st century; the whole knowledge of a foreign language is acquired from different sources, and both formal and informal education is there. Just like the influence of so-called significant others (Schwarzer, Petrón, Luke 2011). The learning environment constructed by a learner is filled out with popular culture and everyday habits and practices (Benson, Reinders 2011).

Popular culture builds bridges between different people because many of the circulating motives are globally known. Pop-cultural content pierces through not only national, political borders, but also through cultural canons. Almost everybody knows Romeo, Juliet, three musketeers, Harry Potter, Luke Skywalker, Asterix and Obelix, Sherlock Holmes, Lara Croft, Frankenstein, Bilbo Baggins, Harry Potter, James Bond, and Arnold Schwarzenegger.[①] All those characters live in Polish cultural awareness, in Polish canon – translated, assimilated, polonized (→ indigenization, creolization of culture). A global gets a local meaning (i.e. the Solidarność poster of Gary Cooper; Polish dubbing of The Shrek). Teaching PFL (and other languages) is easier – let's say, fundamentals are the same, there is certain interlanguage/'interculture'. We are on the same page, and if not – we are still able to negotiate meanings, which is a very good exercise in the building of intercultural competence.

Our learners, especially at the beginning of the 21st century, represent various "tribes". They are raised by different cultural media (or, like some say: communication technologies) and belong to different cultures: oral, print, movie, radio, television, internet (Walter Ong, Grzegorz Godlewski). The majority of them are, of course, "young" people. Roger McHaney (2011) describes generation (generations) born in the late 1980s and afterward, called "the millennials" (there are many different names used though). The millennials consist of both "digital natives", and "digital immigrants" (who had to adapt to the great technological change).

① You can add to that list some Poles as well: Robert Lewandowski and the Witcher.

We are the people of different cultures, who need different core-cultural competencies and social skills in our new cultural and media landscape. Henry Jenkins calls it "literacies"; they change the focus of literacy from one of individual expression to one of community involvement; they are built on the foundation of traditional literacy, research skills, technical skills, and critical analysis skills taught in school. And these are Play; Performance; Simulation; Appropriation; Multitasking; Distributed Cognition; Collective Intelligence; Judgment; Transmedia Navigation; Networking. Culture evolves and forces people to develop a contemporary set of cultural competencies and (social) skills. If we do so, we will be able to participate in culture. If we don't – we will experience a participation gap (the term of Henry Jenkins). The minimum level of contemporary cultural competence requires certain skills. These are, of course, reading and writing, but also the use of the new media (internet, first of all, as the first step into convergence culture), their languages (defined by Lev Manovich), English language (at least a basic level, to understand simple instructions, explanations, manuals and tutorials), and, the most important from my standpoint, knowledge of the best-known texts, matters/contents of popular culture, which create an effective frame of reference and a system of cultural meanings.

Unfortunately, there is no precise answer to the question, who are the people learning PFL yet. This research, showing an overall picture of a population of PFL students, hasn't still been completed. This is a reason instructors have to rely on personal professional experience, fragmented data from their universities, but also the research of other, non-Polish scholars, dealing with problems they faced in their local environment. I found very important a research of Tracey Wilen-Daugenti, who saw into students of universities in the U.S.:

"Say the words "college student," and most people will picture an 18- to 22'year-old who lives on campus, attends school full-time, and is supported by his or her parents. That description, however, only applies to 27% of students enrolled in higher education today. The majority of "college students"—some 73%—are nontraditional students, also known as working learners (…)" (Wilen-Daugenti 2012, 30).

"Defined as students who are 23 years of age or older, finance their education, and work part- or full-time while attending classes, working learners span every income and age bracket, come from every ethnic group and work in a variety of industries, from retail and healthcare to business and manufacturing. Working learners have varying life circumstances and motivations for returning to school: He or she might be a single parent hoping to move out of a low-paying service-sector job by earning an associate's degree, a businessperson seeking an MBA to improve his or her chances for promotion, a career changer switching job fields or starting a business in midlife, or a highly placed executive performing research as part of a doctoral dissertation" (Wilen-Daugenti 2012, 30).

In my opinion, this voice of an American scholar is quite authoritative and helpful in the initial stage of my further research. Also, because it corresponds to what I've experienced being a PFL teacher for almost two decades. There is, however, one reservation we should remember about (the one I haven't studied enough yet): most of the PFL students are coming from countries of the Global North. The thing is, that the spread of both mass and niche media content is "transnational" rather than the (commonly used) "global". Henry Jenkins uses this divide in recognition of the uneven nature of these flows. "Media texts are being exchanged between communities in many diverse and dispersed countries, there are also many countries (especially in the Global South—much of Africa, parts of Latin America and Asia) not yet able to actively participate in such exchanges".

McHaney, in his description of the millennials, proves that expectations of learners have changed. Certain definitions are being changed, too: "community", "identity", „free time" etc. Instructors must make some adjustments – to the world of students which „has moved from memorization to connecting, searching, and filtering". The nature of those adjustment has yet to be researched.

The new cultural reality and participatory culture let us see new sets of challenges. The way we, instructors, respond depends on us. Being a PFL teacher means that I'm responsible for how my students and their significant others (non-Polish in most of the cases) perceive Poland. Very significant for me is an "emotional" aspect of a PFL instruction: 1) Polish culture (and Polishness) must become a common ground for the communication of people of different cultures (and Polish language, not English, has to become a lingua franca); 2) the learning experience, filled out with the

Polishness, has to leave in students' memories long-term (if not eternal) affections and sentiments towards Poland. All of that is possible and can happen, because foreign language learning is an experience, a cultural practice, and takes part in re-forming/changing of student's identity.

There are many ways of successfully introducing one's language (and culture, of course!) and building its fan base. I have chosen an approach devised by John Fiske, Matt Hills, and Henry Jenkins – the aca-fan approach. I'm an academic who identifies myself as a fan, a fan of Poland. Being "inside" and "outside" of my own culture, I depict my complex participation in it. I share my findings with my students, honestly, without hiding my own doubts. What have I achieved? Have I been successful, or have I failed maybe? This is another story…

LITERATURE

[1] Benson P., Reinders H. (ed.). Beyond the Language Classroom[M]. London: Palgrave Macmillan, 2011.

[2] Jenkins H. Textual Poachers: Television Fans and Participatory Culture[M]. New York and London: Routledge, 1992.

[3] Jenkins H. Convergence Culture: Where Old and New Media Collide[M]. New York: New York University Press, 2006.

[4] Jenkins H., Ford S., Green J. Spreadable Media: Creating Value and Meaning in a Networked Culture[M]. New York-London: New York University Press, 2013.

[5] McHaney R. The New Digital Shoreline. How Web 2.0 and Millennials Are Revolutionizing Higher Education[M]. Sterling, Virginia: Stylus Publishing, 2011.

[6] Schwarzer D., Petrón M., Luke C. (ed.). Research Informing Practice—Practice Informing Research: Innovative Teaching Methodologies for World Language Teachers[M]. Charlotte: Information Age Publishing, 2011.

[7] Sulima R. Jak pisać o polskiej kulturze popularnej. in: Czubaj M. Biodra Elvisa Presleya. Od paleoherosów do neofanów[M]. Warsaw: WAiP, 2007:7-14.

[8] Wilen-Daugenti T. Society 3.0: How Technology is Reshaping Education, Work, and Society[M]. New York: Peter Lang, 2012.

II. 文学与翻译

亚美尼亚民间神话《瓦根之歌》的原始意象研究

上海外国语大学　叶红

【摘要】《瓦根之歌》是亚美尼亚民族耳熟能详的民间神话，是亚美尼亚基督教化之前创造的宝贵文化遗产。《瓦根之歌》通过太阳、水、火和植物等一系列原始意象，表达了古代亚美尼亚民族对世界及生命的感受与思考。文章分析了原始意象背后蕴含的深厚的文化内涵，揭示了这些意象作为民族记忆与文化基因对亚美尼亚民族的生存方式、精神价值以及民族精神所产生的影响。

【关键词】亚美尼亚；神话；原始意象

亚美尼亚是一个历史悠久的文明古国，其历史可以追溯到2500多年前(Мириджанян:9)。在漫长的发展进程中，亚美尼亚人民创造了辉煌的古代文明。公元301年亚美尼亚接受基督教为国教，使其成为世界上第一个基督教国家。但接受基督教的过程也是从民间铲除多神教遗迹的过程，包括焚毁图书馆、捣毁多神教神祇的庙宇、禁止一切与多神教相关的活动等。《瓦根之歌》是亚美尼亚民族耳熟能详的民间神话，是亚美尼亚国家基督教化之前创造的古代文明中一颗璀璨的明珠。在几千年间这短短的几行诗句不仅得以留存、传播，而且以自己深厚的内涵深刻地影响了亚美尼亚人民的生活以及后世亚美尼亚艺术创作的发展，被称为是“亚美尼亚艺术思维的基原”(Мириджанян: 5)。

1. 认识瓦根 (Ваагн)

亚美尼亚地处欧亚交界的外高加索，地理位置极其特殊，自古这里便是一块民族混居、血缘融合、文明交错、习俗碰撞的土地，因此这个民族信奉的神灵与周边民族多有交融。亚美尼亚神话中的主神主要来自伊朗神话[①]和闪米特神话，而瓦根却“自古以来就是纯粹的亚美尼亚本土神灵”(Лео: 350)，他是“太阳神，力量之神、光明之神，还是闪电之神和雷神”(Мириджанян:16)，是男性、勇气和胜利的象征，是最受古代亚美尼亚人民尊崇和爱戴的大神之一，与阿拉马泽 (Арамазд)[②] 以及阿纳伊特女神 (Анаит)[③] 构成了神界的三位一体，共同护佑着亚美尼亚民族的生存和发展，为此亚美尼亚人在阿什及沙特城 (Аштишат)[④] 为他们建造了恢宏的神庙，供奉他们的神像。

《瓦根之歌》的文本始见于公元 5 世纪最著名的历史学家、有“亚美尼亚历史学之父”之称的摩西·哈列纳吉（Мовсес Хоренаци）的鸿篇巨制《亚美尼亚史》（История Армении）。遗憾的是，史学家仅记录了该诗的片段，即“瓦根的诞生”，该诗写道：

天空在分娩中煎熬，
大地在分娩中煎熬，
血红的大海[⑤]也在挣扎咆哮，
一根火红的茎秆在汪洋上出现。

---

① 公元 1 世纪古希腊伟大的历史学家、地理学家斯特拉博曾说：“亚美尼亚人崇拜伊朗人的一切神圣之物。”// 见 Ананикян Мартирос, Мифы Армени. Москва, Центрполиграф, 2010. Глава 2.

② 阿拉马泽来源于伊朗神话，即古伊朗的智慧及至高之神，后成为伊朗祆火教至高之神的阿胡拉·玛兹达。在亚美尼亚神话中，阿拉马泽是至高之天神，众神之父亲，是天、地的创造者。主司公平正义以及大地的风调雨顺，保障大地丰收。

③ 阿纳伊特女神，阿拉马泽大神的女儿，主生育，维护家庭，保障民族得以延续。

④ 阿什及沙特，古亚美尼亚城市名称，位于今天的土耳其穆什省。这里曾经建有多座多神教大神的神庙，包括瓦根、阿纳伊特和阿斯特希克，被史学家哈列纳吉称为“祭祀之地”。除神庙之外，还建有一座古代手稿图书馆。但在亚美尼亚基督教化的过程中，这一切全部被毁。在这些神庙的原址之上，启蒙者格里高利建造了第一座教堂，后成为修道院。公元 356 年这里又建成了亚美尼亚教会的阿什及沙特大教堂。

⑤ 亚美尼亚人认为的大海其实就是凡湖，位于今天的土耳其境内。

烟雾穿过草茎四处弥漫，
火焰在喷射飞蹿，
一个青年从火焰中站起。
他的头发是——烈火，
须髯是烈焰，
小太阳是他的双眼。(Мовсес Хоренаци : 46)[①]

在原始生活中，与人类先民关系最为密切的就是周遭的大自然，日月星辰的升落，雨雷电的无常、春华秋实的往复，所有这些都在原始生活中发挥着重要作用，正因如此，自然意象成为原始意象中最主要的部分，是古人借以表达自己内心情感最常见的载体。在这首《瓦根之歌》中，我们看到的正是由一系列自然意象勾勒出的一幅神祇诞生的画面，这些意象主要有天空、大地、大海（水）、茎秆、火和太阳，但表达的却是宇宙的运转规律对童年时期亚美尼亚民族之心灵所产生的巨大震撼，是人们对浩瀚的宇宙生命场、对人与自然的原始秩序的惊奇、敬畏和理解。诗中反映了飞扬不羁的原始思维中的生命意识、宇宙意识和审美意识。这些意识凝固在民族文化中，世代相传，成为延续民族生命的智慧和养分。

还应该注意一点的是，瓦根的诞生是天、地、水、火共同参与的行为，这是与古希腊自然哲学所认为的万事万物均由“土、气、水、火”这四种基本元素构成的理论不谋而合的，体现了亚美尼亚民族对世界哲学思考的萌芽。

2. 原始意象的文化内涵

2.1 太阳

太阳作为最重要的原始意象源于最悠远的历史，因为作为人类可见的所有

① 事实上，哈列纳吉在书中提到的瓦根并不是神，而是亚美尼亚历史上季格兰·叶尔瓦江国王（约公元前560—前535年）的小儿子，史学家这样写道：“他有三个儿子，鲍勃、吉拉姆和瓦根，关于这个最小的儿子，民间有这样的传说。”这个瓦根王子是一位勇敢的战士，在亚美尼亚人中闻名遐迩。为了纪念他和他的父亲率领亚美尼亚人民奋勇抵抗摆脱了米提亚的统治，古时行走各地的游吟诗人便将这首有关瓦根大神的诗到处传颂，并将瓦根神与瓦根王子的形象融为一体。事实上，后来这位瓦根王子也被册封为神，受到了人们的普遍崇拜，甚至在格鲁吉亚也被崇拜。由此可见，《瓦根之歌》是神话传说与民族历史紧密结合的一个典范。

天体中最为明亮的一颗，太阳不仅给万物带来光明、温暖，更带来生命。因此在世界许多民族的神话体系中，太阳都占据着核心的位置。太阳神，无论是古埃及的拉、希腊的赫利俄斯还是俄罗斯的达日吉博格、印加的孔蒂拉雅，在各自的神话体系中都是主神之一，人们将其作为生命、恩惠，甚至是正义的象征，并形成了穿越时空的强大的太阳崇拜。亚美尼亚也是一个崇尚太阳的民族，他们“崇拜太阳，歌唱瓦根”(Мириджанян:59)[①]，称自己是“太阳之子”[②]。关于亚美尼亚民族太阳崇拜的习俗，最古老的记载来自古希腊史学家色诺芬(Ксенофонт)。在自己的著作中他写道：亚美尼亚人用骏马来祭祀太阳，他们有可能是认为，没有马，太阳就无法完成每日在天空的巡游(Ананикян: глава 6)。在这首《瓦根之歌》中，我们看到，天空、大地和大海是瓦根的父母，他们在共同分娩的痛苦中挣扎，最终瓦根在“血红的大海”的怀抱中诞生。他从水的深处站起，浑身充满了光与热的巨大能量，灿烂的光辉照亮了天际。亚美尼亚的许多学者都认为，瓦根是太阳神(Мириджанян:59)[③]，这里勾画的是一幅广阔、雄浑、气势磅礴的旭日东升的画面。太阳升起，天地之间充溢着欢乐，这不仅是人类壮美的物质家园，也是人类温暖的精神家园。

事实上，亚美尼亚学界对瓦根是太阳神的观点是存有分歧的，其中反对态度最鲜明的就是亚美尼亚著名的文学理论家、语言学家马努克·阿别吉杨(Абегян

① 在凡湖附近的亚美尼亚族人中保留着这样一个习俗，即在黎明时分为新婚夫妇行拜日礼。人们面向东方，迎着太阳高唱“黎明啊，黎明，你好！/我们向太阳送去问候，/愿你给国王多多的阳光，/瓦根！瓦根！/黎明啊，黎明，你好！/我们向太阳送去问候，/愿你给王后多多的阳光，/瓦根！瓦根！”

② 亚美尼亚民族的始祖神称阿尔（Ар），他是绝对的、至高无上的宇宙神，是众神之父，集一切自然力量于一身，但他从不显形，因此关于他没有具体的神话故事，只传说他创造了天地。在亚美尼亚，人们认为他首先是太阳神，并认为亚美尼亚民族是由宇宙—阿尔父神和大地—水母神哈雅所生，称自己为“太阳之子”。亚美尼亚（Армения）一词也来源于阿尔神（Ар）。后来随着人们对宇宙的深入认识，“各司其职”的众神才纷纷登场。阿尔神后来被源于伊朗神话的阿拉马泽取代。

③ Мириджанян Л. В. Истоки армянской поэзии. — Ереван, Советакан грох, 1980. С.59. Ананикян Мартирос, Мифы Армени. Москва, Центрполиграф, 2010. Глава 6. Бурастан Зулумян, Архитип структуры художественного мышления. Памятник армянской эпической поэзии «Песня Ваагна» // http://arminfocenter.org/news/2012-05-15-114.

M.X.)。他在自己的著作中称："对瓦根面容的描写很符合太阳的特征，因此古时候一些人将瓦根与太阳等同，就像阿波罗；现在也有人认同他是太阳神的观点，并认为该诗是对太阳东升的描写。但这是不能接受的，因为瓦根是雷电之神。"(Мириджанян:44) 至今这两种观点并存，并关涉到下面的几个意象。

2.2 茎秆和火

事实上，无论是太阳，还是雷电都与火紧密相关，而且瓦根（Vahagn）一词的词源学研究结果显示，它来源于梵文的 Vah 和 Agni 的组合。Vah 的意思是"给予的，承载的"，而 Agni 则恰恰意味着"火"。吠陀神话中火神的名字就是阿耆尼（Agni），因此瓦根也被认为是火神、雷电之神，即将天上的圣火与人间之火融于他一身。在这首诗里，这根从圣海中冒出的茎秆冒着烟，喷着火，烈焰熊熊。那从中站起的年轻人周身蕴藏着令人感到震慑的巨大能量，"头发是烈火，须髯是烈焰，小太阳是他的双眼"，因此这首诗描绘的也很可能是天边一道炸裂天际燃着森林的闪电，而天地、大海分娩的痛苦正是暴雨来临之前狂暴的自然。诗中的另两个意象，即茎秆（植物）和火也是理解瓦根作为"雷电之神"和"火神"的钥匙，通过它们甚至可以找到这首亚美尼亚古诗与印欧神话体系相关的更多证据。

在印欧神话体系中植物与火构成的意象非常常见，这很可能与原始先民通过钻木取火从而产生火生于木的观念相关。比如德国语言学家阿达尔贝尔特·昆 (F.A.Kuhn) 认为，普罗米修斯的名字来自梵语的 'Pramatyas'，意为 '钻木的人'，其盗火之后也是将火种藏在茴香的茎秆中带到了人间；印度的《梨俱吠陀》中，火神阿耆尼 (Агни) 出生的说法之一即他是由两根小木棍不断摩擦后诞生的。出生之后，众天神欲举行祭祀，他们希望阿耆尼做祭司。但阿耆尼担心当祭祀之火熄灭，他的生命也随之消失。于是逃走，藏身于水中的荷花茎中；雷电之神因陀罗 (Индра) 杀死蛇妖弗栗多 (Вритра) 之后误以为没有成功，感到非常恐惧，便藏身于湖中的藕节当中。此类包含了"太阳 — 火 — 木"元素的神话在亚美尼亚也流传久远。公元 7 世纪亚美尼亚伟大的学者阿纳尼亚·希拉卡齐 (А.Ширакаци) 在自己的著作《宇宙志》（Космография и календарь）中援引了一则民间广为流传的"亚美尼亚普罗米修斯"的传说。在一个寒冷的冬夜，瓦根偷出了太阳神巴尔沙姆[1]身边的一堆燃着的干草，欲将火种带给大地上的人们。在天空飞驰的过程中，一根根燃着的干草洒落天空，于是便形成了闪亮的银河。时至今日，亚美尼亚人依然称银河为“盗草之路”(путь соломокрада)。除此之外，亚美尼亚人还相信水为木之母，木为火之母，他们对火极为崇敬，熄灭蜡烛、火炬、篝火等燃着之物都极为严肃庄重，因为他们相信，无论是落山的太阳，还是熄灭的火炬、蜡烛、篝火都是回到了母亲那里，回到了它们的原初，并在那里蓄势重生，完成新一轮的生命循环，人的生死也是如此。如果要熄灭，则需将火浸入洁净的水中，因为火本源于圣海中（水）的那棵茎秆（木）。

在亚美尼亚人的现代生活中依然保留着祭火的习俗。每年的 2 月是火神米赫尔（Михр）[2]月，13 日是亚美尼亚教会的主进堂节。人们在大街上、自家的院子里或者平屋顶上点燃篝火，火种一定要取自教堂圣坛上燃烧的蜡烛，而点燃篝火只能用茎秆、干草或蓟草。人们不仅围着篝火唱歌、跳舞，年轻人在火堆上跳跃、玩耍，人们还会根据火焰和烟飘动的方向预判今年的收成如何。

2.3 水

“水”是该诗中另一个重要的原始意象。在早期的人类生活中，古人就认识到水和太阳、火一样，与人类的生活息息相关，它们都是赋予万事万物以生命并使之得以延续的神秘力量。在古亚美尼亚，人们认为水与瓦根和他的未婚妻——美神、爱神和生育女神阿斯特希克 (Астхик) 紧密相关，阿斯特希克在亚美尼亚语中的意思就是星星。传说世间之水均来自天上，是瓦根和阿斯特希克二位仙人幽会的结果。有专家对古代遗迹进行的考古发现也证实了这一说法。专家发现：“在公元前 20— 前 15 世纪的彩陶以及那个时期的岩壁画上，‘水’和‘泉水’的绘制总是与太阳相关，且始终伴随着这样的语义链，即太阳 — 水 — 天水 — 水鸟。” (Мириджанян:66) 传说，二位相会之后，天空便洒下甘霖。这是充满爱的甘霖，不仅滋润大地、庄稼，给人间带来丰收，更滋润人间的爱情，带给人们幸福和欢乐。因此时至今日，每年的夏季亚美尼亚人都要欢庆瓦尔达

① 巴拉沙姆是源于闪米特族的神灵，他主司善、恶、生、死，掌管阳光。但在亚美尼亚他一直被人们认为是勇士瓦根和阿拉姆的敌人。

② 米赫尔是源自伊朗神话的神灵，伊朗名字为密特拉，他主司光明、空气、火以及合约，与瓦根的神格相似。但在亚美尼亚，本土的瓦根远比“远道而来”的米赫尔受欢迎的程度要高得多。

瓦尔节 (Вардавар)，也称阿斯特希克节，人们相互泼水以示祝福。

不仅如此，瓦根还是人间之水的保卫者。摩西·哈列纳吉在记录了《瓦根之歌》后紧接着写道："我们亲耳听到游吟诗人在潘吉伦琴的伴奏下演唱这首歌曲。接下去唱的是瓦根如何与龙蛇妖搏斗并战胜它们的故事，描述了他的许多功绩。"(Абегян: 31) 在古亚美尼亚，水神或水妖被称作维沙普 (Вишап)，它们多以恶龙、蟒蛇、巨鱼或公牛的形象示人。起初为了保护水源、对水表达崇敬之情，人们会在巨石上雕刻出龙、蛇、公牛的形象以及弯弯曲曲的水纹，或将整块巨石雕成鱼形，将它们立在水边，特别是泉水的泉眼处。但随着时间的推移，维沙普的形象发生了变化。它们在水中兴风作浪，继而升入天空，阻止天水洒向人间；在大地上它们霸占河湖、泉水，成了与人类抢夺水源的作恶多端的怪物，还强迫人们用年轻的姑娘向他们献祭。巨大的维沙普甚至能够吞噬太阳，造成日食，给人间带来恐慌。作为雷电之神的瓦根手持闪电，勇杀龙蛇怪，被称为"屠龙勇士"。今天在亚美尼亚许多地方人们都能看到瓦根的雕像，他始终被描绘成一位无畏的勇士、机敏的猎手和维护正义的英雄。正是由于瓦根的这一特点，后来瓦根又被尊为战神，历代亚美尼亚国王出征之前都不忘诵念"让瓦根的勇猛护佑我们吧"来祈祷战斗的胜利。不仅如此，亚美尼亚人还以他们爱戴的战神瓦根的名字命名十二星座中的一座，称为"瓦根星座"，即天文学上的武仙星座。关于瓦根屠龙，亚美尼亚民间还流传着这样一个美丽的传说。一次，在与恶龙的搏斗中，瓦根负伤。消息传到了阿斯特希克女神那里，心急如焚的女神来不及穿上鞋子便向爱人狂奔。一路上带刺的玫瑰枝扎伤了她的双脚，淋漓的鲜血将满山的玫瑰染成鲜红，从此鲜红的玫瑰便成了爱情的象征。现在每当人们在欢庆瓦尔达瓦尔节的时候，除了相互泼水以示祝福之外，相爱的人们还互赠红玫瑰，并用鲜红的玫瑰装点房屋、街道，以纪念二位仙人之间的爱情，祈福人间的美好情感。

3. 结语

公元前 2 世纪，希腊文化开始在古亚美尼亚广泛传播。为了更好地适应时代的变化和发展，拓展民族发展的空间，亚美尼亚更新了民族的精神宝库，包括多神教的众神。于是赫拉克勒斯代替了瓦根，阿芙洛狄特取代了阿斯特希克，阿拉马泽不再，宙斯出现……但正如有学者称"一个民族的传统文化是一个稳定的结构，其部分系统可以改变，但其基因却无法彻底清除"。(王志耕：79) 在希腊文化氛围中，亚美尼亚民族根深蒂固的许多文化因素都依然存在。据哈列纳吉记述，当阿尔塔舍斯皇帝 (Арташес) 将阿尔忒弥斯、赫拉克勒斯和阿波罗的金身塑像运入亚美尼亚之后，祭司们就将赫拉克勒斯当做瓦根来崇拜，并将雕像安放在阿什及沙特原来安放瓦根的神殿内。公元前 1 世纪，古亚美尼亚科马吉尼王国安条克一世在今天土耳其的内姆鲁特山 (Немрут) 上建造了一个恢宏的石雕群，包括安条克一世自己、他的祖先以及众神的大型石雕 (Мириджанян:67)①，其中不仅有阿拉马泽，也有瓦根的雕像，甚至有一块巨大的石壁雕刻“安条克一世国王与瓦根握手”，该石壁目前保存在大英博物馆内。1987 年内姆鲁特石像群被联合国教科文组织列入世界文化遗产名录。

《瓦根之歌》中的原始意象代表了亚美尼亚民族宇宙观最古老的层面，但它们的意义和价值绝不仅仅于此，其强大的生命力融入民族文化，成为其凝固因子、文化基因，在后世通过艺术等手段在集体无意识中被不断激活，引发阵阵回响。在亚美尼亚民族不朽的史诗《萨逊的大卫》(Сасунский Давид) 中，一代代率领人民抗击阿拉伯侵略者的勇士萨纳萨尔、巴格达萨尔、老姆格尔、大卫以及小姆格尔的身上都能够清晰地看到瓦根的影子，瓦根为民除害、保护家园的形象在后世成为亚美尼亚民族自由和复兴的象征，被亚美尼亚人民世代传颂。

参考文献

[1] Абегян Манук. История древнеармянской литературы (Т.1)[М]. Изд.-во Академии наук Арм. ССР. 1948.

[2] Ананикян Мартирос. Мифы Армени[М]. Москва: Центрполиграф, 2010.

[3] Бурастан Зулумян, Архитип структуры художественного мышления. Памятник армянской эпической поэзии «Песня Ваагна» // http://arminfocenter.org/news/2012-05-15-114

[4] Лео А.Г. История Армении(Т.1)[М]. 1917.

① 有学者认为，这是希腊众神的雕像。对此，亚美尼亚著名学者米利扎尼昂持反对意见。他认为原因有三，内姆鲁特石雕群建造在古亚美尼亚王国内，由亚美尼亚国王定制，亚美尼亚工匠制造；石雕的面部特征是典型的亚美尼亚人，而不是希腊 - 罗马人；阿拉玛泽和瓦根雕像的头上佩戴着王冠，而王冠的式样是古亚美尼亚王室使用的特有的尖角王冠。

[5] Мартиросян А. А. Первобытные иероглифы Армении и их Урарто-Армянские двойники[M]. Ереван : Изд-во АН Арм ССР. 1971.

[6] Мириджанян Л. В. Истоки армянской поэзии[M]. Ереван: Советакан грох. 1980.

[7] Мовсес Хоренаци. История Армении(Т.2)[M]. Ереван: Айастан. 1990.

[8] 王志耕 . 宗教象征叙事与俄苏革命文学 [J]. 外语与外语教学 . 2013(1).

别尔嘉耶夫的末世论思想探析

上海外国语大学　刘涛

【摘要】俄罗斯宗教哲学家别尔嘉耶夫在日常的末世论体验基础上，发展出自己的末世论思想，形成一种对“积极创造的末世论”的坚定信念。在别尔嘉耶夫看来，俄罗斯文化和文学的本质性价值取向是启示录精神，这主要表现为俄罗斯文化和文学的终极指向。俄罗斯思想在本质上是一种末世论思想。别尔嘉耶夫对于自己关于地狱的思想特别重视，甚至把它当作自己论著中最为重要的部分。别尔嘉耶夫振聋发聩地指出，地狱的产生不但是“恶人”为自己创造的，在更大程度上，还是“善人”为了“罪人”创造的。战胜地狱是伦理学必须完成的任务，这是上帝的国实现的前提。对于历史，别尔嘉耶夫把它看作是世界存在的方式，历史的终结是生存时间对历史时间的彻底胜利。在这个机制里，创造行为起着至关重要的作用。正是在创造行为的“神魂颠倒”中，在创造行为对旧世界的抛弃中，历史不得不终结。

【关键词】末世论；别尔嘉耶夫；俄罗斯；宗教哲学

别尔嘉耶夫是俄罗斯宗教哲学家里面醉心于末世论思想的代表人物。他把自己的全部思想都看作是建立在末世论基础之上，把末世论当作自己思想的主要特征，更对地狱、历史的终结等末世论概念进行了独具特色的阐释，给我们以耳目一新的启发。不仅如此，对于别尔嘉耶夫而言，整个俄罗斯文化，以及俄罗斯文学，都是以末世论思想为指向的，都是以末世论思想作为其本质特征。

下面我们从四个方面对别尔嘉耶夫的末世论思想进行探析。

1. 末世论思想对于别尔嘉耶夫的意义

末世论对于别尔嘉耶夫具有特别重要的意义。别尔嘉耶夫首先不是作为一个宗教哲学家来思考末世论主题，而是作为一个普通人来体验末世论情感。他把自己的精神类型、心理结构、情感体验都看作是与末世论密切相关的。他在《自我认识——哲学自传的体验》中这样描述自己：“我具有强烈的末世论情感，世界的灾难和末日来临的情感。或许，这不仅与我的精神类型有关，而且与我的心理结构、与我极端的神经质、与我对不安的向往、与世界的不稳定意识、一切事物的不稳定意识、生活的不稳定意识有关，与我的弱点存在于其间的不容忍有关。我总是把基督教理解为末世论，一切其他的理解都被我看成是歪曲了的、不适宜的。这一点与基督教的许多历史学专家相一致。……对我而言，末世论与我觉得脆弱的东西、人们所面临的死亡威胁、历史中的一切暂时的和悬搁于深渊之上的东西有关联。我在个人的生活中，甚至在各民族的历史生活中，一直具有期盼灾难来临的倾向，而我早已于感到一些历史性的灾难。在第一次世界大战爆发之前，在根本没有人料想到它的时候，我已确信，灾难性的时代正在来临。我清楚地看到，在世间发生的不仅是反基督教，而且是反人道主义、人的形象的震裂。我只是在末世论基督教的前景中才领会到这一点。”（1:416）

正是在日常的末世论体验基础上，别尔嘉耶夫进行哲学思考，发展出自己的末世论思想，进而形成一种对“积极创造的末世论”的坚定信念：“我信奉的是改造这个世界的积极创造的末世论。我在《精神与现实》和《论人的奴役和自由》中充分论述过这一点。我持守的是一种特别的末世论认识论。末世论意指将意识的悲剧加以象征客体化，终结是客体化的终结，是向自由王国的主体性的过渡。但是，末世论情感本身与关于死亡的问题紧密联结在一起。”（1:417）

别尔嘉耶夫所信奉的“积极创造的末世论”是与正统的基督教末世论相对立的。在别尔嘉耶夫看来，正统的基督教末世论把《启示录》的预言理解为前定的宿命，这种对待《启示录》预言的被动态度就是把死亡当成了宿命论和决定论的自然事实，这是对自由的否定。与此相反，“积极创造的末世论”则要求人的积极性和创造力：“不能被动地，在忧郁中，在敬畏和恐惧中等待终点和人的个性和世界死亡的到来。人的使命是同携带着死亡的邪恶力量斗争，创造性地准备上帝的国的到来。基督的第二次来临要求人的紧张的创造积极性，要求人和世界准备接受终点，这个终点自身依赖于人创造的积极性，决定于世界过程的肯定结果。不能被动地等待基督的王国，如同不能被动地等待敌基督的王国一样，应该同敌基督的王国进行积极和创造性的斗争，并准备上帝的国的到来，上帝的国要靠努力才能获得。”(2:347-348)

别尔嘉耶夫不是在一般意义上谈创造，而是赋予创造以末世论本质：“可以说，在创造里有先知的因素，创造预告另外一个世界，预告世界的另外一个改变了的状态。这就意味着，创造行为是末世论的，其中表达的是满足于这个给定世界是不可能的，在创造的行为里，此世将结束，另外一个世界将开始。

人在任何创造状态都是如此，哪怕是在其中没有出现任何成果。”（3:188）他宣告：“创造的行为是末世论的行为，它所面向的是世界的终结。”（4:178）

正是在“积极创造的末世论”思想立场上，别尔嘉耶夫构建了自己的宗教哲学大厦。

2. 末世论思想对于俄罗斯文化和文学的意义

在别尔嘉耶夫看来，俄罗斯文化和文学的本质性价值取向是启示录精神，这主要表现为俄罗斯文化和文学的终极指向，他说：“无论在我们的普通百姓那里，还是在最高知识阶层中间，在俄罗斯作家和思想家那里，启示录总是具有非常大的影响。在我们的思维方式中末世论问题占有无可比拟的重要地位，这与西方思维方式截然不同。”（5:214）

他以托尔斯泰和陀思妥耶夫斯基两位大作家为例，论证了自己的观点：“托尔斯泰在临死前离家出走，这是一种含有末世论意味的出走，具有非常深刻的意义。他在精神上是位漂泊者，一辈子都想成为一个漂泊者，但他没能做到。漂泊者追求的是终极目标，希望跳出历史和文明，去过自然的充满神性的生活。这就是对终极目标的追求、对千年王国的追求，托尔斯泰的末世论倾向是不容置疑的。”（5:221）“陀思妥耶夫斯基的作品贯穿着末世论精神，它所感兴趣的只是终极事物，所指向的只是终极目标。”（5:222）

在对俄国宗教哲学家的思想判定上，别尔嘉耶夫认为：“弗·索洛维约夫、康·列昂季耶夫所代表的是消极的启示意识。尼·费奥多罗夫代表的是积极的启示意识。尼·费奥多罗夫对启示录的积极解释是天才而勇敢的，尽管他的哲学是不能令人满意的。”（6:313）

别尔嘉耶夫认为，弗·索洛维约夫的末世论首先是审判的末世论，他在《敌基督的故事》中给自己设定了一个艰难的任务——塑造敌基督的形象，这个形象的错误之处在于把敌基督描写成一个博爱者、人道主义者，他实现了社会的公正。实际上，敌基督的形象应该是不人道的，并且与极端无人性的历史时期相应。而在康·列昂季耶夫那里，以科学自居的他，认为一切社会、国家和文明必然和衰落的社会学理论与宗教的启示情绪结合在一起。列昂季耶夫预见到俄国革命的残酷性。他没有俄罗斯人对普遍拯救的渴望，无意于改造人类和世界。他的末世论的消极性是显而易见的，尽管他表现出来一定的历史洞察力。

别尔嘉耶夫高度评价费奥多罗夫复活祖先的共同事业思想：“在假说的意

义上，费奥多罗夫是正确的，他认为，如果人类为了实现基督教真理的共同事业，为了复活所有死去的人而兄弟般地团结起来，那么，人和世界就会走进永恒生命而不用经历世界终点的灾难和最后审判。然而，人类和世界在邪恶和非真理的道路上走得太远了，对它们的审判已经开始实现。非理性的和虚无的自由阻碍了费奥多罗夫‘计划’的实现，他太乐观，对恶的力量估计不足。”（2：347）

别尔嘉耶夫将费奥多罗夫的复活思想与罗赞诺夫通过爱欲战胜死亡的思想相对照：“对费奥多罗夫来说，死亡是极大的恶，不应该被动地容忍它，死亡是所有恶的根源，是唯一的恶。对他来说，彻底地战胜死亡不在于生育新的生命，而在于复活旧的生命，在于复活死去的祖先。而这个对复活死去的人的渴望证明了费奥多罗夫道德意识的非凡的高度。人应该是生命的赋予者，他应该肯定生命为永恒。这是最高的道德真理，不管怎样去评价费奥多罗夫的复活‘计划’。在费奥多罗夫对待死亡的态度里不但有伟大真理，而且也有巨大的错误和对死亡秘密的不正确的理解。费奥多罗夫是个坚定的基督教徒，但是他好像是没有理解十字架和各种他的秘密，没有接受死亡的救赎意义。死亡对他而言不是生命的内在时刻，一切罪恶生命都必须经历的时刻。如果罗赞诺夫没有发现基督教的复活，那么费奥多罗夫则没有发现基督教中的十字架及其救赎的意义。他们俩都渴望为了生命而同死亡斗争，都渴望战胜死亡，一个是通过生育，另一个是通过复活。死亡是不可能被战胜的，如果否定它的任何意义，即否定它的形而上学深度。”（2：343）

在考察过俄罗斯思想家和文学家后，别尔嘉耶夫一锤定音地指出：“俄罗斯思想在本质上是一种末世论思想。”（5：214）即便是俄罗斯共产主义思想，别尔嘉耶夫也把它看作是俄罗斯弥赛亚思想的“无宗教或反宗教的形式”，是“古老的俄罗斯弥赛亚思想的转化和变形”（7：183）。

3. 别尔嘉耶夫对地狱概念的阐释

别尔嘉耶夫在末世论思想的视野中看待基督教，认为所有原始的基督教都是末世论的，它期待着基督复临和天国到来。而基督教的启示是末世论的启示，是关于这个世界的终点，关于天国的启示。与此同时，别尔嘉耶夫把正统基督教的末世论定义为“复仇的末世论”，因为“它把人严格地分成善的和恶的，残酷地惩罚恶人和犯有过错的人”。（1:416）

别尔嘉耶夫对正统基督教的“复仇的末世论”的批判凝聚于对地狱概念的阐释之中。别尔嘉耶夫分别从神的观点和人的观点出发看地狱。他认为，若从上帝的观点看地狱，把它客体化，那么任何地狱都是不可能的，允许地狱存在就是否定上帝。如果说上帝能够容忍一个恶魔存在的地狱与上帝的国并列，那么这就意味着创世是不成功的：“故意允许永恒地狱之苦存在的上帝完全不是上帝，他更像是魔鬼。”（2:354）只有站在主观的角度，站在人的角度来看，地狱才是可以理解的，地狱在人的经验中被给定。因此，任何关于地狱的本体论都是完全不可能的和不允许的，地狱也不可能是永恒的：“地狱是梦，是可怕的梦，这个梦不可能是永恒的，但却可能被人体视为永恒。”（2：356）

别尔嘉耶夫指出：“地狱存在的必要性不在于实现公正。如果想要寻找公正的话，那么最好还是在关于灵魂转世和报应的学说中去找。”（2：362）而是在于地狱的存在是自由和个性的证明：“地狱的观念在本体论上是与自由和个性相关的，而不是与正义和报应相关的。不管听起来有多么的矛盾，地狱确实是人的精神自由的道德公设。地狱是需要的，但不是为了使公正获得胜利和恶人获得报应，而是为了使人不为善所强迫，不被强迫地拉进天堂，也就是说，在一定的意义上，人有进入地狱的道德权利，有自由地选择地狱而不是天堂的权利。关于地狱的全部道德辩证法就隐藏在这里。”（2：353）

别尔嘉耶夫振聋发聩地指出，地狱的产生不但是“恶人”为自己创造的，在更大程度上，还是“善人”为了“罪人”创造的：“作为客观领域的地狱主要是善人的杰作。他们把地狱看作是公正的结局，是正义的审判。”（2：362）进而，别尔嘉耶夫对那些为“罪人”创造地狱的“善人”们进行了猛烈的抨击：“很难理解和接受那些虔诚的基督教徒的心理，他们安详地容忍周围的人们在地狱里受煎熬，有时甚至是他们的近人。不能容忍一个和我一起喝茶的人要遭受永恒的地狱之苦……天堂对我来说是不可能的，假如我的近人，我的亲人或者甚至我在生活中所遇到的一般人在地狱受煎熬，假如作为‘异端’的伯麦，作为‘敌基督’的尼采，作为‘多神教徒’的歌德以及有罪的普希金都在地狱里。那些在自己的神学里离开亚里士多德就寸步难行的人却心安理得地允许非基督徒亚里士多德在地狱之火上煎熬。这对我们而言是不可能的，这个不可能是道德意识的巨大成就。”（2：364）为此，别尔嘉耶夫引用果戈理的“令人忧伤的是，在善里看不到善”这句话也是给整部书的题辞。恶的根源在于善，“善人”应该负责任，因为“他们建造了地狱，他们对自己的善满意，他们赋

予自己的复仇本能以高尚的特征，他们阻止‘恶人’上升，并用自己的审判把‘恶人’送上死亡的道路”。（2：371–372）

别尔嘉耶夫向“善人们”大声呼吁，希望他们摆脱“复仇的末世论”：“不要给任何人建造地狱，无论在此世，还是在彼世，要摆脱复仇的本能……‘善人’们不要再做高尚的和理想化的复仇者了……‘善人’不要再阻止从地狱里把‘恶人’拯救和解放出来。”（2：371）

别尔嘉耶夫认为战胜地狱是伦理学必须完成的任务，这是上帝的国实现的前提：“比费奥多罗夫所提出的复活死去的人的任务更加激进的任务是战胜地狱，从地狱里把所有的体验着‘永恒’地狱之苦的人解放出来，这个对地狱的胜利不但是为了自己，而且也是为了所有的被造物。这就是伦理学应该完成的极端的任务：创造性地让所有的被造物从暂时的和‘永恒的’地狱之苦中解放出来。不完成这个任务，上帝的国是不能实现的。”（2：349）

别尔嘉耶夫“战胜地狱”的思想与佛教精神暗合。大乘佛教四大菩萨之一的地藏王菩萨就是有着“地狱不空，誓不成佛”的誓愿，他也因此被冠以“大愿”的称号。别尔嘉耶夫强调“战胜地狱”，是出于人类整体共同获得拯救的思想原则；地藏王菩萨“空地狱”的誓愿，更多是出于大慈大悲、不舍众生的菩萨心肠，而大慈大悲也正是菩萨的立身之基。尽管地狱永远不可“空”，地藏王菩萨也永不能成佛，但这并无碍于他在真实境界上与佛陀并肩。

别尔嘉耶夫对于自己关于地狱的思想特别重视，甚至把它当作自己论著中最为重要的部分：“我在《论人的使命》一书的最后一章中阐述过关于这一主题（关于地狱的思想 —— 本文作者）的最本质的思想；我认为，这一章或许是我所写著作中最为重要的部分。尼·洛斯基对它的评价甚高。我不想简单地重复这些思想。我只想说，这些思想全部出自我自己的体验。”（1：420）

4. 别尔嘉耶夫论历史的终结

在末世论问题上，别尔嘉耶夫无意于解读《启示录》，认为解释《启示录》中的象征形象在很大程度上是无聊的事情。但与《启示录》精神相一致的是，别尔嘉耶夫同样在思考历史终结的问题，不过他是在哲学层面上。

对于历史，别尔嘉耶夫把它看作是世界存在的方式，这是古代犹太人的观念：“现实总是历史的，另外的现实是不存在的。所谓的‘自然界’也有其在时间中的历史，天体和地壳都有历史。”（3：208）“人注定要生活在历史的整体

之中，并在这里汲取自己生存的意义，这个意义将超越日常性。”（6：304）

别尔嘉耶夫的历史观念与弥赛亚主义密切相连。别尔嘉耶夫从犹太民族的痛苦、波兰民族的痛苦、俄罗斯民族的痛苦、德意志民族的痛苦、工人阶级的痛苦中，看到了弥赛亚意识产生的根源：“弥赛亚主义是历史的基本主题……弥赛亚主义的期望产生于痛苦和不幸之中，这个期望等待着公正的审判之日，并在终结里等待弥赛亚的胜利和弥赛亚千年王国。在心理上，这是以弥赛亚的拣选意识对所经历的痛苦的补偿。”（3：210）

作为世界存在方式的历史必然地由弥赛亚主义来构造：“历史哲学只能在与对未来里的伟大事件的紧张等待的联系中产生，即对弥赛亚和弥赛亚王国出现的等待，这就是意义和逻各斯在历史中的化身。可以说，弥赛亚主义构造着历史。”（3：208）别尔嘉耶夫认为，不但《圣经》各书中或在圣奥古斯丁那里的历史哲学是先知式的和弥赛亚主义的，就是黑格尔、圣西门、孔德和马克思的历史哲学也都是先知式的和弥赛亚主义的，因为它们都企图揭示只能在未来显现的意义。

别尔嘉耶夫关于历史终结的思考涉及到两个问题：A 历史为何终结；B 历史如何终结。

历史为何终结？在别尔嘉耶夫看来，历史必须终结，历史只有终结，才能获得意义。“历史之所以有意义，只是因为它将要终结。历史的意义不可能是内在的，它在历史的界限之外。”（3：218）别尔嘉耶夫看到历史进程中的“进步”观念，“进步”观念是末世论的，因为它应该有个终极目的。“进步”观念的习惯是总为了将来的完善而牺牲活着的一代人，牺牲活着的任何个体。只有让历史终结，让过去各代人和所有活过的个体都能享用历史的成果，这样的“进步”才可以接受。显然，在别尔嘉耶夫看来，历史的终结与复活密切相连，在历史终结时，所有活过的人都必须复活。

不仅如此，历史的终结还是对历史犯罪的纠正，是对真理的实现：“历史中的理性的狡计常常是最大的谎言，是在历史中对真理的践踏。在历史中有犯罪，犯罪是历史上的‘伟大’事件的基础，这个犯罪折磨着人，它表明，历史的终结应该到来，任何真理只有经过这个终结才能实现。”（6：304）

历史如何终结？别尔嘉耶夫在时间哲学层面上思考历史的终结，把时间分为宇宙时间、历史时间和生存时间三种，并指出：“生存时间对历史时间的彻底胜利将意味着历史的终结。”（6：311）

别尔嘉耶夫分别以圆周、直线、点来作为宇宙时间、历史时间、生存时间的特征。宇宙时间以圆周为特征，它与地球绕太阳的运动相关，与日、月、年的计算相关，与日历和钟表相关；历史时间以直线为特征，“历史”是由记忆和传统构造出来的，历史时间具有目的性，指向将来，它在将来里等待着意义的揭示；生存时间以点为特征，“这是内在的时间，没有被外化于空间之中的时间，没有被客体化的时间……生存时间的瞬间是向永恒的出路。生存时间参与永恒的某些瞬间。每个人根据自己的内在经验都知道，在自己的某些瞬间里参与永恒……任何神魂颠倒的状态都使人走出客体化的数学时间的计算，使人走进生存的质的无限。一个瞬间可能成为永恒，而另外一个瞬间则可能成为无限的恶。”（6：309）

别尔嘉耶夫认为，历史时间追求无限，但却永远不能变成永恒，因此它有两个出路，两个相反方向的运动：一个是宇宙时间的方向，另一个是生存时间的方向。历史时间向宇宙时间的陷入是历史向自然界复归，进入宇宙的循环之中，这是自然主义的道路，可能带有神秘主义的色彩；历史时间向生存时间的陷入，在这里，历史过渡到精神自由的王国，这是末世论的道路。

历史的终结是生存时间对历史时间的彻底胜利。在这个机制里，创造行为起着至关重要的作用。“创造的神魂颠倒是走出此世的时间，走出历史时间和宇宙时间，它发生在生存时间里。”（3：187）正是在创造行为的“神魂颠倒”中，在创造行为对旧世界的抛弃中，历史不得不终结。因此，别尔嘉耶夫说：历史的终结是“创造的主观性对客体化的胜利”。（6：314）

别尔嘉耶夫从自我的真实体验出发，向世人抒发自己对俄罗斯文化、基督教、地狱、历史及其终结等问题的深邃思考。他的思考结果固然令人深思，他的思考方式更值得重视：“我的哲学思维不是科学式的，不是理性–逻辑的，而是直觉–生命的，其基础是精神体验，其动力是对自由的激情。我不是推理式地思考问题，与其说我走向真理，不如说我从真理出发。”（3：2）可以说，他的思维方式与东方直觉体验式的哲学思维不谋而合。

参考文献

[1]［俄］别尔嘉耶夫．自我认识 —— 哲学自传的体验［C］// 汪剑钊．别尔嘉耶夫集 —— 一个贵族的回忆和思索［M］．上海：上海远东出版社，2004.

[2][俄]别尔嘉耶夫. 论人的使命[M]. 张百春，译. 上海：学林出版社，2000.

[3][俄]别尔嘉耶夫. 末世论形而上学[M]. 张百春，译. 北京：中国城市出版社，2003.

[4][俄]别尔嘉耶夫. 论新宗教意识[C]// 转引自张百春. 当代东正教神学思想[M]. 上海：上海三联书店，2000.

[5]Бердяев. Русская идея[C]//О России и русской философской культуре[M]. М.: Наука,1990.

[6][俄]别尔嘉耶夫. 论人的奴役与自由[M]. 张百春，译. 北京：中国城市出版社，2002.

[7][俄]别尔嘉耶夫. 俄罗斯思想的宗教阐释[M]. 邱运华，吴学金，译. 北京：东方出版社，1998.

试论当代俄罗斯文学进程的代际观照
——以“三十岁一代”作家为例

南京大学　张俊翔

【摘要】代际划分是文学史叙述不可回避的命题。从年龄的显见因素出发，综合考虑外在环境和内在本体的一系列情况，以此界定写作群体，这是中外文学界对作家及作品展开类型化审视的一种途径。本文简述关于文学代际划分的讨论，回溯 20 世纪俄罗斯文学代际研究的传统，尝试对后苏联文学语境中的俄罗斯“三十岁一代”作家这一代际现象进行宏观分析，辨明其划分理论依据、现实意义和基本特征。

【关键词】当代俄罗斯文学；文学代际；“三十岁一代”作家

1. 引言

任何文学现象的出现都具有一定的代际基础。从年龄的显见因素出发，综合考虑外在环境和内在本体的一系列情况，以此界定写作群体，这是中外文学界对作家及作品展开类型化审视的一种途径。代际划分的主要目的是对特定作家群体的创作实践展开横断面考察，进而总结一定时期、一定范围内文学创作的特征与规律。本文简述关于文学代际划分的讨论，回溯 20 世纪俄罗斯文学代际研究的传统，尝试对后苏联文学语境中的俄罗斯“三十岁一代”（поколение тридцатилетних）作家这一代际现象进行宏观分析。

2. 关于文学代际划分的讨论

代际划分是文学史叙述不可回避的命题，基于作家群体的代际特征审视文学言说的症候不失为一种整体性的批评角度。尽管如此，对于按照代际划分作家群体的科学性、代际意义对于作家创作的影响等问题，各方的看法历来并不一致。

反对者认为，尽管基于年龄属性划分作家群体的做法遵循的是社会演进的基本时间规律，但以此对文学创作的主体进行身份定位却过于笼统、武断，这种先定性划分充其量只能算是一种外围厘定，并未基于对文学本体的多维度审视抵达科学命名的意义空间。事实上，对于任何一种文学现象都不宜进行简单的线性界定，因为相近年代的文化互渗甚至是隔代的文化反哺总会直接或者间接地反映到某个时代的创作者身上，各代之间互相交叉、彼此呼应，构成了人类历史演变的一种常规。同时，年代归类法侧重于在宏观层面上判别创作群体的共性特征，容易忽视个体之间的内部差异。而文学创作崇尚对个性特质的彰显，作家彼此往往也缺乏自觉的群体性呼应，因此，这样的归类容易陷入代际想象的误区。陆建德表示："如果 19 世纪 20 年代的批评家称鲁迅、周作人为 19 世纪的'80 后'，茅盾、老舍为'90 后'，那么他们就有忽略作家个性和特点之罪。难的是以成熟的语言辨析小说家的独到之处，而不是用僵硬的数字、泛泛的概念将他们一网打尽。标签用得多了，总结性的术语用多了，反而不利于批评能力的充分发展。我希望大家尽量少用或者不用'80 后'、'50 后'这类表述。"（文敏 2012: 10）黄发有认为，"将年龄与文学挂钩的基本策略是遮蔽同龄作家之间的差异性，激化代际之间的精神冲突。"（黄发有 2012: 15）斯拉夫尼科娃在评论佩列文、索罗金、阿库宁、托尔斯塔娅等 20–21 世纪之交处于创作繁荣期的俄罗斯作家时表示，这代作家的特点之一就在于，"个性特点绝对超过代际的特点，他们没有统一的思想和艺术共性。"（张晓强 2007: 10）总之，不支持利用具体年代对作家进行概念性命名和实质性正名的各方人士要么不确定是否存在所谓的代际差别，要么对能否以适宜的方式呈现业已存在的代际差别心存疑虑。

而在支持代际划分的人看来，受到社会、历史、文化等多种因素的综合作用，属于某个特定年代的人必定具有相同或者相近的价值意向、知识谱系、文化基质和情绪记忆，每个年代区别于相近的其他年代的独立性特征是一种客观存在的事实。"任何一个个体的生命，都是一种历史的存在和文化的存在，他们虽然有其独特的心理结构和个性特质，但同样会不可避免地烙下不同时代的文化印记，带着不同历史境遇中的精神征兆。"（洪志钢 2009: 2）比如，在中国，"20 世纪 60 年代生人的童年到壮年，经历了中国社会由一元到多元，由禁锢到开放的种种变迁。他们的童年和少年，是在 20 世纪 70 年代的一元的理想主义的红色氛围中度过的；他们的青年，是在 20 世纪 80 年代的由一元到多元的剧变以及由此带来的失落、激荡、亢奋中度过的。这种经历，必定在他们身上留下某些特殊的印记，并且形成某种精神特质。"（杨澜 朱冰 2011: 209）又如，近年来社会上流行的诸如“70后”“80后”“90后”“00后”等说法之所以能为国人普遍接受，在很大程度上正是由于它们恰当地包蕴并且合理地体现了特定年龄段人群所具有的普遍的精神面貌和文化气质。

对于作家而言，年纪相仿是彼此在生活经历、心理基础、文化际遇、审美理想等方面存在共通的重要前提，而这种共通性正好构成各方对其进行代际区分的出发点。作家的代际审视是以整体性的文艺思维为抓手的学理分析，它扎根于特定时期的文学事实和文本现场，深入审度特定的作家和作品，通过对其相互作用的挖掘确认创作者的集体身份，把握创作成果的总体特征，揭示文学发展和演变的阶段性规律。对作家的代际现象进行概念化命名，首先应当确保它与文学现实之间能够形成语义上的互相指涉。这就要求研究者汇聚文学形态的一系列内部元素，将本质相关的创作者、作品的主题和诗学特征集合起来，呈现其内在的系统性及其异于外在文学事实的特殊性。而针对代际构建的批评模式则应该是动态的，必须在较长的期限内跟踪创作者在文化内涵、写作追求、文本策略等方面的种种衍变。同时，按照年代的演进梳理作家群体，并非要抹杀他们在书写方式和艺术特质上的差异——真正的作家理应个性鲜明，风格独具。代际研究恰恰可为基于共性的个体考察提供必要而充分的条件，以期探寻创作者的主体因素，对他们的真实存在进行有效去蔽。

3. 20世纪俄罗斯文学代际研究的传统

在阐析20世纪俄罗斯的主流文学时，邦达连科以代际划分作为贯穿始终的原则。按照他的观点，1936—1941年出生的一批作家是俄苏文学史上最富有才华的一代，他们被通称为“四十岁一代”。而20世纪40—70年代却没有出现哪怕一个富有创造力的群体，也没有形成哪怕一次新的文学运动。出生于这几十年的作家或者成了独行客，或者依附于“四十岁一代”作家（邦达连科 2008: 18）。而安宁斯基等人则主张按照所谓的“60年代作家”“70年代作家”来区分上述创作群体（Аннинский 1991）。比如，拉斯普京和马卡宁均出生于1937年，他们也都是在60年代的前期开始发表作品。不过，拉斯普京在60年代就已崭露头角，属于结束苏联文学僵化的“钢铁时代”，创造“解冻文学”并开启“青铜时代”的一批作家，因此应跟阿克肖诺夫、沃兹涅先斯基、阿赫玛杜琳娜、阿布拉莫夫、舒克申等人一道被纳入“60年代作家”当中。而马卡宁的作品在十余年后才引起各方的注意，他自然就被归于“70年代作家”之列。针对这两种划分方式，董晓认为，“60年代作家”“70年代作家”这组概念试图从精神成长的社会-历史环境角度来说明某批作家的特点，相较于单从年龄角度划分因而具有时间局限的“四十岁一代”作家，它们更有说服力（董晓 2010: 276）。张建华也指出，诗人苏哈列夫1987年提出的“60年代作家”“不再仅仅是一个作家创作历史时期的概念，而是一个获得了创作精神、艺术理念和价值观追求的更为宽泛的审美语义”（张建华 2016: 30）。

无论是60年代出生的中国作家群体还是俄苏文学中的“四十岁一代”作家、“60年代作家”“70年代作家”，都属于狭义的代际划分，概念的所指范围通过研究对象的出生或者成名年代加以明确限定。一般而言，狭义的代际划分可以细化成显性和潜性两类。显性的划分方式是以整十年的纪年周期为限，并以此命名，比如，60年代出生作家群、“70后”作家等。隐性的代际划分并不拘泥于十年的周期，在命名上兼有时间维度上对年龄的侧重和文化维度上对群体显著特征和所处时代文化内涵的强调。比如，前面提到的“四十岁一代”作家，指的就是20世纪70年代前后在苏联文坛上脱颖而出的一批四十岁左右的才华横溢、风格突出的作家。[①] 被经常提及的有40~50人，包括阿纳托利·金、马卡宁、普罗哈诺夫、克鲁平、古谢夫、库尔恰特金、叶辛、米尔涅夫和阿法纳西耶夫等。

广义的代际划分则不唯年龄因素独尊，而是侧重于从社会动因的角度出发，聚合精神调性和思想理念相近的一批同年龄层的创作者。比如，19世纪末至20世纪初，俄罗斯象征主义诗歌迅速发展，前后一共掀起过三次浪潮。其中，第二次浪潮是象征主义诗歌臻于成熟的阶段，其代表人物勃柳索夫、巴尔蒙特、索洛古勃、梅列日科夫斯基、吉皮乌斯等人被称为“年长一代”，19世纪90年代，他们在诗歌经历危机之际进入诗坛，崇尚对美和自由的自我表达。20世纪初是象征主义的繁荣期，即所谓的第三次浪潮时期，其代表人物别雷、勃洛克、索洛维约夫等人被称为“年轻一代”，他们视哲学探索为创作要义。又如，20世纪50年代末至60年代初，俄苏文坛出现了所谓的“前线一代”，这个战争文学的流派囊括了一批18岁左右参加卫国战争、战后根据亲身经历从普通官兵

① 由于这批作家中的大多数人在莫斯科生活和工作，因此有批评家又把其称为“莫斯科派”。虽然这一概念是否准确并无定论，但可以看出，无论是从时间同一性的角度还是从空间同一性的角度审辨一批作家，都是对其创作展开类型研究的尝试。

的角度描写战争的作家，如巴克拉诺夫、邦达列夫、贝科夫等，他们又被称为“战壕真实派”。相较于卫国战争前已经成名的法捷耶夫、肖洛霍夫、西蒙诺夫等作家，“前线一代”是战争文学的新人；而相较于20世纪六七十年代涌现出来的拉斯普京、阿列克西耶维奇等未参加过卫国战争、但也以此为题写作的作家，他们则是前辈。正因如此，这批人被视为俄苏战争文学的“中间一代”。

当然，作为一种聚合研究的方法，广义的代际划分常常被运用于归纳和探析各种社会文化现象，比如，20世纪美国著名的“迷惘的一代”和“敲打的一代”等。需要强调的是，虽然创作主体向来是探析文学代际问题的出发点，但从更广泛的意义上来说，代际其实是一个可以把对文学生产、传播、接受等方面的阐释连成一体的元范畴，它能为宏观认知文学创作的成就与局限，进而探究特定时代的文学风貌创造更大的可能性。总之，代际切入是在历史文艺学的视域中聚焦文学横切面的有效途径（Рытова 2009: 89），而具体的观察视角理应是多种多样的。比如，20世纪后半叶以来，俄语文坛上涌现出了一批以文学代际更迭为主题的写实风格的小说作品，包括卡塔耶夫的《我的钻石王冠》、卡韦林的《被照亮的窗户》、阿克肖诺夫的《笑一笑》、多甫拉托夫的《记事本》、甘德列夫斯基的《颅骨环锯术》、德米特里耶夫的《合上的书》、别兹罗德内的《引文结束》、萨尔诺夫的《不曾寂寥》和波波夫的《燃烧的袖子》等。创作者们零距离地审度自身所处的文学语境，通过传记小说的形式反思一代人的历史命运和存在价值，把上述作品关联起来讨论不失为文学代际分析的典型思路。又如，文学作品的接受总是会随着读者群的代际迁移而产生变化，同时也与时代风格、社会氛围、传播介质等密切相关。互联网时代，现实与文本的关系急剧变化，新生代读者如何在快速化、碎片化阅读的趋势下消费文学、品读文学？在文学的社会规定性框架内探析上述问题无疑也具有代际研究的特征。

4. 当代俄罗斯文学进程中的“三十岁一代”作家

“三十岁一代”作家是俄罗斯文学批评界遵循隐性的代际划分原则，沿袭“四十岁一代”作家的命名方式，为活跃在当代文坛上的一批创作者进行的归类。[①] 属于这个创作族群的成员出生于20世纪60年代后期至70年代前期，包括索洛马京娜、德拉贡斯卡娅、斯捷潘诺夫、奇若夫、诺维科夫、贝科夫、格拉西莫夫、乌特金、马索多夫、捷列霍夫、拉赫马图林、格里什科维茨、丹尼洛夫、鲁巴诺夫、彼得罗夫、库普里亚申娜、波戈金娜-库兹明娜、巴瑟罗夫、博尔特尼科夫、阿斯特瓦察图罗夫、古茨科、伊万诺夫、萨纳耶夫、索博列夫、帕夫洛夫、斯捷潘诺娃、斯捷普诺娃、伊利切夫斯基、纳吉姆、梅利霍夫、库切尔斯卡娅、科切尔金、卢科申、阿勃加梁、扎哈罗夫、先钦、丹尼尔金、卡拉肖夫、马特维耶娃、叶利扎罗夫、穆斯塔芬、萨都拉耶夫、鲁巴诺娃、菲格里-米格里、卢科申、普拉托娃、伊季阿图林等。他们在苏联度过童年和青少年时光，心智的成熟和世界观的定型则发生在国家解体前后。年届而立，他们开始不断推出作品，呈现出蓬勃的写作姿态，其思想观念、文化立场、知识人格趋向开放，作品的精神内涵、审美趣味和话语风格独具特色。需要强调的是，“三十岁一代”这个概念的指涉范围并不完全封闭于1965年至1974年这个界限之间，少数在此时间段之前或者之后几年出生、写作追求和文学气质接近于这批作家的创作者也可酌情归于其中，如布托夫（1964- ）、普里列平（1975- ）、米纳耶夫（1975- ）、阿布贾罗夫（1975- ）等。

4.1 “三十岁一代”作家的划分理据与现实意义

将“三十岁一代”作家列为综合考察的对象，基于对该群体创作共性与个性的双向互动式考察开掘其代际意义，既具有文学史依据，又顺应文学发展的趋向。

第一，这种分类具有可供集体回溯的起源性语境。“三十岁一代”作家成

① 库库林、别利亚科夫、梅列任斯卡娅、雷托娃等人提出了一系列对当代俄罗斯作家进行代际划分的方案，如“90一代”（поколение 90-х）、“二十岁一代”（двадцатилетние）、“00年代”作家（писатели «нулевых»）等。“90一代”囊括20世纪60、70年代出生并在90年代开始文学发声的一批小说家、剧作家和诗人；“二十岁一代”指出生于20世纪80年代、成年后很快就在文坛上展现才华的卜克沙、沙尔古诺夫、佐伯恩、博加特廖娃、阿法纳西耶娃、杰涅什金娜、多布罗娃、科兹洛娃等作家；“00年代”作家则指进入21世纪以来因发表的作品反响较大而获得较高知名度的一批作家。在我们看来，上述代际划分要么时间跨度过大，难以保证对象的内在同一性，要么归类标准过于模糊和主观，难以形成对其之外的创作主体的封闭性。

长于苏联后期，成名于后苏联时期。他们中的绝大多数人出生在苏联各加盟共和国的地方城市，成长过程中接受过完整的苏联式教育，叶利扎罗夫、伊利切夫斯基等还曾留学欧美。这批作家中的大部分人服过兵役，卡拉肖夫、普里列平等参加过20世纪90年代的车臣战争，古茨科则参加过与亚美尼亚和阿塞拜疆的民族冲突相关的军事行动。长大成人后，他们或依托专业背景，或另辟蹊径，从事各种营生，并且逐渐在文学创作领域崭露头角，走上了作家之路。也正是在这个时期，他们遭遇了社会失序。苏联解体后，政坛乱象丛生，经济危机四伏，统一的语言文化空间缺失。在转型的阵痛中，他们摆脱了旧有意识形态和政治话语的搅扰，也承纳着新旧价值观碰撞带来的冲击。属于“三十岁一代”作家的诺维科夫在接受同属于“三十岁一代”作家的普里列平采访时表示，他们是“在社会主义社会生活过、在转折时期受过煎熬、现如今充满力量的一代人”（Прилепин 2009: 166）。由于各种社会禁锢被突破，新时期的文学呈现出非意识形态化的特征，并且“在很大程度上摆脱了政治和社会思潮的左右”（刘文飞 2008: 4）。与前辈相比，这批作家背负的历史羁绊较少，经受集体意识的制约有限；与后来者相比，他们身上尚留有清晰的苏联印记，虽然意识到个体生命存在的批判价值，但并不耽于个人经验的极端表达。“‘三十岁一代’作家理应成为新时期文学的第一代人，他们不谙禁忌框架，在文学领域按照自己的意愿创造一切”（Сенчин 2006: 425），诠释自身对社会转型和文化嬗变的感受与思考。可以说，客观经历和主观思想相对一致是“三十岁一代”作家创作题材和体裁具有共通性的前提，对历史与现实的双重承担、对自我与社会关系的复杂体的认识构成这批作家重要的群体特征。

一般而言，一个人的青少年时期对其人生观和世界观的形成具有不可估量的作用，而作家往往都会有一段对自身创作至关重要甚至决定其文学倾向的成长经历。20世纪60年代后期至70年代前期出生的这批作家在刚刚步入社会时见证了国家解体，他们以往接受的生活意义和奋斗目标被整体颠覆，精神上和心理上经受的冲击不可谓不强烈。重大的社会变故把尚未完全做好应对准备的他们陡然抛进了不可预测的全新世界，这也促使其将作品置于典型的历史语境之中，借由文学创作对时代做出自我回应。写作理想的趋同性使“三十岁一代”作家自然而然地形成了一个文化共同体，并以此姿态现身文坛，成为一种典型的文学现象。

第二，每个时代的文学都面临创作主体的新老更迭，每个时代都有自己的“新生代”作家。20、21 世纪之交，一批年富力强的创作者思想日趋成熟，经历日趋丰富，立场日趋鲜明，他们逐渐向俄罗斯文坛的中心聚集。“苏联解体后，作家遵循个人对生活的感受和对小说的理解从事自己的文学创作，这已经成为此间小说创作的基本态势。但小众化、个性化并不意味着文学没有了在创作方法、价值取向、艺术追求、诗学表现方面具有共性特征的作家群体及其作品。”（张建华 2006: 1）作为文学批评和研究的一种范式，按照年龄界限对当代俄罗斯作家进行分层考察直接呼应了寻找文学现实共性的需求，旨在捕捉文学发展过程中具体而微、丰富多彩的变化，感受并把握创作实践的多样性和规律性。

“在稳定、静态的社会中，代际之间的更替会依照‘新陈代谢’的自然节奏展开，衰老者退阵，新健者入伍。然而，在历史剧烈变动的时期，代际更替的速率往往会骤然加快。”（姜涛 2013: 40-41）俄苏历史变化频繁，屡屡发生的革命、战争、政治运动使得社会的演进往往处在不太平稳的状态之中，年纪相差十几岁甚至几岁的人，经历就有可能大不相同。苏联解体前后长达成人的“三十岁一代”在成长环境、社会资源、思想信念等方面都与前辈创作群体存在明显差异。当然，他们不可能一蹴而就地代替年长一代断然登场，而是与之构成共同在场、各就各位的格局，一同面对和书写社会转型时期的生存境遇。不过，由于参与历史的时机不同，对于由新的社会秩序营造出来的新的文学场域，新老两代作家的适应程度和接受程度不尽相同。在各种文学观念和文化立场的交叉渗透与对抗角力当中，当代俄罗斯文学创作的重心不可避免地逐渐朝着新生代作家倾斜。尽管他们或许暂且缺乏丰富的历史经验和广阔的生活视野，但其在年龄、身份、精力等方面的优势无疑是不可比拟的。同样毋庸置疑的是，浸润在俄罗斯社会文化语境之中的“三十岁一代”作家不可能不被强大的文学传统所感染，也不可能不受到前辈作家的影响。无论是“三十岁一代”作家的自我认知还是批评家和研究者的爬梳梳理均表明，这种潜移默化的力量可能作用于思想理念，正如利莫诺夫之于普里列平，可能作用于创作题材，正如拉斯普京的《告别马焦拉》之于先钦的《淹没地带》、多甫拉托夫的《营区》之于普里列平的《隐修院》，也可能作用于创作风格，正如果戈里之于叶利扎罗夫、沙罗夫之于伊利切夫斯基。可见，代与代之间并不存在鸿沟，而是呈现出交叉、延续与跳跃、更新并立的多向度态势。

“三十岁一代”的命名沿袭的是已被普遍运用的既有方式，即将作家的成名时间视为联结不同创作主体的首要条件——这批作家步入文坛并得到普遍关注时，年龄均在三十岁。这无疑是对新现象、新事实进行实质性正名的可行性尝试，此外，三十岁成名这一现象本身也暗含着对时代文化开放性、包容性特质的如实记录。从代际意义上寻找特定的文学创作族群存在和发展的依据，挖掘其蕴含的当代俄罗斯文学的表征意味，对于树立文学的全局观并且探寻属于文学整体性研究的思路与方法均大有裨益。然而，作为一种文学命名，文字语符与客观事实之间应该构成最大限度的互证关系，在这一点上，“三十岁一代”与“四十岁一代”一样，都难以动态地体现特定作家群体创作的连续性。

4.2 “三十岁一代”作家的创作特征

充满创作潜能的“三十岁一代”已然成了决定当代文学风貌的一股重要力量。邦达连科表示：“引领当今文学潮流的是最年轻一代的作家，他们在二十岁时就已经有三四本书出版，异常迅速地取代了四十五岁左右的作家而成为‘年轻文学’的中坚力量。”（邦达连科 2009: 7）在他看来，“21 世纪初的这一代年轻作家差不多有 100 人，这是近 50 年来第一次有如此众多的年轻人投身到这样一个纯然无望而又无利的事业当中。当然这 100 多人当中只有 20 多人出版了三四部作品，而极富才华的领军人物也只有 3~4 人。”（邦达连科 2009: 8）而在《各族人民友谊》杂志组织的关于“00 年代”文学的讨论中，邦达连科则点出了他认为值得关注的当代作家的名字，其中包括普里列平、叶利扎罗夫、萨都拉耶夫、帕夫洛夫、古茨科、先钦、卡拉肖夫、伊万诺夫、捷列霍夫等“三十岁一代”作家；巴辛斯基则把普里列平、伊利切夫斯基、先钦、伊万诺夫、库切尔斯卡娅等“三十岁一代”作家视为“00 年代”的最大发现（Литературные «Нулевые» 2011: 185）。

“三十岁一代”作家的文学创作之路始于苏联解体后的历史新时期，他们在思想意识方面所受束缚有限，其创作动机更加顺应天性，创作心态比较开放，表达方式相对自由。从他们创作的大量短篇、中篇和长篇小说看，俄罗斯文学对历史不确定性的思索、对现实可能性的关注、对民族责任感和人道主义传统的发扬依然得到了清晰而坚定的体现。他们回溯个人成长，透视个体生命的存在状态和精神境遇，叩问生命的基本价值，沉浸于对民族历史和社会现实的细致思考之中，他们的作品因为具有普遍的个体性而获得了更强的可信度和更大的感染力。为了实现对人及其环境的真切书写，“三十岁一代”作家重回历史现场，扎根生活基层，以独到的眼光发掘生命存在的复杂逻辑。

“三十岁一代”作家叙事风格的主线是现实主义，支线则非常多元化。一方面，他们大力弘扬俄罗斯文学的现实主义传统，体现现实主义文学的审美情趣；另一方面，他们在艺术追求上富有创造力，广泛汲取现代主义、后现代主义等的创作经验，适度追求叙述层面的创新，搭设或真切写实，或揶揄戏谑，或嘲讽讥刺，或怪诞奇幻的叙事形态。他们从细节、视角、时空体系等方面整合千姿百态的叙事资源，从结构、修辞等方面融会千变万化的言语调性，展现俄罗斯文学感知自我、认识世界的蓬勃生机和多样途径。

在“三十岁一代”这面文学旗帜下聚集的创作者大致有以下共同点。一是他们从小到大的生活步履都踩在社会变革的节奏之上，每个人都在历史巨变的语境下求生存，谋发展，斑斓的世相带给他们极为丰沛的内心感悟。二是他们虽然在创作上各行其是，但却都对生命力旺盛的现实主义文学有着高度认同。三是他们的艺术追求既大胆又节制，对于叙事诗学的建构既求新求变又尊重传统。“三十岁一代”作家的创作发自心灵，面向时代。他们敏锐地捕捉日新月异的社会变革带来的种种后果，迅捷地感知公众心理的瞬息变化，理性地提炼潜藏在生活表象之下的生存意义，反映现实与理想、个性与共性、外部世界与内心感受。正因如此，对于“三十岁一代”作家给当代俄罗斯文坛带来的新变，邦达连科才会给出如此之高的评价：“新一代作家们最重要的价值是他们宏大的艺术构思、深远的思想以及探究意义的作品。”（邦达连科 2009: 8）

如今，“三十岁一代”作家已从而立之年进入了人生的中年阶段，生活样貌和创作状况各有不同，但他们中的绝大部分人依然才思活跃，并且早已完成了从文学新人到文坛中坚力量的蜕变。我们相信，正值创作黄金期的“三十岁一代”作家必将继续发挥自身潜能，拓展创作空间，凸显个人意趣，带来更具魅力的审美展示。

5. 结语

在社会民主化、经济市场化、文化多元化的全新语境中，当代俄罗斯文学面临话语转型的挑战，文学的存在与发展、作用与功能都在寻找新定位。有鉴于此，甄选经历过苏联解体前后不同生存环境的一批俄罗斯作家，对其创作实践展开爬罗剔抉的探究，这是从文学代际研究角度对时代需求的积极回应。换言之，在时代更迭的背景下，聚焦被冠以“三十岁一代”之名的作家群体崛起的必然性和创作的独特性，厘清其文学主张和诉求，窥破其作品生成机制，把握其创作主题和风格，不仅可以升华对当代俄罗斯文学的认识，预判其发展趋势，而且有助于梳理文学言说与社会演变的共生关系。

参考文献

[1] Аннинский Л. Шестидесятники, семидесятники, восьмидесятники...[N]. Литературнос обозрение, 1991(4).

[2] Литературные «нулевые»: место жительства и работы[J].Дружба народов, 2011(1).

[3] Прилепин З. Именины сердца: разговоры с русской литературой[M]. М.: АСТ: Астрель, 2009.

[4] Рытова Т. «Поколение» как категория современного литературного процесса[J]. Вестник Томского государственного университета, 2009(4).

[5] Сенчин Р. Рассыпанная мозаика. Рассказ в прозе тридцатилетних[J]. Континент, 2006(130).

[6] 董晓 . 乌托邦与反乌托邦：对峙与嬗变 —— 苏联文学发展历程论 [M]. 广州：花城出版社，2010.

[7] [俄] 弗拉基米尔 · 邦达连科 . 何谓俄罗斯当代文学中的主流文学？ [J]. 俄罗斯文艺，2008(1).

[8] [俄] 弗拉基米尔 · 邦达连科 . 俄罗斯文学：急剧的年轻化 ——2008 年俄罗斯文坛印象 [J]. 外国文学动态，2009(3).

[9] 洪治纲 . 中国六十年代出生作家群研究 [M]. 南京：江苏文艺出版社，2009.

[10] 黄发有 . 文学与年龄：从 “60 后” 到 “90 后” [J]. 文艺研究，2012(6).

[11] 姜涛 . 从 “代际” 视角看五四之后 “文学青年” 的出现 [J]. 云南大学学报，2013(1).

[12] 刘文飞 . 当下的俄国文学和我们 [J]. 俄罗斯文艺，2008(1).

[13] 文敏 . 为文学一辩 —— 陆建德先生访谈 [J]. 书城，2012(4).

[14] 杨澜，朱冰 . 一问一世界 [M]. 南京：江苏人民出版社，2011.

[15] 张建华 . 新时期俄罗斯小说研究：1985—2015[M]. 北京：高等教育出版社，2016.

[16] 张晓强 .2006 年俄语布克奖得主斯拉夫尼科娃访谈录 [J]. 外国文学动态，2007(1).

试论契诃夫小说语言中的反复手法

上海外国语大学　郑晔

【摘要】反复是形成契诃夫诗学风格的重要因素。在作家笔下，反复在语音、词汇、语法结构等语言层面得到鲜明体现。契诃夫借助语音反复，构建了作品的音乐性，使各种画面和声音在语音上得到生动刻画。在契诃夫早期小说中词汇反复是描绘喜剧性人物的手段，能造成强烈的戏谑效果，而在其后期作品中，它是展现人物主导性格特征及其内心世界的有力方式。词法及句法的反复既暗示了人物的性格特征及内在情感，又彰显了作家的思想和态度。

【关键词】契诃夫；小说；反复；语言

引言

契诃夫的小说拥有独特的文体风格，而反复[①]的巧用是形成其风格特征的重要因素。契诃夫学的著名研究者波洛茨卡娅（Э.А. Полоцкая）认为，如果没有反复，契诃夫的小说好像不是"契诃夫式的"（Полоцкая 2001：424）。在"契式"小说中，从语言层面，到体裁-结构层面，再到思想内容层面，反复"无处不在"。在契诃夫作品中，反复手法首先表现在文本语言层面。契诃夫在选择、组织语言材料方面有自己的个性特征，他本人就曾说过："评价一个写作新手，首先要看他的语言。如果这个作者没有'笔调'，他永远也不会成为作家"（白春仁 1993: 184）。俄罗斯语言学家莫斯克温（В.П. Москвин）指出："反复表现在语言的语音、词素、词汇及句法等各个层面。"（Москвин 2000: 68）作为一名语言大师，契诃夫充分发挥了反复这一艺术手法的美学潜能，它在其作品的语音、词汇、语法结构等层面得到了鲜明体现。通过对这些语言构成要素

① 俄语中的"повтор"一词在汉语中通常可译为"重复""反复""复沓"。"重复"有时带有贬义色彩，而"复沓"书面意味又颇为浓厚，故本文中多使用具有中性色彩的"反复"一词。当"反复"与其他词语在搭配上不协调，或者本文在借鉴和引用其他学者的理论时（国内学者在接受和借鉴西方的这一理论时，多用"重复"），也会使用"重复"一词。

的反复进行分析，我们可以解读出作者没有直接言明的深意，更为深入地了解作品的人物形象及其性格特征，更好地把握作品的思想和主题。

1. 语音反复

“语音反复”（звуковой повтор）这一术语由著名文艺学家布里克（О.М. Брик）引入俄罗斯诗学（Брик 1917：24-62）。构成艺术语言的语音材料通常有限，例如，在俄语中共有 42 个音素，因此，在所有语言中都会产生各种语音重复现象。艺术语言使这些重复变得规范，使其产生美学感染力（Кожевникова 1987：470）。语音反复拥有强大的形象 - 表现潜力，借助于这一手段作家在塑造一定的语音背景时，可以描绘出更加真实生动的画面。

语音反复首先是诗歌语言的典型特征，其原因在于诗歌讲究音韵和谐，黑格尔认为，“韵是诗的原始的唯一的愉悦感官的芬芳气息”（黑格尔 1994：68）。语音是声音与意义的有机结合，语音自身能引起一定的联想，“那些我们把其与音素本身直接关联在一起的联想是语音表现力的基础”（Томашевский 2003: 94）。对音 - 义关系阐述得较为清晰和完整的当推罗蒙诺索夫（М. В. Ломоносов），他在《口才简明指南》中写道：“元音 а 宜于描写辉煌、广袤、高大、深厚之事，以及骤然的恐惧和不安；元音 е, и, ю 宜于表现温柔、抚爱及悲惨或微不足道的事物；元音 о, у, ы 宜于描绘强劲、可怕的东西 —— 仇恨、嫉妒、恐惧和悲戚……”（Горшков 1996：140）语音反复是“突出和强化重要词汇的装饰手段”（Кожевникова 1987：20），通过研究语音的重复，我们能洞察到蕴含于某个文本片段中的深层意义。根据语音的音色、音长、音质等效果，诗人往往有意识地集中使用某一个或某一类语音，以此使读者产生语义联想，进而形成语音隐喻。

契诃夫十分关心词语的音响效果及其巧妙的搭配。他认为，一个好的作家应当关心文字的音乐性（契诃夫 1999: 626），应该注重对句子结构的谋划。德国学者沃尔夫 · 施密特（Вольф Шмид）在《契诃夫散文中的语音反复》一文中指出，语音反复是契诃夫小说基本的修饰手段（Вольф Шмид 1998：48-66）。语音反复存在于契诃夫作品的诸多文本片段中，它不仅增强了小说的可读性，还启引某种意义，形成语音隐喻。例如，在《困》（1888）中作家描绘了瓦尔卡父亲疝气发作的情形：“Боль так сильна, что он не может выговорить ни одного слова и только втягивает в себя воздух и отбивает зубами барабанную дробь: Бу-бу-бу-бу…”（Чехов 1985: 8 / т.7）在该段叙述中，多次出现的擦辅音 [в] 再现了瓦尔卡的父亲透过打战的牙齿艰难呼吸的场景，音响画面与吸气时发出的声音相吻合。借助于 боль（疼痛）一词的语义，多次重复的唇辅音 [б] 使瓦尔卡父亲的疼痛在音响层面得到体现。

语音反复在中篇小说《草原》（1888）中得到鲜明体现，契诃夫笔下的草原拥有无限的生命力，优美多变的景色组成一幅绚丽多姿的风景画；千姿百态的声音汇聚成一部壮丽的交响乐。草原上多姿多彩的画面与各种各样的声音不仅在作品内容上得到了生动的描绘，在语音上也得到了鲜明的呈现，为了达到"句子的语音与所描绘的画面"协调一致（Квятковский 2000：133），作家使用了各类语音反复现象。

草原上各种活跃的力量作为舞台角色在前四章里上演着自己的"正剧"（Катаев 1989：60）。在"第二幕"中草原上的露水被太阳晒干了，一切显得愁闷而麻木，青草在哭泣，此时契诃夫在描写中穿插了一个小小的细节 —— 白杨："А вот на холме показывается одинокий тополь; кто его посадил и зачем он здесь – бог его знает. От его стройной фигуры и зеленой одежды трудно оторвать глаза. Счастлив ли этот красавец? Летом зной, зимой стужа и метели, осенью страшные ночи, когда видишь только тьму и не слышишь ничего, кроме беспутного, сердито воющего ветра, а главное – всю жизнь один, один…" (Чехов 1985: 17/ т.7) 孤零零的白杨（тополь）形象具有高度的诗意性，在此契诃夫使用了音响形象法，即通过语音来造成非语音的视觉和触觉等印象，引起相应的联想与想象，体现出各种情感和意味。作家通过唇元音 [у]、[о] 的重复塑造了主题词"孤独"（одиночество）的语音形象。他借助白杨来衬托小说的主人公，新生活希望的代表叶果鲁希卡的孤独情绪。

在草原诗意般的画面中小溪、河流、风、雷的声音占有独特的地位。作家在描写这些形象时，充分发挥了语音反复的美学潜能，他常常使用作为音响表现法之一的拟声（ономатопея），即借助语音的音色效果，在某些文本片段中集中使用同一或相似的元音和辅音，以此来描摹人、物的声音，使描述更具感染力。在描写流动的溪水时，作家通过使用元音 [у]、[о] 及响辅音 [р] 的重复传达了溪水欢快、响亮的流动声，它们在读者心中唤起在鼠芹做成的管子中流淌的水的视听形象。在描写草原上盘旋、呼号的暴风时，急促的辅音 [п]（或与其对应的浊辅音 [б]，多位于词语的开端）及 [с] 不断出现，它们形象地再现了狂风骤然刮起的画面。读者仿佛看到了草、行走于草原之上人们的衣服，听到了用来遮盖运输车上货物的蒲席在狂风中摆动的声音。

对雷雨在语音方面的精致刻画是小说自然描写的高潮。雷雨作为自然力量的一场暴动，它凶险而具有魔力，它的狂妄不羁与威力引起人们直观的恐惧（在这个片段中，6 次使用了带有词根 страх 的词）。在对雷雨进行描写时，作家借用拟声词及尖锐刺耳的颤音 [р] 的重复，展现了辽阔草原上雷声轰鸣的景象，这一逼真的音响传达了人在自然力量面前的恐惧和无助。一开始响起清晰地隆隆声“…явственно и не глухо проворчал гром”（Чехов 1985: 84 / т.7）；后来雷声愤怒地响起“Загремел сердито гром, покатился по небу справа налево, потом назад и замер около передних подвод.”（Чехов 1985: 85 / т.7）；再后来，正好在叶果鲁希卡的头顶上方响起震耳欲聋地霹雳声“<…> с страшным, оглушительным треском разломалось небо; он нагнулся и притаил дыхание, ожидая, когда на его затылок и спину посыпятся обломки…Раздался новый удар, такой же сильный и ужасный. Небо уже не гремело, не грохотало, а издавало сухие, трескучие, похожие на треск сухого дерева, звуки.”（Чехов 1985: 86 / т.7）最后雷声爆炸开来“Трах! тах! тах! ” – понеслось над его головой, упало под воз и разорвалось - “Ррра!”（Чехов 1985: 86 / т. 7）叶果鲁希卡害怕雷的轰隆声，以及闪电令人目眩的光芒，他因受到雨淋而生了一场病，他第一次感受到人在自然的庄严和威力面前的紧张和无助。通过阅读有关雷雨的描写片段，读者仿佛身临其境地看到了草原上暴风雨的激狂，感受到了大自然喜怒无常的情绪。在大自然面前，人的种种心理被反衬出来。

在有关日常生活的描写片段中，语音的表现力功能几乎完全缺失，这具有重要的审美意义。叶果鲁希卡周围的人们过着艰苦的生活，他们感情贫乏，丧失了内在感知力。他们不了解象征着祖国的草原，没能看到祖国无边无际的辽阔与庄严，它的自由及神秘。草原无望的呼喊：“歌手啊！歌手啊！”，在人们的声音中没有人能歌颂祖国白白荒废的美丽。借助于语音反复，作家赞美草原的同时，对草原的空旷、单调、寂寞和悲凉又感到忧虑和惋惜。

2. 词汇反复

词汇是构成语言的另一个基本要素。在契诃夫笔下，词汇反复是最简单明了的重复形式。在艺术文本中，词汇反复通常指为了实现一定的艺术 - 结构功能，同一词汇一句法单位（从广义上讲，指词、词组、句子）在形式与意义上的多次再现（Ким 1986：45）。词汇反复并非啰唆与单调的表现，而是作家刻意选取加工的结果，它可以作为描写人物性格特征，强调和突出作品主题及内容的手段。

在契诃夫的早期小说中，各类词汇反复的主要功能是描写喜剧性人物。在文学作品中，讽刺、嘲讽、夸张、戏仿等是诸多作家营造喜剧性氛围的有效手段。此外，喜剧性常常与意想不到联系起来，例如，康德“在意外的解决紧张的期望中看到了喜剧性的本质”（Борев 1970：48）。契诃夫则敏锐地觉察到反复手段描绘喜剧性人物的潜能，他在人物对白中使用各类词汇反复。

人物的心理因素是引起词汇反复的原因之一，“当人们在心情极度紧张、窘迫、恐惧、懊丧、气愤、悲痛、高兴等情况下，当人们精神上受到刺激、在情绪上出现较大的波动时，语无伦次、话语重复等言语失常行为便突然出现，因为此时人们很难把握住自己的正常言语活动。”（吕煦 2004：283）契诃夫在早期作品中虽然没有深入到人物内心，但他笔下的喜剧性人物经历了各种各样的情感，俄罗斯著名学者丘达科夫（А. В. Чудаков）认为，与期刊杂志上的幽默作品相比，契诃夫的小故事及短篇小说“强化了人物内在生活的主要阶段，记录了重要的感受时刻，突显了人物的个性方面”（Чудаков 1986：134）。个别词汇和整个话语的反复恰恰揭示了人物的心理特征和情感世界。

词汇反复首先由人物极度的恐惧与不安引起。在小说《一个文官的死》（1883）中，庶务官切尔维亚科夫发现自己把喷嚏溅到文职将军身上后，变得心慌意乱和恐惧不安。为了展现这种心理状态，作家有意识地重复使用了某些词汇。在切尔维亚科夫向将军的五次致歉中，вашество、брызгал、извините、ведь、нечаянно、объяснить 等密集地出现在这则只有 700 余字的短篇小说中，强调了切尔维亚科夫沉重的心情，逼真地描摹了他因急于寻求将军谅解而语无伦次的窘迫，生动地展现了他内心的恐惧与惊慌。

词汇反复也是表现人物喜悦的形式。小说《喜事》（1883）中的米佳·库尔达罗夫因报纸上刊登了他如何“业已喝醉”，失足倒在马下的消息而难以抑制喜悦和激动。在他的对白中“я никак не ожидал”“невероятно”“вся Россия знает…”多次重复，它们与叙述者的描绘（“米佳·库尔达罗夫神色激动，披头散发，飞也似的跑进他父母的住宅，急急忙忙在各个房间里走进走出”（契诃夫 2008：15/ 第二卷）。）共同展现了主人公“一夜成名”的欣喜之情。

作家借用词汇反复，嘲笑了人物的这种荒诞行为。

内心紧张也是引起词汇反复的重要原因。这种紧张可能是在人物想谈论与自己有关的私密事情，但因窘迫而难以启齿时产生。在小说《谈天》（1883）中无名的金发女人以第三人称的形式向别人述说自己出轨的事情时，言语断断续续，多次重复了“одним словом”（一句话）：“Представьте, что она не может, одним словом… любить мужа, потому что… одним словом, отдалась другому… любимому существу. Ну, что ей прикажете делать? Она отправляется к доктору и просит его, чтобы он… нашел причины… Доктор идет к мужу и говорит ему, что если… одним словом, вы меня понимаете.”

在大多数情况下，人物语言中的反复由心理因素造成。但词汇反复有时只是一种言语习惯，它不能作为塑造社会或心理典型的手段，也没有交际功能。在小说《永恒的运动》（1884）中，退役的少将叶若夫不管什么缘由，总是重复一个毫无意义的、机械化的词组“тридцать три моментально”（三十三个立刻）：“А мы только что сели ужинать и буженину едим, тридцать три моментально.”；“У нас завтра съезд… тридцать три моментально…”；“И я выпью за компанию, тридцать три моментально.”（Чехов 1985: 348-349 / т.2）。这个词组于叶若夫而言没有任何意义，只是口头禅而已。在这方面叶若夫与《姚尼奇》中的图尔金相近，图尔金的玩笑已经成了机械化的语言，是“他长期练习说俏皮话形成的，显然早已成了他的习用语”（契诃夫 2008：210/ 第十卷）。

在契诃夫早期作品中，词汇反复的类型之一 —— 称名的反复也形象地描绘了喜剧性人物。反复的称名是指“在上下文中已经被指称过的所指（人物、物体、行为）的名称”（Гак 1998: 524）。称名的反复不仅包括同一名称完全等同的重复，还包括同一称名的各种变化形式。文学作品中的人作为主要的行为者，一切表现力手段都用来揭示人物的行为及性格特征。人物的称名，特别是人物称名的反复在契诃夫作品中发挥着重要的思想 - 艺术功能。

19 世纪，俄罗斯的人们生活在复杂的等级关系体系中。契诃夫把人物置于这种严格的等级体系中，用称名的各种变体形式揭示了小人物在“强者”面前奴颜婢膝的情景。小说《胖子和瘦子》（1883）通过描绘一对多年未见的老友在车站相遇的场景，揭示了小人物根深蒂固的奴性心里。在小说的第一部分，瘦子因偶遇老朋友而感到欣喜，他此时的言语流畅自然，对胖子的称呼也非常亲切：“– Батюшки! – изумился тонкий. – Миша! Друг детства!

Откуда ты взялся?”（Чехов 1985: 250 / т.2）甚至对胖子的称呼带有随意的色彩：“– Милый мой! – начал тонкий после лобызания. – Вот не ожидал! Вот сюрприз! Ну, да погляди же на меня хорошенько! Такой же красавец, как и был! Такой же душонок и щёголь!”（Чехов 1985: 250 / т. 2）但当瘦子得知胖子的社会地位之后（“我已是三品文官了……有两枚星章”），出现了人物剧烈的社会分化，这种分化更加强调了瘦子奴才般的本质，强调了他在现存的社会等级制度体系中的依附、从属地位，这鲜明地体现在称名的急剧变化上：“– Я, ваше превосходительство… Очень приятно-с! Друг, можно сказать, детства и вдруг вышли в такие вельможи-с! Хи-хи-с.”（Чехов 1985: 251 / т.2）在此，瘦子使用插入语“可以说”缓和了之前破坏的从属关系，塑造了“ты – вы”（你 / 您）的对立。叙述者虽然没有提到，瘦子是如何，以怎样的语调讲出这些话语的，但读者明显地感受出，这位意识到自己社会地位及了解官员之间不成文法则的小官吏奴颜婢膝的状态。

契诃夫笔下的诸多人物常常表现出语言发明才能，在阅读作家的某些作品时会产生这样的印象，即小说中的人物仿佛在选择称名中感受到了乐趣。因为他们不仅在发泄情感或者与某人算旧账时得到了满足，还直观地认为自己扮演了造词者的角色。他们选用的称名确实在语义和修辞方面形成了有表现力的词汇列。称名的反复总是伴随着意义与修辞表现力的“增加”，当人物用消极的称名来描写所谈的事物时，这种语言发明才能表现得尤为明显。

在小说《阿尔比昂的女儿》（1883）中，作者对家庭女教师薇尔卡•恰尔索夫娜•特发伊思的各种称呼（“англичанка”“Мисс Тфайс”）完全客观，没有任何表现力色彩。而主人公格利亚包夫言语中有关这位英国女人的称名，则具有崇高的情感 - 表现力色彩：“кикимора”（女妖精）、“стерлядь”（鲟鱼）“чертовка”（母夜叉）“дурища”（傻透了的娘们）“чертова кукла”（鬼东西）、“канальья”（坏婆娘）、“царь природы”（大自然的女王）“тритон”（特里顿，希腊神话中一个半人半鱼的海神）。主人公为什么对女教师感到如此生气？格利亚包夫整日困于单调无聊的生活，他自己也对毫无目的打发时间而感到吃惊，他也意识到自己所做的事情多么无聊，对家庭女教师的各种消极称呼好像把主人公描绘成一个蛮横之徒，其实，这些称名并无恶意，这是主人公用某种情感填充生活，他仿佛用有表现力色彩的词汇为自己单调而无聊的生活平添一点乐趣。

在作家后期创作中，词汇反复的喜剧性功能虽然得以保留，但在程度上已大大弱化。各种词汇反复现象开始描写悲剧层面的人物，描写陷入复杂生活之中的人，以及拥有紧张和困苦心理的人，在此词汇反复的主要功能便是心理描绘。虽然在契诃夫早期小说中也有人物的心理描写，研究者们也曾指出，作家笔下的喜剧性人物并非“无心的面具”（Шаталов 1980：58），但自 20 世纪 80 年代末起，对人物的心理分析得到了进一步的深化。

契诃夫的同时代批评家就已发现作家在人物心理描写方面的独特性。丘达科夫指出了契诃夫在心理描写方面的特征。例如，透过表面描写内在、再现人物内心生活的某些阶段，而不是严格连贯地描写每个阶段、叙述者对人物各种心理及情感特征不做说明和把人物的感受物化（Чудаков 1986：280-283）等。作家在后期小说中使用了各种心理描绘形式，例如，内心独白、准直接引语、细节描写和跳脱等（Есин 1988：165）。如果从文本的语言层面着眼，那么词汇反复也是揭露人物内心世界的有力手段。

首先，契诃夫常常借助词汇反复来描写人物的整体个性特征，我们称之为“主导原则”（принцип доминанты）。叶辛（С. Н. Есин）指出：“契诃夫心理描写的一个重要特点在于他不把人物的内心世界细化，并非连贯地描写和阐明每一次内心的变化，内心生活的每一部分。契诃夫努力找到并艺术地再现人物内在生活的主要部分，传达人物主要的情感基调及心绪”（Есин 1988：165）。

在小说《决斗》（1891）中，医生萨莫依连科用“величайшего ума человек”（很有见识的人）来分别评价拉耶甫斯基：“Надежда Федоровна женщина прекрасная, образованная, ты — величайшего ума человек…”（Чехов 1985: 356 / т.7），年老的代理人：“Лет восемь назад у нас тут был агентом старичок, величайшего ума человек”（Чехов 1985: 356 / т.7），冯•柯连：“Вот что я тебе скажу: ты ученейший, величайшего ума человек и гордость отечества, но тебя немцы испортили. Да, немцы! Немцы!”（Чехов 1985: 376 / т.7），已经忘掉姓名的人：“Прекраснейший, величайшего ума человек!”（Чехов 1985: 397 / т.7）。反复的词组与其说描写了话语所指的那些人，不如说描写了萨莫依连科本人。这可能是人物言语习惯使然，但为什么正是这个带有正面色彩的词组成为医生的言语习惯呢？其本质原因在于，萨莫依连科医生善良、温厚、心慈面软、善于在别人身上发现美好的一面，这是他的主要性格特征。

在契诃夫笔下，词汇的反复不仅描绘了人物主要的性格特征，还揭示了某一生活时刻人物的心理状态。最为鲜明的例子之一便是《决斗》（1891）中的拉耶甫斯基多次用“голубка”（亲爱的）称呼他的情人娜杰日达•费多罗夫娜：“– …один только я почему-то обязан есть эту сладковатую бурду. Нельзя же так, голубка.”；“– Надо беречься, голубка. Я ужасно боюсь за тебя.” “– Ничего…– сказал Лаевский, смеясь и плача. – Уйди отсюда… голубка.”

在拉耶甫斯基亲切言语的背后掩藏着虚情假意，实际上，他对娜杰日达•费多罗夫娜十分冷漠，他多次重复“голубка”，是为了掩饰其内心的真实感受。这也是主人公抑制愤怒情绪的体现。拉耶甫斯基的真实想法通过另一个词汇“бежать”（跑掉）的反复表现出来：“– Бежать! – пробормотал он, садясь и грызя ногти. – Бежать!” “– Бежать, бежать! Выяснить отношения и бежать!” 同一词汇的多次再现揭示了主人公想逃离令他厌烦的一切迫切心理。

3. 语法结构的反复

在契诃夫诗学中，文本语言的各种语法手段（包括词法与句法手段）也是描绘人物、凸显主题、揭示文本内容的重要因素，它们把潜在的内容纳入文本的意义结构之中，对这种内容的思考需要读者的语言直觉及丰富的想象力。

词法层面的反复指词根、前缀、后缀等各种词素的重复。在文艺作品中，词素反复是揭示文本潜在意义的有效手段，词素反复扩大了词汇的意义，吸引读者对词汇内部形式（原始意义）的关注（Виноградов 2003: 85）。词素反复促使某些词汇“从纷繁复杂的文本符号空间中虚线般地突显出来”（Карпухина 2006：90），加强读者对带有反复词素的词汇关注。契诃夫在作品中充分发挥词素反复的艺术潜能，借助于词法层面的反复，我们可以洞察到隐含在小说中的潜台词，了解作者的隐秘倾向。

首先，借助于同一后缀的反复，契诃夫表达了对某个人或某一群人的讽刺。例如，在小说《跳来跳去的女人》（1891）中，奥尔加•伊万诺夫娜“不同凡响”“出色”的“朋友及好心肠的熟人”自认为是艺术界的杰出人物，实际上，他们非但没有出众的艺术才能，反而是一帮庸俗之众。因此在列举画家里亚博夫斯基“非凡的才能”时，作家借助于后缀反复突出了人物的庸俗特点：“<…> затем несколько художников и во главе их жанрист, анималист и пейзажист Рябовский, очень красивый белокурый молодой человек, лег 25, имевший успех на выставках и продавший свою последнюю картину за пятьсот рублей.”（Чехов 1985: 7 / т. 8）

在小说《醋栗》（1898）中，契诃夫通篇使用了带有指小表爱与表卑后缀的词来揭示人物的恒定特征。伊万•伊万内奇在谈到弟弟尼古拉•伊万内奇的整个生活目的时，使用了这样的词汇：именишко、усадебка、деньжонки、лавочка 和 дорожки。从小说的思想意义层面来讲，所有这些词汇都具有表卑的表情色彩，它们是凸显小说主题的手段：借助于这些后缀，契诃夫生动地塑造了一个沉浸于个人幸福的庸人形象。

在契诃夫笔下，词根的反复也发挥着重要作用。带有反义前缀的同根词具有多重的审美功能。在小说《跳来跳去的女人》中，奥尔加•伊万诺夫娜因丈夫患上可怕的疾病而惊慌失措，作者为了突出此刻她内心的焦虑状态而使用了这样的同根词："И доктора, приходившие дежурить и уходившие, не замечали этого беспорядка."（Чехов 1985: 29 / т. 8）带有反义前缀的同根词还强调了行为的开始与结束。在小说《带阁楼的房子》（1896）的开端主人公"нечаянно забрел в какую-то незнакомую усадьбу"（Чехов 1977: 174 / т. 9），而在该小说的结尾处主人公"вышел из сада, подобрал по дороге свое пальто и не спеша побрел домой."（Чехов 1977: 189 / т. 9）意外的幸福瞬间划过，只能成为美好的回忆。同根词 забрел 与 побрел 的使用揭示了主人公在空间移动的无意义性：表面上指主人公在庄园之间徒劳的移动，在深层意义上指他人生道路上的徒劳行为。

词根的反复也是突显作品主题的重要手段。例如，在小说《在流放中》（1892），带有词根 -холод- 的同根词突出了小说的一个重要主题 —— 流放者生活的孤寂与残酷："Слышно, как небольшие льдины стучат о баржу. Сыро, холодно…" "А от нужды голодно, холодно и страшно…Теперь бы, когда все тело болит и дрожит, пойти в избушку и лечь спать, и там укрыться нечем и холоднее, чем на берегу…"（Чехов 1985: 42 / т. 8）

通过上述分析表明，词法层面的反复也具有丰富的语义内涵。但这类反复现象不易察觉，其背后的隐含意义也难以断定，这需要读者借助上下文及丰富的想象力来作出判断。

句法层面的反复通常指相同或相似语句的结构重复。如果两个以上结构相似、语气一致、成分相同的语句连续并列使用，表达相关内容，那么它们就构成了排比。排比常常伴有词汇的反复，重复的词汇称作提挈语。在文学作品中，排比不仅增添了文本的旋律美，还强调了人物的某种情感，突出某个意思。例如，在《关于爱情》(1898)中，叙述者借助于排比表达了想了解某些事情的强烈愿望：“…я старался понять тайну молодой красивой женщины, которая выходит замуж за неинтересного человека…; понять тайну этого неинтересного человека, добряка, простака, который рассуждает с таким скучным здравомыслием…; и я все старался понять, почему она встретилась именно ему, а не мне…”（Чехов 1986: 71-72 / т. 10）

排比只是句子结构反复的表现形式之一。通常句子结构的反复是无序的，即相同的句法结构形式在文本的分布上没有一定的规律。在契诃夫小说中，句法结构的反复由各种原因引起。首先，这与人物的言语习惯有关，在《外科手术》（1884）中，当主人公诵经士奉米格拉索夫向医士抱怨牙疼时，总是重复相同的词汇及句法结构：“Так и ломит, так и ломит!”（Чехов 1983: 40 / т. 3），“…так и стреляет, так и стреляет!”（Чехов 1983: 40 / т. 3），当然，诵经士因自己的社会属性及心理特点，只是习惯了这样的重复。

小说《困》（1888）讲述了一个命案：疲倦至极的十三岁小保姆瓦尔卡无情地掐死了鞋店老板的孩子——襁褓中的婴儿。瓦尔卡缺乏人间的温暖及父母的关爱，主人粗鲁的呵斥与耳光于她而言是家常便饭。作者借用各种语言手段极力展现不同社会阶层的人之间互不理解及无法调和的关系。当鞋店老板及老板娘对瓦尔卡交代任务时常常使用严格的命令式：“– Варька, затопи печку!”“– Варька, поставь самовар!”“– Варька, почисть хозяину калоши!”“– Варька, сбегай купи три бутылки пива!”“– Варька, сбегай за водкой!”（Чехов 1985: 10-11/ т. 7）

头语反复与句法结构的反复再现了瓦尔卡不分昼夜劳作与忙碌的情景，使读者感受到瓦尔卡备受折磨的处境。除此之外，主人的命令在文本的整个结构布局方面有重要的审美意义：命令句“– Варька, затопи печку!”及“– Варька, покачай ребенка!”使叙述时间连接成环形，暗示瓦尔卡在婴儿的摇篮边再次度过一个无法入睡的夜晚。

由此可见，句法层面的反复不仅使语言节奏鲜明，还使语言的信息容量更为丰富。它既展现了人物的性格特征及内心情感，又彰显了作家的思想和态度。

结语

在契诃夫小说中，语言层面的反复发挥了各种各样的功能。契诃夫作品的诗意和音乐性与语音的反复密不可分，作家充分发挥语音反复的美学潜能，使各种画面和声音在语音上得到鲜明呈现，他通过有意识地集中使用某一类元音或辅音来创造听觉形象，进而暗示、启引某种意义，形成语音隐喻，使读者洞察到文本的深层语义内涵。词汇反复，尤其是人物语言中的词汇反复带有说话人强烈的主体性投射色彩，它为作家描摹人物的性格特征、情感及复杂的心理活动提供了一种有效的表达方式。契诃夫用词汇反复代替对人物的详细刻画，这体现了作家诗学的一个重要特征——形式简洁，意义深厚，即当描写被压缩、被分散时，文本获得深厚的情感意义。在契诃夫笔下，词法与句法层面的反复被纳入艺术文本的语法结构之中，并与其他语言和非语言手段相结合对读者产生暗示。它们参与对人物性格及其心理状态的描写，暗示了人物对自己、他人及整个世界的态度，彰显了作者的立场，揭示了文本的潜在内容。从某种意义上说，可以将作品语言层面的反复视为打开作家心灵的钥匙，读者通过它们推导出字面意义以外的隐含信息。这样，读者就能真正读懂作家，真正与作家进行跨越时空的心灵之约。

参考文献

[1] Борев Ю.Б. Комическое, или о том, как смех казнит несовершенство мира, очищает и обновляет человека и утверждает радость бытия [M]. М.: Искусство, 1970.

[2] Брик О.М. Звуковые повторы (Анализ звуковой структуры стиха) [A]. // Сборники по теории поэтического языка. Петроград, 1917. С. 24-62.

[3] Виноградов В.В. Язык и стиль русских писателей [M]. М.: Наука, 2003.

[4] Вольф Шмид Звуковые повторы в прозе Чехова[J]. Вестник Московского университета. Сер. 9. Филология, 1998(4) : 48-66.

[5] Гак В.Г. Языковые преобразования [M]. М.: Школа «Языки русской культуры», 1998.

[6] Горшков А.И. Русская словесность[M]. М.: Просвещение, 1996.

[7] Есин А.Б. Психологизм русской классической литературы[M]. М.: Просвещение, 1988.

[8] Карпухина Т.П. Морфемный повтор в художественном тексте в свете

общеэстетической теории игры [M]. Хабаровск: ДВГГУ, 2006.

[9] Катаев В.Б. Литературные связи Чехова [M]. М.: МГУ, 1989.

[10] Квятковский А.П. Школьный поэтический словарь [Z]. М.: Дрофа, 2000.

[11] Ким Г.В. О повторах как способе интонационно-смыслового выделения в контексте пьес А.П. Чехова [A]. // Слово в художественной речи. Алма-Ата: КазГу, 1986 . С. 38-45.

[12] Кожевникова В.М. Литературный энциклопедический словарь [Z]. М.: Сов. энцикл., 1987.

[13] Москвин В.П. Стилистика русского языка: Приемы и средства выразительной и образной речи (общая классификация) [M]. Волгоград: Учитель, 2000.

[14] Полоцкая Э.А. Антон Чехов [A]. // Русская литература рубежа веков (1980-е – начало 1920-х годов), Кн. 1. М.: Наследие, 2001. С. 390-456.

[15] Томашевский Б.В. Теория литературы[M]. М.: Аспект Пресс, 2003.

[16] Чехов А.П. Полн. собор. соч. и писем: В 30 т. Соч. в 18 т., письма в 12 т. [M]. М.: Наука, 1974-1988.

[17] Чудаков А.П. Мир Чехова: Возникновение и утверждение[M]. М.: Советский писатель, 1986.

[18] Шаталов С.Е. Прозрение как средство психологического анализа[M]. М.: Наука, 1980.

[19] 白春仁 . 文学修辞学 [M]. 长春：吉林教育出版社，1993.

[20] 黑格尔 . 美学（第三卷下册）[M]. 朱光潜，译 . 北京：商务印书馆，1994.

[21] 吕煦 . 实用英语修辞 [M]. 北京：清华大学出版社，2004.

[22] 契诃夫 . 契诃夫文集（第十五卷）[M]. 汝龙，译 . 上海：上海译文出版社，1999.

浅析乌克兰文学史上第一部历史长篇小说《黑色议会，1663 年纪实》中的主要人物形象

上海外国语大学　许丽莎

【摘要】19 世纪乌克兰著名作家邦德雷蒙·库里什的长篇小说《黑色议会，1663 年纪实》是乌克兰文学史上第一部历史长篇小说，该小说描写了 17 世纪盖特曼赫梅里内茨基死后大废墟时代乌克兰各阶层人民的生活。小说生动刻画了索姆科、布留赫维茨基、施拉姆、彼得罗、莱西娅、基里尔·图尔和神人等一系列人物形象，揭示出当时不同社会阶层人民的不同政治取向、价值观和人生观。该小说作为乌克兰文学史上最优秀的历史长篇小说之一，被誉为 17 世纪下半叶乌克兰社会生活的百科全书。

【关键词】乌克兰文学；邦德雷蒙·库里什；《黑色议会，1663 年纪实》；人物形象

邦德雷蒙·库里什 (Пантелеймон Куліш)（1819—1897）是 19 世纪乌克兰著名作家、历史学家、民俗学家、文学评论家、翻译家和社会活动家。他曾用乌语和俄语创作，其代表作为乌克兰文学史上第一部历史长篇小说《黑色议会，1663 年纪实》和短篇小说中的经典《奥列霞》。其中，作家花费 10 多年时间创作的《黑色议会，1663 年纪实》是库里什最重要最著名的作品。尽管这部小说（俄语版和乌语版）创作于 1846 年，但是直到 1857 年才得以出版。这部描写乌克兰 17 世纪复杂历史的史诗性作品的问世填补了乌克兰文学史的空白。

1843 年，年仅 24 岁的年轻作家库里什开始着手筹备用乌语创作历史长篇小说。为此，作家研读了大量外国作家的文学作品，其中包括英国作家沃尔特·司各特的长篇小说、历史文献、论文和民间文学作品。乌克兰文学研究者们认为，《黑色议会》深受沃尔特·司各特长篇小说的影响，其情节主要的史料来源为哥萨克编年史和《小俄罗斯史》等。17 世纪乌克兰历史上的“大衰败”时期是小说情节发生的主要历史基础。1657 年，乌克兰盖特曼（首领）赫梅里内茨基死后，乌克兰以第聂伯河为界被分裂成左岸（东乌克兰）和右岸（西乌克兰），

左岸乌克兰被俄罗斯控制，右岸乌克兰被波兰掌控。当时强大的邻国开始对乌克兰实施压制，使其逐步丧失了主权和独立地位。

《黑色议会》主要讲述了乌克兰盖特曼赫梅里内茨基死后乌克兰社会各阶层之间的矛盾和冲突，其中包括普通市民和哥萨克、哥萨克和农民、扎波罗热哥萨克和城市哥萨克、地主和普通市民之间的矛盾。1663 年在尼任举行的以推选盖特曼为目的的黑色议会标志着矛盾达到了高潮。人民从两位盖特曼候选人雅基姆·索姆科和布留赫维茨基中推选后者为盖特曼。《黑色议会》主要有两条情节线 —— 历史线和爱情线。小说主人公巴甫洛茨基团长 - 牧师施拉姆支持索姆科任盖特曼，并且为将乌克兰分裂的领土整合成统一的国家而斗争。爱情线主要围绕施拉姆的儿子彼得罗和他朋友梅哈伊洛·切莱万尼的女儿莱西娅之间展开。

1. 真实历史人物索姆科和布留赫维茨基

17 世纪 60 年代初，左岸乌克兰的盖特曼大权之争在索姆科和布留赫维茨基之间展开。作家对两位盖特曼候选人的描写具有历史真实性和艺术虚构性。这首先表现在对他们的外貌描写上："索姆科是位非常年轻英俊的战士；他身材挺拔高挑、圆脸、头发淡褐色；满头金发像带了顶金色的花环；眼睛如恒星般明亮快乐；举手投足、言谈之间透着盖特曼气质。"[①] 如果说库里什将索姆科描写成一位理想的盖特曼形象，那么相反，作家用讽刺戏谑的口吻将布留赫维茨基刻画成一个普通人的形象："他的身材和外表完全没有盖特曼风范，他就是一个安静普通的男子。看到他的时候，没有人会想到，他的脑袋里除了美味的面包和安静的房子之外还有其他的东西。"[②] 这样的外表描写暗示了民众在黑色议会上将布留赫维茨基推选为盖特曼是完全错误的行为，因为脑袋里只想着"美味面包"的人不可能成为国家未来优秀的掌舵者。

索姆科有远大的政治抱负，他主张同莫斯科联合以实现东西乌克兰的统一，他有意发展乌克兰民族文化，以恢复基辅罗斯时代的荣光。他说："我们要在乌克兰修建法院、学校、科学院和出版社，好好发展乌克兰，以慰藉逝去的基

---

① Куліш П. Твори : в 2 т. / П. Куліш. – К. : Дніпро, 1989. – Т. 2 / підгот. тексти, упор. і склав прим. М. Л. Гончарук. – 686 с, 41 с.

② 同上，第 96-97 页。

辅罗斯时代大公们的在天之灵。"[①]对于索姆科来说，国家、哥萨克、友情比妻子、爱情重要。即使勇敢真诚的扎波罗热哥萨克基里尔·图尔偷走了他的未婚妻，他不仅原谅他，而且当他看到因为和彼得罗决斗受伤的基里尔·图尔时，他居然说："我宁愿不结婚，也不愿看到你没有记忆和声音的样子，妻子可以另找，但是第二个基里尔·图尔不会再有。"[②]索姆科得到了哥萨克上层军官的支持，但是在黑色议会举行之前，原来效忠他的三位团长倒向了布留赫维茨基的阵营，这成为其失败的主要原因之一。在普通民众眼中，索姆科代表富人利益，选他做盖特曼只会巩固哥萨克上层军官的利益，并强化其对下层民众的压迫。黑色议会之后，失败的索姆科被布留赫维茨基关进囚牢，英勇就义。

相反，布留赫维茨基很好地掌握了民众的心理。他穿着普通的衣服，将自己伪装成善良、真诚、为普通民众谋福利的政客形象。他在民众中散播人人平等的思想："在我的权杖之下，没有哪个哥萨克和哥萨克军官是地主，人人将平等 [......]，看到你们过得不好，我的心很痛 [......]，只要我的人民过得好，我哪怕不穿鞋走路都可以。"[③]就这样，在普通市民、农民、扎波罗热哥萨克和莫斯科军官的支持下，布留赫维茨基当选为盖特曼。然而，黑色议会之后，狡猾虚伪的盖特曼并没有实现自己的承诺，他忽视扎波罗热哥萨克的传统法规，引起了人民的公愤。最后，他受到后来的盖特曼多罗申科的严惩，死得很惨。

2. 主人公团长——牧师施拉姆和他的儿子彼得罗

尽管大部分的乌克兰文学评论者认为团长 - 牧师施拉姆是小说主人公，但是我认为施拉姆和他的儿子彼得罗共同是《黑色议会》的中心人物。正如加拿大乌克兰文学研究者巴赫里评论道："施拉姆和彼得罗反映出历史对人的影响，他们二人共同是小说情节建构及叙述的中心，是小说情节的观察者"[④]。

施拉姆是典型的乌克兰爱国主义者，他努力将乌克兰领土整合成一个完整

---

① 同上，第 51 页。

② 同上，第 65 页。

③ Куліш П. Твори : в 2 т. / П. Куліш. – К. : Дніпро, 1989. – Т. 2 / підгот. тексти, упор. і склав прим. М. Л. Гончарук. – 686 с, 95-98 с.

④ Багрій Р. Шлях сера Вальтера Скотта на Україну («Тарас Бульба» М. Гоголя і «Чорна рада» П. Куліша в світлі історичної романістики Вальтера Скотта) / Романа Багрій. – К. : Ред. журн. «Всесвіт», 1993. – 296 с, 221 с.

的国家。他去佩列亚斯拉夫找索姆科，为了支持他对抗右岸乌克兰盖特曼巴甫洛·德德里亚："我不是去基辅，而是去佩列亚斯拉夫，去支持盖特曼索姆科，我不能眼睁睁看着乌克兰被分裂成两半。"① 施拉姆为祖国的命运感到深深的担忧，正如乌克兰著名文学评论家维克多·彼得罗夫在文章中指出："忧国忧民是施拉姆身上的典型特征。"② 施拉姆将祖国的利益看得比自己和儿子的生命还要重要。他认为，男人应该将生命献给国家，而不是女人。所以，当他看见自己的儿子彼得罗因为救喜欢的姑娘莱西娅而和扎波罗热哥萨克基里尔·图尔决斗受伤时，他非常生气地对他说："儿子，我白白按照哥萨克的标准来要求你了 [......]，你不为祖国流血，而为别人的未婚妻受伤，神会惩罚你的！"③

作为小说情节的中心人物，施拉姆见证了所有小说中出现的社会冲突。他是哥萨克上层军官的代表，鄙视普通市民，农民和扎波罗热哥萨克。施拉姆认为，乌克兰哥萨克上层军官应该是乌克兰社会的上层阶级，普通哥萨克、扎波罗热哥萨克、市民和村民是社会的下层阶级，他们应该臣服于哥萨克上层军官。尽管如此，施拉姆依然希望普通乌克兰民众应该联合起来，共同推进乌克兰领土的统一。

总之，施拉姆是狂热严肃的乌克兰爱国主义者，盖特曼 - 哥萨克国家思想的代表，他不惜自身利益将生命奉献给乌克兰的独立、领土完整和未来。他身上闪耀着哥萨克的荣光以及热爱自由、崇尚独立的乌克兰民族精神，直到今天，这样的民族气质依然在乌克兰人民身上闪现。

施拉姆的儿子彼得罗是位年轻、帅气、勇敢的城市哥萨克小伙。受父亲的影响，彼得罗也非常关心祖国的命运，但同时他也追求个体的幸福。在赫玛雷什村，比起讨论时局，他更喜欢和女性待在一起："我的哥萨克不需要更好的陪伴了。他可以坐在这儿一整个晚上，看着黝黑的姑娘的眉毛和绣着花纹的袖子。"④ 他在这里爱上了父亲朋友切莱万尼的女儿莱西娅："切莱万尼有位超凡

① Куліш П. Твори : в 2 т. / П. Куліш. – К. : Дніпро, 1989. – Т. 2 / підгот. тексти, упор. і склав прим. М. Л. Гончарук. – 686 с, 16 с.

② Петров В. Пантелимон Куліш у п'ятдесяті роки. Життя. Ідеологія. Творчість / Віктор Петров. – К. : Вид-во ВУАН, 1929. – Т. 1. – VI + 572 с, 423 с.

③ Куліш П. Твори : в 2 т. / П. Куліш. – К. : Дніпро, 1989. – Т. 2 / підгот. тексти, упор. і склав прим. М. Л. Гончарук. – 686 с, 66 с.

④ 同上，第 18 页。

脱俗的女儿，彼得罗一看到她，就像失了魂一样，感觉之前都白活了！”[①] 然而，莱西娅的母亲并不同意他们在一起，因为她想将自己的女儿许配给富有高贵的盖特曼索姆科，而且当时索姆科和莱西娅已经订婚了。

得知莱西娅是索姆科的未婚妻之后，彼得罗内心非常痛苦，但是当深夜基里尔·图尔偷走莱西娅的时候，听到莱西娅求救的声音，经过内心的挣扎，他还是抑制不住自己内心的情感，不顾一切地骑马前去营救。虽然他知道基里尔·图尔力量大不好对付，他还是勇敢地去和他决斗。在决斗中他们二人都身负重伤，但彼得罗却因此得到了莱西娅的心。

不同于自己的父亲，彼得罗不积极参与政治事件。黑色议会之后，彼得罗埋葬了父亲，变卖了家产，准备出发去扎波罗热，但是临行前他改变了计划：他来到赫玛雷什村，与莱西娅结婚，过上了幸福的家庭生活。乌克兰文学研究者们认为，彼得罗身上明显带有库里什的自传色彩。彼得罗不仅与作家在价值观方面相似，而且有着相似的感情经历，当时库里什和其妻子谈恋爱，原先也遭到了丈母娘的反对。

作为小说的主要人物，施拉姆和彼得罗有着不同的世界观和对待生活的态度。施拉姆将国家的命运和民族的利益放在第一位，他的所有行为都带有明显的政治倾向。相反，彼得罗消极对待政治，向往爱情和平静的乡村生活，追求个人幸福。在我看来，施拉姆代表了库里什的国家观，而彼得罗表达了作家对理想爱情和家庭生活的向往。

3. 扎波罗热哥萨克代表——基里尔·图尔和神人

在《黑色议会》中，作家不惜笔墨出色地勾画出扎波罗热哥萨克的形象，其中最具代表性的是基里尔·图尔和神人。

在小说开篇，基里尔·图尔是在扎波罗热哥萨克的陪伴下初次登场的，当时他们正在与世界“告别”，离开世俗生活去寺院。基里尔·图尔的外表非常有个性：“被太阳晒得黝黑的宽脸；身板健硕；又长又浓的头发往上翘，像马尾一样垂到耳边；长胡子向下弯曲，一直垂到衣服上；眼睛炯炯有神，黑色浓密的眉毛悬挂在眼睛上方……”[②]

---

① 同上，第 22 页。

② Куліш П. Твори : в 2 т. / П. Куліш. – К. : Дніпро, 1989. – Т. 2 / підгот. тексти, упор. і склав прим. М. Л. Гончарук. – 686 с, 36-37 с.

基里尔·图尔本性真诚、善良，是位勇敢的哥萨克，他不止一次地救过盖特曼索姆科。他追求绝对的自由，做事随心所欲。当他第一次看见莱西娅，便爱上了她。于是决定在夜黑风高的晚上将她偷走去往黑山，即便知道她是盖特曼索姆科的未婚妻。由此看出，他性格古怪、行为反常，甚至有偷盗者的本能。

乌克兰著名文学研究家纳赫里克认为："在这个人物矛盾的行为和分裂的内心中隐藏着他的浪漫本质 [......]，该人物表达了 19 世纪上半期人的浪漫主义世界观：追求理想、美好和真理，同时又意识到它的无法实现，由此衍生出人对生活的讽刺，行为和语言的不一致，非理性的行为等。"① 作为一名典型的扎波罗热哥萨克，基里尔·图尔在狂荡不羁的行为后面隐藏着扎波罗热哥萨克真实的浪漫内心世界。他虽然有时行为残暴，忽视家庭生活、钱和女人，但是非常真诚、善良、勇敢，有信仰，珍惜兄弟情谊。在小说的结尾，基里尔·图尔勇敢地从敌人手中救出被囚禁的莱西娅，让她与心爱的彼得罗成婚，然后和自己的好兄弟波赫丹离开了乌克兰去往黑山。

神人是一位盲人科勃扎歌手："他的眼前一片漆黑，但是走路不需要人引；穿着补丁衣服，光着脚，口袋里装着满满的钱 [......]，他花白的胡子齐腰，老爷爷的外表光彩照人。"② 神人是非常受欢迎的民间科勃扎歌手，他的歌曲既好听又有感染力："他唱歌的时候，非常用心，歌声惹人落泪，而他抬起眼睛，仿佛能够看见正常人看不见的东西。"③

神人是位完全意义上的人道主义者，他不仅给人治病，而且用富有的哥萨克人的钱帮助被奴役的人赎回自由。他走遍乌克兰所有的地方，对所到之处发生的事情很感兴趣。他在哥萨克人中间很有威信，受人尊敬，但是他却不过问政治，拒绝参与国家事务，包括黑色议会。

此外，神人宣扬基督教普世价值观，反对人追求奖赏和荣誉。在神人看来，人存在的意义在于自我牺牲，相信上帝，以及对真、善、美的追求。在他身上体现了理想的基督教道德观，他认为，内心的正直是人开启幸福的钥匙。如果

---

① Нахлік Є. Українська романтична проза 20–60-х років XIX ст. / Є. Нахлік. – К. : Наук. думка, 1988. – 318 с., 127, 129 с.

② Куліш П. Твори : в 2 т. / П. Куліш. – К. : Дніпро, 1989. – Т. 2 / підгот. тексти, упор. і склав прим. М. Л. Гончарук. – 686 с, 12 с.

③ 同上。

人做了违反道德的事情，那么他会受到上帝的惩罚，因为“人的所有行为都会受到上帝的惩罚或奖赏”。[①]

除了以上这些有着鲜明个性的主要人物之外，作家在作品中还刻画了温柔美丽传统的乌克兰姑娘莱西娅、扎波罗热哥萨克传统思想的卫道士老布哈奇、乐观开朗富有的赫玛雷什庄园主切莱万尼以及阴险虚伪的哥萨克上层军官赫文托夫卡等人物形象。

作为乌克兰浪漫主义文学的杰出代表，库里什按照对比原则来构建《黑色议会》中的人物世界。理想的盖特曼索姆科与政治野心家布留赫维茨基形成对比；为国甘愿奉献生命的施拉姆与追求个体幸福生活的彼得罗和切莱万尼形成对比。此外，带有鲜明的政治阶层思想的施拉姆与主张社会平等的老布哈奇形成对比；坚决守护扎波罗热哥萨克传统的老布哈奇与随心所欲、肆意破坏哥萨克传统的基里尔·图尔形成对比；真诚善良快乐的地主切莱万尼与自私虚伪残暴的赫文托夫卡形成对比。这些不同的人物形象反映了 17 世纪下半期乌克兰各社会阶层不同人群的政治取向、价值观和人生观。

《黑色议会》是乌克兰文学史上第一部社会 - 历史长篇小说。在这部作品中，库里什真实生动地描写了乌克兰大废墟时代主要的社会政治问题，塑造了一系列个性鲜明的人物形象，展现出盖特曼赫梅里内茨基死后乌克兰的社会面貌、人民的生活状况以及各社会阶层的意识形态。《黑色议会，1663 年纪实》因其鲜明的人物形象，宽广的历史文化空间，精巧的艺术构思和深刻的哲学内涵成为乌克兰文学史上最好的历史长篇小说之一，被誉为 17 世纪下半叶乌克兰社会生活的百科全书。

参考文献

[1] Багрій Р. Шлях сера Вальтера Скотта на Україну («Тарас Бульба» М. Гоголя і «Чорна рада» П. Куліша в світлі історичної романістики Вальтера Скотта). К. : Ред. журн. «Всесвіт», 1993: 296 с.

[2] Куліш П. Твори : в 2 т. К. : Дніпро, 1989. – Т. 2: 686 с.

① 同上，第 153 页。

[3] Нахлік Є. Українська романтична проза 20–60-х років XIX ст. К. : Наук. думка, 1988: 318 с.

[4] Петров В. Пантелимон Куліш у п’ятдесяті роки. Життя. Ідеологія. Творчість. К. : Вид-во ВУАН, 1929. – Т. 1. – VI + 572 с.

契诃夫短篇小说中看客人物的无作为心理特征浅析

上海外国语大学　温思佳

【摘要】契诃夫在其短篇小说中描写了各种各样的人物，如将军、知识分子、农民、囚犯、教师、保姆等等，也塑造了一系列深入人心的艺术形象：因循守旧惧怕变革的中学教师别里科夫、见风使舵的巡警奥楚蔑洛夫、胆小怕事的十四品文官切尔维亚科夫等。可以说契诃夫短篇小说中的主角特色鲜明，给读者留下了深刻的印象。然而，一篇完整的短篇小说中除了主角之外，还有配角，配角中又包含了看客。读者容易将大部分注意力放在主角上，而本文将开辟一个新的角度，从小说中看客人物的角度来感受主题，以看客人物的无作为心理立论分析其特征，形成原因和现实影响。首先将阐明看客人物的概念和类型，主要有作者自己为看客以第一视角阐述和文中人物为看客两种类型，接着将阐明无作为心理的概念及其特征，并以契诃夫短篇小说创作初期、中期和后期的几个作品为例子进行夹叙夹议的说明。之后从集体无意识，历史背景和社会思想文化，以及作者自身因素三方面的影响来分析看客人物无作为心理特征的成因。最后就看客人物这种无作为心理对作者和读者的负面影响进行简要叙述。

【关键词】契诃夫；看客；无作为心理；成因

1. 引言

安东·巴甫洛维奇·契诃夫（1860--1904）被誉为“文学中的列维坦”，在小说和戏剧方面都颇有建树。在世界文坛中，契诃夫享有很高的声誉，很多名人对他有着很高的评价。莫托斯曾说：“我愿意用莫泊桑的全部作品来换契诃夫的一个短篇小说。”托尔斯泰曾表示，在写作技巧方面契诃夫已经超越了他。高尔基更是给出了极高的评价：“这是一个独特的巨大天才，是那些在文学史上和在社会情绪中构成时代的作家中的一个。”（吉托维契，1995.559）

秉持着简洁是天才的姐妹这一原则，契诃夫的短篇小说言简意赅，简洁明了，“内容比文字多得多”，严密紧凑的描写使得人物形象鲜明而富有表现力，与此同时给读者留下思考和想象的空间。在这样一种鲜明的艺术表现形式下，小说主要人物寄托着作者最想表达的中心思想且形象生动深刻，往往会吸引读者大部分的注意力。国内外对契诃夫短篇小说人物的研究也大都以主要人物为主。例如，对契诃夫短篇小说中主人公的形象和心理分析；将契诃夫短篇小说主人公与其他作家作品人物做比较；以小说主要人物为线索研究契诃夫的创作手法和风格等等。不置可否，主要人物对作品的中心思想表达起到至关重要的作用，但是只关注主要人物会使读者的理解过于单一。次要人物对情节的衔接、丰富甚至转折都起到了一定的作用，次要人物的出现使小说情节更加饱满充实，有助于从多个方面和角度来呼应主题，尤其在短篇小说中要以较少的文字表达更多的内容，塑造次要人物的形象同等重要。次要人物如看客、帮手或者敌对者，都能更好地反衬主角的个性特征，升华原文主题。理解次要人物的作用有助于读者挖掘更多的信息。如《变色龙》中除了警察奥楚蔑洛夫的墙头草行为外，围观群众摇摆不定的话语和幸灾乐祸的态度同样也能反映出专制统治时代背景下底层人民趋炎附势的心理。

本文将以次要人物中的看客为出发点，分析其无作为的心理特征，通过夹叙夹议的方式列举其类型，以文献收集法进行原因分析，并在最后以归纳法做出总结，希望能为更好地理解契诃夫短篇小说做出些许努力，并同时号召人们关注由来已久的看客无作为心理问题。

2. 看客人物和无作为心理

契诃夫小说中不乏各式各样的看客人物，在有限的篇幅和平凡的事例中契诃夫能够通过描写看客人物的语言、神情、心理等变化来推动情节的发展。如《变色龙》中的围观群众，每一次毫不负责地说完狗可能属于的主人时都继续保持围观看好戏的状态，而警察随着看客变化的说辞而变化堪称精彩。此外，也存在并不袖手旁观，幸灾乐祸的看客，如《厨娘娶亲》中的小男孩格里沙，全程观看着厨娘被强行说媒给车夫，他产生了一些疑惑甚至产生了对厨娘的同情。然而在本质上小男孩格里沙和旁观的看客并无差别，都没有对事件的解决起到作用。因此我们首先将明确，看客人物到底是怎样一类人，以及这类人的类型。

2.1 看客人物

词典中，看客可表示观众的意思，是一个不具有感情色彩的词语。但在文学作品中，看客一词最早出自鲁迅的《〈呐喊〉自序》：“凡是愚弱的国民，即使体格如何健全，如何茁壮，也只能做毫无意义的示众材料和看客，病死多少是不必以为不幸的。”此后，“看客”一词具有了感情色彩，多指围观的冷漠群众，持一种事不关己，高高挂起的态度；也可指单个的主人公，对自己不公的命运总是逆来顺受，毫无作为。

本文所述的契诃夫短篇小说中的看客人物即为看客，其含义与鲁迅先生笔下的看客为同一所指。

看客人物分为两种。一种是文中角色，即小说中的人物，可为真实人物改编，也可为作者杜撰。这类看客人物在小说中全程旁观，无所作为，通常对主角的遭遇议论纷纷，或厌恶或冷漠。看客人物在文中多为次要人物，但看客对情节的衔接和推动都起到重要作用，作者通过这类人物的形象和心理描写来使小说一步一步走向高潮和结局。

另一种为作者以第一人称视角叙述，置身于情节之外，以旁观者的视角讲述故事，同时进行议论，阐述自己的观点。这一类作者自己为看客的类型有时用于全篇小说，有时用于其中几个段落或是几句话的议论。这类看客角色比第一种少了很多袖手旁观的意味，虽然同样不能对事情的解决起到作用，但能够帮助读者更好地理解小说主旨，有强烈的代入感，引发读者的思考。

2.2 无作为心理

无作为心理在文学作品中所体现出的无作为有别于法律意义上的无作为，无作为在法律意义层面的解释为：“指犯罪人或机构用非积极的行为实施的刑法禁止的危害社会行为，即‘不当为而为之’。”在文学作品和社会舆论中，无作为心理就是一种袖手旁观，不采取积极行动改变现状，接受外界的一切，可能会产生抱怨和痛苦却又不反抗的一种心理。

首先，无作为心理具有冷眼旁观的特征和冷漠性。体现在一种将自己立于毫不相关的位置，对周围人物和事物的发展漠不关心，无论是厌恶感还是同情心，都不能衍生出有所行动的想法，甚至还会有落井下石、添油加醋的行为中。冷漠性是无作为心理最典型和主要的特征，无作为心理其他的特征中基本都包含了冷漠性。

其次，无作为心理还有反射到自身的特征，即在面对他人处境无为的同时，对自己的遭遇同样无动于衷，抱怨或是感到痛苦同样没有激发出采取行动进行反抗的心理。

此外，无作为心理还具有易变异性，会催生出变异心理：一方的冷漠压在另一方的身心，会加剧被压制方的情绪压力，而当这种压力达到极值爆发的时候，被压制方的反抗行为会对施压者的冷漠产生异化作用，冷漠会走向另一种极端，即由冷漠无为变为冷漠打击。

最后，作者以第一人称充当看客的无作为心理，则具有揭示主题的功能和议论性，主要是为了直接抒发自己内心的想法和情感，引发读者的思考和共鸣而作。抑或是一种创作手法，使得文本叙述更加流畅，具有代入感。

本文就看客人物和无作为心理进行简要叙述说明。看客人物即为鲁迅先生笔下那类袖手旁观的观众，文学作品中的看客分为作者第一视角为看客和作品中人物为看客。无作为心理即为一种消极、逆来顺受的心理，具有冷漠性、反射性和变异性。在下一章节中将结合契诃夫创作初期、中期、后期的短篇小说阐述看客人物无作为心理在其中的体现。

3. 看客人物无作为心理在契诃夫短篇小说中的体现

学界普遍认为，契诃夫的创作分为三个时期。第一个时期为 1880—1886 年，在这个阶段的多数作品是以契洪特署名发表的，主要写的是幽默作品和 1883 年开始萌芽的抒情心理短篇小说；第二个时期从 1886 年到 1892 年发表《第六病室》为止，这一阶段的小说多以道德的角度揭示生活矛盾，以及反映当时社会上一些人的思想探索活动；第三个时期从 1892 至 1903 年《新娘》的发表，这一时期为契诃夫创作的巅峰时期。在当时“不能再这样下去”的社会情绪下，作者抨击了资本主义发展下滋生的罪恶势力和小市民习气，以及对世俗缺陷的批判。本章将以这三个时期的几篇小说为例，对小说中看客人物的无作为心理进行夹叙夹议的阐述。

3.1 以契诃夫初期短篇小说《婚前》为例

契诃夫初期短篇小说多以幽默故事为主，通过描述日常故事来传递幽默。如《贵族中学生柳坚卡的家庭作业》《爸爸》等短篇小说，讲述了中学生令人哭笑不得的家庭作业和家长对孩子成绩令人发笑的态度。此时文中的看客也相对温和，多以作者为看客进行叙述，或是主人公自己对自己的无作为，也就是我们所说的看客人物无作为心理的反射性，对自己的遭遇逆来顺受。

小说《婚前》开篇简洁明了地交代了订婚典礼的结束，一切都井然有序。紧接着开始叙述订婚典礼结束后第二天的情形。订婚的是波德扎狄尔金娜小姐和十四品文官纳扎利耶夫，然而准新娘波德扎狄尔金娜小姐却成为这场婚礼的看客，唯一的一句话就是对前来的未婚夫说的："请坐，不要客气！"波德扎狄尔金娜小姐先后被母亲、父亲与未婚夫叫去谈话。母亲教育她不要接父亲去住，不要借给他钱，更不要完全服从于自己的丈夫。波德扎狄尔金娜小姐没有任何意见和反驳，即便心中对未婚夫存有好感。听完母亲的教育，波德扎狄尔金娜小姐继续去听父亲的教育，父亲则告诉她不要接母亲过去住，并且同样让她不要过于尊敬自己的丈夫。波德扎狄尔金娜小姐依然没有任何意见和反驳。最后波德扎狄尔金娜小姐迎接未婚夫，继续听从他对自己的岳父岳母以及亲戚的抱怨，然后还不忘吩咐她去拿烟。最后作者也以看客姿态在结尾处附上一句："这是在婚前……至于婚后会怎么样，我想，那就不单是先知和梦游者才能知道了。"

在这篇小说中，严格来说，一共有两个看客形象。一个是文中人物为看客，即波德扎狄尔金娜小姐本人。她对于父母和未婚夫的教育和指使毫无反驳，即便这种教育已经涉及了自己的家庭生活。她多少是心仪自己的未婚夫的，并且对他有种某种依赖感，而父母的说辞则是不看好、泼凉水状态。此外，在面对未婚夫对自己父母的指责时也并不反驳，仿佛未婚夫不满的人不是自己的亲生父母，而是无关紧要的路人一般。这种无作为心理具有反射到自身的特征，对于发生在自己身上，与自己密切相关的事无作为，逆来顺受。

另一个看客形象则是作者以第一人称为看客在文末进行议论，结尾处一句话暗示呼应主题，并对全文起总结作用，婚前已然如此，婚后的生活已经不需要先知和梦游者去预测了，只会比婚前更糟糕。作者以这样的冷幽默结尾，能够巧妙地引发读者的思考，也间接表达出这种反射到自身的无作为心理最终只会走向悲剧结局。

3.2 以契诃夫中期短篇小说《跳来跳去的女人》为例

契诃夫中期短篇小说已经开始具有讽刺的色彩，不仅仅停留在用于阅读消遣的幽默故事，而是开始使人思考。如《仇敌》中通过医生和阿包京的对话和心理展现出看客人物无作为心理的冷漠性，对他人的悲痛遭遇毫无同情，当阿包京近乎强迫地劝说独生子刚刚去世的医生为其妻子看病时，这种冷漠性也就愈发明显了，这也符合了契诃夫中期短篇小说对道德、人性的探索和思考主题。

小说《跳来跳去的女人》讲述了一对夫妻的故事。妻子奥莉加·伊凡诺夫娜是一个热衷于结交名流，追求艺术的人，而丈夫德莫夫是一个老实本分的医生。奥莉加因为德莫夫对她父亲生病时无微不至的照顾而嫁给了他。日子起初过得平和而愉快，奥莉加爱且崇拜着自己的丈夫，而丈夫虽然与她的爱好并无交集，却也十分照顾和配合。直到奥莉加与画家里亚博夫斯基发生了婚外情，原本宁静的生活被打破。德莫夫的宽容没能挽回奥莉加，旁观的看客心知肚明发生的一切却既没有在事情败露前给予提醒，也没有在事发之后表达关心或帮助解决。家里的气氛也变得沉闷压抑，奥莉加徘徊纠结却又无法下定决心改变现状，甚至变得些许神经质，而德莫夫则将精力全部投入医学，最终德莫夫可以说是为了医学献出了自己的生命，人们最终才意识到他的伟大和美好，开始赞美他并感到遗憾，奥莉加也终于彻底懊悔。

文中不乏形形色色的看客人物，最初到德莫夫家做客的名流们对他毫不留意，“客人们吃着，瞧着德莫夫，心想：真的，他是个挺好的人，可是不久就忘了他，只顾谈戏剧、音乐和绘画了”。在奥莉加的婚外情逐渐被大家所知时，大家也都采取了无作为的围观态度，无人对奥莉加进行劝阻，也无人暗示过德莫夫他的处境，大家都选择了当一个冷眼旁观的看客。甚至最亲近的身边的朋友也始终保持看客姿态。而最后当德莫夫去世时，群众就突然集体觉醒，开始自发地为德莫夫进行赞美和惋惜，称他为“天下少有的一个人”。

这是一种具有冷漠性的无作为心理，对周围的人事漠不关心，即便看着悲剧发生，也不愿意试图做出些许努力去帮忙，哪怕只是一句善意的提醒。这种漠不关心，随波逐流的无作为心理在一定程度上反映了当时社会的一种风气，人们追逐名利，而忽视平凡中的伟大和道德的力量，只知旁观，而不知履行自己应尽的义务。

3.3 以契诃夫后期短篇小说《大沃洛嘉和小沃洛嘉》为例

契诃夫后期短篇小说辛辣的讽刺和批评愈发强烈。此时文中看客人物的无作为心理不像初期幽默故事中那样几乎不影响他人，只是反射在自身，也不像中期冷漠的看客，对他人袖手旁观而已。而是一种具有变异性的无作为心理，在这种变异性无作为心理的影响之下，看客对情节的推动作用增大，甚至起到改变主角心理和行为的作用。

小说《大沃洛嘉和小沃洛嘉》以索菲雅·利沃芙娜的行为和心理为主线，讲述了她出于虚荣和赌气嫁给了大沃洛嘉，而她爱着的是小沃洛嘉，在自我心灵的折磨下，她变得喜怒无常，时常长时间哭泣。在看见奥丽雅成为修女过得轻松幸福之后，索菲雅的心灵受到了更大的折磨，她在自我救赎和逃避之间来回穿梭，最终与小沃洛嘉有了一段短暂的婚外情并很快被抛弃。在这过程中每当索菲雅主动地想要引起大家的注意或者寻求大家的帮忙时，她的丈夫，从小到大的朋友都只是旁观她的生活，抱着无作为的心理。当索菲雅喝醉大闹的时候，丈夫不是安慰，而是选择抱怨，说道："我早就说不该给她喝白兰地。"表姐莉达面对索菲雅想要寻求一个发泄口时也只是说了一句："索尼娅，别发疯了，真的，这简直是愚蠢。"而后在面对哭了一夜的索菲雅时，丈夫只有一句"得，音乐开始了！"至于索菲雅为之痛苦和爱恋的小沃洛嘉，在面对索菲雅的倾诉和纠结时，心不在焉，自己碎碎念着奇怪的话，最后的结局也只有草草的一句"过了一个星期，小沃洛嘉把她丢开了"而已。而起初多少对索菲雅给予祝福和帮助的奥丽雅也开始敷衍和厌烦了起来："奥丽雅呢，老是用背书的强调不动感情地对她说，这些都没关系，一切都会过去的，上帝会宽恕她的。"

在本篇小说中索菲雅周围亲近的人表现出的看客无作为心理，具有强烈的冷漠性，看着索菲雅的痛苦他们无动于衷，甚至敷衍的安慰也少有。而这一种冷漠也在索菲雅身上产生了变异，她变得更加地神经质和敏感，周围的人越是置之不理，她越是想要制造出大动静，越是变本加厉地折磨身边人的神经以及自我折磨。然而这样的自我折磨也使得看客们的冷漠转变为一种更强的压制，从最初的无动于衷到后来看客们开始了冷嘲热讽，增加了对索菲雅的刺激，形成了一种恶性循环。

本文就看客人物无作为心理在契诃夫短篇小说中不同时期的体现进行简略阐述。可以看出，看客人物的无作为心理在不同时期的变化。从初期叙事与幽默为主中的自我旁观，到中后期辛辣嘲讽中的冷漠和变异。看客人物的无作为心理也从旁观式冷漠逐渐变为更多参与情节，与主角互相影响增加的变异性无作为心理。看客人物的无作为心理不会凭空存在，这种心理的形成是具有原因的，而影响看客人物无作为心理形成的因素有很多，下一章将从心理、历史文化背景和作者对作品施加的影响进行简要分析。

4. 契诃夫短篇小说中看客人物无作为心理的形成原因

4.1 集体无意识的自然流露

4.1.1 集体无意识

根据荣格的理论："集体无意识是精神的一部分，它与个人无意识截然不同，因为它的存在不像后者那样可以归结为个人的经验，因此不能为个人所获得。

构成个人无意识的主要是一些我们曾经意识到，但以后由于遗忘或压抑而从意识中消失了的内容；集体无意识的内容从来就没有出现在意识之中，它们的存在完全来源遗传……集体无意识的内容主要是原型。”（荣格，2011:62）

集体无意识所体现的是一种普遍的、非个人的和集体的意识，是一种从人类祖先遗传下来的心理状态，隐藏在人类心灵的深处，是一个超越所有文化和意识的共同基底。如对黑暗和蛇的恐惧，并不需要个人的经验，而是祖先在长期的生活和经验中形成，代代相传。当我们面对黑暗和蛇时便自然而然生出了恐惧。

集体无意识有多种原型，如出生原型、英雄原型、太阳原型等。其中最主要的为人格面具型、阴影型、自性型、阿尼玛和阿尼姆斯型。人格面具型即人们顺应社会的期望所表现出的适应社会，有利于提升自我形象，但不一定是真正的自己的类型。阴影型是一种对立于人格面具型的原型，同时也是最古老和原始的一种原型，包含了更多的动物性和人类最隐秘的邪恶倾向特质，因此阴影型可以发挥出强大的破坏性，这取决于它是否接受到来自人格面具型的抑制以及自身的适当调节。自性型是将所有原型以及原型在意识中的情结都吸引到自己的周围，并且使其成为一个和谐统一的、整体的一种原型。它包含了各种原型的原型，能够赋予生活以意义，起协调整合的作用。阿尼玛和阿尼姆斯型则是人们对异性态度的一面，阿尼玛是男性内心深处存在的一种女性的意象，影响其对女性的态度，阿尼姆斯则反之。

集体无意识原型与本能、直觉密切相关，并且在一种共同的文化基底上，群体在面对某种情况时的本能反应具有相似性。诸如作家常批判的知识分子的理想性、平民阶层的幼稚，不是一个人的案例，而是一种群体的概括。就契诃夫短篇小说看客人物的无作为心理而言，这种心理不是个别现象，而是群体的反应。因此，我们需要了解这一类群体的集体无意识原型，以便正确理解和分析这一现象。

4.1.2 集体无意识对小说看客人物心理的影响

俄国地跨亚欧，地形涵盖平原、草原、高原、冰川、山地，集农耕文明、游牧文明、经商文明甚至海盗文明于一身。直至公元988年将基督教定为国教，前人们一直信奉多神教，加之俄国是一个多民族的国家，东西方文化对其均有一定的影响,在这一系列因素的作用下,俄国人的心理具有一种矛盾性和极端性，屈从与反抗、自由与束缚、同情与冷漠并存。《伊戈尔远征记》强烈号召俄罗斯民族走向团结统一，拥有一致对外的勇气和决心。但号召与现实是有所不同的。作者的号召的确在读者和后世引起了诸多反响，人民在号召的鼓舞下走向反抗，争取自己的权利。然而这一种反抗并不是无时无刻都存在的。鞑靼蒙古人的桎梏持续了二百四十年才彻底走向终结，从留里克王朝到罗曼诺夫王朝再到十月革命一共经历了一千零五十多年。当然，这并不意味着俄罗斯民族是一个委曲求全的民族。普加乔夫的起义至今仍被人们提及，俄国人民抵御外敌的故事也在文学作品中留下许多印记。究其根本，这是遗传于俄罗斯人民集体无意识中的矛盾在作用。我们已经明白，集体无意识中人格面具型和阴影型是相互作用影响的。一个美好且人人互助、和平友善的世界是大家所期望的，然而生活中不公的遭遇也是必然存在的，这就类似于人格面具和阴影的相互对立作用。一个人无法时刻做到坚持人格面具型，且过于强势的人格面具型会使人变成一种满足社会期待的机器。此时，阴影型便会略占上风，人性中黑暗的那一面逐渐显露。当这一种黑暗面达到一定的阻碍作用时，外界和内心的调节以及自性型的作用能够将人格面具型再次恢复，如此反复，即人格面具型的积极反抗和阴影型的逆来顺受轮流控制，在一定程度上能够解释俄罗斯人民甚至世界民族的性格和心理矛盾性。

契诃夫短篇小说中看客的无作为心理在某种程度上也符合这种埋藏在集体无意识中的矛盾，他们并不是持十足的旁观态度。如旁观自己婚姻的波德扎狄尔金娜小姐，有那么一瞬间内心的活动想表达自己的意愿。再如曾经想帮助索菲雅的修女，并不是从一开始就在冷眼旁观。理发师几秒的犹豫欲言又止也能看出他有想要劝阻奥莉加的欲望。然而这些持无作为心理的看客最终都败给了阴影型的表达。

在当时的背景和自身的限制下，人格面具型的表达需要付出更多的精力，此时冷漠性的阴影就占了上风。而且冷漠的看客并没有意识到自己的无所为心理是正确或者错误的，他们本能地管好自己，不插手别人的生活。直到有一个人站出来起到首倡作用，看客们才会表达出自己的心声，有所行动，此时的看客已经不再是看客，而是积极的参与者。这也是集体无意识阴影型和人格面具型相互作用导致的矛盾性。如在《普里希别耶夫中士》中，群众对于退役中士的不满已日积月累，但也只是一直保持着一种围观态度，直到在法庭上调解官的主导下才开始一系列的控诉。这种集体无意识其实是具有普遍性的，它跨越了民族，存在于各个民族历史文化中，甚至可以说是全人类的一种特征。纵观全世界的农民起义和革命，大多以群众的隐忍为起始，直到一个领头人物的出现才会结束这种无作为的状态。而在多数情况和长时间内，阴影型更易占据上风，在旁观和参与的矛盾斗争中，参与最终因为人格面具型表达的困难度高于阴影型而更常处于弱势，因此看客人物无作为的心理也更加明显。

4.2 历史背景与社会思想文化的反映

4.2.1 19 世纪末 20 世纪初俄国历史背景

19 世纪末至 20 世纪初，俄国处于动荡与改革并存的时期。1861 年 2 月 19 日，亚历山大二世签署了与改革相关的各项法律和取消农奴制宣言，得益于此，俄国的经济现代化速度加快，资本主义快速发展，外国投资增多，俄国企业主阶级形成，但工人阶级则处于一种无权且被压迫的状态，多数贫中下人口的基本权益得不到保障，阶级矛盾日益加剧。在这样一种发展与压制并存的矛盾下，底层人民往往是敢怒不敢言，且鲜有途径表达自己的诉求或是争取自身利益以失败告终。久而久之形成一种无作为的看客心理，逆来顺受，接受现实的安排。

与此同时，专制制度处于中后期，进入一种趋于削弱但仍起重要影响的状态。城乡差距、工农差距以及贫富差距逐渐扩大，野蛮的剥削方式和政治权利的丧失引起了社会各阶层的不满，沙皇政府的对外扩张政策和俄日战争的失败加剧了人民群众生活的困难度和阶级矛盾。男人们受制于专制体制、兵役、劳役等压力之下，而女人则被压在夫权、父权的依附之下，人们的身心受到来自各方的压力。在这样矛盾与压制的氛围下，底层人民群众没有基本的物质保障，而当自己的生活已经成为主要问题时，人们往往无暇顾及周围的人和事，持一种无作为的看客状态成为一种常态。

世纪之交往往伴随着一系列的变革和转折，在新旧交替的结点各个阶层都在为保护自己的利益而相互斗争。亚历山大二世在筹备深化改革的过程中遇刺身亡，而他的后继者亚历山大三世则采取一种完全相反的“反改革”方针，加强了对地方的管理和控制。不同阶级的对立带来的争斗不可避免，对于敌对方的损失自然袖手旁观，而同一阶级为了争取更多的利益往往对他人的损失同样袖手旁观。一种自顾自的无作为心理便成为作家用来反映和讽刺社会的创作点。

4.2.2 19 世纪末 20 世纪初俄国社会思想文化

自彼得一世改革以来，俄国的思想文化逐渐趋于开放，西欧的影响日益强烈。然而这是一个很漫长而缓慢的学习过程，从最初学习技术知识到文化表层、思想内涵不是一蹴而就的。因为俄国文化思想受到来自东西方文化思想的作用，具有双重性和矛盾性，要在短时间内达成一种压倒性的思想统一是不可能的。多元思想文化的碰撞除了促进彼此的丰富和完善，还会带来一系列对立和争辩，而在对立和争辩之外的无确定性的看客无作为则显得尤为突出，作家也会在自己的作品中借人物的无作为来表达自己的立场。

到了19世纪末20世纪初，由于生产方式的变化带来的一系列生活方式上的变化，加快了社会思想文化变革的进程。民粹派运动，马克思主义的传播和诗歌文学的复兴在思想文化界掀起一次又一次的浪潮。平民知识分子正在发挥自己的作用。“无论在文学和艺术里，贵族的领导权在十九世纪中叶已为平民知识分子的领导权所代替。”（普列汉诺夫，1925:148）然而人民群众的觉悟不足以应对这一系列的变革。如“到民间去”运动以失败结束，平民知识分子虽有民主的信念和解放人民的思想，然而却得不到广大平民和工农的支持。

与此同时，资产阶级的影响力仍旧存在，在资产阶级和无产阶级、平民知识分子和贵族阶级的思想互相争艳时，显著的思想领导权已经不存在了。换而言之，每一种思想都有自己的拥护者，无论少数或多数，都存在且发展着。这就造成了一种没有思想主流的状况。马克思主义思想浪潮也受到挑战。如资产阶级中对马克思主义的态度也产生了变化：“在他们当中，几乎在普遍爱好马克思之后立即产生了一种新的批评马克思的爱好。”（普列汉诺夫，1925:148）加之长期单一体制的控制造成了人群无作为的盲从性，因此当各种新思维同时涌现的时候往往不知如何抉择，甚至部分人选择坚持原先的专制体制。而还有部分人民群众则选择无作为地旁观知识阶层和统治阶层的思想拉锯战，毕竟没有一个思想的确定性大流方向可以依附。这种在选择新思想方向的旁观也在文学作品中得到了倒映。现实生活中不参与任何一方思想争辩的看客们持无作为心理等待最终主流思想的确定，这和文学作品中随波逐流保持看客无作为状态的人物基本一致。

4.3 作者对看客人物无作为心理形成的影响

4.3.1 外部环境对作者创作的影响

契诃夫的创作一直紧跟时代的脚步，每一时期的特色都会被他加以幽默或讽刺表现出来。时代的烙印在作品中时常体现。从1880年至1904年契诃夫与世长辞，其创作经历了三个阶段，而每一个阶段都是时代背景的产物。得益于农奴制的取缔，资本主义发展带动文化需求的提高，人们茶余饭后的生活里需要文学作品的消遣，因此初期的作品多以幽默小说为主，且小说中常出现看客人物，以衬托主角的遭遇，此时的看客形象多以冷漠旁观为主，如《爸爸》中不愿意为孩子找老师说情的爸爸，《同时追两兔，到头一场空》的旁观溺水者计算自己的得失的管家等。

而到了中期，托尔斯泰主义流行，一些知识分子开始进行探索，契诃夫的创作中多了以道德角度揭示生活的成分。如具有划时代意义的《第六病室》中，以医生安德烈和“精神病人”伊万的交流为主线，刻画了沙皇专制下俄国像监狱一般阴森可怕的生活。而小说中的看客人物，则有了落井下石的意味，为了谋求自己的利益，人们旁观着议论着医生和病人的交流，直到医生也被强行关了起来，看客们毫无作为，甚至连医生的葬礼也只有两个人出现。契诃夫借此批判了不以暴力抗恶的主张，一味地忍让和无作为只会让更多的人成为第六病室的囚徒。

到了后期，随着资本主义的发展和阶级矛盾的深化，小市民习气的散染，“不能再这样下去”的社会情绪感染了契诃夫，在其后期作品如《套中人》《带阁楼的房子》等，看客的无作为旁观愈加明显，对于他人的遭遇和行为只会议论纷纷，看着主人公走向毁灭或是走向全新的生活都对旁观者毫无影响，映射出无作为心理在底层人民中仍大量存在的现实。

4.3.2 作者自身经历的影响

契诃夫身世曲折，他的父亲因杂货铺经营不善倒闭而到莫斯科谋生，接着一家人相继迁居莫斯科，只留下契诃夫独自在塔干罗格完成学业。契诃夫在医学系毕业后在各地行医，广泛接触和了解了平民的生活，对看客的形象再熟悉不过，而他自己本身作为各种平民故事的看客也更加明白看客的心理。

随着创作的深入和逐渐严肃，契诃夫赋予了自己的创作更多的使命感，而不仅仅是简单的幽默故事。在他创作的后期，由于养病的需要和自身积极参与社会活动的经历使契诃夫更加尝尽人间冷暖，在作品中出现了越来越多反映社会问题的作品，如理想主义的平民知识分子、身心俱疲的小人物等，在这些人物的周围往往存在着看客的角色，以此更多元全面地反映当时的现实状况。

当契诃夫的民主立场日益坚定，揭露资本主义的主题创作也愈加丰富，此时他的作品也更加具有尖锐辛辣的意味。而为了表达这样强烈的主题，引发读者的自省和思考，看客人物无作为心理在作品中虽不直接明显地被指出，但认真寻找便可发现。而这种看客无作为心理往往是当时很多人所表现出来的，当读者在小说中找到自己在生活中无作为的心理，必会感到像一记打在自己脸上的耳光，强烈的代入感正是契诃夫尖锐辛辣的讽刺所在。这也是作者能使用的号召读者们思考改正的最强有力的武器。

5. 契诃夫短篇小说看客人物无作为心理的负面影响

5.1 对作者的负面影响

文学家及其作品是批评家议论的重要内容之一。契诃夫在其短篇小说中借助看客人物无作为心理所表达出的用于消遣的幽默、辛辣的讽刺、冷漠的旁观等，受到过质疑和批评。H.K. 米哈伊洛夫斯基曾说契诃夫是冷漠的，没有思想原则性的。他曾指责契诃夫“对人以及生活抱着冷漠的态度，抱着十分客观主义的态度。认为契诃夫是一个冷血的作家，这种作家不是生活在自己的作品之中，而是马马虎虎地在生活一旁溜达”。（亚历山大洛夫，1964:20）且在 19 世纪的批评界中有不少的声音在指责契诃夫消极、软弱、忧郁等。丘科夫斯基曾如此评价契诃夫：“如果我想要援引那些把契诃夫描绘成‘软弱的’‘消极的’‘没有个性的’‘萎靡不振的’文章和小册子，怕得有好几百页。”加之在 1905 革命前夕社会思潮涌动，许多作家都借以自己的作品来表达政治立场。而契诃夫宛如自己作品中的看客般，并不赋予自己的作品人物任何时代要求的论调和政治立场色彩。所有当时的这些因素都将契诃夫推向一个被人批评冷漠、消极的处境。

而在当代社会中，读者们倾向于将作者与其作品相联系进行分析。例如，一个写古风小说的年轻作家会给读者留下其热爱古典文化的印象。我们暂且不去议论这样的联想是否有失偏颇。同理，在阅读契诃夫短篇小说中那些看客的无作为时，读者难免会联想到契诃夫是否也是这一类人，尤其是在作者因第一视角为看客进行写作的时候。再加上契诃夫在其小说中展现出的辛辣尖锐的讽刺，鲜有皆大欢喜的结局，更易使读者联想到作者自身心理是否也具有诸如此类的阴暗面。当读者对作者产生了不好的印象或是偏见时，对其作品也会不由自主地有一些非理智的评价和解读。这对于理解契诃夫本人及其短篇小说而言是有害的。

5.2 对读者的负面影响

米兰·昆德拉在《庆祝无意义》中将几个主人公的生活缩影成一幕木偶剧，把每一个细节放大化又将每一个人物缩小，构成一幕木偶剧。这与文学和生活的关系是类似的。文学来源于生活，反映生活，且反作用于生活。

当读者在作品中领悟到看客人物无作为心理在自己身上同样存在时，会出现两种情况。第一种就是引发对自己的思考和检讨，这是一种好现象。但是当自己成为看客时，我们更倾向于为自己找借口开脱，自我解释，将无作为变成无可奈何、情有可原之举。而另一种情况则是不为所动，甚至坚持着无作为，认为出现在文学作品中的都是有必要存在和持续下去的。再者，契诃夫对其短篇小说中的看客人物并没有明确表现出厌恶和批评，甚至有时看客人物的故事结局比主角更平静，受到的损失更小。如此，读者可能会产生一种错觉，那就是做一个无作为的看客并无不妥。

总之，面对看客人物无作为心理对作者和读者的负面影响时，我们应抱以理性的态度，不拘泥于小说文本去揣测作者的为人，也不要因为个人的偏见而贬低作品。而是进行研究，分析其想要表达的意图和这一现象存在的原因，并且积极思考怎样才能让看客人物无作为心理的存在在当代社会越来越少，并从自身做起。

6. 结语

契诃夫短篇小说中塑造了太多家喻户晓的形象，追逐名利迷失自我的安娜，见风使舵的“变色龙”警察，害怕一切新鲜事物的“套中人”。然而这些人物鲜明饱满的形象不是孑然而立的，需要次要人物的衬托。而次要人物中看客的作用不可忽视，有的看客完美地衔接了情节的发展，有的则推动了情节的转折，侧面烘托了主角人物的个性特征。本文仅就看客人物的无作为心理特征进行了浅析，结合契诃夫短篇小说进行例证，并探索看客人物无作为心理的成因。目的在于一方面呼吁读者们在阅读时同时抓住主次要矛盾，了解小说中各个人物的作用和含义，另一方面简述了小说看客人物给实际生活带来的负面影响，借此倡导大家不要做一个无作为的看客，而是积极地投身于建设美好和谐的社会中去，为自己的生命创造更伟大的意义。

参考文献

[1] Чуковский К. О Чехове. Человек и мастер[M]. Москва: Русский путь, 2008.

[2] Чехов А. Дама с собачкой[M]. Москва: АСТ，2015.

[3] 候进 . 契诃夫短篇小说中女性的依附情结分析 [D]. 石家庄：河北大学，2014.

[4] 李英男，戴桂菊 . 俄罗斯历史 [M]. 北京：外语教学与研究出版社，2006.

[5] 吕凯 . 浅析集体无意识及其表现 [J]. 广西教育学院学报，2003(1):28-29.

[6] 纳博科夫 . 论契诃夫 [J]. 世界文学，1982(2):256-268.

[7] 普列汉诺夫 . 俄国社会思想史 [M]. 孙静工，译 . 北京 : 商务印书馆，2011.

[8] 契诃夫 . 契诃夫小说全集第一卷 [M]. 汝龙，译 . 上海 : 上海译文出版社，2001.

[9] 契诃夫 . 契诃夫短篇小说选 [M]. 汝龙，译 . 北京 : 人民文学出版社，2002.

[10] 契诃夫 . 契诃夫小说全集（第九卷）[M]. 汝龙，译 . 上海 : 上海译文出版社，2008.

[11] 契诃夫 . 套中人 [M]. 汝龙，朱宪生，译 . 武汉 : 长江文艺出版社，2013.

[12] 荣格著，心理学与文学 [M]. 冯川，苏克，译 . 北京：译林出版社，2011.

浅析《从莫斯科到佩图什基》的叙事特征①

四川外国语大学　翟梦云

【摘要】《从莫斯科到佩图什基》是后现代主义文学的开山之作，全书以戏谑、反讽的方式反映了当时俄罗斯知识分子扭曲、荒诞的人生境况。小说的叙述人物形象鲜明，叙述手法独特，对作品的建构发挥着重要作用。

【关键词】叙述特征；叙述者；第一人称；叙述时间

在20世纪后半叶的俄罗斯文学格局中，韦涅季克特·叶罗费耶夫的《从莫斯科到佩图什基》占有重要地位。小说"犹如《圣经》般的符号"[1]被尊为"20世纪70—90年代俄罗斯后现代主义最主要的艺术和哲学宣言"[2]。作为后现代主义文学的开山之作，这部作品备受研究者瞩目。撇开后现代主义的视角，从叙事学角度来看，《从莫斯科到佩图什基》也有很大的研究价值。这部小说采用第一人称叙述，叙述人物形象鲜明，叙述手法独特，对作品的建构发挥着重要作用。

1. 叙述者形象

《从莫斯科到佩图什基》这篇小说采用第一人称叙述，"我"既是事件的叙述者，也是叙事的主人公。查特曼最早在其《故事与话语》中，根据叙述者可被感知的程度，将叙述者分为外显的叙述者与内隐的叙述者，或者说，公开的叙述者与隐蔽的叙述者。外显的叙述者也就是在文本中现身的叙述者，而"内隐的叙述者则出现在所谓隐蔽或不露痕迹的叙述中"。[3]很明显，《从莫斯科到佩图什基》的叙述者是外显的叙述者。

叙述者以第一人称"我"的身份参与事件，读者能时刻感受到叙述者的存在：

> 当然，你们肯定会问：那后来呢，韦涅奇卡，那以后你又喝了什么来着？我自己也不太清楚我又喝了什么。

① 本文所有引用例句皆选自《从莫斯科到佩图什基》：韦涅季克特·叶罗费耶夫著，张冰译．桂林：漓江出版社，2014：9.

现在你们当然会迫不及待地问："你不是从商店来么，韦涅奇卡？"

您可别笑。调制鸡尾酒我可是经验丰富啊！

……

在这些叙述中，叙述者直接面向受述者"你们""您"，现身与叙述接受者交流，以与受述者对话的口吻叙述故事，形成叙述者讲而叙述接受者"你（您）"来听的叙述格局，实现叙述者与受述者的沟通。这样的叙述十分明显地显示出叙述者的存在。

小说中的叙述者具有较强的自我意识，这主要表现在叙述者对叙述的干预。在《从莫斯科到佩图什基》中，叙述者很少公开对事件、人物发表评价，叙述者的干预主要通过括号加注的方式来体现：

(1) 叙述者的独白

自然也不是因为早晨醒来，发现自己躺在不知什么人家的前门门洞里。（后来发现我是坐在门洞从下往上数的第四十级台阶上，双手把旅行箱搂在怀里，就这么睡着了。）

"嗯，可不是吗！不是我是谁呢？"（这个天生的尤物，她是怎么猜到的？）

在第一人称作品中，叙述者和被叙述者是同一个人，叙述者叙述的是自己的经历，因此，叙述者是"我"，被叙述者也是"我"。

在这两个例子中，括号内的内容是叙述者"我"的独白，而不是被叙述的"我"的独白。第一段话中，"后来发现我是坐在门洞……"，小说中经历事件的那个"我"在"现在我为自己难过的几乎要流下泪来"的那个时刻并不知道自己是坐在门洞从上往下数的第四十级台阶上，只知道自己是"躺在不知什么人家的门洞里"，此时知道"我"是躺在第四十级台阶上的只有叙述者，所以括号内的内容是叙述者的干预。同样，第二个例子中，作为知晓结果的叙述者明知道"我"的情人之所以认出"我"是叶罗费耶夫，是因为她读过"我"写的东西，但却在叙述过程中明知故问"这个天生的尤物，她是怎么猜到的？"。

(2) 与受述者对话

在上任以前，我们的生产流程是这样的：上午我们先坐下玩儿二十一点赌钱。（你们会玩儿吗？）

可后来（你们可听好了啊），可后来，当他们知道普希金的死因后，我让他们读一读《夜莺花园》……

括号中“你们会玩儿吗？”是叙述者与受述者的对话，叙述者在讲述主人公为何而会被免职的故事时，讲到这里忽然跳出来与受述者对话，为了不中断所叙述的事件，叙述者采用括号加注的方式。但这显然是叙述者的故意干预。第二段例子中“你们可听好了啊”“你们”依然是指受述者，叙述者在讲述过程中提醒受述者认真听其讲，也是在叙述过程中与受述者对话。

(3) 解释性干预

为了展开这项研究，不言而喻，非常有必要引入“物自体”（伊曼努尔·康德的概念，意为“使自身生成”），或者……

在第一句话中，括号内的内容是解释“物自体”这个词的，一般读者难以理解“物自体”的含义，叙述者在这里以括号加注的方式解释了其含义，有助于读者的理解。

2. 叙述时间

在小说文本中，时间分为故事时间和话语时间，或者故事时间和叙述时间。热奈特认为：故事时间指“故事中事件连续发生过程呈现的时间顺序”，话语时间指“故事事件在故事中的‘伪时序’”[4]。叙述时间对故事时间的扭曲一般可以体现为四种叙述状态：省略、概括、场景、休止。

在《从莫斯科到佩图什基》这篇小说中，故事时间基本呈顺时序贯穿作品，整体是连贯的。小说一共 44 节内容，以火车所经过的站点为每节的标题，每节的内容讲述的都是在两站点之间发生的事件。也就是说，叙述时间是随着火车的行驶不断推进的。整部小说几乎全部是以一种对话形式进行的，与天使对话、与自己对话、与主对话、与火车上的其他乘客对话，所以小说几乎全部由场景组成，这种场景式的叙述更能制造出故事时间与话语时间同步的效果。小说中表现时间的词语出现的很少，但是读者可以从每节标题中看出故事时间的发展。比如，第一节标题是“莫斯科。去往库尔斯克车站的路上”，显然，主人公是在去往库尔斯克火车站的路上，一边走一边回忆昨天晚上醉酒而睡在门洞的事情，接着第二节“莫斯科。库尔斯克车站广场”，我们知道主人公这时已走到车站。

小说的章节之间联系十分紧密，有时同一段落被分成两部分，上部分写在前一章节中，而后半部分出现在后一章节中。甚至是同一句话被分成两部分分布在不同的章节里。比如在“莫斯科。穿过商店走向列车”这一节最后，作者写到“只要能让我在镰刀站稍稍抿上两口，那么”，到这里，“那么”后面的话并没说完，但是这一节已经结束，接着是“莫斯科 —— 镰刀”这一节，“那么”后面的半句话“我就把一切全都招出来”成了这一节的开头。这样，就营造出一种“逼真”感，仿佛故事刚进行到“那么”这里时，火车刚好走出莫斯科，驶往镰刀站。再如，“61—65 千米”这一节的最后是：于是，老爷子开始了讲述：这一节在这里结束，而讲述的内容却是出现在下一节中的开头。同样，这使读者相信老爷子刚准备开始讲述时，火车已经走过了 65 千米处，这时正前往帕夫洛沃镇。由此可见，小说的时间在不断推进，叙述也在随着时间不断推进，中间没有中断的痕迹。所以，小说的叙述时长比较固定，没有明显的拉长和压缩。叙述者采用这种叙事策略，原原本本地记录了人物话语，保留了人物身份的各种特征和实际说话的时间长度，使叙述更加有现场感，逼真感。

总的来说，叙述人和叙述时间是叙述学研究的两个重要方面，《从莫斯科到佩图什基》的文本意义本身具有深刻的内涵，其不同寻常的叙述者干预突出了叙述人的主体意识，叙述时间与故事时间的一致性营造场景的“逼真”感，这些都显示了作者高超的叙述策略和文字技巧，使得作品获得了特殊的艺术效果。

参考文献

[1] [俄罗斯] 韦涅季克特·叶罗费耶夫 . 从莫斯科到佩图什基 [M]. 张冰，译 . 桂林：漓江出版社，2014：9.

[2] 皮野 . 俄罗斯后现代主义文学之开山之作：《从莫斯科到佩图什基》[J]. 俄罗斯文艺，2008 (2).

[3] 申丹，王丽亚 . 西方叙事学：经典与后经典 [M]. 北京：北京大学出版社，2011.

[4] 谭君强 . 叙事学导论：从经典叙事学到后经典叙事学 [M]. 北京：高等教育出版社， 2008.11.

[5] 张建华 . 对文化语义和美学形式的双重追寻—— 评韦涅季克特 · 叶罗菲耶夫的后现代主义小说《从莫斯科到佩图什基》[C]// 俄语语言文学研究 · 文学卷（第一辑）. 北京：人民文学出版社 , 2002.

果戈里《维》中神话素“圆”的分析研究

上海外国语大学　赵思敏

【摘要】乌克兰的民间文化和传说对果戈里 (Н. В. Гоголь) 产生了极为重要的影响，正因如此作家在创作中巧妙地融入了小俄罗斯民间神话元素。本文以果戈里《维》中神话素“圆”为研究对象，探究该神话素的象征意义和神话色彩，旨在更好地理解该作品思想内涵和文学审美特征。通过对作品《维》的分析，探究“圆”在斯拉夫文化中的丰富内涵，发掘作家独特的内心世界和文学视角。

【关键词】《维》；圆；神话素；斯拉夫文化

1. 前言

果戈里在其作品中广泛运用了俄罗斯民间创作的传统。他既描写现实世界，又创造了一个生动的想象世界。对于果戈里的研究从未间断，越来越多研究者关注到，在果戈里的创作中，能感受到乌克兰民间故事对他创作的深远影响。小说集《密尔戈罗德》(«Миргород») 中的《维》(«Вий») 就渗透着浓郁的乌克兰民间文学的神话元素。它取材于民间广为流传的神话与童话，人物个性以及善恶品质中无处不散发着神话元素，值得深入发掘。

2. 相关理论阐释

“神话素”(Мифема, Мифологема) 是克洛德·列维 - 斯特劳斯 (К. Леви-Стросс) 在思考神话结构的过程中创造的神话学术语，是指构成神话的最小单位。列维—斯特劳斯把法国语言学家雅各布森的音位学理论关于音位构成声音的观点运用到神话解释中，认为神话是由许多神话素构成的，如同词是由音位构成的一样。

列维—斯特劳斯运用结构主义的分析方法，先从神话的各种变体或各种类似的神话中分析出它们的神话素，即构成它们的最小单位，然后去证明这些神话素经过不同的组合就可以形成不同的结构。结构的不同就使得神话的形式有了变化，但它们的含义却可能是相同的或相似的。这就可以解释为什么神话有多种多样的形式，但大多有类似的意义。列维—斯特劳斯说：“我们永远必须把一个词在语言中包含的一个或所有意义与这个词可能在神话中全部或部分表达的神话元素加以区分。”（克洛德·列维 - 斯特劳斯 2007:166）

列维—斯特劳斯还举出一个例子来说明神话素：“太阳”在日常语言中是自然界白天出现的一种天体，但作为神话元素，“太阳”本身没有任何意思，在不同的神话中它可以覆盖极其宽泛的思想内容。实际上，“看到太阳出现在一个神话里的时候，谁也不会预料到它的特点、性质和功能，意义只能来自太阳所在的神话里包含的与其他神话元素的关联与对立，它本身不属于任何神话元素，而是来自这些元素的结合。”（克洛德·列维 - 斯特劳斯 2007:253）

3. 作品梗概及背景

三位基辅神学校的学生赶路时迷了路，于是请求一个陌生的老太婆收留他们过夜。夜晚，老太婆变成妖精跳到哲学生[①]霍马·布鲁特的背上，于是他就不受控制地飞奔起来。惊慌失措的霍马念起了咒语……随着清晨的到来，妖精的魔力渐渐消失，霍马趁势击打它。奄奄一息的妖精变成了一个美丽的姑娘，虚弱地躺在地上。霍马见状慌忙逃走。然而几天后他却得知：一位百人长的女儿在临死前要求霍马在她死后三天内为她做祷告。霍马怀疑这与他前不久的离奇经历有关，于是想方设法地逃避任务，但最后都未能成功。晚上，哲学生与死去的姑娘一同被锁在教堂里，他发现：这正是那个被他杀死的妖精！头两个夜晚，妖精从棺材中爬出寻找霍马，想要复仇。而霍马则为自己画了个“圆圈”(круг)，没有受到伤害，但却由于惊吓在一夜之间白了头。第三天夜晚，妖精召唤来了巨大的“维”[②*](Вий)来寻找霍马。霍马依旧为自己画了个“圆圈”，继续念祈祷文，但却没忍住看了“维”一眼。这一看导致他被“维”发现，群魔一拥而上。最终霍马因过度惊吓而死，妖魔鬼怪也被永远地封印在教堂中。另外两个学生当谈及哲学生的死时说道：要是他不害怕，画个十字，对妖精的尾巴啐一口唾沫，那就什么事都不会有了。

① 在当时的神学校里，按照各年级所授主要课目的不同，通常把一、二、三、四年级的学生分别称为文法生、修辞生、哲学生和神学生。前两种为低级生，后两种为高级生。

② “维”是民众想象的巨大的创造物。小俄罗斯人是用这个名字来称呼地神们的首领，那个眼皮一直耷拉到地面上的妖怪的。

4. 作品《维》中的神话素

4.1 俄罗斯神话的特点

俄罗斯神话在某种意义上可以说是基督教一神教神话与斯拉夫多神教神话相互影响、相互融合的结果，它们并存于同一个神话宗教体系中，因此具有鲜明的双重信仰特点。罗斯受洗后，东正教主要的批判对象是多神教的高级神灵（负责农业、军事、法律、仪式等社会生活中十分重要领域的神祇），而那些被东正教称为“妖精”的多神教低级神灵（不具备神祇地位的自然界神灵和妖怪）仍存在于民间文学、信仰和仪式中。有俄罗斯学者认为：《维》中的妖精正是多神教低级神灵的化身，哲学生霍马则代表着基督教。故事冲突的背后其实隐藏着多神教与基督教的对立。然而当霍马遇到危险时，他首先想到的却是使用魔法来保护自己：为自己画了个“圆圈”，使妖精既看不见，也进不来。要知道魔法是多神教的基本属性之一。显然，在果戈里心中，霍马的一只脚已踏入多神教的世界，不再是一名严格意义上的基督教徒。最后故事以两败俱伤收场。

4.2 《维》中“圆”的内涵

在斯拉夫神话中有这样一个传说：当一个人遇到危险时，在自己周围画个圆圈就可以免受邪恶力量的伤害。在果戈里小说《维》中主人公霍马在为百人长女儿念祈祷文时在自己周围画了个圈。正是这个圈保护了他，使他免受邪恶力量的伤害：

Она (ведьма) стала почти на самой черте; но видно было, что не имела сил переступить ее.（她 [妖精] 几乎就站在圆圈的界线上；可是她显然无法跨过界线。）

这个“圆圈”的力量如此之强大，以至于在最后一个夜晚，当霍马甚至已经被邪恶力量包围时，也没有被发现：

Все глядели на него, искали и не могли увидеть его, окруженного таинственным кругом.（大家望着他，寻觅着，却无法看到被神秘的圆圈包围住的他。）

圆圈把一部分空间作为保护的对象包围起来。圆圈可以为圈中的人和物阻挡来自外界的危险。具有魔法的圆圈能够让被保护对象与外界隔绝起来从而抵挡邪恶势力的伤害。而邪恶的力量既无法看到圆圈里的一切，也无法跨过界线。

然而邪恶势力会想方设法地冲破圆圈，而解除保护圈防备的方法之一就是同圈中的人对视。因此，圆圈中的人不应该直视邪恶势力，特别是当这个人对圆圈的可靠性产生怀疑时。果戈里在《维》中就描写了主人公与“维”对视后“圆圈”被冲破的场面：

«Не гляди!» – шепнул какой-то внутренний голос философу. Не вытерпел он и глянул. – Вот он! – закричал Вий и уставил на него железный палец.（“别看！”一个什么内心的声音对哲学生喁喁私语。他忍耐不住，看了。“那就是他！”维喊道，用铁铸的手指着他。）

《维》的神话色彩鲜明，果戈里也在该作品中运用了丰富的神话素，例如：神话素“圆”“教堂”“黑夜”“鸡啼”等等。每一种神话素都有其独特的内涵，但它们也绝不是独立存在的，它们之间相互联系、作用、结合，构成了神话结构的基本单位。本文将以《维》中的神话素“圆”为主要研究对象，借助“圆”与其他神话素之间紧密的联系来深入分析该神话素的深层内涵及文学价值。

5. 斯拉夫文化中的“圆”及时空循环解读

圆作为一种常见的几何图形，具有许多象征意义。它象征着整体与统一，循环与稳定，无限与永恒。圆的象征意义也通过许多固定的俄语表达体现出来，例如：замкнутый круг（循环往复），круг общения（交际圈）等等。本文将以《维》为例，分析神话素“圆”在斯拉夫文化中的象征意义。

5.1 时间上的循环

昼夜更替。夜晚是邪恶力量猖狂的时候，而随着清晨的到来，一切又恢复如初。正是在夜晚三个寄宿生迷了路，不幸的事接踵而至：

Но между тем уже была ночь, и ночь довольно темная. Небольшие тучи усилили мрачность, и, судя по всем приметам, нельзя было ожидать ни звезд, ни месяца. Бурсаки заметили, что они сбились с пути и давно шли не по дороге.（可是这当口已经是夜晚了，并且是一个非常昏黑的夜晚。几小块乌云更增加了阴暗，从所有的迹象上看起来，星星和月亮是没有希望露脸的了。寄宿生们发觉他们迷失了道路，已经有许久不顺着正路走了。）

通过作者对夜晚的描写我们不难明白，很快不幸将降临在主人公身上。夜晚降临之际，霍马即便身处教堂也无法平静下来，也正是在一个“地狱般漆黑的夜晚”迎来了故事的高潮——维，邪恶力量首领的出现。在《维》中许多重要的情节都发生在夜晚。果戈里自然明白，在民间传说中夜晚同黑暗，邪恶和巫术紧密相连，所以邪恶力量强大的夜晚是一天中最危险的时候，对主人公的生命造成了巨大的威胁。而清晨的曙光则能驱赶邪恶。果戈里在文中也描写了清晨邪恶力量消失的场面：

«Ох, не могу больше!» – произнесла она в изнеможении и упала на землю. Он стал на ноги и посмотрел ей в очи: рассвет загорался, и блестели золотые главы вдали киевских церквей.（“唉，我再也走不动了！”她（妖精）疲惫不堪地说，接着就倒在地上。他站定了，直对她的眼睛望着：天际漏出了一抹曙色，基辅一些教堂的金顶在远方辉耀着。）

“鸡啼”在文中占有举足轻重的作用，头两个晚上正是报晓的鸡啼声驱散了邪恶力量，赐予了霍马勇气与力量，救了他一命：

Сильно у него билось во все время сердце; зажмурив глаза, всё читал он заклятья и молитвы. Наконец вдруг что-то засвистало вдали: это был отдаленный крик петуха. Изнуренный философ остановился и отдохнул духом.（他的心一直剧烈地跳动着；他眯缝着眼睛，一心一意念着咒语和祈祷文。最后，忽然远远地传来了一阵啼鸣；这是远处的鸡啼。疲惫不堪的哲学生停住不念了，舒了一口气。）

同时通过作者的描写我们得知，鸡啼对邪恶力量产生了很强的震慑作用：

Раздался петуший крик. Это был уже второй крик; первый прослышали гномы. Испуганные духи бросились, кто как попало, в окна и двери, чтобы поскорее вылететь.（传来了鸡啼。这已经是叫第二遍了；叫第一遍的时候地神们没有听见。惊慌失色的妖魔们看到哪儿有窗和门就往哪儿窜，想赶快逃出去。）

在斯拉夫神话传说中，公鸡与光明的到来和新生命的诞生紧紧结合在一起。人们认为公鸡会算出时间，而它们的啼鸣声则能吓跑夜晚的邪恶力量。对这一民间迷信了如指掌的果戈里不止一次将其运用到《维》中。

5.2 空间上的循环

笔者认为，在果戈里看来一个人正常的运动轨迹应该像个圆一般——平稳而又有规律地循环。每个人都应该履行各自的使命，不能越线出界，违背职业操守从而打破自己的日常轨迹。在文中作者两次描写到主人公——神学校的哲学生霍马迷路的场面，似乎在向我们暗示着，主人公早已偏离了自己的人生轨道，走上了一条不归之路：

Бурсаки заметили, что они сбились с пути и давно шли не по дороге».（寄宿生们发觉他们迷失了道路，已经有许久不顺着正路走了。）

就连在原本记得烂熟的路上哲学生等一行人也一样迷了路：

Проколесивши большую половину ночи, беспрестанно сбиваясь с дороги, выученной наизусть, они наконец спустились с крутой горы в долину.（车子迷失了道路，不断从本来记得烂熟的路上岔开去，迂回地走了大半夜，最后从陡峭的山岭降落到溪谷里。）

通过这两段作者对“迷路”的描写，加之文中对主人公霍马日常生活习惯、言行举止的描写，我们不难发现，在果戈里心中这个“圆”早已缺失。正因为失去了这个“圆”，在人生的道路上迷失了方向，主人公才遭遇了一连串的不幸。似乎有一种神秘的、无法抗拒的力量指引着主人公走向通往教堂的不归之路。不管霍马怎么反抗，都无法让自己摆脱走向死亡的运动轨迹。

6. 和谐与秩序

在俄罗斯圣像文化中，圆象征着在宗教和精神上达到尽善尽美。笔者认为，果戈里在创作《维》时，心中也应当有这样一个“圆”，它像一把道德上的标杆，衡量着主人公的言行举止，也体现出作家对善恶美丑的定义。如果一个人不守规矩，那么他自己就破坏了生活的和谐与平静。

令人惊讶的是，尽管百人长家境殷实，拥有众多仆人，但教堂却是一副完全荒废的景象：

Позолота в одном месте опала, в другом вовсе почернела; лики святых, совершенно потемневшие, глядели как-то мрачно.（金箔在一块地方剥落了，在另外一块地方完全发黑了；圣徒们的黑黝黝的脸显得有些阴沉。）

教堂的破旧与荒废并非偶然，而是从侧面反映出人们对上帝，对信仰的亵渎。正如文中所说的那样：“显然，这教堂里已经许久没有做过礼拜了。”不仅仅是教堂，就连神学校也是如此。神学校里的学生好吃懒惰，偷窃成性，违背教规，罪孽深重，作者在文中也多次描写到学生们恶劣成性、怙恶不悛：

богослов уже успел подтибрить с воза целого карася. И так как он это производил не из какой-нибудь корысти, но единственно по привычке, и, позабывши совершенно о своем карасе, уже разглядывал, что бы такое стянуть другое, не имея намерения пропустить даже изломанного колеса, – то философ Хома запустил руку в его карман, как в свой собственный, и вытащил карася.（神学生已经从货车上人不知鬼不觉地把一条鲫鱼偷到手里了。因为他这样做并不是出于什么贪欲，却完全是由于习惯，并且早已把这条鲫鱼忘记了，已经又在打主意能偷些别的什么，甚至也不肯错过一只毁坏的车轮，所以哲学生霍马伸手到他的裤子带里非常容易，就像摸自己的口袋一样，结果就把那条鲫鱼摸走了。）

结果，不管是在教堂里还是在其他地方，到处都笼罩着一股邪恶的力量。教堂竟成了恶魔的藏身之处。在这个没有信仰的世界里，无论是祈祷文还是“保护圈”都无法拯救被邪恶力量包围的主人公。

7. 结语

善与恶不断地在人们心中做斗争。然而如果一个人不求上进，随波逐流，那么他早晚会走向自我毁灭。因此当这些未来的牧师们整天只想着抽烟喝酒，吃饱睡足时，他们就已经将邪恶引入自己心中，果戈里以此来警戒后人。

死亡是果戈理在作品中对恶人最严重的惩罚。但只要有神的庇佑，人的灵魂就不会轻易堕落。果戈理信仰上帝无私、博大的爱。神不仅爱高尚的人，同时也爱恶人、罪人。果戈里认为，只有虔诚地信仰上帝，上帝才会用仁善之爱帮助人战胜魔鬼， 洗涤心中之恶。

参考文献

[1]Гоголь Н.В. «Вий»[M]. Москва: Мартин, 2014.

[2] 蔡艳菊 . 神话素：列维 - 斯特劳斯神话理论的基本范畴 [J]. 长江大学学报，2017（1）.

[3] 冯小庆 . 果戈里中篇小说《肖像》的宗教神秘主义浅析 [J]. 西伯利亚研究，2012（10）.

[4][俄] 果戈里 . 果戈理精选集 [M]. 周启超，编选 . 济南：山东文艺出版社，1998.

[5][法] 克洛德・列维 - 斯特劳斯 . 遥远的目光 [M]. 邢克超，译 . 北京：中国人民大学出版社，2007.

[6] 徐佩 . 俄罗斯多神教神话的特点 [J]. 黑龙江社会科学，2009（4）.

和合文化观下文学翻译审美调节

上海外国语大学　高少萍

【摘要】翻译文学旨在实现审美的跨文化体验。跨文化审美体验与文化异质性、译者对待文化冲突的态度和采取的策略以及译文读者的审美需求等相关。翻译文学文化异质性要求译者以文化间性身份介入文学翻译实践，进行适度、适宜、适量的审美调节、实现译本中异质同构的和谐审美。本文以和合文化观为视角探索文学翻译审美调节所关涉审美客体、审美主体和审美调节渐进性等问题。

【关键词】文学翻译；和合；适译；审美调节

1. 前言

文学翻译是以原作和译作为客体、以作者、译者和读者为主体的主客体交互作用的复杂实践。文学翻译中审美再现首先要进行语言文字的转换，其次必须克服文化差异，最后借由译者运用自身文学修养和禀赋将原作审美传达给译文读者。优秀的文学译作不仅再现作者描绘的自然风光、人物形象性特征、语言的独特魅力等视听美感，同时将作者的显性和隐形的思想感情、意境以及创作的审美意图最大限度传达给译文读者。

文学翻译审美的理解与原作背景、作者和译者的背景紧密相连。审美的传达则基于译文读者获取阅读审美的需求。审美的传达与译者和译文读者所处的时空语境有关。译者在尊重作者同时，必须兼顾译文读者、译文所在文化语境。考虑译语文化语境的审美倾向（群体无意识）进行适度的再创造。审美再创造过程中译者将自己在阅读原作中所获得情感、精神享受和美感传达给译文读者。这一过程中纯粹异化的直译势必生硬晦涩、完全归化的意译又会导致对原作肆无忌惮地改写。只有遵从跨文化文学翻译的一般规律，理性地分析文化差异的程度以及译者主体介入的客观性，给译者诠释原作、传达创作意图展示原作之美的空间，在一个宏大的时空维度下审视原作审美和译作审美和谐地互动与交融。

2. 文学翻译审美之和

不同于其他体裁的翻译实践，跨文化的文学翻译是指不同文化语境中进行的翻译实践，文学翻译以传达作品审美为目的的实践。17 世纪法国翻译家于埃提出翻译“忠实性”为首要原则。他强调译者忠实原文和原作者，译文要流畅，译者不要过多介入原作，以免构成对译文读者的欺骗。于埃的观点包含两层意思：忠实和介入。“毋庸置疑，对于翻译文学而言，异域旅行将会遭遇众多复杂的因素，社会环境、权利话语、意识形态、价值观念等都会使得作者与读者、与译语文化等产生强烈碰撞……”（胡牧，彭文青 2013：61）。原作和作者所处的时代背景（尤其是政治环境）、地域空间（自然地理环境）以及创作中作者风格（作者主观性）与译者、译作以及译文读者的主客观背景客观上必定存在差异与障碍。不同文化体系的差异性是相对的、是可比的、是可以共通。跨文化交流的使者 —— 译者必须打破文化壁垒、跨越文化障碍、达致作者与译文读者之间的呼应、沟通。

和谐万物生，异质性文化之间交流亦如此。“和合是中华文化的精华，也是当代和谐文化之根。”（吴志杰 2011：5）和合就是兼容并蓄，就文化而言，是面对外来文化一种宽容的姿态和开放的态度。“从和合的人学角度和人文立场来考察，文化是标志人类生存样式、意义规范和可能发展方向及道路的整体性范畴。”（张立文 2006：488）和合学为跨文化文学翻译实践中，民族、地域、意识形态差异导致的冲突和碰撞对译者和译文读者构成交流障碍提供新视角。正如张立文所言：“和合学以中华民族文化的世界化发展为空间性的战略基点，力求通过对各民族文化的人文精神的和合诠释，把握人类文化历史性冲突、融合的理路、脉络和取向。”（张立文 2006：489）中国传统文化倡导的“和合”理念为文学翻译提供一个理智、积极、乐观的视角。

和合文化观指导下的文学翻译实践包括文学审美解读与审美传达。文学审美解读是指原语文学作品在跨文化解读过程中，原语文化与译语文化、作者主体性与译者主体性以及语言文字文化之间、原作和译作的显性或隐性情态意义等从冲突碰撞到互动交融的过程。从文学翻译角度分析审美解读与传达最终要落实到遣词造句篇章并通过翻译转换传递给译文读者。缓和冲突、传递审美都需要译者适度、适宜、适量的介入，文化之间差异越大译者主动或被动介入则越多。译者的所有介入旨在不断提高译本在译语现实世界的融入度。译者的文化间性身份赋予他运用适译实现主体性的个性化、互动化以及和合化。

通过适译进行调整受制于原语文化和译语文化、作者意图。适译与绝对的异化策略或归化策略以及单一直译和一味意译有着本质区别。作为翻译实践的操纵者，译者既不能毫无顾忌地背离作者，也不能无原则和底线地迎合译文读者。翻译伦理对译者提出两个从业要求：语言资质和交往资质，即译者不仅具备翻译行为的语言资质，精通所译外国语言以及交稿的母语修养，同时具备跨文化交流的交往资质。交往资质指译者跨文化交往活动中具有化解文化冲突的能力，在冲突中互动、融合化生和合之美。

和合文化观为不可译性质的文本拓宽了思路、提供了解决的途径。无论是传统与现代、东方与西方、内部与外部、个体与群体差异形成的不可译，都可本着和合文化观进行传译。和合文化观帮助我们理性对待翻译文学中不可译性的可变性和相对性，明确文学翻译审美是一个多种因素参与呈现动态渐变的、永无止境的过程。尊重跨文化诠释和传达审美是在一个时空立体维度下互动交融、不断充实、逐渐优化、无限接近的过程。

3. 和合文化观下的文学审美适译

文学作品审美客观上包括一定历史背景下的物象、情感、意蕴、意识形态等。文学作品创作主观上内化并延伸着作者在观察世界、认知世界、领会外部世界与自觉创造审美诉求。作者用文字向读者展示具有艺术价值的社会生活的物质美感和精神愉悦。作者面对读者，努力与读者达成共识、期待读者通过阅读感受到精神享受、得到启发、获得共鸣。作者在创作过程中不仅要关注自我需求，更要关注读者的阅读需求。在传达共性美时凸显个人特点、才华，实现作家独特审美价值。当文学进行跨文化传播过程中，译者在视角、着眼点、情感上寻求与作者最大契合度。从和合文化观角度分析，审美理解应当以原语文化语境为立场，遵从原作审美中群体无意识原则，努力捕捉作者独特的审美视角、动机。译者置身于作者所创造的审美视阈，忘我的境界并与作者达致物质世界和精神体验的共识，最大限度发掘原作的审美。文学审美的解读需要兼顾审美主体共性和个性以及主观不确定等因素。

和合文化观视角下的文学翻译，本着“和则生物”原则，践行“求同存异”的实践。适译提倡适量、适宜、适度的吸收型翻译（吴志杰 2011：11）。和合文化观视角下文学翻译以文字为基础，关注到人文与伦理层面需求。

文学翻译的审美是不同文化系统下人与人之间借助于翻译文学作品沟通互动的结果，也是文化共融的最佳途径之一。实现审美绝不可视为语言层面单一字面对字面的简单转换，更不能是译者信马由缰的主观随意行为。译者必须在跨文化时空语境下以审慎的态度对待审美所关涉的主观和客观因素，坚持自我文化身份，接受认同他文化的同时进行适译，保证“我文化”与“他文化”的交融，从而达到文学翻译最终目的 —— 审美。文学翻译的审美首先与原作背景相关，包括原作的物质世界文化、社会生活和作者个体主观性文化特质。

3.1 和合观下文学翻译审美之客体

同一母体文化是拥有审美情趣共性的前提。审美客体包括与审美发生联系的一切时空条件下的物质和现象，即同一地理空间范围里人类群体共同拥有的物质世界、生产方式、物质文明。文学审美在跨文化传播时译者要用严谨的态度并秉承职业伦理进行翻译转换。在实践中领悟严复的译事三难、把握“神似”“化境”的尺度。译者在翻译文学作品时，既不能迎合译文读者抹杀原语文化一切与译语文化不相符的区域特征、自然风光、独特物种。例如，将俄罗斯饮食中调味品 соус 等同于“酱油”，епитрахиль 误译为“肩袈裟”（杨仕章 2008：220）也不应拘泥于原语文字和文化差异而死译硬译。众所周知，民族性越强的文学作品，跨文化转换难度更大。一个民族的语言、文化、思维方式、精神世界、心理状态等落实到作家笔下，再进入跨文化传译层面，文化缺省和对抗、冲突、错位无处不在，译者要把握和合之文化观，自然、和谐地传达美感。

中国文化走出去，需要理性地考虑走出去的步骤和力度，这样才可能有更多的莫言被世界所认识了解并接受认可，要让外国人了解中国文化瑰宝 —— 唐诗、宋词和元曲的凝练、意蕴必须由译者进行适度调整。在不影响整体意境的前提下，以和谐为原则可以考虑适度地替换或者删减，进行文化信息整合，尤其是在首次翻译的时候，关注点更多倾向于译文读者。如果过度追求“忠实”，可能会使译文读者失去阅读兴趣，导致审美误读、解读进程中断，甚至无疾而终。

3.2 和合观下文学翻译审美之主体

主体指具有主观能动性的人。审美主体指审美活动中践行者，包括作者、译者和读者。文学作品的作者是创作具有审美价值的主体，优秀的文学家必须具有艺术气质、巨大精神力量和丰富灵动的表现手法。伟大艺术家的创作力求作品深邃、凝练、超越狭隘的个人意识、同时又不缺乏个性风格。作家透过包罗万象的物象挖掘丰富宏大的人性、抒发内心世界情感、塑造个性丰富的文学形象。文学作品的作者潜意识中从和合角度出发，创作中揭示人类共有的情感体验同时传达个性鲜明的主观审美，没有个性的审美作品是不可能获得认可与感染力。读者用审美诠释另一个主体。读者阅读文学作品时必定结合个人体验、阅历、文化背景、情感倾向、审美情趣去领悟、融合、汲取。通过阅读读者不断丰富自己的精神世界、提高对自我的认知，升华感性体验。读者对作品的诠释使得审美在纵向和横向空间无限延展。

人在审美活动中努力实现文字与人的和谐互动，人作为主体赋予客观物象以美感并将主观感受映射固化在字里行间。跨文化审美调节中，主体性体现为主体在认知过程中可以超越自身经验阅历、更新或开辟观察世界的视角、打破原有知识储备的局限和所在“物质世界、社会世界和个人认知”的固有模式。译者作为跨文化文学作品的第一审美主体同样不断开拓、更新原有的知识格局，主动发现、领悟、接受吸纳新知。显然，译者不仅是审美解读的主体，同时也是传递审美的主体，即双重人份的人。从和合学分析，译者在打破自身环境的局限协调自己与作者的沟通互动、更新原有的认知与判断，与此同时通过适译为作者和译文读者创造和谐互动的环境。

跨文化文学审美涉及三方以上主体互动。译者与作者和译文读者在隐形的时空中进行交流。译者要回到作者所在生活世界，去理解、想象、揣摩，超越自我的立场去倾听、解读作者神秘、丰富的内心世界，然后再回到译文读者所在物质和精神世界进行艺术再创作。译者在创作过程中必须使用适译手段达到中介的目的。译文读者是具备主观能动性的审美主体，在译者帮助下，译文读者以自身审美体系为基础，通过阅读翻译文学寻求人类共性的精神契合，接受新的审美视角、审美形式，透过文字发现内在的丰富、魅力和永恒精神力量。

因此，文学翻译的实践者 —— 译者通过适译缩小文化差异、缓解冲突和矛盾，用适译完成审美调节。平衡这种复杂关系并达致翻译目的的关键是译者的意识、态度、资质和职业伦理意识。译者主体式介入语言解析和审美解读与建构、他既要忠实于作者的审美构思而“隐身”，同时又要为译文读者接受认同审美而“大显身手”，这是一个复杂而漫长的过程。

3.3 和合文化观下文学翻译审美之渐进性

适译旨在调节审美，审美调节成功与否取决作品、作者、译者和译文读者的审美取向和态度。从某种程度可以将适译视为审美能力培养的过程，即和合之美是一个复杂的过程，文学翻译审美具有渐进性特点。

首先，文学翻译审美文化时间维度下和合审美渐进性。从原始社会、传统农业到现代工业文明乃至当今的信息化社会的不同历史阶段，文化模式、生产方式、自然环境等生产资料和消费资料发生巨大变化。原始时代一些匪夷所思对自然现象的顶礼膜拜、图腾、禁忌避讳等所有审美客体，由于时间造成的差异性而引起的文化冲突，必须由译者通过适译来化解，适度、适宜、适量地删减、加注、脚注、仿造等帮助译文读者跨越数百上千年的时间跨度，去理解、接受原作的审美。简言之，文学翻译审美跨越的时空差异越大，审美的渐进时间会更久。

其次，地域差异与和合审美的渐进性。从空间视角分析，地域不同生活方式差异更大，文学审美调整幅度相应变化，即适译的程度也不同。亚洲文化价值体系内生活方式类似，则审美调节幅度小，接受度更大。

再次，不同时期的译者从语言形式、体裁和风格上诠释作者的创作，逐渐挖掘作者创作目的，使得原作审美更加原汁原味、完整地呈现。和合文化观要求译者以译文读者为中心，帮助译文读者走进作者，促成作者和译文读者求同存异、以和为贵的交流互动、理解和认同。一部翻译文学作品逐渐被译文读者接受，其作品描写的时代、人物、思想、审美也逐渐被认同，当译作达到一定影响力时，阅读原汁原味的需求就会越来越强烈。同一个或不同译者一定会更多地倾向于作者文化立场去达成与译文读者的和合互动。从倾向于译文读者文化立场到逐渐成为作者文化立场的“代言人”，这一和合的过程可能会拉得很长。当代年轻人很少有人知道，《婀娜小史》是《安娜·卡列尼娜》，也难以相信《上尉的女儿》曾被翻译成《甲必丹之女》和《俄国情史》。

最后，文学翻译审美渐进从本质上说也是从归化主导到异化主导的演变过程，归化主导和异化主导否认了绝对的归化和百分百的异化，而正是说明了和合文化观中文化立场偏移。审美调节中适译的“度”是随着译文读者接受度不断调整。此外，文学翻译审美渐进性也可能首先以变译、节译、摘译等形式出现。有时为了推介某部翻译文学，出版商或者译者也采用书评等方式，用最精炼的语言强调一部文学作品的影响力和感染力，激发译文读者阅读兴趣，为推广译作做铺垫。文学翻译审美在这一阶段极大地被浓缩，也就是最大限度的适译。

4. 结语

和合文化观是一种自觉的、理性的、符合中国传统美学的理念。在文化快速转型的当下，我们要通过翻译中国经典文学作品、历史文化瑰宝让世界了解中国。与此同时，我们更需要一种开放、科学的心态接纳外来文化。以和合理念指导下的适译分析文学翻译中审美问题。用中国理论指导文学翻译实践，具体实践中我们要根据理论研究做出的策略方法选择指导翻译活动。要将审美视为文学翻译的关键要素，要采用适译诠释审美调节的不同关涉要素和时空跨度、主客观条件等展开。文学作品的译者一方面要坚守文化的民族性、传承性原则，应当坚信文化的兼容性特征。从文学翻译的跨文化传播出发，忠实于作者的审美的群体性特征和个性化魅力，为译文读者的阅读接受、认同、吸收创造条件。帮助不同文化之间文字创作的艺术魅力得以传播，从而促进形成不同文化之间兼收并蓄、同存共融的和谐格局。

参考文献

[1] 胡牧，彭文青 . 俄国文学在中国的翻译与接受 [J]. 中国翻译，2013(5):61.

[2] 吴志杰 . 和合翻译研究刍议 [J]. 中国翻译，2011(4): 5-11.

[3] 杨仕章 . 俄汉误译举要 [M]. 北京 : 国防工业出版社，2008.

[4] 张立文 . 和合学 [M]. 北京 : 中国人民大学出版社，2006.

中俄餐饮文化差异及翻译

上海外国语大学　傅燕　陈洁

【摘要】文中主要介绍了俄汉民族餐饮文化差异，涉及食品类别、烹饪方式、进餐次序、方式、时间。文中较为详细探讨了中文菜肴的命名及俄译问题，指明中式菜肴的命名多采用如下方法：以写实、写意手法命名，以人物或人物头衔、地名、数字和颜色命名。

【关键词】俄汉互译；餐饮文化；菜肴翻译；中俄饮食差异

引言

一个民族的传统饮食，反映着一个民族的历史文化特点。中国的饮食文化源远流长，中国菜肴色、香、味、形俱佳，烹饪艺术高超，名扬四海。传统的俄罗斯文化是一种游牧文化，俄罗斯人饮食相对简单。中俄饮食文化差异主要表现在食料、烹饪方法、进餐方式、菜肴命名等几个方面。

1. 食品类别

俄式饮食主要是动物类和海鱼及淡水鱼类，辅以植物类。由于俄罗斯夏短冬长，日照不足，所以一年四季植物类主要以土豆、卷心菜、胡萝卜、洋葱为主，新鲜的时令蔬菜和水果较少。中餐主要是植物类和淡水鱼类，辅以动物类。中国人视为珍馐美味的甲鱼、狗、鸽子等，俄罗斯人一般并不特别喜欢；而俄罗斯人习以为常的生咸鱼 (солёная рыба) 、鱼子 (икра) 等，中国人未必钟爱。中国人的喜好的虾（креветки）、蟹 (краб) 、竹笋 (бамбуковые побеги) 等，俄罗斯人一般或认为不能吃，或兴味索然，他们通常无法接受食用动物的内脏、鸡脚、猪脚。

2. 烹饪方式

中餐烧制十分讲究，蔬菜加工后形状多种多样，有整体、块、片、卷、条、段、丝、丁、粒、末、泥、浆、汁等，俄式菜肴处理较简单，蔬菜加工后一般有整体、块、丁、泥等几种形状。中式烹调讲究用火大小。俄式菜肴烧制主要有煮、蒸、炸、烤和熏几种用火方式，一般时间较短，火温适中。下锅不起油锅。中餐多复合味：酸辣味、麻辣味、糖醋味等；俄餐菜肴讲究本味及调料的独立使用，特别是俄国大菜一般不串味，菜肴的主料和配料通常分置，要咸就咸、要酸就酸、要甜就甜、要果味就果味。

3. 进餐次序、方式、时间

进餐次序方面，中国人一般先吃饭菜，最后喝菜汤（广东人等吃饭先喝汤属于例外）。俄罗斯人用餐先汤后饭。俄罗斯人的进餐方式是一道一道地吃菜，上菜时一般先上凉菜 (закуски)，如沙拉、火腿、鱼肉冻、凉拌生菜、酸黄瓜等。然后再上主菜，主菜有三道，第一道菜 (первое) 是汤，如鱼汤、清鸡汤、红菜汤（也称罗宋汤）等；第二道菜 (второе) 是肉菜，如煎牛排、炸鸡、炸肉饼等配上土豆条等；第三道菜 (третье) 是最后一道，是甜食 (сладкое)，一般是煮水果、果子冻、冰激凌、点心或各种咖啡、茶等各种饮料 (напитки)。

如是家常饭，可边喝汤边吃面包，尔后再吃菜（鱼、肉等）。每餐除汤外，还配有饮料、果汁、茶水等。俄罗斯人进餐时间与我们不同，这是起居时间差异所致。通常对俄罗斯人来说，11:00 之前称为 завтрак（早饭），18:00 之前都称为 обед（午餐），而 ужин（晚餐）则在 20:00 以后，他们习惯晚睡晚起床。

4. 菜肴名称的翻译

中餐菜肴的称谓方式可源自其色彩、外形、食料、味道、制作方法等。有些菜名具有丰厚的文化内涵，或与某些成语典故有关，有些菜名还采用了比喻、夸张、拟人等修辞手段。翻译时既要符合俄式菜肴命名习惯，又要体现中餐特色，切忌望文生义，或按字面含义直译。

4.1 烹饪方法的翻译

中餐烹调方法数十种，现将较为常见的列举如下。

炒 обжаривание в масле при постоянном помешивании，煎 обжаривание в масле на медленном огне，烹 обжаривание в масле до образования румяной корочки и быстрое обжаривание в соусе，炸 обжаривание в кипучем масле，酱 тушение в соевом соусе，добавление приправов в предварительно отваренные компоненты блюда，爆 быстрое обжаривание на сильном огне в масле с добавлением соуса，熘 обжаривание компонентов в масле с соусом-пастой，

塌 обжаривание компонентов в кляре из яйца и кукурузной муки в масле на медленном огне，贴 запекание в масле с подливанием воды，烧 обжаривание в масле от варенных компонентов，扒 тушение компонентов， залитых соусом，烩 тушение предварительно обработанных компонентов в густом соусе，蒸 отваривание на пару， 炖 отваривание на слабом огне， 焖 отваривание в закрытой посуде， 煮 отваривание， 氽 быстрое отваривание в кипящей воде，烤 сухое нагревание，拌 добавление при правов в холодное блюдо，熏 копчение，卤 тушение в соусе со специями。

做甜菜常用以下几种方法：拔丝 подливание растопленного сахара в обжаренный компонент， 蜜 汁 обмакивание в сироп， 挂 霜 глазирование в растопленном сахаре。

某些食料形状的翻译：片 ломтики，丝 соломки，丁 кубики，条 полоски，末 измельченные，球 шарики。

味道翻译：甜 сладкий，酸 кислый，咸 солёный，辣 острый，麻 пряный，苦 горький。

4.2 菜肴名称的翻译

中菜命名主要根据主料、配料、刀法、造型和烹调方法五个方面，还有不少中国菜的命名，涉及一些典故、背景知识、创始人、动植物名称等，讲究文雅、形象、吉利，注重联想、寓意，有时甚至舍弃食料本身。如“八仙过海”“佛跳墙”“满汉全席”“孔雀开屏”“四喜丸子”“蚂蚁上树”“夫妻肺片”“炒玉兰片”“三鲜”等。中国菜肴主要命名方法如下。

4.2.1 以写实手法命名

中国菜肴中用写实手法命名的菜名占大多数。其特点是如实指明食料和烹调方法，对其一般采取直译法：炒猪肝 жареная печёнка，葱炮肉 жареное мясо с луком，油焖笋 тушеные побеги бамбука на масле，烧冬菇 тушеные грибы

4.2.2 以写意手法命名

这类菜肴名称的特点，不完全着眼于菜肴的用料和烹饪方法，而是择取菜肴本身的色、香、味及造型特色，迎合人们喜爱“吉祥”的心理。对其多采用意译法：狮子头 колобок из трепангов и свинины，四喜丸子 отбивные котлеты на пару，翡翠豆腐 заливной соевый творог，芙蓉鸡片 рубленое филе кур в соусе，灯笼鸡 курица，обернутая в бумаге。

4.2.3 以人物或人物头衔命名

这类菜名，有一定的历史文化背景，或有一段神话般的故事，常兼用意译和直译法：宫保鸡丁 курица Гунбао (куриное филе с арахисом и перцем)。“宫保鸡丁”得名于清代四川一位姓丁的总督，“宫保”是他的官衔。这位大人喜食以鸡脯肉丁和花生米为主料，以红辣椒、花椒、白糖、醋等多种配料炒的菜。这道以美食加官名称名的菜，具有独特的四川风味。

另一道川菜“麻婆豆腐”соевый творог(тоуфу) острый (с перецем)，源自清代成都一位陈氏民女的绰号。她烧的豆腐味道鲜美，但她面部有些麻子。这个麻婆女人烧的麻辣豆腐，因此得名“麻婆豆腐”。东坡肉 свинина Дунпо（аппетитное блюдо носит имя своего создателя Су Дунпо видного поэта Династии Сун）。北宋大文学家苏轼(号东坡居士)被贬黄州时，经常亲自烹调菜肴，一次用文火煨肘子，准备款待客人，由于只顾与人下棋，忘记看锅。忽然想起炉子上的炖肉，以为烧焦了，结果发现香气扑鼻，色泽鲜艳，美味可口，竟无意中烧出了一道好菜。后来他出任杭州知府，“东坡肘子”广为流传，遂成了一道杭州名菜。

4.2.4 以地名命名

这类菜比较简单。它们强调的是地方风味，翻译时译出“食料 + 地名（一般用带 по- 的副词形式）”：北京烤鸭 жареная утка по-пекински，南京板鸭 прессованная утка по-нанкински，广式牛肉丝 нарезанная говядина жареная по-гуандунски。

4.2.5 以数字命名

这类菜肴名称一般突出数字，强调做菜食料的品种。翻译时可采用两种方法。

a. 具体译出组成菜肴的食料名称：烧二冬 побеги бамбука，жареные с грибами，三丝鱼翅 плавники акулы с трепангами，креветками и рыбой。

b. 概括译出菜肴由多少种食料组成：炒三样 блюдо трое на масле，脆皮八宝鸭 хрустящая утка с восьмью видами гарнира。

4.2.6 以颜色命名

这类菜肴名称突出菜的颜色和烹饪方法，翻译时需予以两者兼顾。白扒羊肉 баранина в белом соусе，红烧鱼翅 плавники акулы в коричневом соусе，白斩鸡 холодная курица с соусом，红烧肉 тушеное мясо в соевом соусе，白扒鲍

鱼 морское ушко(абалон) паровое。

上述中俄饮食文化差异，是从总体而言的，因人而异的个体情形例外。了解中俄饮食文化差异，避免、克服交际中的障碍，是实现成功交际的基础，也是对饮食文化内容进行正确翻译的前提条件。这是中俄交往中不可忽视的一个日常环节。

参考文献

[1] 李菊 . 一些饮食成语反映的俄罗斯民族文化 [J]. 西安外国语学院学报，2001(4).

[2] 李郁青 . 中国菜式命名的文化内涵与翻译 [J]. 江汉大学学报（人文科学版），2002(1).

[3] 汪成慧．俄汉饮食文化差异及中餐菜名的俄译 [J]. 齐齐哈尔大学学报（哲学社会科学版），2004(1).

[4] 熊力游．中华菜名功能与翻译处理 [J]. 长沙大学学报， 2004(3).

[5] 张惠芹．北京俄语导游 [M]. 北京：旅游教育出版社，2001：50-55.

[6] 张锦兰．目的论与翻译方法 [J]. 中国科技翻译 , 2004(1).

[7] 朱益平．旅游翻译中文化差异的处理 [J]. 西北大学学报 (哲学社会科学版)，2005(2).

Painted and Plastic Earthenware with the Images of Taras Shevchenko and Characters of his Works

The Ethnology Institute of National Academy of Sciences of Ukraine, Halyna Ivashkiv

Abstract: The given article explores the image of Taras Shevchenko and the characters of his works in folk earthenware. The author has singled out major types and groups, composition schemes and motives, as well as decoration techniques for these samples of earthenware. The paper also underlines artists' creative approaches to depicting the Ukrainian genius and the characters of his works.

Key words: Taras Shevchenko, image, earthenware, composition, decor, illustrations of works.

Love and honor to the brilliant Ukrainian poet Taras Shevchenko are nationwide. Immortalization of his image in the works of various artistic genres began at the end of the 19th century. Graphic, painted and plastic and sculptural compositions depicting Kobzar on paper, canvas, wood, metal, and clay complemented embroidery, carpets, and monumental works. Streets, squares, parks, societies, scientific institutions, as well as museums were called by his name.

Shevchenko's theme was constantly in the sight of Ukrainian potters, especially during the periods associated with Kobzar's anniversaries (1911, 1914, 1939, 1961, and 1964)[①]. This article deals with the national earthenware of the 19th – 20th cc. depicting T. Shevchenko and characters of his works. Some clay works have not survived – we have only references about them in archival materials and exhibition catalogs.

① *Щербак В. А.* Шевченко Т. Г. у народно-декоративному мистецтві // Шевченківський словник : у 2-х т.: Т. 2. Мол–Я. – Київ, 1976. – С. 368.

At the beginning of the 20th century potters created mainly portraits as well as statuettes which showed the poet's appearance, while later these objects began to acquire ideological, artistic, emotional and psychological expressiveness①. Products of this type, which were made on a potter's wheel, were cast in molds or sculptured by hand and were intended mainly for the home decoration. In ornamentation potters used a variety of techniques, including hand-painting, glazing, relief, rounded stucco, etc. Some objects were clearly marked with Shevchenko's image (half pasty or in full growth, at a young age or in 1860–1861). In the other objects Shevchenko's theme was presented through the prism of certain dates or through the image of the characters of his works.

Among ceramic works we should name dinnerware (bowls, deep bowls, plates, jars, O-shaped jars and flat jars) that performed decorative function, as well as vases, tiles, plaquettes, plates, sculptures of small shapes, in particular desktop busts. Thus, in the central composition of the plate by Petro Koshak (Pistyn, Ivan-Frankivsk region) we can see Taras Shevchenko's portrait and the inscription "OUR SONG, OUR THOUGHT WON'T DIE, WON'T PERISH". On the edges of this plate there are geometric and vegetative lines (a similar plate (1926) of the same master is found in the private collection). The same scheme was used in the decoration of two tiles of 1913 by P. Koshak. In this Shevchenko's zonal image some features of the face and clothing indicate that the master chose poet's self-portraits of the 1860 and 1861 as a model. The painting is made in national colours, the corners of the tile are decorated with flower motifs.

Some artistic works were only connected with Shevchenko's theme. For example, on the occasion of the 90th anniversary of Kobzar's birth the bowl was made in Chernihiv region. In the center we see the brick coloured inscription "1904", on the edges there are motives of twists, triple circles and curves. A similar composition was chosen by the potter from Kaniv, Cherkasy region. On the bottom of the bowl, made in honor of the 110th anniversary of the poet's birthday, the date "1924" is placed, and on the edges – a "wreath" of double arcs. In the basis of the scheme of Gregory Ser-

① Ibid.

gienko's bowl is one of the main works of the poet – "The Testament". For contrast, the author combined two colours – brown and white (Kaniv).

On the deep bowl of 1928 of the master from Bar in Vinnytsya region there are Kobzar's bust portrait and spirals in the shape of letter "S" with dots. The decoration of the brown color contrasts with the clear "graphic nature" of the edges on the deep bowl, where the motifs of circles, curves and bevel lines are combined.

An unknown potter from Khomutets in Poltava region made a plate to commemorate the 100th anniversary of the poet's death. This plate was decorated with a zonal image of the poet on a green background, which was a kind of imitation of nature. Plates of the 1920s by M. Voloshchuk from Kuty in Ivano-Frankivsk region have some characteristic features. There are Kobzar's relief bust and painted edges in the traditional color scheme. During the 1930s this author made several deep bowls with the image of Shevchenko. In 1940 ceramic works of Shevchenko's theme were presented at the large exhibition "T. G. Shevchenko in folk fine arts" in Kyiv①. In 1948 Mykhaylo Sovizdranyuk from Kosiv made several ceramic objects with the Kobzar's image. In 1950 Ivan Shkurko from Luhansk performed a bas-relief portrait of the poet on a deep bowl②. A plate with a realistic portrait of Shevchenko's face and clothing (an embroidered shirt and a sleeveless coat) similar to his self-portrait of 1860, in 1953 was produced by Maria Sovizdranyuk (Kosiv). The ornament and vivid colours emphasize the festive character of the portrait. Vasyl Aronets (Kosiv) in 1964 created a plate with Shevchenko's bust, whose sight is directed in the distance (a similar scene is seen on the photograph of 1858). Geometric and vegetative ornaments are combined in the decoration; there is also the inscription "1814–1964".

We should pay special attention to the product of 1961 with the original artistic form and decoration. Its name is pleskanka – a flat jar designed for drinks during calendar and family holidays) (Mykhaylo Ugrynyuk, Kuty, Ivano-Frankivsk region). On

---

① Тарас Григорович Шевченко в народному образотворчому мистецтві. Республіканська виставка. – Київ, 1940.

② Лащук Ю. Образ Т. Г. Шевченка в українській народній кераміці // Народна творчість та етнографія. – 1961. – № 1. – С. 88.

one side there is T. Shevchenko's brown painted bust, which stands out clearly on a white background (these are characteristic features of the well-known self-portrait of 1860). There is also the inscription: "T. G. Shevchenko. 1840". On the other side we can see a genre scene with two men, and from the inscription "T. G. Shevchenko's meeting with Soshenko" we learn about the main characters. This is the first meeting of two Ukrainians in 1836 in the Summer Garden of St. Petersburg①.

The image of Kobzar with the inscription "Taras Shevchenko" is the characteristic feature of a flat jar (1981) by Olexiy Lutsyshyn (Kryshchyntsi, Vinnytsya region). The decoration on the other side of the object is connected with the museum in Kaniv, which is confirmed by the inscription: "Museum of Taras Shevchenko / Kaniv".

In the decor of some kalachi (O-shaped jars with an opening inside, intended for drinks) there are also plastics elements with Shevchenko's theme. P. Kalashnyk from Khomutets and F. Chyrvenko from Opishne placed inside the kalach sculptural image of a man with a pipe similar to the Kobzar's image.

Original images of Shevchenko were created by potters from Mykolayiv of Lviv region Anton Vinyavskyy and Mykola Simyanovych, who transmitted the image of the poet through the form of a jar (a vessel for milk, bread juice, and beer), using a contrasting color combination. The jars were given an anthropomorphic look, including Shevchenko's features, and his portraits and photographs of 1860 were models for those vessels. So, a well-known figure of a man with moustache, a cap on the head and a sheepskin coat is reproduced in the language of plastic.

On the jubilee exhibition for the 100th anniversary of the poet's death (1961), an artistic and ceramic workshop in the community "Kylymarka" (Kuty) also produced several large ornamental vases②. On one of the vases we see the bust portrait of the poet, the image of revolutionaries, which is an illustration of the "Testament", as well as the lines of the work itself. The ornamental compositions are well framed by a rosette (M. Uhrynyuk).

① Л[ебединце]в П. Тарас Григорьевич Шевченко // Киевская старина. – 1882. – Сентябрь. – С. 564.

② Лащук Ю. Косівська кераміка. – Київ, 1966. – С. 82.

In the 1920–1930s potters used to make plaquettes – plates of square, oval or round shape with a painted or relief image of the respectable poet. These objects were intended to decorate walls of the building. So, in Tovste of Ternopil region Stepan Kaminetskyy produced oval-shaped plaquettes with a relief bust of Kobzar on a typical model of self-portrait of 1860. Minimalism of decoration was seen in the fact that the edges of the object were decorated with a relief curve; beneath there was the inscription "Shevchenko" and the whole surface was covered with brown glaze.

In the village Stara Ropa in Lviv region during the 1930s and 1940s, small plaquettes with T. Shevchenko's and I. Franko's relief images, which were in great demand at fairs, were made in plaster molds by Mykola Suslovych①. In the same years, the potter from Mykolayiv Antin Vinyavskyy also used Shevchenko's image in his works. On the background of the plaquette (year 1936) he plastically portrayed the bust of the poet in a sheepskin hat and coat. Shevchenko's half-figure can be seen on a plaquette in the shape of the shield by Hryhoriy Tsvilyk from Kosiv (1925). The use of blue and yellow with the green intersection emphasize the author's patriotic mood. In 1952 Pavlyna Tsvilyk (Kosiv) made a round-shaped plaquette with Shevchenko's bust portrait. On that image the poet is depicted as a confident and determined person. In 1953 M. Sovizdranyuk created a round-shaped plaquette with a relief frame and Kobzar's bust. Clear rhythm of the relief and the rough structure of the background, together with the letters "THSh" emphasize the dynamics of the scheme.

Desktop busts or statuettes (bust or full-grown statue) were also very popular. Clay monuments of this theme were mostly made by the masters of Opishne, Postavmuky and Khomutets in Poltava region. Fedir Chyrvenko from Opishne is the author of the original statuette and bust of Kobzar. From 1888 such objects were exhibited in Ukraine and abroad, in particular at the World Exhibition of 1900 in Paris②. In the late 19th century small sculptural portraits of the poet were made by the

① Польові матеріали автора. Експедиція в Старосамбірський район Львівської області (1998 р.).

② Ханко В. Мистецтво гончарів старої Полтавщини // Український керамологічний журнал. – 2001. – № 2. – С. 26.

potter Vasyl Porosnyy (Opishne)①. In the early 20th century he created a terracotta bust of a small size, in which typical clothing elements (a coat with a collar) and a hat are presented in high relief, and at the base there is the inscription "Shevchenko". Such works vividly depicted Shevchenko's appearance, and that is why they were willingly bought at fairs. In 1913 the poet's bust by a potter from Postavmuky was exhibited at the Second All-Russian Handicraft Exhibition in St. Petersburg. The image of Shevchenko was sometimes seen in a one-figure bandura player's composition (Opishne)②.

In the 1920s busts and statuettes of T. Shevchenko with the help of gypsum molds were created by masters from Opishne Marco Prohl and Olexandr Bagriy, who copied the folk image and factory-made porcelain statuettes③.

To the 90th anniversary of Kobzar's birth the ceramic bust of the poet was made by Mykhaylo Blyznyuk (village Gryniv, Kosiv district)④. In the early 20th century a statuette was created by Mykhaylo Pinchuk from Korop in Chernihiv region. Here Shevchenko is depicted to his full height with a book in his left hand. The poet is shown in his traditional "clothes" – a sheepskin coat and a hat, and the whole sculpture is covered with dark green glaze. In 1937 Shevchenko's terracotta busts were created by unknown potters of Transcarpathian region, in particular, in Siltse, Irshavskyy district, under the signature "MTR"⑤. In 1947 at the exhibition in Chernihiv the bust of Kobzar by Sergiy Tytov (village Verby, Chernihiv region) was shown⑥. Fedir Hnidyy from Valky in Kharkiv region created several small sculptures united by one theme ("Little Taras Shevchenko pastures the lambs", "When I was thirteen..."; 1960, "Taras Shevchenko with a flock of sheep"; 1968). The peculiarities of these statues

① Клименко О. Гончарство і Шевченко // Шевченківська енциклопедія: У 6-ти т. – Київ, 2012. – Т. 2. – С. 127.

② Лащук Ю. Образ Т. Г. Шевченка в українській народній кераміці. – С. 88.

③ Сакович І. Народна керамічна скульптура Радянської України. – Київ, 1970. – С. 33.

④ Інвентарна книга музею Наукового Товариства імені Шевченка № VII (23885–26028).

⑤ Лащук Ю. Закарпатська народна кераміка. – Ужгород, 1960. – Іл. 22.

⑥ Лащук Ю. Образ Т. Г. Шевченка в українській народній кераміці. – С. 88.

were thin plastic elements and features of narrative, a combination of a figurative language with fragments of texts①. One can trace a similar style in the terracotta sculptural composition by B. Karyy – the thinking poet is sitting near a loose tree with a book in his left hand (1995, Pidhaytsi, Ternopil region).

In the early 20th century among the first monuments to Shevchenko there were ceramic ones. One of them, painted with coloured paint and covered with glaze, was in front of the ceramic technical school in Hlynsk, Sumy region②. In jubilee year 1914 the construction of monuments to Kobzar in Western Ukraine has become massive, since in almost every village "there appeared a homemade bust or an obelisk with the inscription"③.

Clay products with characters of Shevchenko's works were also popular. In 1920s in Opishne they were made in gypsum molds④, for example, statuettes from the poem "Catherine" (Kateryna)[e]. On the jubilee exhibition for the 150th anniversary of the poet's birth a plate "In the oakery" (by Shevchenko's poem "Poplar" (Topolya); Nadiya Verbivska, Kosiv, 1964), one-figure sculpture "Handmaiden" (Naymychka) (Mykhaylo Kikot, Kosiv, 1963)⑥ and multi-figure sculptural composition "And I grew up in a foreign country" (I vyris ya na chuzhyni), "When I was thirteen" (Meni trynadciatyy mynalo) (Vasyl Aronets, Kosiv, 1963)⑦ were presented. Compositional balance of the form with a rich colour solution become characteristic features of the works of Fedir Oleksiyenko (Kyiv), in particular we can mention a two-figure composition where the heroes are sitting or standing. They are a peculiar illustration of T. Shevchenko's

① Клименко О. Гнідий Ф.   І. // Шевченківська енциклопедія: У 6-ти т. – Київ, 2012. – Т. 2. – С. 92–93.

② Архів Інституту народознавства Національної академії наук України. – Оп. 2. – Спр. 129. – Арк. 264.

③ *Німенко А.* Пам'ятники Тарасові Шевченку. – Київ, 1964. – С. 6–7.

④ Сакович І. Народна керамічна скульптура Радянської України. – С. 33.

⑤ *Січинський В.* Гончарство Лівобережжя // Нова хата. – 1937. – Ч. 8. – С. 5.

⑥ Майолика // Юбилейная художественная выставка, посвященная 150-летию со дня рождения Т. Г. Шевченко. Каталог. – Київ, 1964. – С. 261, 267.

⑦ Ibid. – С. 258.

poems – the image of a blind bandura player and a boy-guide with all their attributes (a bandura, a bag over the shoulder, a stick, a hat with money, etc.). Peculiarities of depicting these figures do not only include scrupulous plastic elements, but also their psychological characteristics. The complicated rhythmic structure and certain grotesqueness in the image of a young man are components of a plastic composition "When I was thirteen" (Oleksiy Lutsyshyn, 1981).

As we can see, the image of Taras Shevchenko and, in general, Shevchenko's themes were popular in folk ceramics of the 19th and 20th centuries. They are mostly paintings and plastic works, and the most common are pictures by photographs of 1858–1860s, a self-portrait of 1860, and less commonly the images of a young poet whose characteristics are consistent with the self-portrait of 1840. The article emphasizes original approaches of artists to creating an image of a brilliant Ukrainian poet. The variety of compositional schemes and techniques of decoration, refinement of figurative language and colouring are typical of illustrations to Kobzar's works. With numerous examples it has been shown that folk craftsmen treated Shevchenko's image with deep respect, and interpreted in their own way the creative heritage of the Ukrainian genius.

Finally, I would like to note that it was pleasant to see the image of the great Chinese writer Lu Xun, who translated the "Testament" and researched Shevchenko's works, on a ceramic plate and numerous plastic images in his Memorial Museum, in the park and the streets of Shanghai.

REFERENCES

[1] Клименко О. Гончарство і Шевченко // Шевченківська енциклопедія: У 6-ти т. – Київ, 2012. – Т. 2. – С. 126–129.

[2] Клименко О. Гнідий Ф. І. // Шевченківська енциклопедія: У 6-ти т. – Київ, 2012. – Т. 2. – С. 92–93.

[3] Лащук Ю. Закарпатська народна кераміка. – Ужгород, 1960. – 63 с.

[4] Лащук Ю. Косівська кераміка. – Київ, 1966. – 100 с.

[5] Лащук Ю. Образ Т. Г. Шевченка в українській народній кераміці //

Народна творчість та етнографія. – 1961. – № 1. – С. 86–88.

[6] Л[ебединце]в П. Тарас Григорьевич Шевченко // Киевская старина. – 1882. – Сентябрь. – С. 560 – 567.

[7] Німенко А. Пам'ятники Тарасові Шевченку. – Київ, 1964. – 54 с.

[8] Сакович І. Народна керамічна скульптура Радянської України. – Київ, 1970. – 83 с.

[9]Січинський В. Гончарство Лівобережжя // Нова хата. – 1937. – Ч. 8. – С. 5.

[10] Тарас Григорович Шевченко в народному образотворчому мистецтві. Республіканська виставка. – Київ, 1940. – 64 с.

[11] Ханко В. Мистецтво гончарів старої Полтавщини // Український керамологічний журнал. – 2001. – № 2. – С. 24–29.

[12] Щербак В. А. Шевченко Т. Г. у народно-декоративному мистецтві // Шевченківський словник : у 2-х т.: Т. 2. Мол–Я. – Київ, 1976. – С. 368–371.

[13] Юбилейная художественная выставка, посвященная 150-летию со дня рождения Т. Г. Шевченко. Каталог. – Київ, 1964. – 283 с.

ARCHIVE MATERIALS

[1] Архів Інституту народознавства Національної академії наук України. – Опис 2. – Справа 129. – Аркуш 264.

[2] Інвентарна книга музею Наукового Товариства імені Шевченка № VII (23885–26028).

[3] Польові матеріали автора. Експедиція в Старосамбірський район Львівської області (1998 р.).

Образ России в современной русской прозе

Шанхайский университет иностранных языков, Бурятский государственный университет, Бадуева Гунсэма (Галина)

Аннотация: В статье рассмотрены разные грани образа России, представленные в современной русской прозе, в частности в произведениях Алексея Варламова и Михаила Тарковского. Выбранный для анализа образ амбивалентен. Писатели с драматизмом и любовью создают его. Их авторское отношение играет определяющую роль при формировании образа родной страны.

Ключевые слова и выражения: современная русская проза, Россия, Алексей Варламов, Михаил Тарковский, художественный образ, Сибирь.

В современной русской прозе (1990-2010-е годы), в том числе в произведениях В. Распутина, А. Варламова, Б. Екимова, Л. Бородина, А. Проханова, З. Прилепина, А. Дмитриева, Р. Сенчина, М. Тарковского, А. Иванова, А. Слаповского, А. Максимова, С. Шаргунова, А. Антипина и др., представлены разные грани образа России: государство, империя, столица/ провинция, город/ деревня, природа, национальные типы, прошлое/ настоящее и др. Значимость данного образа-символа в русской литературе подчёркнута и тем, что слово «Россия» выносится в название художественных и публицистических книг («Россия в обвале» А. Солженицына, «Где ты, Россия?» М. Тарковского, «Я пришёл из России» З. Прилепина).

Будучи ограничены объёмом статьи, мы не имеем возможности рассмотреть все перечисленные выше составляющие образа России, поэтому сосредоточимся на анализе нескольких из них.

Размышляя об исторической судьбе России, современные писатели обращаются к важным историческим событиям эпохи (две мировые войны;

несколько революций; гражданская война; построение нового государства, его укрепление и развитие в течение 70 лет со всеми положительными сторонами и недостатками; укрепление Советского Союза в статусе мировой державы, затем развал СССР; локальные войны с странами ближнего зарубежья; разрушение коммунистической государственности и создание капиталистического общества в «лихие 90-е», развитие по этому пути в 2000-е годы и др.). Так, А. Проханов пишет о гибели империи в девяностые годы XX века, создав своеобразный плач об исчезновении великой страны (роман «Господин Гексоген»). Ностальгия о советском времени видна и в прозе З. Прилепина, в частности в рассказах «Ботинки, полные горячей водкой». Более того автор декларирует свою любовь к СССР: «Пока мой рот не забили глиной, я буду снова и снова повторять: моя Родина – Советский Союз» (Прилепин 2009: 16).

Героя Прилепина можно назвать героем времени – с прозрениями, ошибками, заблуждениями, принципами, не всегда правильными, но всегда яростно отстаиваемыми и претворяемыми в жизнь. В некоторых произведениях это герой-бунтарь, например, член экстремистской молодёжной организации «Союз созидающих»① Саша Тишин из романа «Санькя». Персонажи Прилепина участвуют в чеченской кампании (роман «Патологии», сборники «Грех», «Восьмёрка»)②; готовят революцию, которая должна спасти умирающую Россию (роман «Санькя»); наконец, живут на стыке двух эпох и вместе со своей большой и малой Родиной, раскинувшейся от Владивостока до Калининграда, переживают разные – большие и малые – события, часто рутинные, порой не замечая, что стали участниками судьбоносных (в масштабах всей страны) дел. Последняя часть утверждения относится и к героям Р. Сенчина, М. Тарковского, А. Варламова, А. Антипина. В их произведениях исторические перипетии, в том числе новейшей истории России, проходят параллельно судьбам и сюжетам.

---

① Сам Прилепин в молодости был членом национал-большевистской партии, состоял в партии «Другая Россия» (председатель Э. Лимонов), является сопредседателем всероссийской общественной организации «На.Р.О.Д.» (по данным, размещённым в Интернете).

② З. Прилепин принимал участие в событиях в Чечне и свой «самый сильный жизненный опыт» отразил в первом романе «Патологии».

Зачастую картина мира, создаваемая современными русскими писателями, не просто трагичная, а апокалиптическая. Публицистически остро звучат слова Б. Екимова в очерке «Прощание с хутором»: «Конечно, Россия – страна немалая. Но внимательно поглядите на карту: ведь больше – Сибирь да Сибирь. А от Руси исконной, что на Русской равнине, разве много осталось? На Запад уплыла Малороссия, на Восток – просторные уральские степи, и наше Междуречье, словно живое горло, сжимается до узкого перехвата. И кажется, что вот-вот оборвётся, отрезая самые богатые земли: Кубань, Ставрополье, низовья Волги и Дона, Причерноморье» (Екимов 2010a: 507).

Но мировоззренческая позиция авторов современных художественных текстов близка жизненным взглядам и творческим установкам В. Распутина: «Россия, свалившись в заготовленную для неё яму, ушиблась жестоко, переломала кости, в её теле – травма на травме, но не убилась, поднять её можно»[①] (Распутин 2015: 3). Обычно в финале большинства произведений проглядывает надежда на лучшее, на развитие, на продолжение. И тот же Б. Екимов в очерке «Прощание с колхозом» пишет: «Хуторской народ, сельские жители, русские люди, чья жизненная сила – словно малая журчливая речка, которая течёт и течёт через время, через невзгоды и страсти, через войну и мир. Всё проходит, и всё остаётся. Многое замывают вода и время, но многое – в памяти» (Екимов 2010: 483).

А. Варламов обратился к размышлениям о судьбе страны в переломное для России время. В своей автобиографии он пишет об этом следующее: «Фольклорные экспедиции, деревня, поворот к осознанию своей русскости. Политические потрясения, пришедшиеся на молодость. Стремление во всём разобраться, понять своё отношение и найти свой путь. В более поздние годы покупка деревенского дома на севере Вологодской области (недалеко от беловской Тимонихи)» (Цит. по: Боровская 2005).

Уже в одной из первых повестей А. Варламова «Рождение» (1995) жизнь мужа и жены, у которых долго не было детей и которые с большим трудом

① В.Г. Распутин произнёс эти слова в 1993 году.

дождались появления первенца, показана на фоне исторических событий октября 1993 года, когда у Белого дома решалась судьба страны. Автор включает в повествование многочисленные приметы времени, детали, что будет характерно и для последующего творчества. Россия, представшая в повести, переживает духовный и социально-экономический кризис. Не случайно бездетность семьи некоторыми учёными сравнивается с бездетностью современной художнику России, в которой люди внутренне отчуждены друг от друга, а семья как духовное ядро общества разрушается (Счастливцева 2007).

В 1995 году появился и роман «Лох», действие которого охватывает 30 лет (1963-1993). Варламов вновь обращается к выделенному нами образу, который складывается из многих частей. Исследователи отмечают, что роман построен по канонам русской народной сказки об Иванушке-дурачке. Главного героя Александра Тезкина можно отнести к одному из национальных типов – типу странника. Как и в «Рождении», жизненный путь Александра показан на фоне истории России. Он считает, что страна переживает последние времена перед концом света. И автор, и герой акцентируют внимание на трудностях, с которыми столкнулись россияне в это время.

В романе «Купол» (1999), который исследователи творчества А. Варламова определяют как антиутопию, писатель создаёт образ перестроечной и постперестроечной России, заканчивая действие, разворачивающееся в вымышленном пространстве русского провинциального городка Чагодай, в двухтысячные годы. Чагодай, как будто вместивший в себя всю Россию, накрыт куполом из затвердевшего тумана. Образ страны приобретает черты мифического существа.

Несмотря на эсхатологические мотивы, Варламов верит в счастливое будущее своей Родины. Его вера во многом зиждется на православных ценностях и гуманистических ценностях русской литературы. Так, В.Я. Курбатов, анализируя прозу талантливого прозаика, отмечает: «И в конце мы прозревшим сердцем догадываемся, что герои отодвигают стену Апокалипсиса тем, что сами становятся семьёй, малой церковью, которая удержится зерном веры и подтвердит правоту евангельской истины, что такого зерна довольно, чтобы отодвинуть смерть» (Курбатов 2003: 11).

Образ России связан и с её географической обширностью. На страницах современной прозы действие разворачивается в Москве и провинции, в городах и деревнях, расположенных в европейской части России или на её Севере, на необъятных просторах Сибири и Дальнего Востока. Ряд топонимов русской литературы, например, таких, как Петербург, Москва, Новгород, Кавказ, Урал, Сибирь, играет значимую роль в раскрытии рассматриваемого в статье образа России.

Сибирь занимает особое место в ряду указанных выше топонимов. Сибирь в российском «национальном сознании мифологизировалась, стала общепонятным хронотопическим образом определённого способа присутствия человека в мире» (Тюпа 2006: 254). Это концептуально важный, семантически нагруженный образ.

В русской литературе II половины XX века творила целая плеяда ярких писателей, биографически связанных с Сибирью: В.М. Шукшин, В.Г. Распутин, В.П. Астафьев, А.В. Вампилов, С.П. Залыгин и др. имели сибирское происхождение, практически все жили на родине или же часто приезжали/возвращались туда. Из современных авторов назовём Р.В. Сенчина[①], иркутянина А.А. Антипина[②], русскоязычного писателя Бурятии К.Н. Балкова[③]. Особо вы-

① Р.В. Сенчин родился в Туве в 1971 г., затем семья переехала в Красноярский край. Автор повести «Минус» (2001), романов «Нубук» (2003), «Вперёд и вверх на севших батарейках» (2008), «На чёрной лестнице» (2009), «Ёлтышевы» (2009), «Информация» (2011), «Зона затопления» (2015), книг «Афинские ночи» (2001), «Изобилие» (2010), «Чего вы хотите?» (2013), «Иджим», «День без числа», «Абсолютное соло» и др.

② А.А. Антипин родился в селе Подымахино Усть-Кутского района Иркутской области в 1984 г. Автор книги рассказов и повестей «Капли марта» (2012).

③ К.Н. Балков родился в 1937 г. в Бурятии. Автор многочисленных рассказов, повестей «На пятачке», «Росстань», «Мост», романов «Его родовое имя», «Рубеж», «Байкал – море священное», «Час смертный», «Будда», «От руки брата своего», «Идущие во тьму», «За Русью Русь», «Берег времени», «Иду на вы», «Горящие сосны», книг «Поезда идут из детства», «Небо моего детства», «Струны памяти», «Ожидание», «Белые деревья», «Звёзды Подлеморья», «Куда подевалось небо» и др.

делим среди писателей-сибиряков талантливого М.А. Тарковского[①], коренного москвича, которого в юности покорила красота сибирской земли. Он переехал на постоянное место жительства в деревню Бахта Красноярского края, где занимается, наряду с писательством, охотничьим промыслом. Местом действия в их произведениях чаще всего является Сибирь, обуславливая особенности сюжета и конфликта. Взглянем более пристально на развитие образа Сибири как одной из составляющих анализируемого нами образа России в прозе М. Тарковского.

Сибирь как географическое и мифопоэтическое пространство является доминантным образом в творчестве писателя-традиционалиста М. Тарковского, очарованного суровым величием таежного края. Интересно, что сюда, на свою родину в деревню Овсянка Красноярского края, испытывая непреодолимую тягу к родным местам, через 35 лет всё-таки вернулся Виктор Петрович Астафьев[②], много времени проживший в разных областях страны. Этот факт биографии писателя неоднократно отмечен в биографических книгах и исследовательских работах. Символическое перекрестие судеб, видимо, не случайно. В одной из бесед Астафьева и Тарковского речь зашла о том, «как к Сибири прикипаешь, и он (Астафьев – Г.Б.) согласился, (…) Я сказал, что когда Енисей начинаешь сравнивать с другими местами, они проигрывают, и Виктор Петрович согласился: Урал вроде похож на наши места, тоже вроде тайга, горы, вода, а не то - другое» (Тарковский 2009б: 330). Оба считают, что, уезжая из родных мест (из Овсянки и Бахты), «как будто предаёшь что-то важное» (Тарковский 2009б: 330).

В прозе М. Тарковского, несмотря на то, что он лишь в зрелом возрасте приехал в Красноярский край, Сибирь предстает как «своё», родное пространство, тесно связанное с природной средой. Оппозиция «своё/ чужое»

---

① М.А. Тарковский родился в Москве, сейчас живёт в Красноярском крае. Автор многочисленных рассказов, повестей «Ложка супа» (2000), «С высоты» (2001), «Кондромо» (2003), «Тойота-Креста» (2009), книг «За пять лет до счастья» (2001), «Замороженное время» (2009), «Енисей, отпусти!» (2009) и др.

② О своих встречах с В. Астафьевым М. Тарковский написал очерк «Пешком по лестнице».

подчёркивает влияние социального пространства, связанного с активным освоением края во второй половине XX века (различные всесоюзные комсомольские стройки, в том числе строительство БАМА, геологические и другие экспедиции). В. Распутин, В. Астафьев, К. Балков и другие писатели показали постепенно нарастающие изменения в структуре населения – персонажи, названные Распутиным «перекати-поле» («Пожар»). Это люди, для которых Сибирь «была не «своим» или «чужим», а временным местом пребывания, и мотивами были заработок или романтика» (Рыбальченко 2004). Т.Л. Рыбальченко, анализируя образ Сибири в русской литературе XX века, справедливо отмечает: «Массовое строительство по грандиозным планам (электростанции, гигантские комбинаты, освоение целины) хотя и вызывало добровольное переселение, но снимало индивидуальное обживание нового мира, человек-исполнитель в коллективной стройке лишался архаического мифологического ощущения встречи с миром, оставался социальным винтиком» (Рыбальченко 2004).

В отличие от В. Распутина, В. Астафьева, К. Балкова М. Тарковский, хотя и называет их бичами, с сочувствием и даже любовью рисует подобные образы. В очерке «Петрович и Дед» он объясняет своё отношение тем, что после скитаний в экспедициях такие люди «разбираются в деревенских делах лучше коренных, и будто договаривают об этой жизни нечто недоговорённое, что витает в воздухе и что все хотят услышать. То ли они, будучи приезжими, стараются быть ещё кореннее, местнее местных, то ли, чувствуя на себе печать своего неисправимого одиночества, бичёвства, пытаются выгородиться, оправдаться перед крепкими хозяйственными мужиками» (Тарковский 2009а: 273). К людям, случайно попавшим на Енисей и не ставшим своими, автор ироничен, например, к пожилому Леше по прозвищу Заяц (очерк «Пимы и Заяц»).

Писатель реализует разные значения мифа о Сибири: как места обетованного, восхищения природным пространством и природным человеком, как пространства «социального воспитания» (Т.Л. Рыбальченко) и одновременно столкновения естественного человека с разрушающим началом цивилизационного подхода.

Образ Сибири в прозе М. Тарковского имеет несколько смысловых центров, важнейшими из которых являются образы Енисея и дороги.

Образ Енисея как реки, которую, по словам героя повести «Тойота-креста», «мы все любим» (Тарковский 2009: 27), которая «поит и кормит», на которую «молиться надо» (Тарковский 2003а: 111), является ключевым образом поэтики М. Тарковского. Енисей, вливающийся в висок①, «Батюшка-Енисей» (Тарковский 2009: 247), присутствует почти во всех рассказах и повестях. На любимый писателем образ или на водное пространство указывается и в заглавиях некоторых произведений и книг: «Енисейские очерки» (Тарковский 2004), «Енисей, отпусти!» (Тарковский 2009ж), рассказ «Ледоход» (Тарковский 2009г), повесть «На Енисее»②, «Кондромо»③. Вера в реку настолько сильна, что «любого полуживого-иссохшего в Енисее вымочим-отмоем и выходим» (Тарковский 2009: 236). Образ Енисея – это символ гармонии, мудрости.

Топоним Сибирь присутствует в основном как расположившиеся вверх и вниз по Енисею④ природное пространство тайги и одомашненное пространство деревень и городов (Больше-Муртинский, Ирбейский, Тюхтетский районы, место Дунькин Пупок в Северо-Енисейском районе, Енисейск, Столбы, Правый

① Строчка из стихотворения главного героя повести «Тойота-креста» Жени Барковца: «Енисей вливается в висок» (Тарковский 2009: 88).

② Писатель изменил первоначальное заглавие повести «На Енисее», назвав «С высоты» (Тарковский 2009д).

③ В примечаниях к повести М. Тарковский пишет, что «точного перевода этого эвенкийского слова не знал даже Алитет Немтушкин, первый поэт Эвенкии. «Кондо» означает мыс, и речная природа этого названия очевидна» (Тарковский 2003: 344).

④ Приведём весьма показательную цитату из очерка «Всё от людей»: «Енисей – это обязательно вся река до самого низа – Караула и Усть-Порта или Воронцова и Сопкорги. Единый поток, дорога рыбья и человечья – всегда поражающая своей длиной. От Красноярска до Новосибирска 800 километров, и это два разных города, две Сибири – Восточная и Западная, и освещаются они двумя громадными странами – Саянами и Алтаем, и всё тут разное, а по Енисею один Туруханский район тянется больше тысячи километров, и все друг друга знают – расстояние громадное, а река одна и мир один» (Тарковский 2009в: 347; здесь и далее курсив наш – Г.Б.).

Берег и Взлетка в Красноярске, Усть-Бирь, Арадан, Манское Белогорье, Канск, Шушенское, Бахта, Бирама, Майгушаша, Имбатск, Гикке, Ворогово, Селиваниха и др.). Писатель включает также обширное пространство географической Сибири – Новосибирск, Таксимо, Бодайбо, Камень (Урал), Кызыл, Тува, хребет Цаган-Шибэт, Хакасия, Абакан, Танзыбей, Усинский тракт, Ергаки, долина Барлык, Мугуры, Саяны, Саянский край, Западный Алтай, Монгун-Тайга, Шагонар и др. Конкретные географические реалии часто даются как развёрнутые описания.

Отношение Тарковского к Енисею восхищённое. Он благодарен ему за красоту, мощь, возможность прикоснуться к вечному, познакомиться и приобрести настоящих друзей. Писатель создаёт своего рода гимн великой реке. В её описании автор использует различные выразительные средства: «серебряное, в насечках ветерка, блюдо Енисея» (Тарковский 2009е: 42); «глядя в морскую даль Енисея» (Тарковский 2009е: 43); «пополз огромный Енисей с опостылевшим потемневшим льдом» (Тарковский 2009е: 54); «стальной трёхкилометровый Енисей» (Тарковский 2009е: 119); «Енисей весь живой» (Тарковский 2009е: 120); «несётся стальная река» (Тарковский 2009: 39); «Енисей свинцово темнел сквозь столбы пара» (Тарковский 2009: 245).

Многозначность образа Енисея показана через точки зрения персонажей, которые по-разному представляют мир. Так, в одном только рассказе «Паша» Енисей предстаёт как символ России: «… для меня Енисей – это примерно то же самое, что для Криса (иностранца – Г.Б.) Москва» (Тарковский 2009е: 115); как предмет восхищения и гордости: «Паша гордился деревней, Енисеем, тайгой» (Тарковский 2009е: 111), как образ вечности: «Паши нет, течёт Енисей мимо Бахты в Ледовитый океан» (Тарковский 2009е: 118).

Образ Енисея тесно связан с образом дороги, разрабатываемым также практически в каждом произведении. Часто это дорога героев из деревни в тайгу и обратно или в самой тайге. Данный образ играет структурообразующую роль в рассказе «Где ты, Россия?» (герои перегоняют машину из Москвы в посёлок Бор), повести «Тойота-креста» (главный герой Женя Барковец едет сначала в Москву, а затем возвращается из столицы домой, в Енисейск, на своей машине) и др. Смысловое наполнение образа дороги в том и другом произведении связано с пониманием дороги как «движения по современной России с её сочетанием примет уже отошедшего советского быта (гостиница в Чебаркуле - рассказ «Где ты, Россия?» – Г.Б.) и реалий постперестроечной жизни» (Давыдова 2012: 255). Описания мест, которые проезжают герои, дают возможность нарисовать широкую картину современного времени создания произведения состояния России.

Герой повести «Тойота-креста» Женя Барковец по дороге из Енисейска в Москву и обратно проезжает много городов и областей: Новосибирск, Уфа, Урал, Тюмень, Мамодыш, Челябинск, Шадринск, Омск, Ялуторовск и др. Художественное пространство произведения расширяется благодаря воспоминаниям Жени о том, как он ездил на Дальний Восток за машиной. Иркутск, Чита, Владивосток, Хабаровск, Арсеньев, Татарский пролив, Южно-Сахалинск, Южно-Курильск, Итуруп, Кунашир, вулкан Менделеева, самый южный остров Курильской гряды, остров Танфильева, Малая гряда и другие части страны включены в поле размышлений героя и читателя.

Сокровенные мысли и чаяния автора о литературе и художественном слове, любви, судьбе, Родине, доме, семье, природном начале и цивилизации доверены главному герою повести, человеку неспокойному, ищущему, мыслящему, человеку пути. В тексте они оформлены в лирические отступления, внутренние монологи, воображаемые диалоги Жени с любимой девушкой или со своей машиной, беседы с другими персонажами книги. Внутренние чувства и переживания героя при ослаблении внешнего сюжета играют в произведении особую роль, поскольку это лирическая проза.

Антиномия мира природы, то есть собственно Енисея, Сибири в целом, и цивилизации в лице Москвы занимает важное место в художественном мире повести. Данная антитеза заявлена в сюжете, в конфликтных столкновениях героев (Маши и Жени, Григория Григорьевича и Андрея Барковца), в их разговорах.

Чуждость большого города главному герою, природному человеку, хотя и живёт он в городе Енисейске, раскрывается в тех главах, где Барковец приезжает к любимой в Москву – город «стальной, гранитный, стеклянный» (Тарковский

2009: 94): «Свеже набросился на Женю город, чуя его непривитость, зрячесть» (Тарковский 2009: 95); «Эхом, круговым гулом оживал-просыпался, раздувал огромную турбину город. … Тревожно, остро и зияюще-пусто было на душе от неподъёмности этого города, оттого, что никак не приживлялся Женя…» (Тарковский 2009: 111); «К вечеру безысходным металлом, электрической тяжестью накачивал город, сгущаясь слякотным снегом и шелестом шин, и Жене, даже не выходя на улицу, замерев и затаившись, не удавалось отдохнуть и укрыться – настолько мощно стоял за дверями прожитый день» (Тарковский 2009: 113). В приведённых цитатах подчеркнута холодность, механистичность города как средоточия цивилизации, где мало места или вовсе не находится место теплу, уюту, комфорту.

Уже пожив в Москве, Женя размышляет о ложности столичной жизни, сравнивает с родными местами: «Такое всё мощное, столько энергии, движения, такой напор…» – о Москве (Тарковский 2009: 153); «И я (Женя – Г.Б.) думал, ну вот, столько энергии, так всё серьёзно, красиво, особенно ночью… но какой во всём этом смысл, кроме самого… бытового? … Но людей сюда тянет. И я понимаю почему. Здесь никогда насквозь, от края до края не видно, и всегда какая-то тайна, а значит, и надежда. Но для меня всё это лак, стекло – не прикоснуться, не прощупать шкурой… Хоть босиком иди. Правда… У нас там (на Енисее – Г.Б.) природа, земля, и она столько всего излучает, что… делать ничего не надо. Нет, ну руками, спиной, будь здоров как надо, а внутри – всё за тебя сделано: Земля-то понятно откуда взялась… А здесь всё от людей и всё для себя. (…) И Земля молчит…» (Тарковский 2009: 155). В этих словах явственно отражается позиция самого автора, убеждённого в том, что именно та часть Сибири, что расположена около Енисея, является местом, которое укрепляет родство человека с миром. Енисей символизирует вечность, устойчивость жизни.

Писатель обращает внимание еще на один аспект рассматриваемой антиномии - оппозиция столица/ провинция. В словах Жени: «у вас там (в Москве - Г.Б.) ничего не знают о России. Вам кажется, что чем дальше от Москвы, тем жизнь слабее, и сначала действительно вроде как провал, а потом начинается совсем другое. И оно может быть и скудней, и голодней, но как-то святей, крепче… И вы так далеко от всего этого, не по расстоянию, конечно, а по духу, что если вдруг какой-нибудь остров сорвёт с якоря штормом и поднесёт к устью Невы, то там его не узнают» (Тарковский 2009: 51) – подчёркивается оторванность мегаполиса от страны.

Возвращение из Москвы – это дорога Жени домой, в Сибирь. Он отмечает, что в длинных спусках-подъёмах «было уже что-то похожее на Сибирь» (Тарковский 2009: 207). Машина, сливочно-белая «каринка» с улыбающейся кормой, встретившаяся около Омска, не просто машина-улыбка, а «это … Сибирь улыбнулась» (Тарковский 2009: 221). В диалоге, который Женя ведёт со своей белой «Крестой-тойотой» по дороге из Москвы, вновь озвучены мысли автора: «Ты посмотри, сколько у тебя всего… Эти подъёмы, пихты… Они тебя ждали… Ты им обещал…» (Тарковский 2009: 208). Авторская позиция заключена в изображении Сибири-дома, родного пространства, освещённого любовью и мудростью.

В прозе М. Тарковского большую роль играет лирическое начало, связанное с субъективным восприятием героев, что подтверждается приведёнными выше примерами.

Образ России для М. Тарковского связан и с чувством Родины, которое присуще многим его героям, с понятием родной земли, своей земли. Так, в одном из разговоров с Машей Женя, рассказывая, как он перегонял машину из Владивостока и увидел ночью на трассе задние фонари впереди идущей машины, говорит, что «вдруг от этих затрапезных фонарей меня таким … чувством Родины обдало… что я чуть не заплакал. Такая она… странная… И лежит так понятно… И я подумал, что это наша земля делает их (машины – Г.Б.) такими» (Тарковский 2009: 50-51). В другом диалоге Барковец отмечает: «Есть такие писатели, они как огромное дерево, оно лежит, и вдоль него всю жизнь едешь, едешь и можешь даже до вершины… не дожить. Но это неважно. Важно, что с этим деревом хорошо и спокойно. Оттого что родился рядом. И в одну землю упадёшь. И что это твоя земля» (Тарковский 2009: 212). В финале повести главный герой находится на своём любимом острове Танфильева (на границе России с Японией), где видит огромный железный крест. Он «спрашивает куда-то вдаль, через жилы-облака, реки-проливы и руки-дороги: «А чья же это земля, Батюшка-Енисей, (…)? И почему дорога она так, что мурашки ползут по спине и душу сводит океанским ознобом?» И отвечает Батюшка-Енисей – сквозь слова-облака и реки-дороги: «(…) Знай, что в тебе только дело, и в руках твоих слёзы твои, и если они настоящие, и приняла их земля без остатка, то твоя это земля вовеки веков» (Тарковский 2009: 260).

Исповедальная тональность финальных слов повести о кровной связи человека с родной землёй подчёркивает значимость данного образа, выступающего символом укоренённости русского человека, вечной связи с Родиной, опирающейся на христианские и национальные традиции, общечеловеческие ценности. В одном из интервью М. Тарковский отметил, что «для русского человека Русская земля – она его».

Образ большой Родины-России, представленный в современной русской прозе и отражающий многочисленные авторские миры, пронизан любовью к ней и драматизмом. Писатель наделён силой и одновременно обременён ответственностью за создание образа своей страны. Он реализуется в разных аспектах, что мы и попытались показать в статье. Авторское отношение к родной стране, его бесконечная любовь к ней играет определяющую роль при формировании данного образа в современной прозе России.

ЛИТЕРАТУРА

[1] Боровская Е.Р. Варламов Алексей Николаевич // Русская литература XX века. Прозаики, поэты, драматурги: биобибл. словарь: в 3 т. М.: ОЛМА-ПРЕСС Инвест, 2005. [Электронный ресурс]. – URL: http://www.az-libr.ru/Persons/000/Src/0010/index.shtml

[2] Давыдова А.В. Образ русской природы в творчестве Валентина Распутина и Михаила Тарковского // Время и творчество Валентина Распутина: междунар. науч. конф., посв. 75-летию со дня рождения В.Г. Распутина: материалы. Иркутск: Изд-во ИГУ, 2012. - С. 247-257.

[3] Екимов Б.П. Прощание с колхозом: очерк // Екимов Б.П. Прощание с

колхозом: очерки разных лет. М.: Время, 2010.

[4] Екимов Б.П. Прощание с хутором: очерк // Екимов Б.П. Прощание с колхозом: очерки разных лет. М.: Время, 2010а.

[5] Курбатов В.Я. Отражение небесной битвы // Варламов А.Н. Затонувший ковчег. М.: 2003.

[6] Прилепин З. Terra Tartarara: Это касается лично меня: эссе. М.: Издательство «AST», 2009.

[7] Распутин В.Г. Заветные мысли // Наш современник. 2015 (4).

[8] Рыбальченко Т.Л. Мифологемы образа Сибири в русской прозе второй половины XX века // Сибирь: взгляд извне и изнутри. Духовное измерение пространства. Иркутск: 2004. - С. 291-303 [Электронный ресурс]. – URL: http://mion.isu.ru/filearchive/mion_publcations/sbornik_Sib/6_1.html

[9] Счастливцева Ю.А. Проза Алексея Варламова 1980-1990-х гг.: жанрово-стилевое своеобразие: Автореф. дисс. на соискание ученой степени канд. филол. наук. Магниторск: 2007. [Электронный ресурс]. – URL: http://cheloveknauka.com/proza-alekseya-varlamova-1980-1990-h-gg-zhanrovo-stilevoe-svoeobrazie

[10] Тарковский М.А. Кондромо // Октябрь. 2003 (3).

[11] Тарковский М.А. Где ты, Россия? // Наш современник. 2003а (9).

[12] Тарковский М.А. Енисейские очерки // Октябрь. 2004 (3).

[13] Тарковский М.А. Тойота-креста: повесть // Тарковский М.А. Тойота-креста: книга прозы. Новосибирск: ИД «Историческое наследие Сибири», 2009.

[14] Тарковский М.А. Петрович и Дед: очерк // Тарковский М.А. Тойота-креста: книга прозы. Новосибирск: ИД «Историческое наследие Сибири», 2009а.

[15] Тарковский М.А. Пешком по лестнице: очерк // Тарковский М.А. Тойота-креста: книга прозы. Новосибирск: ИД «Историческое наследие Сибири», 2009б.

[16] Тарковский М.А. Все от людей: очерк // Тарковский М.А. Тойота-креста: книга прозы. Новосибирск: ИД «Историческое наследие Сибири», 2009в.

[17] Тарковский М.А. Ледоход: рассказ // Тарковский М.А. Замороженное время: книга прозы. Новосибирск: ИД «Историческое наследие Сибири», 2009г.

[18] Тарковский М.А. С высоты: повесть // Тарковский М.А. Замороженное время: книга прозы. Новосибирск: ИД «Историческое наследие Сибири», 2009д.

[19] Тарковский М.А. Замороженное время: книга прозы. Новосибирск: ИД «Историческое наследие Сибири», 2009е.

[20] Тарковский М.А. Енисей, отпусти! Новосибирск: ИД «Историческое наследие Сибири», 2009ж.

[21] Тюпа В.И. Анализ художественного текста. М.: 2006.

Архетип младенца в рассказах Андрея Платонова «Уля» и Валентина Распутина «Мама куда-то ушла»

Иркутский государственный университет, Заиндинова Т.А.

Аннотация: В статье анализируется семантика архетипического образа младенца в контексте пространственно-временных координат, а также интерпретируются мотивы одиночества и зрения и архетип матери в малоизвестных рассказах А. Платонова «Уля» и В. Распутина «Мама куда-то ушла».

Ключевые слова: образ, архетип, мотив, хронотоп, пространство, время

В центре нашего внимания находятся художественные миры двух ключевых фигур литературного процесса XX века – писателей Андрея Платонова и Валентина Распутина, соединённых пуповиной с русской классической литературой. Писатели, наследуя литературные традиции XIX века, творили в XX веке, когда человек оказался в состоянии мировой катастрофы. Оба автора в своём творчестве засвидетельствовали крушение основ бытия и утрату человеком бытийного полноправия. Андрей Платонов в повести «Котлован» и романе «Чевенгур» развернул художественную эсхатологию в сюжете поистине библейских масштабов. Валентин Распутин в повести «Прощание с Матёрой» гибель одной деревни вывел на космический уровень. Писателей объединяет не только равновеликость гениев, но и вектор их художественно-философских исканий.

Предпринимая данное исследование, мы отдаём себе отчёт в том, что изучение художественных миров А. Платонова и В. Распутина как диалога двух художественных систем – задача, сопоставимая по масштабам с величиной фигур двух писателей. В настоящей работе мы обозначаем новый угол зрения на творчество писателей, анализируя архетип младенца в произведениях малой формы. Малоизвестные рассказы А. Платонова «Уля» и В. Распутина «Мама куда-то ушла» ранее не привлекали пристального внимания учёных. Включение в исследовательское поле зрения малой прозы расширит и углубит наше понимание масштабных произведений авторов.

Архетип понимается нами как многомерная (многослойная) структура, включающая в себя образы, символы, мотивы и ситуации. Архетипы как единство многообразия индивидуально-авторского и коллективного в художественной форме воплощают образ бытия, «поскольку восходят к универсально-постоянным началам в человеческой природе» [Аверинцев 1980: 110]. Выявление семантики архетипических структур в произведениях А. Платонова и В. Распутина позволяет приблизиться к пониманию авторской концепции человека и феномена бытия.

Архетипическое содержание образа младенца в вышеназванных рассказах анализируется сквозь призму пространственно-временных координат с учётом мифопоэтического контекста.

Жизнь ребёнка в рассказе «Уля» начинается с трагедии: только появившегося на свет младенца покидает мать, «бросает на людей» [Платонов 2008: 98]. Она оставляет ребёнка «под сосною у дорожного колодца» [Там же]. Три данных символических объекта – сосна, дорога, колодец – структурируют мир по горизонтали и вертикали. Такую пространственную организацию можно представить в виде креста: вертикаль складывается из вытянутой вверх сосны и вытянутого вниз колодца, горизонталь организована дорогой. Ребёнок находится в точке пересечения всех координат, т.е. в центре мира. «…Высшей ценностью обладает та точка в пространстве и времени, где и когда совершился акт творения, т.е. центр мира, место, где проходит мировая ось» [Топоров 1982: 14]. Помещая Улю в центр мира, А. Платонов указывает на особую значимость младенца и тем самым повышает его онтологический статус.

У многих народов одинокое дерево, было маркером центра мира, поэтому являлось объектом почитания. В рассказе наблюдаем перенос объекта почитания с дерева на ребёнка, найденного под ним: «она всем мила», «приемные родители так любили маленькую Улю, что от тоски по ней они каждую ночь просыпались» [Платонов 2008: 99]. В мифах брошенными младенцами часто были боги или герои, наделённые сверхспособностями [Юнг 1996: 102]. В рассказе А. Платонова изначально обделённому ребёнку даётся дар: прекрасные глаза Ули открывают людям правду. Сирота приносит в мир очищающий душу свет: Демьян и Груша, увидев себя в глубине Улиных глаз, преображаются. Злой и жадный Демьян становится добрым, сварливая девочка Груша перестаёт сердиться. Прекрасный ребёнок, находящийся в начале пути, возвращает людей к их истокам, к первоначальному чистому роднику жизни, открывая и обновляя их внутреннюю сущность. Обращает на себя внимание и то, что в рассказе имеют имена только те персонажи, которых преобразил дар младенца.

Естественный гармоничный порядок пытается восстановиться: Уля лишена родной матери, но взамен обретает дар и любовь приёмных и деревенского народа. Однако это не приносит ребёнку счастья. Уля не понимает того, что видит, прекрасное ей кажется безобразным и наоборот. Она не может любить ни заботливых приёмных родителей, ни бабушку, приносящую ей подарки. К. Г. Юнг отмечал, что покинутость тесно связана с изначальным одиночеством младенца и бессознательным страхом [Юнг 1996: 104]. Поэтому брошенный ребёнок не может откликнуться на любовь: Уля боится приёмных родителей, а добрая бабушка кажется ей страшной. Брошенное дитя лишается внутреннего оберега ещё в утробе матери, отсюда этот неизбывный бессознательный страх. В рассказе покинутый ребёнок всё время хочет убежать и спрятаться, потому что чувствует свою сиротливость, хотя и не осознаёт её.

Все значимые события в рассказе происходят в центре мира, «под сосною у дорожного колодца», поэтому туда же, где когда-то оставила младенца, возвращается родная мать Ули. Архетип матери «ассоциируется с местами или вещами, которые символизируют плодородие и изобилие <…> Он может быть связан со скалой, пещерой, деревом, весной, родником или с разнообразными сосудами <…> С ним также ассоциируются полые предметы …» [Юнг 1996: 218]. Архетип матери в данном рассказе тесно связан с колодцем, который ассоциируется с её утробой. Материнское лоно – начало жизни младенца. Колодец и материнская утроба наполнены водой, дарующей жизнь всему живому. Также колодец имеет и негативные ассоциации: его глубина может быть опасной для человека и нести гибель. Негативный комплекс архетипа матери проявляется в том, что в начале рассказа младенец оказывается изгнанным из материнского лона и заброшенным в огромный мир.

Таким образом, анализ пространственных координат в рассказе А. Платонова «Уля» приводит к выводу об амбивалентности младенца: с одной стороны, девочка Уля оказывается уникальной и значимой для мира, а с другой – ребёнок заброшен в мировое пространство и изначально одинок.

Рассказ «Уля» начинается словом «однажды», поэтому действие можно отнести к прошлому («жил на свете прекрасный ребенок») [Платонов 2008: 98]. Также такой зачин, свойственный фольклорным жанрам, отражающим мифологическое мышление русского народа, можно истолковать как вневременность происходящего, отнесённость к большому времени.

Если в рассказе А. Платонова «Уля» пространство разомкнуто в бесконечность, а цикличное время представлено как категория мифологического мышления, то хронотоп в рассказе В. Распутина «Мама куда-то ушла» представляет собой замкнутое пространство, где макрокосм равен микрокосму ребёнка. Мальчик, оставшийся один в квартире, ищет маму в жилых комнатах, в кухне, в ванной. Для него это знакомое обжитое пространство дома, связанного с матерью. В прозе В. Распутина образ дома всегда неразрывно соединён с образом матери. Платоновский художественный мир в анализируемом произведении мало населён и почти не обжит, огромен и пуст, пространство и время не имеют чётких границ. Мир в рассказе В. Распутина сжат до пределов дома (квартиры, комнаты) и наполнен живыми объектами и различными предметами, которые становятся для ребёнка чужими и ненужными без матери: «Кресло пустовало, стол стоял один, на книжных полках, как всегда, были книги, но разноцветные корешки смотрели грустно и слепо» [Распутин 1984: 333]. Хронотоп квартиры как полого замкнутого пространства отсылает к образу матери, которая «куда-то ушла». Пространство квартиры и её комнат ассоциируется с материнской утробой, причём архетипический образ матери (как и в рассказе А. Платонова) имеет как позитивное, так и негативное значение: с одной стороны, дом защищает ребёнка от разрушительных сил внешнего мира, т.е. материнское лоно воспринимается как убежище младенца; с другой – ограниченность дома и замкнутость утробы рождают ощущение отделённости от мира и одиночества, а также конечности бытия. В рассказе В. Распутина пронзительно звучит мотив одиночества. Чувство одиночества связано с ощущением неизбежности смерти. Осознание себя как отдельного существа приводит ребёнка к открытию смерти.

Привычный мир без матери мальчик воспринимает иначе, чем раньше: ребёнок видит знакомые предметы другими глазами, он буквально вслушивается во всё вокруг себя «в ожидании ответа» на вопрос о том, куда ушла мама. Также негативный комплекс матери проявляется в том, что архетип матери стремится к экспансии. Мальчик, оставшийся дома без матери обнаруживает вокруг себя целый мир, который до этого был заслонён матерью.

Неопределённость жизни младенца и судьбы человека беспокоит автора и читателя. В самом названии рассказа тревожно повисает в конце неопределённое местоимение «куда-то». Гуманистическое основание художественных миров А. Платонова и В. Распутина проявляется в тревоге писателей за судьбу человека и будущность человечества, явленных в рассказах в архетипическом образе младенца.

Образы детей в обоих произведениях создаются важным событием – утратой матери. Это лейтмотивная тема в художественных мирах писателей является системообразующей, поэтому мотивирует развитие сюжета и определяет судьбу героев. Так, во всех ключевых произведениях А. Платонова встречаем смерть матери (родителей) («Третий сын», «На заре туманной юности», «Происхождение мастера», «Чевенгур», «Счастливая Москва» и др.); в прозе В. Распутина ребёнок переживает разлуку с матерью и связанным с ней домом («Мама куда-то ушла», «Уроки французского» и др.). Мотив разлуки с матерью следует рассматривать как вариант мотива смерти матери.

Мотив одиночества человека и сиротства человечества, явленный в архетипическом образе младенца, является сквозным в художественных мирах А. Платонова и В. Распутина. Особое звучание этот мотив обретает в анализируемых рассказах, где ребёнок переходит от интуитивного миропереживания к рациональному миропониманию. Побуждение сознания, связанное с осознанием одиночества, раскрывается через мотив зрения. Обретение зрения (в рассказе «Мама куда-то ушла» пробуждение мальчика ото сна, разглядывание окружающего мира; в рассказе «Уля» «исправление» зрения девочки после возращения матери) предшествует переходу младенца от наивного созерцания мира к осмыслению трагичности бытия.

Анализ многомерной структуры образа младенца и его семантики сквозь призму пространственно-временных координат и мотивов одиночества и зрения позволяет выявить его архетипическое содержание, которое в художественной форме отражает индивидуально-авторскую концепцию бытия писателей Андрея Платонова и Валентина Распутина.

Дальнейшее изучение художественных систем исследуемых авторов имеет перспективы, т.к. предлагаемый нами подход открывает новые горизонты понимания самобытности писателей и тенденций развития гуманистической традиции русской классической литературы в XX веке.

ЛИТЕРАТУРА

[1] Аверинцев, С.С. Архетипы / С.С. Аверинцев // Мифы народов мира: Энциклопедия. Т. 1. – М., 1980. – С. 110-111.

[2] Топоров, В.Н. Первобытные представления о мире: общий взгляд / В.Н. Топоров // Очерки истории естественнонаучных знаний в древности. – М., 1982. – С. 7-35.

[3] Юнг, К.Г. Душа и миф: шесть архетипов / К.Г. Юнг. – Киев: Государственная библиотека Украины для юношества, 1996. – 384 с.

СПИСОК ИСТОЧНИКОВ ПРИМЕРОВ

[1] Платонов, А.П. Рассказы / А.П. Платонов. М.: Дрофа-Плюс, 2008.

[2] Распутин, В.Г. Избранные произведения в 2-х т. Т. 1. Деньги для Марии. Последний срок. Рассказы / В.Г. Распутин. М.: Мол. Гвардия, 1984.

Мотив шахматной, карточной и театральной игры как зеркальное отражение реальной жизни в пьесе М. А. Булгакова «Бег»

Юго-Западный университет, Казьмина О.А.

Аннотация: В статье речь идёт о смыслообразующем в творчестве М. А. Булгакова мотиве игры, реализуемом в пьесе «Бег» в карточной, шахматной, а также театральной игре как частных формах реализации мотива зеркальности, отражения реальности и подражания ей. Делаются выводы о функциях игры в «Беге»: показать неестественность происходящих реальных исторических событий, их бессмысленность; а также об особенностях пространства и времени, а также образов персонажей пьесы.

Ключевые слова: Михаил Булгаков, «Бег», игра, зеркальность, устойчивый мотив.

Михаил Булгаков вошёл в историю мировой литературы как автор, произведения которого имеют скрытые и явные интертекстуальные связи с мифологией, фольклором, литературой, религией, философией; вместе с тем его творчество самобытно и, в свою очередь, оказало существенное влияние на мировую культуру XX–XXI вв.

В булгаковедении принцип зеркальности стал общим местом, и негласно принят за основу художественной системы писателя. Зеркало – это предмет, совершающий перенос, «условный характер зеркала отвергает наличие суровых и непреодолимых различий, которые существуют между реальностью и миром воображаемым» [Мельшиор-Бонне, с. 281]. Интересным для исследования, с точки зрения зеркальности, представляется релевантный мотив игры, характерный для художественного мира произведений М. Булгакова.

«Что наша жизнь? — Игра!» [Чайковский] — убедился сам и уверил всех пушкинский Германн. Испокон веков существует такая группа людей, для которых страсть и азарт, непредсказуемость в процессе игры гораздо важнее ее результатов. Читатели Михаила Булгакова знают не понаслышке об этом типе героев. На страницах произведений писателя встречаются разные виды игр: карточная, шахматная, театральная и пр. Есть в булгаковской галерее образов и герои-игроки, для которых азарт, риск – жизненно важная потребность. Они даже под страхом смерти играют в карты, делают ставки на тараканьем тотализаторе, участвуют в военных действиях, столь же непредсказуемых в своем итоге, как игра.

В настоящей статье не ставится задача описать и объяснить всю полисемичность мотива игры в творчестве М. Булгакова, это перспектива для более крупного исследования. Перед нами стоит задача показать принцип функционирования данного мотива в пьесе «Бег» (1928 г.). Интересная с точки зрения жанра, любимая пьеса Булгакова, достаточно репрезентативна в плане выявления принципа зеркальности и мотива игры.

Мотив игры имеет функцию отражения реальности и подражания ей. Он эксплицируется на различных уровнях произведения (образном, сюжетном). Опасность подмены сущностей и принятие этого отражения за действительность сформулирована беременной мадам Барабанчиковой (она же – генерал Чарнота): «...Если на тебя погоны нацепить, это ещё не значит, что ты стал белый. А ежели я себе красную звезду на голову надену, ты уж будешь передо мной плясать, Интернационал напевать?..» [Булгаков, с. 416].

Образ игры создаёт ощущение абсурдности и неправдоподобия происходящих в пьесе событий.

Сопоставление белым генералом Хлудовым военных действий с шахматной партией («Это не шахматы и не незабвенное Царское Село» [Булгаков, с. 423]) не только «вводит» мотив «зеркальности» (шахматная доска «зеркальна» по своей сути, а шахматные фигуры представляют человеческие качества), но может быть прочитано как нежелание уподоблять свою судьбу игровым «персонажам». Фигуры в шахматах – всего лишь фишки, которыми управляет «высший разум», от которого зависит исход поединка. «Реальные» белые считали себя «богоизбранными» и всесильными, но оказалось, что они лишь игрушечные фигуры в руках Господа Бога и Георгия Победоносца – последнего Хлудов прямо обвиняет в отступничестве и насмешке над белогвардейцами: «…Видно, бог от нас отступился. Георгий-то Победоносец смеётся» [Булгаков, с. 428 – 429]. А Чарнота, в свою очередь, обвиняет Хлудова: «Империю ты проиграл (Здесь и далее в тексте выделено нами. – О.К.)» [Булгаков, с. 469].

Образ боя-игры наиболее полно раскрывается через включённый в фабулу «Бега» мотив карт. Война и карточный поединок в пьесе взаимосвязаны. Несвоевременно сев играть в карты, Чарнота в результате «числил себя в гробу и смерть видел близко» [Булгаков, с. 417]. В том, что белые оказались в мешке, в ловушке, он обвиняет генерала Крапчикова, который, получив смертоносную депешу, информировавшую о появлении красноармейской конницы, сел играть в преферанс [Булгаков, с. 416]. Обращает на себя внимание семантика фамилии генерала Крапчикова: её внутренняя форма связана с карточным термином крап, который означает узор на «рубашке» (обороте карты). Вместе с тем словосочетание «краплёная карта» является синонимом фальши, обмана.

Этимологически близкими являются фамилия вестового Крапилина и экспрессивное «самопрозвище» полковника де Бризара: «краповый чёрт» [Булгаков, с. 417]. Омонимия имён собственных намекает на общность героев и, в то же время, выделяет их из числа других персонажей пьесы: ср. «крапина» – отметина. Поступки, совершаемые Крапчиковым, Крапилиным, и де Бризаром, не просто влияют на ход событий, а становятся решающими, судьбоносными и для их личной жизни, и для жизни страны.

На первый взгляд, «краповые» персонажи никак не связаны. Крапчиков даже не заявлен в списке действующих лиц, он является внесценическим героем: не появляется в пьесе, о нём лишь несколько раз упоминается. При этом подчёркнута важность его действий в судьбе кампании: «Чарнота (тоскует над картой.) Ах, Крапчиков, Крапчиков, беспросветный ты генерал! И где же ты теперь, сам Крапчиков, чтобы ты мог полюбоваться на свою работу, на побитую сводную дивизию, на порезанный штаб!

<…> Люська. Ах, мать его, Крапчикова, мать! Мы что же, в мешке сидим?»

[Булгаков, с. 419].

Из-за страсти Крапчикова к игре белогвардейцы оказались в «мешке». Подобно этому Хлудов называет Крапилина ловцом, поймавшим его «в мешок, как в невод» [Булгаков, с. 466]. Характерно, что после казни вестового стало окончательно ясно, что гражданская война проиграна; удача перешла на сторону противника. Крапчиков стал «краплёной картой» в «колоде» белогвардейских военачальников, поскольку он «задница, а не генерал» [Булгаков, с. 415]. Крапилин – в колоде убиенных Хлудовым: «О нет, вас было много, очень много было!» [Булгаков, с. 465], так как после этого убийства жертва начинает «являться» генералу, уподобляется краплёной карте, портит «игру», а по сути жизнь.

«Краповым чёртом» де Бризар называет себя сам – перед нами пародийный пример «самозванства». Подобно Крапчикову и Крапилину, полковник – «краплёный», отмеченный. В отличие от других персонажей, он иностранец – француз по национальности (французы отступились от белогвардейцев [Булгаков, с. 440]), притом контужен в голову и командовать не может, на что указывается дважды [Булгаков, с. 425, 429]. Именно де Бризар первым без приглашения «проник» в замкнутое пространство генерала Хлудова, к которому до него имел доступ только есаул Голован. «Де Бризар. (Вламывается в дверь, за ним Люська, пытается его удержать). <…> Люська. Куда вы, маркиз, нельзя, что Вы делаете? Де Бризар. Виноват, виноват! Среди штабных беспокойное движение. Правильно, так и надо! Да здравствует чонгарский повелитель генерал Хлудов!..» [Булгаков, с. 425].

После де Бризара на подобный шаг решаются только Серафима и Крапилин, также «отмеченные», отличающиеся от других персонажей болезнью.

Стоит отметить также другое значение слова «крап» – это растение марена, корень которого идёт на алую краску; краповый – мареновый, ярко-красный [Даль 2002, Т. 2: 188]. Таким образом, соответствующие персонажи-белогвардейцы «окрашены» враждебным цветом.

Цветовой семантикой наделён и генерал Чарнота, причём его фамилия тоже по-своему «оппозиционна» названию армии, в которой он служит (чёрный / белая). И кроме этого, чёрная и красная масти оказываются «зашифроваными» в фамилиях карточных игроков и соперников. Чарнота, пожалуй, самый азартный в «Беге», настоящий мастер, который в игре делает невозможное. К тому же Чарнота единственный из основных персонажей играет на тараканьих бегах и делает рисковые ставки. Таким образом, игра для Чарноты подобна войне, где выигрыш – дело чести и жизни. Поэтому равных ему в карточной игре нет: «Люська. Пойми, в Северной Таврии гусарские полки на стоянках ложились в лоск! Он обыграл Крапчикова! Он играет! Знаешь ли ты как он играет?» [Булгаков, с. 464] Показательно, что Чарнота вспоминает о Крапчикове, глядя на карту [Булгаков, с. 419]; в фабуле «Бега» обыгрывается многозначность слова «карта»: карты присутствуют как игральные, так и топографические (карта военных действий). После отступления белогвардейцев из Крыма в их Севастопольской ставке осталось «на стене беловатое квадратное пятно на том месте, где была большая военная карта» [Булгаков, с. 423]. Некогда существовавшая топографическая карта превратилась в «беловатое пятно» (ср. фразеологизм «белое пятно», означающий что-то неизвестное, неисследованное), который можно назвать метафорой грядущего времени: старый мир разрушен, а новый неизвестен. Также, очевидно, топографические карты имеют пространственные коннотации. «Чарнота. (Хлудову. – О.К.) У тебя перед глазами карта лежит, Российская бывшая империя мерещится, которую ты проиграл на Перекопе» [Булгаков, с. 469]. «Проиграть» в данном примере означает потерпеть поражение и потерять пространство.

Игра в карты приравнивается к бою. «Барабанчикова. <….> …ему (Крапчикову. – О.К.) прислали депешу, что конница появилась, а он, язви его душу, в преферанс сел играть» [Булгаков, с. 416].

«Чарнота. Сели в Курчулане в карты играть с Крапчиковым, шесть без козырей… Слышу пулемёты. Будённый свалился с небес! Весь штаб перебили…» [Булгаков, с. 417].

Так реализуется образ боя-игры, где победа зависит не только от умения игроков, но и от их везения. Как и в ситуации с шахматной партией, развивается идея фатальной предрешённости поединка.

В качестве эпиграфа к Седьмому сну драматург не случайно выбирает строчку из оперы П. И. Чайковского «Пиковая дама»: «…Три карты, три карты, три карты…» [Булгаков, с. 458]. Знаменитые слова предвещают роковую карточную дуэль между Чарнотой и Корзухиным. На кон, с одной стороны, были поставлены медальон Хлудова и будущее Серафимы, Голубкова, Хлудова и самого Чарноты. С другой стороны – деньги «скупого рыцаря» Корзухина. Победа оказалась на стороне Чарноты не только потому, что бывший генерал непобедим, но и потому, что в аббревиатуре его соперника – Парамон Ильич Корзухин – можно прочитать название карточной масти – ПИК, смысл которой дешифруется как в эпиграфе к данному сну, так и в том, что «Дамой пик» – как «пиковой» (судьбоносной), так и «принадлежащей» П. И. Корзухину, является молодая дама Серафима Корзухина [Иваньшина, с. 65]. Драматург обозначил в афише, что Корзухин – муж Серафимы [Булгаков, с. 411]. Именно Серафима стала главной причиной приезда Голубкова и Чарноты к Корзухину в Париж. «Я сейчас сам еду в Париж. Я разыщу Корзухина, я возьму у него деньги. Он не имеет права. Он её погубил» [Булгаков, с. 456]. Вместе с тем нельзя забывать, что в Париже у Корзухина есть ещё одна «дама» – Люси Фрежоль, она же Люська. Только благодаря ей Чарнота и Голубков смогли свободно и безнаказанно уйти из дома Корзухина, да ещё и прихватив собой выигранные наличные деньги. Героиня, совершившая в какой-то степени диверсию против своего «крысика», также становится для него дамой пик.

Постулаты, выдвигаемые в «Беге»: «жизнь есть сон», «война есть игра», – поддерживаются метафорой: «мир – театр». Понимание жизни как театра обостряет ощущение бессмысленности «игрового» существования. Метафора «мир – театр» реализуется от первой до последней сцены пьесы. С театральным действом сравнивает Хлудов всё происходящее: «У нас трагедии начинаются. <…> Никто нас не любит! Никто! И из-за этого трагедии, как в театре всё равно» [Булгаков, с. 424]. Семантическое поле театральной игры реализуется через основополагающий для «Бега» мотив маскарада и ряженья, возникающий уже в Первом сне. «Трансвестийный» мотив, связанный с различными героями, в частности с Чарнотой (в Первом сне он вынужден представляться беременной Барабанчиковой), Голубковым («хóдите в мужском платье, ведите себя мужчиной» [Булгаков, с. 442]), Хлудовым («подпоясан он ремнём <…> не то по-бабьи, не то как помещики подпоясывали шлафрок» [Булгаков, с. 423]) тоже указывает на зыбкость, неустойчивость их положения.

Не случайно М. А. Булгаков акцентирует внимание на образе генерала Романа Хлудова, в нём сфокусированы признаки социального хаоса. Пребывая одновременно в нескольких хронотопах, и тем самым соприкасаясь с вечностью, Хлудов олицетворяет «болезненный» и нестабильный мир, а двойственность его образа становится знаком и квинтэссенцией эпохи. Противоречивые чувства – страх и надежда [Булгаков, с. 423], – которые вызывает Хлудов, – один из примеров двойственности, присущей всему, что связано с героем. Исследователь Е. А. Яблоков пишет о резком смысловом и стилистическом контрасте его имени и фамилии: «Не исключено, что Булгаков вполне осознанно произвёл фамилию персонажа от диалектного слова “хлуда”, одно из значений которого – хворь, болезнь <…> При этом имя и отчество героя – Роман Валерьянович – “программируют” латинские (“римские”) коннотации; отчество Хлудова несёт значение “здоровый”: налицо резкий контраст с фамилией – как смысловой, так и стилистический» [Яблоков, с. 179].

Художественный мир снов «Бега» предстаёт подобием театра, где всё происходящее – спектакль, в котором люди-актёры, исполняющие свои роли, не знают, чем закончится постановка.

Таким образом, нами было проанализировано, как в пьесе «Бег» реализуется мотив шахматной, карточной, театральной игры. Одной из функций игры, по нашему мнению, является зеркальное отражение реальной жизни. Так усиливается мотив неестественности происходящих исторических событий, их бессмысленности.

ЛИТЕРАТУРА

[1] Булгаков М. А. Пьесы 1920-х годов. Театральное наследие / М. А. Булгаков. – Л.: Искусство, 1989.

[2] Даль В. И. Толковый словарь живого великорусского языка. В 4 т.— Т. 2,

М.: РИПОЛ классик, 2006.

[3] Иваньшина Е. А. Метаморфозы культурной памяти в творчестве Михаила Булгакова: монография. Воронеж, 2010.

[4] Мельшиор-Бонне Сабин. История зеркала М.: Новое литературное обозрение, 2005.

[5] Чайковский М. И., Чайковский П. И., Шиловский К. С. «Пиковая дама» П. И. Чайковского: [либретто оперы] / Ред. и вст. ст. О. Меликян. М.: Музгиз, 1956.

[6] Яблоков Е. А. Мотивы прозы Михаила Булгакова / Е.А. Яблоков. – М.: РГГУ, 1997.

Современная российская литература на фоне цифровой эпохи: точка отсчёта и «знаки» последнего десятилетия

Восточно-Китайский педагогический университет,

Топоркова И. В.

Аннотация: В статье дается характеристика периода, который обозначен в современной русской литературе как «нулевые годы». Определение текущего состояния литературы в век активного развития информационных технологий дается через ряд знаковых слов-определений, данных рядом экспертов. Кроме того, выделяются произведения, темы и тенденции текущего литературного процесса, отличающиеся, по мнению автора статьи, новизной и оригинальностью.

Ключевые слова: литература «нулевых» годов, литература «потребления», клудж.

Текущая русская литература пребывает в новом качестве: представлена разнообразными жанрами и тенденциями, отличается противоречивостью, вместе с тем она довольно органична.

Началом современного этапа в литературе можно считать и первые годы Перестройки - период «возвращенной», долгое время находившейся под запретом литературы и литературы «эмигрантской», и постмодернистские 1990-е годы, когда происходит процесс «усреднения» литературы, и 1991 год – крушение советского мира. Единого ответа на вопрос, что же брать за точку отсчета (какую дату, событие, феномен), говоря о современной русской литературе, не существует. При этом, как правило, понятие современной литературы противопоставляется литературе классической.

Понятие современности, как и понятие актуальности, имеет расплывчатые формы, у каждого оно свое. Описывая картину сегодняшнего литературного процесса писатель В. Пьецух выразился достаточно пессимистично, сказав, что этот процесс «клонится к нулю, и потребность в чтении скоро отомрет...»[①] Действительно ли это так? Что происходит с русской литературой и российским писателем в «век цифры» (новой информационной эпохи)? Попробуем разобраться в этом вопросе.

Одной из важнейших черт современной жизни следует назвать максимальную, беспрецедентную доступность информации, что сказалось и на литературном процессе. Реалиями сегодняшнего дня стали виртуальная реальность, одиночество в сети, распад традиционного уклада, а также технологическая оснащенность писателей, дающая им новые возможности. Разнообразие тем и жанров сегодня достаточно велико: от исторических до фантазийных. При этом, по мнению прозаика Д. Бавильского, текущая литература, паразитируя на своем прошлом, не создает полноценных текстов, обладающих «новой искренностью», «свежестью и естественностью», хотя в данной ситуации важно «не быть задавленным чужим опытом, суметь сохранить самость»[②].

Хотелось бы поспорить с этим мнением и привести в качестве примера два произведения последних лет, которые отличает смелость и новизна. Во-первых, стоит отметить недавно вышедший роман Д. Быкова «Июнь», где писатель неожиданно обращается к классической (в особенности для второй половины 20 века) теме Великой Отечественной войны, сводя своих героев в одной точке в заключительной части романа. Июнь как новая точка отсчета в жизни героев, дата начала войны. Во-вторых, кажется невероятным, появление в современной прозе такого жанра древнерусской литературы как житие. Речь – о романе Е. Водолазкина «Лавр», передающем проблемы и реалии периода Древней Руси.

---

① Пьецух В. Что такое литература, и как это делается // Октябрь. 2015. №1. С. 136-142.

② О границах современной литсратуры // Лиterратура. №145. Октябрь, 2019. URL: http://literratura.org/non-fiction/1448-o-granicah-sovremennoy-literatury.html.

Оба романа представляют собой не только воссоздание традиций классики, но и свой собственный подход к традиционным темам и жанрам.

Другой особенностью текущей русской литературы является отсутствие у писателей навыков работы с современностью, неспособность критически осмыслить нынешнюю действительность, описывать как социальные процессы, так и бытие отдельного человека. Некоторые писатели объясняют свой уход от сегодняшней реальности в историю тем, что наше время находится вне каких-либо ярких событий. В итоге в романах наших современников мы попадаем в эпоху 15-16 веков, как, например, в романах А. Иванова «Сердце Пармы» и «Золото бунта». Кроме того, в качестве влияющего на современную литературу фактора следует отметить «диктат рынка», примером чему могут послужить превращающиеся в романы киносценарии (Г. Яхина «Зулейха открывает глаза»).

Что касается современного писателя, то, по словам научного сотрудника ИРЛИ РАН С. Кибальчика, это, как правило, медийная фигура или член литературной тусовки; при этом у него отсутствует привычка к размышлениям и загадкам бытия и человека. Сегодня каждый может стать писателем: роль писателя берут на себя журналисты, литературные агенты, а не те, «у кого есть дар к литературе от Бога»[①]. Вновь возникает проблема «диктата рынка», роста «литературы потребления»: по мнению ряда издателей, «раскрутить» (сделать популярным и хорошо продаваемым писателем) на сегодняшний день можно кого угодно.

Вслед за литературным критиком С. Красовской отметим, что «не всё, что пишется сегодня, можно считать современным»[②]. Речь в данном случае не о тематике произведений или их проблематике, а суть - в интонации, синтаксисе, способных передать «дух времени» и которые помогают опознать «свое» и «не свое» время.

Первое десятилетие 21 века в российской литературе определяется как

---

① О границах современной литературы // Литеrraтура. №145. Октябрь, 2019. URL: http://literratura.org/non-fiction/1448-o-granicah-sovremennoy-literatury.html.

② Там же.

«нулевые» годы. Рассмотрим данный период на основе нескольких знаковых слов, с помощью которых представители разных искусств и наук обозначили его основные особенности.

1. «Имитация» (имитация интереса общества к культуре, имитация понимания значимости культуры, имитация качественных произведений, соответствующих потенциалу нашей культуры).

2. «Тренировка» (подготовка к чему-то новому, поиск пути, нового витка развития).

3. «Пробка» (слово ассоциативно приближает нас к чувствам, которые испытывает человек, застрявший в пробке: беспомощность, бесправность, растерянность, что также определяет и рассматриваемый литературный период).

4. «Шоуцентризм» (тиражированность, повтор, бренд, невозможность создавать неповторимое).

Определяя текущий литературный процесс и отношение читателя к нему, перечисленные «знаки» раскрывают перед нами картину неопределенности новой эпохи, а также влияния рынка на литературу, превращения читателя в потребителя. Взгляд на современную литературу как «литературу потребления» встречается во многих литературно-критических работах последних лет.

С темой потребления, рынка мы начинаем сталкиваться в литературе конца «нулевых» годов. В романе В. Маканина «Асан» (2008) автор обращается к событиям Чеченской войны, однако, описывая главного героя и происходящие в произведении события, он показывает, что даже в условиях военного времени можно выстраивать отношения «купи-продай», «услуга за услугу». Понятие врага становится условным, так как и с врагом можно договориться. Маканин дает в романе приметы войны. Война представлена как фон; отмечена статичностью, почти полным отсутствием присущих военному времени событий; война в романе словно замерла. На этом историческом фоне главный герой, военный человек, представлен дельцом, бизнесменом, использующим ситуацию, в которой оказался, в своих личных целях. В новом типе героя совмещены прагматизм и человечность, что создает особое отношение к представленной в романе ситуации: война воспринимается как благоприятное место для рыночных отношений, что вызывает странное чувство у читателя, неприятие описываемого.

«Литература потребления», как и новая эпоха, требует своего языка. «Появились новые реалии, которых не было в российском быту и соответственно в русском языке <…> Пресловутые «менеджмент» и «маркетинг» вполне адекватно не передашь»[①], - справедливо отмечает Е. Шварц. Ту же мысль, отмечая, что мы живем в эпоху цифровую, повторяет литературный критик нашей современности Н. Иванова: «Поле языка приросло ужасным для моего слуха компьютерным языком: я вас, с вашего позволения, зафрендю (Прим. в значении «добавлю в друзья», интернет-сленг)[②].

Цифровая эпоха, как и эпоха потребления, рекламы, требуют не только своих тем, героев, но и оказывает непосредственное влияние на русский язык, что находит отражение и в литературных текстах. Ведь «язык — организм культурной репродукции, но в этом организме постоянно происходят мутации»[③]. Знаком десятилетия стало слово «гламур», или, по словам критика Е. Ермолина, «гламурный век», что отражает сиюминутность эпохи, «ликующей пошлости»[④].

В книге «Интеллигенция и гламур» писателя А. Максимова гламур видится как «философия жизни, которая постепенно и незаметно завоевала нашу страну»[⑤]. Кроме того, чтобы определить литературную эпоху сегодняшнего дня, он предлагает итальянский термин «фермата», что означает остановку неопределенной продолжительности. А. Максимов отмечает, что «гламур <…> дал совершенно четкую систему ценностей», а именно: «лучше жить красиво, чем уродливо», «лучше жить легко, чем трудно», «лучше жить весело, чем задумчиво», «лучше быть богатым и здоровым, чем бедным и больным». Отсюда

---

① Писатели о языке // Отечественные записки. 2005. №2. URL: http://magazines.russ.ru/oz/2005/2/2005_2_6.html.

② Там же.

③ Там же.

④ Ермолин Е. Медиумы безвременья. Литература в эпоху постмодерна, или Трансавангард. М., 2015. С.75.

⑤ Максимов А. Интеллигенция и гламур. М.: АиФ, 2010. С. 95.

– псевдоискренность в литературе, уход от реальности, создание иллюзии правильного, красивого и справедливого мира.

Попытки писателей и литературных критиков определить литературное время отмечены тревожностью, пессимистичностью. Иногда его обозначают как «антилитературное», называют «литературной пустотой». В. Ерофеев так описывает сегодняшнюю ситуацию в литературе: «Книги роятся, но не плодоносят. Жанров много, встреч с авторами тоже немало, но такое впечатление, что ничего не происходит – литературная пустота».[1] Продолжая свою мысль, критик говорит о том, что «литература кончилась <…> В хороших писателях ходят жалкие единицы. Они проклёвываются и быстро гаснут. Это слабые существа», на основании чего делается вывод, что такие писатели «не определяют сегодня литературное время», а «интерес к автору подогревается не его литературными открытиями, а его социальными и политическими прыжками»[2]. Объяснением такого неприятия современной литературы, по мнению критика В. Пустовой, может быть факт того, что «на протяжении десятилетий торжествовал культ классики образца 19 века»[3]. Пренебрежение сегодняшним (тем, что является частью нашей сегодняшней жизни) характерно для российского общества. В премиальном отношении писать об истории престижнее и выигрышнее, чем о современности.»»

Несмотря на такое видение литературного процесса следует отметить в качестве характерной черты литературы новейшего времени попытку многих современных писателей «отрефлексировать окружающую их реальность, описать происходящие в ней коммуникативные процессы и осмыслить уже свершившиеся факты языкового опыта»[4]. Среди таких писателей можно назвать Михаила Шишкина, представителя интеллектуальной прозы, который отметил,

---

① Ерофеев В. Литературная пустота. URL: http://www.kommersant.ru/doc/2608969.

② Там же.

③ О границах современной литературы // Литеrratура. №145. Октябрь, 2019. URL: http://literratura.org/non-fiction/1448-o-granicah-sovremennoy-literatury.html.

④ Черняк М.А. Проза цифровой эпохи: традиции, жанры, имена. М.: Флинта, 2018. – С. 114.

что «язык русской литературы – ковчег. Попытка спастись. Островок слов, на котором должно быть сохранено человеческое достоинство»①

Обращение к мемуарной прозе, к литературе non/fiction, ее востребованность читателем является тенденцией текущего литературного процесса. Отсюда обращение многих деятелей литературы к созданию художественных биографий исторических лиц в серии ЖЗЛ («Жизнь замечательных людей»): критик Л. Данилкин с его книгой о В. Ленине; прозаик С. Шаргунов, написавший биографический роман о русском писателе В. Катаеве; З. Прилепин и его книга о писателе 20 столетия Л. Леонове.

В заключение следует отметить, что достаточно точную характеристику текущего литературного процесса предлагает критик Л. Данилкин, описав его словом «клудж» (от англ. kludge), что в языке программистов обозначает программу, которая теоретически не должна работать, но почему-то работает. Более того, критик отвергает часто употребляемое литературными исследователями понятие мозаики, предпочитая слово «список»: «Список, между пунктами которого может не быть ничего общего, кроме факта появления в определенных промежуток времени»②. Объективно же оценить то, что происходит в литературе, возможно лишь с исторической дистанции, когда определенный период уже завершился.

На вопрос: «Существует ли «метафора современности?» С. Кибальник предложил метафору «последний читатель». Хотелось бы верить, что его диагноз окажется ошибочным.

ЛИТЕРАТУРА

[1] Данилкин Л. Клудж. Итоги десятилетия // Новый мир. 2010. №1. URL: http://magazines.russ.ru/novyi_mi/2010/1/des11.html.

① Писатели о языке // Отечественные записки. 2005. №2. URL: http://magazines.russ.ru/oz/2005/2/2005_2_6.html.

② Данилкин Л. Клудж. Итоги десятилетия // Новый мир. 2010. №1. URL: http://magazines.russ.ru/novyi_mi/2010/1/des11.html.

[2] Ермолин Е. Медиумы безвременья. Литература в эпоху постмодерна, или Трансавангард. М., 2015. С.75.

[3] Ерофеев В. Литературная пустота. URL: http://www.kommersant.ru/doc/2608969.

[4] Максимов А. Интеллигенция и гламур. М.: АиФ, 2010. С. 95.

[5] О границах современной литературы // Лиterrатура. №145. Октябрь, 2019. URL: http://literratura.org/non-fiction/1448-o-granicah-sovremennoy-literatury.html.

[6] Писатели о языке // Отечественные записки. 2005. №2. URL: http://magazines.russ.ru/oz/2005/2/2005_2_6.html.

[7] Пьецух В. Что такое литература, и как это делается // Октябрь. 2015. №1. С. 136-142.

[8] Черняк М.А. Проза цифровой эпохи: традиции, жанры, имена. М.: Флинта, 2018. – С. 114.

III. 跨文化与国别区域研究

斯拉夫派和西方派眼中的“欧洲”

上海外国语大学　毕洪业

【摘要】关于俄国欧洲身份的争论一直是俄罗斯知识分子的重要话题。近二百年是俄国针对欧洲问题辩论的主要时期，这种划分是以 18 世纪末西欧的两次革命为界限：法国大革命开创了关于国家和公民的新观念，而工业革命则为人类提供了关于人类、社会和国家的新一轮激烈辩论。在欧洲革命的影响下，启蒙运动思想传入俄国国内，引起贵族知识分子阶层有关欧洲问题的大辩论和内部不同派别的分裂，进而在 19 世纪 40、50 年代形成了斯拉夫派和西方派之间的一场大辩论。

【关键词】斯拉夫派；西方派；欧洲；东正教

1825 年 12 月，发生在俄国的十二月党人起义虽然被镇压，但该事件却极大地扩大了公众政治空间，使关于俄国国家身份的讨论从公众舆论的边缘转向中心，同时造成了俄国政治思想的分裂。十二月党人起义的失败首先引起人们对俄罗斯在欧洲地位的怀疑。毋庸置疑，恰达耶夫 (П.Я.Чадаев) 的思想是对此最为重要的反映。恰达耶夫在年轻时和十二月党人就有接触，并同他们一样被欧洲尤其是法国的政治思想所吸引。其《哲学书简》(Философические письма) 的出版，标志着 19 世纪 30 年代的结束和“不平常”的 40 年代的开始。

1.《哲学书简》的出版推动了思想大论战

1836年在《望远镜》（«Телескоп»）评论上正式发表前，恰达耶夫的通信就已经在彼得堡的沙龙中流传，因为这是最常见的躲避政府审查的手段。恰达耶夫将落后的俄国与先进的西欧进行了比较，他痛苦地回顾了俄国发展的曲折历史，毫不隐讳地批判了俄国的专制制度，但同时热情地颂扬了彼得一世改革的伟大功绩。恰达耶夫认为，欧洲曾经形成了整体精神的基督教区，这种统一性使得欧洲不断壮大；尽管基督教区因文艺复兴和宗教改革而被不断地分割，但教皇始终作为这种统一性的象征，而且这种统一性过去存在而将来也会重生；相对于中世纪的欧洲，俄罗斯犯了追随可恶的拜占庭的错误，结果，俄罗斯很容易被鞑靼人统治。当鞑靼人离开，俄罗斯本应该加入欧洲的主流社会，但是它没有。在恰达耶夫看来，俄罗斯没有真正的遗产可供继承，俄罗斯不属于人类的任何一个大家庭，既无西方的传统，也无东方的传统，其没有给人类思想的整体带去任何一种思想，对人类理性的进步没有起到过任何作用。由此，恰达耶夫得出，俄罗斯没有过去、没有现在、也没有未来的结论。从恰达耶夫尖刻地抨击俄国的历史和专制制度中，我们也能够明显地看出民族虚无主义痕迹。

《哲学书简》的发表对这一时期的思想大论战起到了推波助澜作用。赫尔岑（А.И.Герцен）和斯坦科维奇 (Н.В.Станкевич) 曾经激动地称恰达耶夫信笺的出版“犹如黑暗中的电闪雷鸣”，开始了俄罗斯的政治思考。恰达耶夫大胆的话语震动了整个俄国知识界和上层社会，其书信的发表被称为“恰达耶夫事件”而列入沙皇政府的宪兵第三厅档案之中。尼古拉一世宣布，《哲学书简》是“一个疯子大胆的胡言乱语”，命人逮捕恰达耶夫，同时下令关闭《望远镜》杂志，并追究相关人员的责任。恰达耶夫被捕的原因在于，他暗示俄罗斯也许永远不会成为欧洲国家。其实类似的观点在《哲学书简》出版之前已经在沙龙聚会中流传。而只有在信笺出版并且向政府视为自己的公众政治空间发出了挑战后，事态才发展到高潮阶段。因此关键的是背景环境，而不完全是信笺的内容。因为此前政府并没有在意，所以也就没有出现相应的挑战。而一旦这种观点进入社会舆论当中，政府为维护自己的正统立场和地位就只能采取强制措施来应对。

正是恰达耶夫的民族虚无主义引发了斯拉夫派和西方派对俄国发展道路的激烈论争。在19世纪40年代的十年间，最重要的是关于欧洲的两种立场的集中和两极分化：具有浪漫色彩的民族主义者集中于斯拉夫主义的旗帜之下，另一派则是渴望实行欧洲政治和经济模式的西方派。在大辩论时期，各种思想的重新组合使19世纪40年代充满生机。“斯拉夫派”和“西方派”术语被经常地使用，最初含有嘲笑的意味，只是被用来指反对派，后来经常被作为自我认同的术语而使用。这一时期，关于欧洲的辩论成为广泛政治讨论的重要主题，其间充斥着黑格尔普济主义哲学的影响。

2. 斯拉夫派眼中的欧洲

斯拉夫派的代表人物主要有霍米亚科夫（А.С.Хомяков）、阿克萨科夫兄弟（К.С. и И.С.Аксаков）、基列耶夫斯基兄弟（И.В.и П.В.Киреевский）、萨马林（Ю.Ф.Самарин）、瓦鲁耶夫（Д.А.Валуев）及著名作家陀思妥耶夫斯基（Ф.М. Достоевский）等。这一派知识分子许多人来自贵族和地主阶层。1841年，斯拉夫主义者开始出版他们的第一本杂志《莫斯科人》（«Москвитянин»）。斯拉夫派认为，俄国自古即拥有优秀的文化和传统，农村村社、东正教和专制制度是俄国独有的特性，俄国完全可以根据自己的历史特点，走迥异于西欧的发展道路；相反，走西方式的道路对于俄国来说无疑是一场灾难，彼得一世改革毁灭了俄国悠久的历史传统。他们一般反对对农奴制和专制制度采取彻底否定的态度，并抨击彼得大帝使俄国的发展偏离了正确的轨道，甚至主张回到彼得一世以前去。К. 阿克萨科夫认为圣彼得堡割断了政府与人民之间的关系，吁请皇帝迁回莫斯科，放弃圣彼得堡，否则只能以间接方式管理俄国。这既表明了斯拉夫主义者反对俄国西化的观点，也反映了其主张沙皇和人民直接结合，反对国家官僚化的思想。他强调，西方正在发生的事件表明，西方自身正在毁灭，其谎言正在被戳穿，其所选择的道路已经把自己带入到泥沼之中，所以，俄罗斯人应当与西欧脱离关系，只有我们的国民性才能确保国家的平静，这也正是神圣俄罗斯之路。斯拉夫派的形成和影响表明，俄罗斯特殊论已经转化为一种意识，成为知识分子对国家历史和未来所持有的一种观念。为了回答恰达耶夫针对俄罗斯没有过去（历史）的指控，斯拉夫主义者指出，恰恰不是俄罗斯，而是工业化的欧洲没有历史。斯拉夫主义者并不反对沙皇主义者，相反，他们的批评集中于反对俄国国家机构的西欧化。他们认为，沙皇应该同人民联姻，成为一位家长而绝不是独裁者。斯拉夫主义者把当时的欧洲和俄国这个古老欧洲政权作为统治原则的两种典型，认为它们不同于人民的俄国。他们从行政管理机器的角度把当时的俄国政府看作是这种异教原则延伸为俄罗斯民族的有机结构。他们认为，欧洲的影响是“另类”的化身，必须把俄国从内外的“另类”中挽救出来。可见，通过表明自己对当时政权的立场，斯拉夫主义者也向官方的“人民性”学说发出了挑战。因为“官方人民性”学说强调自己这个古老的欧洲政权是真正的欧洲，而谴责背离它的欧洲思想是对欧洲的错误表述。对此，沙皇政府的反应就是不断地审查并查封他们的出版物。

霍米亚科夫摆脱了官方教会的束缚，创建了世俗神学。霍米亚科夫的历史哲学强调，信仰是历史的主导性起因，而且宗教信仰是全部文明、历史道路及哲学思想的基础，由此决定了俄罗斯与欧洲的区别，也即俄罗斯的本原是东正教信仰，西欧的本原是天主教信仰。他从东正教中寻找俄罗斯精神特征，发明了“聚合性”(Соборность) 概念，认为东正教是统一性与自由的结合，而在天主教那里是有统一而无自由，在新教那里是有自由而无统一。他认为，没有统一性的新教自由原则导致资产阶级的工业主义普遍流行，而没有自由性的天主教统一原则则转变成无神论者的社会主义的国际主义。霍米亚科夫通过基督东正教框架来阐释欧洲的特征，并在此过程中揭露“官方人民性”学说的空洞性。他指出，鉴于东正教是这个国家“人民性”学说的三大支柱之一，因此这个政府所青睐的欧洲是基督教君主兄弟们的欧洲，也许俄罗斯的东正教能被看成“老大哥”。但他的这种比喻仍然强调的是那种亲密的血缘关系，而不是相异性。霍米亚科夫指出，在佛罗伦萨教会会议和欧洲均势共处之前，俄罗斯民族的特点表现为同欧洲主要国家的对抗，而这种敌意只能引发瑞典、中世纪商业同业协会和波罗的海的贵族们强烈的“恐俄症”，产生对抗的原因主要在于波兰工业巨头和天主教修道士的恶意阴谋。渐渐地，俄罗斯的民族主义者表现出排外和对外国人憎恶的特性。这与人类所特有的公正忠诚不相符合，而且有背于俄罗斯精神的最深层要求。所以，它一定会引起另外一种极端的反应，这种过度反应就是欧洲主义。他认为这种反应开始于 17 世纪初期，在出现一度断层之后，在彼得大帝后完全占据主导地位。虽然俄罗斯一直向欧洲学习，但它本应该清楚地意识到，欧洲充斥着各种毫无价值的文化趋势。这些趋势是推理主义、唯物主义和利己主义，而且包括他们的理想 —— 天主教。然而，这个严重受损的精神代表着欧洲具有完全低于俄罗斯东正教（唯一真正的基督教会）的特质。霍米亚科夫强调“精神的完整性”是普世原则，应当普及到全世界，而俄罗斯的世界使命就在于把它普及到全世界，从而使东正教再一次具有世界主义的特征。同样，И. 基列耶夫斯基也从基督教的视角来认识欧洲。他认为中世纪的欧洲基督教世界是一个非常理想的状况，但同时强调：基督教仅仅通过罗马教会的教义深入到信徒的头脑中，而在俄罗斯它则是以整个东正教会为基础；西方的神学带有伦理的抽象性，东正教世界的神学则保持了心灵的内在完整性；西方基督教将智慧的力量一分为二，东正教则力求把其有机结合。此外，欧洲的所有精英都对当前的道德堕落状况、缺乏信念、普遍的利己主义深恶痛绝，并寻找理性之外的新的精神力量和信仰，但他们在自己那里是找不到的，因为西方基督教已经丧失了自己的原本意义。И. 基列耶夫斯基认为，欧洲文化遗产就是个人主义的罗马文明，天主教会和建立在暴力基础上的政权。为与西方的天主教进行对抗，他提出了集体合作、忠诚和热爱和平的斯拉夫传统。通过对欧洲的道义判断，基列耶夫斯基认为，欧洲国家相对于俄国更加倾向于暴力，欧洲人可以从俄罗斯人那里学会如何和平地生活，而在英国和德国之后，将轮到俄罗斯了，它能够把握欧洲文明的各个方面并将成为欧洲的领袖。

尽管与同时代的欧洲其他国家相比，俄国可以说是最为官僚化的国家，但在斯拉夫派看来，俄罗斯人民却具有不问政治的特点。К. 阿克萨科夫把这种传统归结为“非国家性”。俄罗斯人民相信皇权神授，甘愿服从沙皇统治，只反贪官和地主，不反沙皇。作为历史主体的人民，在斯拉夫派眼里，是那些保持着东正教信仰和民族生活方式的农民。斯拉夫主义者也断言俄罗斯有三个基础，即东正教、君主专制和民族性。只是他们对此的理解与官方思想家有所不同。官方思想家认为东正教和民族性从属于君主专制，而斯拉夫主义者则把东正教放在首位。对于尼古拉一世政权的制度缺陷、官僚的专横、普遍的行贿受贿、法庭的不公正等，斯拉夫派也进行了尖锐批判。因此，斯拉夫派中的一些人也遭到沙皇政府的逮捕和迫害。

3. 西方派视角下的欧洲

西方派的主要代表人物是卡维林 (К.Д. Кавелин)、格兰诺夫斯基（Т.Н. Грановский）、鲍特金 (В.П. Боткин)、恰达耶夫、赫尔岑、别林斯基（В.Г. Белинский）、索洛维约夫 (С.М. Соловьев) 等。这一派的知识分子大多来自平民阶层。西方派认为，俄国是西方世界的一部分，不可能孤立于欧洲、固步于自己的传统，必将走上与西欧一样的发展道路，事实上彼得一世和叶卡捷琳娜二世已经把俄国拉上这条道路；而农奴制和专制制度是限制俄国历史发展和走西方式道路的阻碍，必须予以废除。西方派对俄国村社的看法与斯拉夫派不同，认为村社的直接任务是把农民固定在土地上并强迫他们纳税服役。同时，西方派高度评价了彼得一世的作用，认为正是彼得把俄国推上了欧洲发展的道路。西方派认为斯拉夫派的理论不是号召人民向前，而是向后，朝向那些落后的、早已过时的习俗和制度。

别林斯基是西方派中最著名的人物之一，他根据自己的哲学视角来观察世界和欧洲。别林斯基认为，个人主义和民族国家的演化要历经三个阶段：自然直观阶段、抽象理性的普济主义阶段、理性的现实为特点的阶段。在第一阶段，人的组织是部族，只有当进入第二阶段时才变成民族国家。他认为，由于受到拿破仑入侵的影响，俄国已经能够把普济主义思想和民族思想相融合，所以就进入到了理性的第三阶段。然而，尽管俄国已经在通往历史的第三阶段的路上，但它仍然处于其初期发展阶段，还不能声称自己位于人类共有的知识传统的中心地位。而且和所有的民族国家一样，俄国仍然为此而受制于人，这是历史发展过程中的必然组成部分。在别林斯基的思想中，欧洲相对于亚洲和其作为全人类领导者这两个看起来矛盾的主题已经融合在一起，融入其人类历史发展阶段理论之中。一方面，他强调，亚洲处于自然直观的发展阶段，欧洲则处于有意识自觉阶段；另一方面，他宣称，人类所拥有的一切都是欧洲的，而欧洲所拥有的一切又是人类的。

卡维林、C. 索洛维约夫等强调俄罗斯国家在历史发展中的主导作用，把国家看成是历史的创造者和社会进步的最高成就。卡维林认为，前彼得大帝的俄罗斯历史是史前史（也就是没有历史），欧洲的发展确定了其他国家必须尽力遵守的历史标准。可见卡维林和别林斯基所坚持的都是目的论的历史观，但他们的观点并不完全占据主导。而有关俄罗斯应该从欧洲学习或模仿多少的这个问题是鲍特金和赫尔岑之间争论的主要议题。鲍特金祈祷上帝赐予俄国资产阶级，而赫尔岑则祈祷上帝把俄国从资产阶级手中拯救出来。所以，赫尔岑后来不再被看作西方派。

4. 对争论的评价

对于斯大拉夫派和西方派，别尔嘉耶夫 (Н.А. Бердяев) 评价到：俄罗斯的民族自觉和斯拉夫一统的自觉诞生于斯拉夫主义与西欧派的争执之外，唯有在斯拉夫主义里面才能寻找斯拉夫理念，西欧派那里根本没有这一理念的丝毫痕迹；但在我们经典的斯拉夫主义那里，在基列耶夫斯基、霍米亚科夫、阿克萨科夫兄弟、萨马林那里，很难找到纯粹的斯拉夫理念的体现；斯拉夫主义更确切地应被命名为罗斯主义，斯拉夫首先要确立在东正教土壤上的俄罗斯文化的独特类型，而与文化的西方类型和天主教持相反的立场，在斯拉夫主义中存在着许多地方性的封闭性。无论是斯拉夫派、还是西方派，都是由俄国社会中一部分思想先进的知识分子组成，实际上都是俄罗斯民族自我意识觉醒的表现。他们都立足于俄国传统与现实，并且将俄国与西欧作以多方面的比较，都不满俄国的现状，探索如何使国家强大起来的未来发展道路的答案。斯拉夫派与西方派都在想方设法拯救俄国，虽然朝着不同的方向，但却有同样的目的。在对欧洲认知上，西欧派的主张是激进、片面的，包含着强烈的民族虚无主义；斯拉夫派的主张具有进步意义，但同时也具有一定的保守色彩。但无论是激进还是保守，这一场持续十余年的争论表明俄国知识分子的队伍已经形成，并且日益成熟和广泛地显示其渐强的独立性及对国家政治生活强烈的参与性。

参考文献

[1] [俄] 彼・亚・恰达耶夫 . 箴言集 [M]. 刘文飞，译，昆明：云南人民出版社，1999.

[2] [俄]Вл. 索洛维约夫等 . 俄罗斯思想 [M]. 贾泽林，等，译，杭州：浙江人民出版社，2000.

[3] [俄]H.O. 洛斯基 . 俄国哲学史 [M]. 贾泽林，等，译，杭州：浙江人民出版社，1999.

[4] [俄] 别尔嘉耶夫 . 俄罗斯灵魂：别尔嘉耶夫文选 [M]. 陆肇明，东方钰，译，上海：学林出版社，1999.

[5] [法] 亨利・特罗亚 . 神秘沙皇 - 亚历山大一世 [M]. 迎晖，等，译，北京：世界知识出版社，1984.

[6] [英] 以赛亚・伯林 . 俄国思想家 [M]. 彭淮栋，译，南京：译林出版社，2001.

[7] [俄] 尼・别尔嘉耶夫 . 俄罗斯思想 [M]. 雷永生，等，译，北京：生活・读书・新知三联书店，2004.

[8] [俄] 索洛维约夫 . 俄罗斯与欧洲 [M]. 徐风林，译 . 石家庄：河北教育出版社，2002.

[9] [苏] 涅奇金娜 . 十二月党人 [M]. 黄其才，等，译，北京：商务印书馆，1989.

[10] [俄] 赫尔岑 . 往事与随想 [M]. 项星耀，译，北京：人民文学出版社，1993.

发展、安全与环境保护：俄罗斯新北极政策评析[①]

兰州大学　韦进深，复旦大学　朱文悦

【摘要】《2035 年前俄罗斯联邦北极国家基本政策》的出台标志俄罗斯新北极政策形成。新北极政策是俄罗斯创新经济发展战略和远东开发战略的重要组成部分，在俄罗斯捍卫北极主权、维护北极地区国家安全的能力有所提高、西方经济制裁的背景下，俄罗斯新北极政策确立以发展为核心，安全与环境保护并重的路径选择。俄罗斯新北极政策具有继承性、务实性和灵活性的特征。俄罗斯新北极政策的制定和执行，将提高北极地区开发议题的显著性，增强俄罗斯在北极问题上关系性权力，有助于俄罗斯对冲西方经济制裁的风险和压力。然而，北极地区形势的发展变化、基础设施、人才、资金和技术的约束以及建立北极地区开发“发展”议题同盟的难度对俄罗斯的新北极政策构成制约，俄罗斯新北极政策的目标能否按期完成具有不确定性。

【关键词】俄罗斯；新北极政策；发展；前景

2020 年 3 月 5 日，俄罗斯总统普京签署命令，批准《2035 年前俄罗斯联邦北极国家基本政策》（以下简称《政策》），这是继 2008 年制定的《2020 年前及更长期的俄罗斯联邦北极地区国家政策基本原则》之后，俄罗斯政府出台的关于北极政策的又一份纲领性文件。《政策》在对北极地区俄罗斯国家安全评估的基础上，就 2035 年前俄罗斯在北极地区国家政策目标、基本方向和任务作了明确规定，调整了政策的执行机制，并制定了政策有效执行的评价标准。[②]

从内容看，《政策》将发展问题视作俄罗斯北极地区国家安全的主要威胁，

---

① 本文是上海市 2018 年社科规划一般项目“国际能源安全议程设置与我国参与国际能源合作的路径与模式研究”（项目编号：2018BGJ006）阶段性成果，且得到兰州大学中央高校基本科研业务费（项目编号：2020jbkyjd003、2019jbkyjd005、2019jbkytd002、2019jbkyzx014）的资助。

② Основы государственной политики Российской Федерации в Арктике на период до 2035 года，http://docs.cntd.ru/document/564371920,[2020-03-20].

具体包括北极地区人口数量缩减、社会、交通、通讯基础设施发展薄弱、未来矿物原料研究中心工作的低效率、国家支持体系缺失、未在规定期限内建成北海航线基础设施及破冰、救济、辅助船队所需船只等[①]。并确立了以发展为核心的北极政策的目标、方向和主要任务。相比于2008年出台的《原则》，俄罗斯的北极政策发生了从侧重安全到侧重发展的政策变迁。俄罗斯新北极政策明确了经济发展、国家安全和环境保护三大北极议题，并确定了三大议题之间的关系，即以北极地区经济发展为核心，在保证俄罗斯在北极地区国家安全和北极地区环境的前提下，加快俄罗斯北极地区的经济发展，提高北极地区人口的生活质量，维护俄罗斯在北极地区的国家利益（包括经济利益）。

俄罗斯新北极政策是在开发远东战略和西方对俄实施经济制裁的背景下调整出台的。作为北极国家和北极理事会的成员，俄罗斯新北极政策的出台，势必再次引发国际社会对北极问题的关注，该政策的实施可能对北极问题的议程设置和北极治理的发展产生重要的影响。

1. 俄罗斯新北极政策出台的背景

俄罗斯联邦北极区域指的是俄联邦第296号总统令《关于俄联邦北极区域陆地领土》规定的陆地领域，同时包括与这些地区相邻的俄联邦内海水域、领海、专属经济区与大陆架。[②] 俄罗斯拥有北冰洋漫长的海岸线，俄属北极地区总面

① Основы государственной политики Российской Федерации в Арктике на период до 2035 года.

② 为了顺利执行国家北极政策，2014年5月，普京签署第296号总统令，将俄属北极地区区划调整为包括摩尔曼斯克州、涅涅茨自治区、楚科奇自治区、亚马尔—涅涅茨自治区、科米共和国所属的“沃尔库塔”市辖区、萨哈共和国（雅库特）所属的阿莱伊霍夫区、阿纳巴尔（多尔干-埃文基）民族区、布伦区、下科雷姆斯克区、乌斯季扬斯克区、克拉斯诺亚尔斯克边疆区所属的诺里尔斯克市辖区、 泰梅尔多尔干-涅涅茨地区、图鲁汉斯克区、阿尔汉格尔斯克州所属的“阿尔汉格尔斯克”市、“梅津地区”“新地岛”“新德文斯克”“奥涅加地区”“滨海地区”“北德文斯克”，以及“由苏联中央执行委员会主席团1926年3月15日《关于宣布苏维埃社会主义共和国联盟在北冰洋地区陆地与岛屿领土的决议》及其他法令所确定的北冰洋地区的土地与岛屿”。见 http://www.garant.ru/products/ipo/prime/doc/70547984/#ixzz3b4Y8id DU.[2020-03-20].

积近900万平方千米，居住着250万人口，占北极地区人口的40%。[①]北极地区对于俄罗斯来说具有战略意义。俄罗斯也是北极国家中最早制定北极战略和政策国家，2008年俄罗斯政府出台《2020年前及更长期的俄罗斯联邦北极地区国家政策基本原则》、2013年出台《2020年前俄罗斯联邦北极地区发展与国家安全保障战略》，此外，在俄罗斯国家安全战略和能源发展战略等政策文件中，也涉及到北极问题。整体而言，俄罗斯的北极政策保持了延续性，但也有部分调整。其中最重要的变化是明确了发展议题在北极政策中的核心地位。

与2008年俄罗斯政府出台北极政策的首份文件《2020年前及更长期的俄罗斯联邦北极地区国家政策基本原则》时的遮遮掩掩不同[②]，早在2019年4月，俄罗斯总统普京在"北极 — 对话区域"国际北极论坛上就公开提出，俄罗斯政府将制定2035年前的俄罗斯北极地区发展战略，并在2020年3月5日签署总统令后不久，即公开了《政策》的全文，体现了俄罗斯在制定北极政策上的自主性和政策的透明性。也表明俄罗斯北极政策上的利益诉求发生了新的变化。促进俄属北极地区资源开发和社会发展、维护北极地区国家安全、保护北极地区生态环境是俄罗斯新北极政策的主要考量，而北极地区环境变迁和西方对俄实施经济制裁则构成了俄罗斯北极政策调整的外部因素。

1.1 开发俄属北极地区是俄罗斯国家发展战略和平衡地区社会经济发展的重要途径

在《原则》中，俄罗斯政府对北极的定位是"自然资源战略基地"，俄罗斯北极政策在社会-经济发展领域的主要目标是"充分发挥并扩大北极作为俄罗斯'主要战略资源基地'的作用，在很大程度上可以满足俄罗斯对油气资源、

① Правительство Российской Федерации, Стратегия развития Арктической зоны Российской Федерации и обеспечения национальной безопасности на период до 2020 года , http://kremlin.ru/news/17539,[2020-03-20].

② 2008年9月18日，俄罗斯总统梅德韦杰夫发布总统令，批准了《2020年前及更长期的俄罗斯联邦北极地区国家政策基本原则》，但直到2009年3月30日才正式予以公布，其中俄罗斯关于北极地区的立场和主张引发了国际社会的热议。Стратегия развития Арктической зоны Российской Федерации и обеспечения национальной безопасности на период до 2020 года ,http://docs.cntd.ru/document/499002465.

水产资源和其他战略原料的需求”。[①] 俄罗斯北极地区已探明石油（含凝析油）储量 358.43 亿桶，天然气 1563.46 万亿立方英尺（约 44 万亿立方米），分别占北极地区已探明油气储量的 58% 与 94%。[②] 随着俄罗斯传统油气产量的下降，对北极地区油气资源进行勘探开发，发展创新技术降低北极地区油气资源的开采成本在俄罗斯的能源战略中具有重要意义。虽然《战略》中俄罗斯政府就提高北极地区人民的生活质量，改善其工作条件，以及北极地区交通基础设施的现代化建设等目标制定了具体规划，但在俄罗斯开发北极地区的实践中，油气资源的勘探开发是主要内容。2010 年以来，俄罗斯通过俄罗斯石油公司、俄罗斯天然气工业股份公司与国际石油公司建立合资企业，加大了对北极大陆架海域的勘探力度。2014 年，随着欧美制裁，国际石油公司纷纷退出了俄罗斯北极海域，但俄罗斯并未停止对北极地区油气资源的勘探开发。亚马尔 LNG 项目成为这一时期俄罗斯北极油气资源开发国际合作的典范。

随着俄罗斯创新发展战略和远东开发战略的提出，极大地拓展了开发俄属北极地区的内涵和外延，使这一议题在俄罗斯国家发展战略中的重要性进一步凸显。首先，开发俄属北极地区尤其是大陆架的油气资源严重依赖技术创新，包括海洋油气勘探技术、极地油气开采技术、现代化交通运输系统、极地信息通讯系统等，开发俄属北极地区是俄罗斯创新发展战略的重要实验平台。其次，开发俄属北极地区扩展到社会发展、基础设施建设等领域。俄罗斯北极地区发展严重滞后，地区发展失衡不仅造成了北极地区民众大量迁往西部地区，而且将俄罗斯北极地区社会经济发展面临的问题和障碍长期固化。一方面，人员的大量流失使俄罗斯北极地区劳动力尤其是专业技术人员供给不足，劳动生产效率低下。另一方面，政府改善地区设施的意愿不足。这不仅因为体现在电力、通讯和社会服务网络等基础设施不健全，也由于地方政府资金、设备和技术保障投入不足。在此背景下，俄罗斯政府将“北极地区人口数量缩减”“社会、交通、通信基础设施发展薄弱”“北极所必需的国产技术发展滞后”视为俄罗

① Стратегия развития Арктической зоны Российской Федерации и обеспечения национальной безопасности на период до 2020 года.

② 贾凌霄 . 北极地区油气资源勘探开发现状 [N]. 中国矿业报，2017-07-14(004).

斯北极地区国家安全的主要威胁。[①]

1.2 俄罗斯北极政策的调整与俄罗斯捍卫北极主权、维护北极地区国家安全的能力提升密切相关

2008年俄罗斯政府出台的《原则》以将捍卫俄罗斯北极主权作为俄罗斯北极政策的核心议题，虽然《原则》明确提出，“俄罗斯在北极的边界线已经确定，不存在争议。至于俄罗斯没有签署的国际法、国际公约、国际协议，其内容和规定的义务对俄罗斯没有任何约束力。”[②]但事实上，《原则》出台之时俄罗斯面临北极国家围绕北极“划界”竞争激烈、而俄罗斯在北极地区军事力量“收缩”的不利条件。《原则》将“在充分考虑俄罗斯利益的前提下……最终划定海洋边界”、使国际社会承认俄罗斯在北极地区的主权权利、解决争议和纠纷作为俄罗斯北极政策的战略重点。俄罗斯将加强北极军事力量部署作为北极政策的重要内容。2013年9月，俄罗斯海军北方舰队启动了新西伯利亚群岛军事基地恢复工作；2014年12月，俄罗斯宣布成立北方舰队联合战略指挥部，隶属总参谋部和国防部；2017年，俄罗斯公布了弗朗茨约瑟夫群岛“北极三叶草”军事基地照片，在北极地区部署了棱堡岸基反舰导弹系统。2018年，俄罗斯国防部宣布成立一支专门负责北极考察的集团军。2020年，俄罗斯北方舰队将接收一艘“北风之神”级核潜艇和一艘“戈尔什科夫海军元帅”级护卫舰和其他4艘新型军舰，此外，俄罗斯还将列装各种能够适应北极严酷作战环境的新型武器装备。

《政策》对2020年前俄罗斯北极地区国家安全进行了评估，认为俄罗斯2020年前的北极政策实现了“创建俄联邦北极区域军事力量以保护不同军事政治条件下的军事安全”[③]。随着俄罗斯在北极地区军事能力的提升，俄罗斯有能力在捍卫北极主权、维护北极地区国家安全的前提下进行俄属北极地区的开发。

---

① Основы государственной политики Российской Федерации в Арктике на период до 2035 года.

② Стратегия развития Арктической зоны Российской Федерации и обеспечения национальной безопасности на период до 2020 года.

③ Стратегия развития Арктической зоны Российской Федерации и обеспечения национальной безопасности на период до 2020 года.

1.3 北极地区脆弱的生态环境与国际社会对北极生态环境保护的关注对俄罗斯北极政策的实施构成制约

北极作为一个特殊的生态系统，自我修复和调节能力很差。对北极地区的生态环境保护日益受到国际社会的重视。事实上，在国际层面，北极地区的生态环境保护才是最核心的议题。目前，北极地区生态环境面临的严峻挑战主要来自三方面：一是全球气候变化对北极地区的自然生态环境的影响。二是北极地区的军事部署和军事演习对北极生态环境的破坏。三是人类对北极地区的资源勘探开发及大规模商业活动所造成的工业污染。北极地区的生态环境保护是一项全球性的议题，也是北极国家和国际社会最容易进行合作的领域。事实上，作为北极治理最重要的制度安排，北极理事会也是从北极生态环境保护的国际制度安排《北极环境保护战略》（AEPS）发展而来的。

对于俄罗斯来说，北极政策的制定和调整不可能绕开生态环境保护的议题。《原则》将“保护北极独特的生态系统”视作俄罗斯在北极地区的国家利益主要体现。《政策》则进一步详细列举了俄罗斯北极政策在环境保护及生态安全保障领域的八项主要任务，包括发展自然保护区、保护北极地区的动植物生态圈、清除已积累的环境破坏因素、完善环境监测体系等内容。①

1.4 北方海航道大规模商业开发利用成为俄罗斯北极政策的重要内容

全球气候变暖使北极航道的大规模通航成为可能。由于坐拥“北方海”航道，俄罗斯的地缘通道优势明显。因此，加快北方海航道的港口基础设施建设、组建破冰、救援及辅助船队，将俄罗斯的油气资源产地和北方海航道上的港口通过水运或铁路运输的方式联系起来，通过北方海航道连接俄罗斯的油气产地与国际市场，成为俄罗斯北极政策中基础设施建设领域的重要考量。

在利用北方海航道方面，俄罗斯拥有丰富的实践经验和管理经验。苏联时期，北方海航道就作为俄罗斯的“内水”成为连接东西部地区的重要运输通道，苏联政府出台了北方航道利用的相关法律文件并成立了管理机构。苏联解体后，俄罗斯北极地区的人口大规模内迁，北方海航道的货运量大幅下降，一些港口

① Основы государственной политики Российской Федерации в Арктике на период до 2035 года.

基础设置老化甚至停用。近年来，随着北极地区自然环境变化和俄罗斯北极油气资源的开发，北方海航道的重要性开始凸现。从长期看，北方海航道未来可能发展成为连接欧亚的高纬度通道，航程经济性的优势明显。从短期看，北方海航道也可以作为俄罗斯北极地区油气资源外运的重要通道。在此背景下，俄罗斯将开发北方海航道视作扩大在北极地区影响力的重要领域，在俄罗斯的北极政策中具有重要地位。在《政策》中，俄罗斯对北极地区国家安全评估中，认为2020年前的北极政策虽然“开始北海航线综合基础设施建设工作，北海航线域内水文气象、水文地理与航行导引保障体系建设工作，破冰船队现代化工作”等工作，但“未在规定期限内建成北海航线基础设施，制成破冰、救济及辅助船队所需船只”①，这成为俄罗斯北极地区国家安全的主要威胁之一。

1.5 西方国家对俄罗斯实施经济制裁成为俄罗斯北极政策变迁的重要干涉变量

乌克兰危机爆发后，西方国家对俄罗斯实施经济制裁，俄罗斯北极政策的战略规划受到了一定的影响，主要表现在以下几方面：

首先，北极地区的油气资源勘探开发和基础设施建设受到资金和技术的制约。2010年以来，俄罗斯通过俄罗斯石油公司、俄罗斯天然气工业股份公司与美国、意大利、挪威等国家的石油公司建立合资企业，加大了对北极海域的勘探力度，勘探区域集中在巴伦支海、伯朝拉海、喀拉海、拉普捷夫海、东西伯利亚海等北极大陆架海域。随着西方经济制裁俄罗斯，国际石油公司纷纷退出了俄罗斯北极海域的勘探开发。此外，在北极地区的基础设施建设领域，如港口设施、极地交通设备、极地信息通信技术等方面，俄罗斯也面临资金和技术的制约。

其次，俄罗斯在北极地区的军事部署和行动增加了其他北极国家的疑虑，北极军事对抗和军备竞赛的潜在风险一直存在。2014年12月，俄罗斯成立北方舰队联合司令部，并展开一系列军事建设活动，引发西方国家的疑虑。2018年10月，北约在北极举行了冷战结束以来最大规模“三叉戟”军演，意图重夺北极地区军事战略主动权，北极地区安全局势迅速恶化。可以说，一旦北极军

① Основы государственной политики Российской Федерации в Арктике на период до 2035 года.

事对抗升级，俄罗斯北极政策的重心势必发生转移。

最后，俄罗斯北极地区大规模的项目建设面临西方社会破坏北极生态环境的指责。苏联时期，由于粗放式的工业开发，造成了俄属北极地区生态环境的破坏。工业污染和核污染曾使俄罗斯付出了极大的代价。虽然俄罗斯领导人一再强调在不破坏生态环境的前提下实施北极项目。但西方媒体和环保团体始终对俄罗斯北极项目予以关注，一旦发生环境破坏事件，俄罗斯可能面临严厉的国际舆论批评，进而影响到北极项目的实施和北极政策目标的实现。

2. 俄罗斯新北极政策的内容与特点

从《原则》到《政策》，新北极政策在议题界定、利益认知和政策目标、方向与任务上并无根本的变化，体现了俄罗斯北极政策的延续性。在发展、安全和环境保护三大议题的优先偏序和实现北极政策目标的策略上，俄罗斯新北极政策有所调整，并且提出了判定政策是否有效执行的评价标准，体现了俄罗斯北极政策的务实性和灵活性。通过对俄罗斯新北极政策内容的分析，有助于我们进一步认识俄罗斯新北极政策的特点。

2.1 俄罗斯新北极政策聚焦发展、安全和环境保护三大议题，是以发展议题为核心，发展、安全和环境保护相协调的政策安排

首先，新北极政策深化了对俄罗斯在北极地区国家利益的认知，扩大了发展利益的范围。

2008 年出台的《原则》将俄罗斯在北极地区的国家利益界定为发展利益、安全利益、生态环境保护和北方海航道四个方面，其中发展利益的主要体现是把北极地区建设成为俄罗斯的“自然资源战略基地”。[①]2020 年出台的《政策》对俄罗斯在北极的国家利益认知更为具体和明确，尤其是对发展利益的界定，在利益认知范围上进一步扩大。除建设战略资源基地外，“提高俄罗斯北极地区居民的生活质量和福利水平”“保护俄属北极地区土著居民的生活方式和居住环境”也被纳入俄罗斯在北极地区的国家利益。俄罗斯在北极地区发展利益的范围进一步扩大。

其次，利益范围的扩大导致俄罗斯北极政策的目标发生变化。《原则》将

① Стратегия развития Арктической зоны Российской Федерации и обеспечения национальной безопасности на период до 2020 года.

北极政策在社会经济发展领域的目标定为“很大程度上可以满足俄罗斯对油气资源、水产资源和其他战略原料的需求”。[①]《政策》进一步将发展的目标调整为“提高俄联邦北极区域人口（包括少数民族）的生活质量；加快俄联邦北极区域内经济发展，提高其对国家经济增长的贡献”。[②]并提出了社会发展领域、经济发展领域、基础设施发展领域和北极开发领域的主要任务。

最后，俄罗斯新北极政策实现了从侧重安全到侧重发展的变迁。《原则》出台正值北极国家围绕北极划界的竞争日益激烈之时。北极划界的主要依据是《联合国海洋法公约》，根据公约相关规定，俄罗斯拥有北极海域200海里专属经济区，这与俄罗斯主张的北极“领土”相差悬殊。为证明俄罗斯拥有北极200海里外的海域的主权权利，俄罗斯展开了大规模北极科考行动。2005年和2007年，俄罗斯科学家对北冰洋海底的罗蒙诺索夫海岭和门捷列夫隆起进行考察，为俄罗斯的主权声索寻找依据。2007年8月2日，俄罗斯北冰洋海底“插旗”的行为引发了国际社会热议。在此背景下，《原则》的出台标志着侧重安全的俄罗斯北极政策的出台。2020年，俄罗斯基本上完成了《战略》中关于北极地区军事安全的部署，而北极地区油气资源的开发、北方海航道基础设施建设和平衡东西部地区发展差异的需求提高了发展议题在俄罗斯北极政策中的显著性。《政策》的出台标志俄罗斯新北极政策完成了从侧重安全到侧重发展的变迁，发展、安全和生态环境保护三大议题的优先顺序发生了改变。

2.2 俄罗斯新北极政策明确提出各领域的任务、政策的执行机制和政策有效执行的评价标准

新北极政策的发展议题涉及社会发展、经济发展、基础设施和北极开发领域，其中社会发展领域的主要任务包括保障基础卫生医疗服务、教育、住房、社会基础设施、燃料、粮食及其他生活必需品等；经济发展领域的主要任务包括支持中小企业发展、鼓励私人投资者参与大陆架开发、开发北极地区油气资源、促进渔、林、农等行业发展，鼓励发展旅游业、保障少数民族经济权利等；基础设施领域的主要任务是组建破冰、救援及辅助船队、建设航行安全保障、交

① Стратегия развития Арктической зоны Российской Федерации и обеспечения национальной безопасности на период до 2020 года.

② Основы государственной политики Российской Федерации в Арктике на период до 2035 года.

通管理监督体系、创建污染预警及清除机制、建设现代化港口、发展内河、铁路及机场建设、建设北极地区的交通、通讯、电力网络等。北极开发领域集中于科技发展，主要任务包括北极勘探、北极开发相关的新材料和新技术、工程技术方案创新、发展科学考察团队等。

新北极政策的生态环境保护领域的主要任务包括发展自然保护区、自然保护水域网、保护北极地区的动植物生态圈、继续清除已积累的环境破坏因素、完善环境监测体系、对环境不良影响最小化原则、防止有毒有害物质和放射性物质向北极地区投放等。

新北极政策的安全议题涉及军事安全保障领域和国家边境保卫领域，军事安全保障领域的主要任务包括保卫俄罗斯主权及领土完整、提高军队的战斗能力、完善俄联邦北极区域空中、水面、水下设施的综合监督体系、创建现代化军事基础设施。国家边境保卫领域的主要任务包括发展信息技术、发展与其他国家边防部门的合作、完善边防基础设施、提高俄联邦空中勘探及监控体系能力、标注俄联邦领海、俄联邦北极地区专属经济区范围等。

此外，俄罗斯新北极政策还涉及国际合作和灾害防治等领域。

《政策》还就新北极政策的基本执行机制做出明确规定，包括：出版调控北极区域经济及其他活动的法律规范文件；完善北极地区发展相关的国家管理；深入研究并执行《2035年前俄联邦北极地区发展与国际安全保障战略》《俄联邦北极旅游发展战略》；建立统一数据信息分析系统、为各级政府制定战略计划等。

《政策》明确提出总统为俄联邦北极地区国家政策执行总指挥、国家北极发展委员会负责协调并监督联邦权力执行机关与俄联邦各主体北极国家政策执行权力机关活动。俄罗斯新北极政策执行的资金来源由俄联邦财政体系预算、俄联邦国家项目“俄联邦北极区域社会经济发展”资金、预算外资金支持。

与《原则》不同的是，《政策》还提出了俄罗斯新北极政策有效执行的评价标准。如社会发展领域北极政策有效执行的评价标准包括俄联邦北极区域人口预期寿命、移入人口增长系数、人口失业水平、新企业工作岗位数量、工人平均工资等。经济发展领域北极政策有效执行的评价标准包括：北极区域固定资本内投资额与俄联邦固定资本内总投资额比值、投资额与俄联邦北极区域领土固定资本内总投资额比值、极区域开采的原油（包括天然气凝析油）与可燃气量与俄联邦开采总量比值等。军事安全领域的评价标准有现代化武器、军事设备及特别设备量与俄联邦北极区域武器、军事设备及特别设备总量比值。

从内容上看，作为俄罗斯北极政策调整的纲领性文件，《政策》提出了俄罗斯新北极政策的目标、任务、执行机制和评价标准，但并没有提出实行目标、完成任务的具体规划。这项工作将在不久之后出台的《2035 年前俄联邦北极地区发展与国际安全保障战略》等文件中得以体现。

2.3 俄罗斯高度重视国际合作在实现北极政策目标中的作用，国际合作方式务实而灵活

北极地区的安全和生态环境保护需要北极国家乃至国际社会的共同努力。开发北极地区，实现经济、社会、基础设施的发展，俄罗斯面临资金和技术的约束。在此情况下，通过国际合作推动北极地区开发在俄罗斯的北极政策中就显得尤为重要。《原则》把在北极地区开展国际合作视作俄罗斯在北极地区国家利益的主要体现，《政策》也将国际合作作为执行俄罗斯北极政策的主要方向，提出了在北极问题上进行国际合作的主要任务[①]：

第一，强化与北极国家在双边和多边形式下的睦邻友好关系，在全球气候变化研究领域、环境保护领域与有效开发自然资源领域（遵守高生态标准的前提下）内的共同协作；

第二，强化北极理事会在协调地区内国际性活动之中的关键性地区组织地位；

第三，保证俄罗斯进入斯匹次卑尔根群岛的权利；

第四，在北冰洋大陆架划分问题上与北极国家保持合作；

第五，在建设北极地区统一搜救体系、预防工程技术灾害与清除灾害后果、协调救援力量问题上贡献力量；

第六，积极吸引北极国家、区域外国家参与俄联邦北极区域的互利经济合作；

第七，促进北极地区少数民族与其境外亲族、母族开展跨境合作、文化交流与经济活动交流，促进少数民族参与国际民族文化发展，作；

第八，在国际社会中宣传俄联邦在北极地区事业成果。

在进行北极国际合作的实践中，俄罗斯的北极政策呈现出务实性和灵活性

---

① Основы государственной политики Российской Федерации в Арктике на период до 2035 года.

的特点，主要表现在以下几方面：

首先，拓展国际合作范围，将国际合作对象从北极国家扩展到区域外国家。

在北极地区的油气资源勘探开发进行。全球北极大陆架共发现大型油气田近 60 个，其中超过 40 个位于俄罗斯北极海域。[①] 2010 年以来，俄罗斯通过俄罗斯石油公司、俄罗斯天然气工业股份公司与美国、意大利、挪威等国家的石油公司建立合资企业，加大了对北极海域的勘探力度，勘探区域集中在巴伦支海、伯朝拉海、喀拉海、拉普捷夫海、东西伯利亚海等北极大陆架海域。2014 年，随着欧美制裁，国际石油公司纷纷退出了俄罗斯北极海域，但俄罗斯并未停止对北极地区油气资源的勘探开发。其中亚马尔 LNG 项目堪称北极油气资源开发国际合作的典范。亚马尔项目的合作方是俄罗斯诺瓦泰克、法国道达尔和中国石油三家能源公司，2017 年 11 月 6 日，亚马尔 LNG 项目第一期年产 550 万吨液化天然气（LNG）生产线正式建成投产。亚马尔项目的成功引起了国际社会的关注，显著提高了北极地区开发议题的显著性。

其次，发起北极合作的国际倡议，建立国际合作的议题同盟。

加快北方海航道的基础设置建设，开发和利用这一重要的北极航道是俄罗斯北极地区开发的重要内容之一。2017 年 5 月，普京在首届“一带一路”国际合作高峰论坛上表示要把北极航道和“一带一路”连接起来，打造欧亚地区新的交通格局。2017 年 5 月 26 日，中国外长王毅在莫斯科表示，中方欢迎并支持俄方提出的“冰上丝绸之路”倡议，愿同俄方及其他各方一道，共同开发北极航线。在 2017 年底举行的年度新闻发布会上，普京正式提出邀请中国参与建设北极交通走廊，打造“冰上丝绸之路”。中俄两国领导人经过多次会晤，最终确定了共建“冰上丝绸之路”的合作方向。[②] 目前，冰上丝绸之路被正式纳入“一带一路”建设的总体布局。

最后，俄罗斯积极创设北极问题的论坛，设置北极问题国际合作的议程。

“北极 - 对话区域”国际北极论坛是俄罗斯创建的与国际社会就北极问题进行对话的最重要的平台，自 2010 年 9 月在莫斯科举办首届论坛以来，已经举

① 郭俊广，管硕，柏锁柱，赵刚 . 俄罗斯北极海域合作开发现状 [J]. 国际石油经济，2017（3）：80.

② 岳鹏 . 共建“冰上丝绸之路”中的俄方诉求及内在挑战分析 [J]. 东北亚论坛，2020（2）：34.

办五届，该论坛已逐渐成为全球范围内探讨北极可持续发展、共同开发和有效利用北极资源的多边性机制平台。从 2017 年第四届“北极 - 对话区域”国际北极论坛开始，论坛的定位发生了重大变化，从俱乐部性质的论坛变为开放性的多边机制平台。主办方由俄罗斯地理学会改为俄罗斯会展基金会员会，并获得了俄罗斯北极发展问题国家委员会支持。北极地区开发取代北极生态环境保护，成为论坛的主要议题，参加者数量急剧增长，且主要由企业代表组成。

在 2019 年第五届“北极 - 对话区域”国际北极论坛上，普京称 2021 年俄罗斯将成为新任北极理事会的轮值主席国，在其任期内，将推动环境保护型技术在工业、能源等领域的应用，并增加在北极地区的投资力度。[①] 这表明，通过论坛外交，俄罗斯设置北极问题国际合作的议程，为实现北极政策目标奠定基础。

3. 俄罗斯新北极政策的影响与前景

俄罗斯的北极政策的演进是一个继承、调整与完善的发展过程。《政策》在发展、安全和生态环境保护三大议题上的利益认知和目标任务并未发生任何改变。受国内外因素的影响，俄罗斯北极政策的重心从安全议题转移到发展议题，国际合作在实现北极政策目标任务中的重要性日益凸显。虽然到目前为止，俄罗斯政府尚未出台《2035 年前俄联邦北极地区发展与国际安全保障战略》，但俄罗斯新北极政策至少对以下三个方面产生影响：

首先，北极地区开发议题的显著性将明显提高。俄罗斯将发展议题作为新北极政策的核心，有利于人们思考安全、发展和生态环境保护三大议题的关系，理解北极地区开发的价值和意义。冷战结束后，北极地区地缘政治、经济环境的变迁推动了北极问题的升温。但传统的北极议程主要集中在北极地区的军事竞争、北冰洋划界、北极地区的生态环境保护等议题上，发展并非北极问题国际议程的核心议题。[②]

两个突发性事件提高了北极开发的热度。一个是美国地质调查局 2008 年公布的北极地区油气潜力的评估报告，该报告对北极地区油气资源的评估在国际

① 国际在线：“第五届‘北极—对话区域’国际北极论坛在俄罗斯圣彼得堡开幕”，http://news.cri.cn/20190410/d98d3c3f-a79c-9256-1032-b5ef2aa0df69.html，[2020-03-05].

② 作为北极治理最重要的制度安排，北极理事会从《北极环境保护战略》（AEPS）发展而来，在监测与评估北极环境、气候变化、促进原住民参与地区可持续发展方面取得了一定的成果。但整体性的北极地区开发并未进入北极理事会的议程。

上引起了开发北极大陆架的热议。北冰洋沿岸的美国、俄罗斯、加拿大、丹麦、挪威纷纷出台了新的国家北极战略和政策，均将北冰洋油气勘探与开发列为重要领域，并加快了油气活动的步伐。另一事件是北冰洋海冰融化使北极航道大规模的商业通航成为可能，越来越多的商业船只尝试利用北极航线，这对北冰洋沿岸国家视为经济发展的大好机遇。俄罗斯出台以“发展”为核心的新北极政策，涉及社会发展、经济发展、基础设施和北极开发诸多领域，无疑将进一步提高北极地区开发议题的显著性，引发国际社会的关注和讨论。

其次，在北极地区的持续投入将进一步提高俄罗斯在北极问题上的关系性权力。作为重要的北极国家，俄罗斯在北极问题的议程设置拥有重要的影响力。新北极政策强调在维护北极地区安全、保护北极生态环境的前提下，通过国际合作实现北极地区开发和区域发展。俄罗斯坚持北极理事会在北极治理上的主导地位，在北极大陆架划界、生态环境保护、利用北极航道等问题上，俄罗斯重视与其他北极国家的政策沟通和立场协调。在北极地区开发、基础设施建设等问题上，俄罗斯积极吸引区域外国家的参与，试图建立起最大范围的议题同盟。通过发起国家倡议、进行论坛外交、设置北极地区开发国际议程，俄罗斯扩大了在北极问题上的关系性权力。

最后，新北极政策的出台有助于俄罗斯对冲西方经济制裁的风险和压力。新北极政策是俄罗斯创新发展战略和远东开发战略的重要组成部分。在西方实施经济制裁的背景下，把北极地区开发和发展作为新北极政策的核心，用北极油气资源开发和北方海航道通航的诱人前景吸引西方国家和其他域外国家参与，通过打“北极牌”分化西方国家。尤其是域外国家的参与，俄罗斯能够突破资金和技术的约束，从而对冲西方经济制裁的风险和压力，为俄属北极地区开发和社会经济发展注入新的活力。

然而，需要指出的是，俄罗斯新北极政策虽然雄心勃勃，前景诱人。但现实的制约因素仍然存在，新北极政策目标的实现仍面临巨大的挑战。从这方面来说，俄罗斯的新北极政策仍然充满了不确定性。

第一，俄罗斯北极政策的议题优先排序与北极地区形势密切相关，一旦北极地区形势发生重大变化，俄罗斯北极政策的议题将会重新排序。发展、安全与生态环境保护是俄罗斯北极政策的三大议题。俄罗斯出台以发展为核心的新北极政策，与俄罗斯北极地区军事能力的提升和北极地区安全形势趋稳密切相关。然而，影响北极地区安全的因素仍然存在，主要是北极地区大陆架划界问题、北极地区的军备竞赛、对北极航道的认知差异等。这些因素构成了北极地区俄罗斯国家安全的重要挑战。此外，北极生态系统的脆弱性使国际社会对北极地区大规模的开发建设提出质疑。一旦北极安全形势发生变化，或者出现重大的生态环境破坏事件，俄罗斯北极政策的议题优先排序将会发生重大变化。

第二，俄属北极地区人口数量缩减、社会、交通、通讯基础设施落后，人才和技术储备不足构成了对俄罗斯北极政策目标实现的现实威胁。俄属北极地区是俄罗斯人口密度最低的地区，人员的大量迁徙导致这一地区人口数量缩减，劳动力资源严重不足。俄罗斯北极地区的开发项目严重依赖外来人员。俄属北极地区恶劣的环境和人口的缩减，造成基础设施投入严重滞后。到目前为止，俄属北极地区仍未形成统一的交通、通讯和能源电力供应网络。在北方海航道基础设施建设上，俄罗斯虽然投入大量人力财力，但仍未按期完成航道基础设施建设，破冰船及其他辅助船只仍存在较大缺口。此外，在北极大陆架油气资源勘探开发、建立极地生态环境监测系统、极地通讯系统、航道交通管理、监测系统等方面，俄罗斯也面临人才和技术储备不足的问题。

第三，俄罗斯北极地区开发面临巨大的资金缺口。仅就发展领域而言，俄罗斯的北极地区开发涉及社会发展、经济发展、基础设施发展和科学技术发展等领域。虽然俄罗斯政府将北极政策的资金来源纳入俄联邦财政体系预算，并有俄联邦国家项目“俄联邦北极区域社会经济发展”资金、预算外资金支持。但是很显然，仅依靠财政预算并不能满足俄罗斯北极地区开发项目的资金需求。俄罗斯石油公司预测，仅开发大陆架，俄罗斯在 2050 年前就需要投资 61.6 万亿卢布 。在 2017 年的《俄联邦北极地区经济社会发展国家规划》中，俄罗斯提出将重点推进“发展支柱区”“北海航路发展与极地航行”“北极区域矿产资源开发所需油气设备和工程技术设备的制造”三个子项目[①]，虽然此前有报道称俄罗斯将为规划实施投入 2300 亿卢布，但在规划实施的过程中，预算财政拨款大幅减少。

为解决资金投入的问题，俄罗斯鼓励私人投资者参与北极大陆架投资项目和北方海航道基础设施建设，并“积极吸引北极国家、区域外国家参与俄联邦

① «Социально-экономическое развитие Арктической зоны Российской Федерации» http://static.government.ru/media/files/GGu3GTtv8bvV8gZxSEAS1R7XmzloK6ar.pdf

北极区域的互利经济合作”[①]。在当前西方经济制裁的背景下，俄罗斯北极开发项目的国际融资也遭遇了巨大挑战。

第四，俄罗斯在建立北极地区开发的“发展议题”同盟上存在难度。

基于北极国家的共同身份，俄罗斯将其他北极国家视为在北极问题上进行国际合作的主要对象。基本思路是通过与北极国家的合作划定大陆架划界、保护北极生态环境、建立北极地区统一的搜救系统和航道货物运输，在维护北极地区和平、稳定和互利的基础上实现北极地区的开发。因此，俄罗斯高度重视与美国、加拿大、挪威、丹麦等北极国家的合作。在北极海域油气资源的勘探开发中，俄罗斯最初也是选择欧美国家的石油公司作为合作对象，“北极 - 对话区域”国际北极论坛最初也被俄罗斯定位与北极国家高层对话的俱乐部。

然而，虽然其他北极国家与俄罗斯在北极问题上具有广泛的利益基础，但对俄罗斯的北极政策始终存有疑虑。乌克兰危机后，在欧美制裁的背景下，俄罗斯与北极国家建立北极地区开发的“发展议题”联盟的计划停滞，开发俄属北极地区的急迫性使俄罗斯在更大范围寻找合作伙伴，俄罗斯不得不进行北极地区开发的全球利益动员。《政策》在保留与北极国家合作的基础上，增加了“积极吸引……区域外国家参与俄联邦北极区域的互利经济合作”的内容。在北极地区开发的两个关键领域，即油气资源开发和北方海航道建设上，俄罗斯积极寻求与包括中国在内的亚洲国家进行合作，最终目的建立北极地区开发的全球性的“发展议题”联盟。由于北极国家在北极问题上的“垄断”地位和北极治理的“排他性”特征，域外国家参与北极地区的核心议题往往遭到北极国家的反对，只能以项目合作的方式参与北极地区的商业开发。因此，无论是在地区层面还是全球层面，俄罗斯建立北极地区开发的“发展议题”同盟，均存在极大的难度。

4. 结语

新北极政策的出台反映了俄罗斯在北极问题上利益认知的变化。从内容看，俄罗斯新北极政策聚焦发展、安全和生态环境保护三大议题，政策的发展经历了从侧重安全到侧重发展的演变，在维护北极地区安全和保护生态环境的前提下，实现俄属北极地区的社会发展、经济发展、基础设施发展和北极地区开发，是俄

① Основы государственной политики Российской Федерации в Арктике на период до 2035 года.

罗斯新北极政策的主要目标，体现了俄罗斯北极政策延续性、务实性和灵活性。

俄罗斯新北极政策有助于提高北极地区开发这一发展议题的显著性，增强俄罗斯在北极问题上的权力，是俄罗斯创新发展战略和远东开发战略的重要组成部分，有助于俄罗斯对冲西方经济制裁的风险和压力。然而，受俄属北极地区社会经济现实条件及资金、技术的制约，俄罗斯新北极政策目标的实现仍具有很大难度。

在西方经济制裁背景下，俄罗斯很难建立北极地区开发的发展议题联盟。对于俄罗斯而言，新北极政策的议题优先顺序与北极地区形势变化密切相关，北极地区安全形势的变化和突发性的生态环境事件，都可能对俄罗斯北极政策的议题变迁产生重要影响。因此，俄罗斯新北极政策发展目标的实现仍存在较大的不确定性。

伊凡雷帝到十月革命间俄国军事改革的措施及其影响

上海外国语大学　白屹

【摘要】俄罗斯素有军事立国和军事改革的传统，从伊凡四世创建俄国历史上第一支正规军开始，到苏联建立世界上第一支无产阶级性质的军队为止，俄国先后进行了六次大的军事改革。俄国历史上每一次军事改革都与国家的兴衰紧密相连，而每次成功的改革又都极大地促进了国家的复兴与发展。本文试图从分析沙皇俄国历史上六次主要的军事改革入手，努力探究军事改革与国家发展的关系。

【关键词】沙皇俄国；军事改革；对外扩张

16 世纪中叶俄罗斯民族统一和沙皇制度建立时，俄罗斯局限于欧洲一隅，其领土主要由平原构成。地缘上的不安全感长期以来构成了俄罗斯安全考虑的基本出发点，形成了其军事立国和军事改革的传统。

1. 16世纪中叶伊凡四世的军事改革进一步巩固了中央集权，拓展了俄国疆土

伊凡四世 1547 年亲政后，为强化中央集权，开始实施行政、军事、司法、财政等一系列重要社会改革。自 1550 年起，伊凡四世采纳军事家的建议，采取一系列重要措施，进行重大军事改革，军事改革作为社会改革的重要组成部分，对俄国家和社会发展起到了重要作用，空前巩固了中央集权，拓展了俄国疆土。

1.1 军事改革的主要措施

一是普遍推广伊凡三世时期推行的“领地制”。所谓“领地制”就是由沙皇授予领地作为报酬，广泛吸引小贵族从军。二是建立了以沙皇为最高统帅的军队中央指挥体系。成立了最高军事领导机构——兵部，负责制定战略计划，进行战争准备，实施战略指挥。兵部下设一系列部（署），分管军役贵族、设计军、炮兵及武器装备等。三是建立常备“射击军”。共编成 6 个团，每团

500~1200 人，这是俄历史上第一支正规军。1550 年，伊凡四世把伊凡三世时期建立的“火枪兵”扩编为俄国历史上第一支常备步兵 —“射击军”（吴春秋 1983：11），该军驻在指定的营区内，平时接受专门的军事训练，身着统一军装，由国家发给薪饷。成员多数来自市民，主要任务是防守莫斯科和其他城市，镇压当地人的反抗，也可用于对外战争。四是炮兵成为独立兵种。这一时期，特别重视火炮的地位作用，建立了炮兵，成为独立的一个兵种，分攻城炮兵和野战炮兵，并在军中建立了团属炮兵。五是由贵族骑兵组成精锐部队 —“特辖军”，最多可达 10 万人。六是建立了边境防卫制度。与射击军并列的还有一种叫“城市哥萨克”，实际上是边境城市的卫戍部队，同属于装备火枪的常备军，平时执行边防任务、战时编入野战部队。

1.2 改革对国家发展的影响

建立了正规的军事指挥体制和俄罗斯历史上第一支正规军，俄军实力大大增强，使俄拥有进一步与邻国抗争的资本，为俄国扩土封疆打下了基础。伊凡四世上台时，俄国版图北临北海和巴伦支海，南达切尔尼哥夫、普梯夫里和梁赞地区，西起芬兰湾沿岸至戈麦尔、斯摩棱斯克一线，东抵北乌拉尔和下诺夫哥罗德地区，共约 280 万平方千米。由于北方海域封冻期长，因而仍然是个内陆国家。军事改革后，俄军力大大增强，伊凡四世先后发动了征服喀山及争夺立沃尼亚的战争。1552 年，伊凡四世远征喀山，随后又相继吞并了阿斯特拉罕和诺盖两个汗国，几年之间就夺取了伏尔加河中下游和乌拉尔山脉以西的辽阔地区。此后，他又进一步向西伯利亚扩张，并且向中亚和高加索地区伸出了触角，但是由于伊凡四世野心大、树敌多，而实力不足，其野心仅在东方得逞。在西方，尽管进行了长达 25 年的立沃尼亚战争，却一无所获，一直没有打开进入波罗的海的通路。

2. 18 世纪彼得一世的军事改革，建立了俄国历史上第一支海军，获得了波罗的海的出海口

在 1695 年的亚速之战和 1700 年的纳瓦尔之战中，沙俄遭受失败，为加强军事实力，彼得一世在借鉴欧洲强国建军经验的基础上，开始进行一系列重大军事改革。

2.1 军事改革的主要内容

一是实行征兵制。自 1699 年起，恢复了 17 世纪后半期试行过的强制当兵

的制度，1705 年在俄罗斯人聚居的省份实行单一的征兵制度（非俄族人只能当非正规军）。征兵对象主要是农民。二是建立了正规陆军和海军。建立正规陆军：从 1699 年正式开始，俄着手建立正规陆军，正规陆军由步兵、骑兵、炮兵和工兵 4 个兵种组成，至 1709 年基本完成。经过历时 10 年的建设，俄陆军达 27 万人（吴春秋 1983：54）。对夺取北方战争的战略主动权，发挥了重要作用。彼得一世在建立正规陆军的同时，也特别重视建立正规的海军，他说："只有陆军的君主是只有一只手的人，而同时也有海军才能成为两手俱全的人。"（陈之骅 1991：370）他着手创建波罗的海舰队：1695 年第一次远征亚速夫失利后，彼得一世在沃洛涅日建立了顿河小舰队，成为俄海军建立的起点。到 1725 年，俄海军拥有了 40 艘战列舰、10 艘三桅巡航舰、200 艘其他小型舰艇，并在彼得堡、维堡和雷维尔建立了海军基地（吴春秋 1983：57）。三是统一部队编制。陆军编为团、旅、师，海军编为分舰队、总队和中队。四是调整统帅机构，实行集中统一领导。1718 年设"陆军院"，下设 3 个部，分别主管后勤、炮兵和筑城。同年还设立"海军院"，统管海军事务，并设总司令一职；五是创办各类军事院校。创办了航海、炮兵、军事工程等军事院校，并聘请外国军事专家担任军事顾问；六是通过兴办兵工厂、引进外国新式武器等途径改善俄军装备。

2.2 跻身欧洲强国之列，建立世界性侵略体制，沙俄变成"俄罗斯帝国"

彼得一世对俄国进行的全面改革，发展了封建经济，建立了正规的陆军和海军，把全国变成一个大兵营，成为俄国建军史上重要转折点，增强了对外扩张的实力，俄军队逐渐成为欧洲最强大的军队之一，俄国也从此挤入欧洲强国之列，为其打赢"北方战争"奠定了基础。在 1700—1721 年的"北方战争"中，沙俄战胜北方强邻瑞典，夺得了觊觎已久的立沃尼亚、爱沙尼亚、因格里亚、库尔兰一部分芬兰东部（包括维堡）等大量土地，获得了梦寐以求的波罗的海出海口，实现了沙俄一个半世纪的梦想，为进一步西进南下造成了有利形势。彼得一世把战争作为侵略扩张的主要手段，把俄国的对外扩张政策从地域性蚕食体制转变到世界性侵略体制，开创了争夺世界霸权的道路，并为后世历代沙皇所遵循。"北方战争"后，俄枢密院给彼得一世加封"大帝"称号，从此沙皇俄国正式称为"俄罗斯帝国"。

3. 叶卡捷琳娜二世和保罗一世的军事大改革，打通了黑海入海口，成为波罗的海霸主

叶卡捷琳娜二世即位时，俄国政治腐败不堪，经济萧条混乱，国库空虚，军队 8 个月领不到军饷。民怨沸腾，统治不稳。针对这种情况，叶卡捷琳娜二世开始发展工业，进行社会和军事改革，推动了社会经济发展，增强了对外扩张的实力。

3.1 进行军事改革的主要内容

一是加大军事投入。叶卡捷琳娜二世上台后，始终把军队建设放在重要地位，在她统治末年，军费开支几乎占国家预算的一半。二是发展军事工业。在叶卡捷琳娜二世统治时期,建立了以图拉为中心的全国最大的轻武器制造中心，平时年生产火枪 2 万余支，战时可达 3 万余支。乌拉尔工业区则成为火炮和火药的生产基地（吴春秋 1983：91）。三是改革兵役制度。18 世纪后半期，俄国正规军仍然实行单一的征兵制。叶卡捷琳娜二世时期将士兵终身服役的规定，改为 25 年。军官则从 1762 年起实行志愿服役的制度，废除了贵族服役期 25 年的规定。四是发展了骑兵。淘汰了彼得一世建立的龙骑兵，把骑兵发展得更加细化，发展为胸甲骑兵、乘马掷弹兵、轻骑兵、枪骑兵和猎骑兵等。五是发展了步兵。这一时期步兵得到了进一步发展，出现了猎步兵，这种步兵装备了新式的猎兵枪，建立了营、团建制。六是炮兵得到了发展。俄国不仅建立了骑炮兵，成立了炮兵团，还试制了一种所谓的“独角兽炮”，能够发射多种炮弹，包括榴弹、霰弹、球形炮弹、燃烧弹。这种炮重量轻，机动性能也很强。七是海军建立受到重视。加强了波罗的海舰队，共建造战列舰近 90 艘，三桅巡航舰约 40 艘。建立了黑海舰队，战列舰近 10 艘，三桅巡航舰约 50 艘。恢复了彼得一世组建的海军陆战队。八是改革指挥体系。原有的最高统帅机构“最高宫廷会议”改组为“军事会议”。陆海军事务仍由陆军院和海军院分别管理。正式成立了总参谋部，由陆军院副院长兼任总长。

3.2 多次发动侵略战争，巩固了在波罗的海的霸主地位，打通黑海入海口，世界性侵略体制取得重大进展

叶卡捷琳娜二世母子统治时期继承了彼得一世的扩张方针，多次发动对外侵略战争，三次出兵波兰，两次对土耳其作战，并对瑞典作战，巩固了在波罗

的海的霸主地位，打通了黑海的出海口。推行东进和南下的政策。东进侵占了我国黑龙江流域，为夺取太平洋出海口创造条件。南下是向高加索地区推进，先后侵占库班河流域和小亚细亚东部，开辟了通向波斯(伊朗)和印度洋的通道。叶卡捷琳娜二世还将扩张政策延伸到非洲，与奥斯曼帝国争夺对埃及的控制权，在北美洲建立立足点并将阿拉斯加等地据为己有。她的一系列军事扩张政策和强权政治，使沙俄不仅成为欧洲崛起的封建帝国，而且成为维护欧洲腐朽封建统治秩序的重要支柱。这些都标志着彼得一世的世界性侵略体制在这一时期又取得了重大进展。

4. 米留金的军事改革使俄国夺取了太平洋出海口，俄走上了资本主义道路

1853—1856 年克里米亚战争的失败，使沙俄从欧洲霸主的宝座上跌落。亚历山大二世被迫对俄国进行资产阶级改革，19 世纪六七十年代，废除了农奴制度，极大地解放了生产力。同时，在军事领域也进行了大规模的改革，1861 年，沙俄陆军大臣米留金奉沙皇之命开始进行军事改革，史称“米留金改革”，其主要目标是改造落后的沙俄军事组织。此次军事改革对俄国社会发展发挥了重要作用。

4.1 军事改革的主要内容

一是实行普遍义务兵役制取代募兵制。新制度规定 20 岁的男性公民，不分社会地位，都有服兵役的义务，均应入伍服役，陆军服役期由过去的 25 年，改为 15 年，且是 6 年现役，9 年后备役，海军服役年限改为 10 年，7 年现役，3 年后备役。二是建立军区体制，理顺指挥关系。在陆军部之下设立军区，全国划分为 15 个军区，由军区司令领导辖区内所属部队和军事机构。军区的成立大大减轻了陆军部的负担，使之能有精力处理军事指挥、行政和后勤方面的重大问题，军区制度在准备和进行 1877—1878 年的俄土战争中发挥了重要作用。三是整顿陆军体制，加强野战部队建设。俄陆军由正规军、非正规军和国家民团 3 部分组成。正规建设的重点是野战部队。1863 年决定，野战部队从 28 个师增至 47 个师。炮兵从 28 个旅增至 47 个旅。四是改进武器装备，火力能力增强。19 世纪六七十年代，俄军武器装备进行了大规模更新，大量装备新式武器，突出的标志就是以步枪代替滑膛枪，以膛线炮代替滑膛炮。海军装备也有了很大

的改善，从帆船向汽船和装甲战舰过渡。五是改革战斗训练方式，改进战术方法。基于克里木战争的教训和大量新式武器不断装备部队，俄军下力改革战斗训练方法和内容。训练中，重视士兵的单个教练，战术机动，实弹射击和工程作业。在战术方面，散兵队形逐步取代过去密集的纵队队形。六是建立士官学校，提高军官素质。取消过去的贵族武备学校，建立 2 年制的军官学校和 7 年制的军事中学，以彻底扭转军官数量不足和质量低劣的状况。

4.2 废除农奴制度，走上资本主义道路，吞并中亚，打通太平洋出海口，摆脱巴黎和约束缚

通过改革，沙俄军队由原来的以农奴制为基础的封建军队成为一支半封建、半资产阶级性质的帝国主义军队。同时，改革提高了俄军实力，为此后打败土耳其、夺取大片领土奠定了基础。俄国对中亚大举进攻，中亚对于俄国具有重要的战略地位，俄国如果占领中亚，东可以入侵中国，南下可取波斯、阿富汗和印度，同时中亚又是俄国商品的重要市场和原料产地，中亚是沙俄必争之地。至 1873 年，俄国吞并了中亚三汗国，1880 年，俄又占领了土库曼斯坦。占领中亚后，俄国东进战略取得重要进展，其运用军事压力与外交阴谋相结合的手段，对我国领土进行鲸吞与蚕食，19 世纪五六十年代，亚历山大二世强迫中国政府签订了《中俄瑷珲条约》等一系列不平等条约，割占我黑龙江以北、乌苏里江以东 100 多万平方千米的领土。从此，俄国给西伯利亚打开了一条通往太平洋的水路，在东方找到了梦寐以求的出海口。在西段，1864 年，俄又胁迫清政府签订了《勘分西北界约记》等条约，又割占我国 44 万平方千米的土地。此外，俄国还于 1870 年乘法国战败之机，宣布不再遵守巴黎和约，1871 年列强在伦敦会议取消了巴黎和约中不利于俄的条款。从此，俄国疆土急速扩大，俄国也走上资本主义道路。

5. 1905—1912 年沙俄的军事改革，军队实力没有提高，国家政治体制更加腐败

本次军事改革是在沙俄惨败于俄日战争、第一次世界大战迫在眉睫的情况下进行的，主要目的是迅速提升日益腐朽的沙俄军队的战斗力。

5.1 军事改革的主要内容

一是改革军事指挥体制。成立国防委员会，改组中央军事指挥机关，成立

隶属于陆军部的参谋总署，负责有关国家战备的一切问题。二是海军指挥体制调整，成立隶属于海军部的海军总参谋部；三是改革军官服役制度。总体上看，本次军事改革没有从本质上改革军队的实质。战斗力没有提高，整体落后的局面没有改变。

5.2 改革总体成效不明显，没有从根本上摆脱军事的落后面貌，没有改变俄国的腐朽政治体制

通过改革，沙俄军队在正规化建设方面取得一定进展，但其总体落后的面貌未能改变。日俄战争暴露了俄国军事封建帝国主义的全部腐朽，沙皇政府本来企图以对日战争的胜利称霸远东,但结果却是恰恰相反,战争大大削弱了俄国,加速了沙俄制度的灭亡。特别是第一次世界大战的爆发，更加加速了俄国帝国主义走向灭亡。

6. 十月革命取得胜利，建立无产阶级性质军队，无产阶级国家政权得以巩固

第一次世界大战使俄国付出了灾难性代价，使本来就贫穷落后的俄国经济更加陷入了雪上加霜的地步。以列宁为首的布尔什维克党推翻了腐朽的沙皇制度，取得了十月革命的胜利，创建了世界上第一支无产阶级的军队，建立了世界上第一个无产阶级专政的社会主义国家。

6.1 军事改革的主要措施

一是强调建立革命军队对起义具有极端重要性。列宁指出，“人民武装是起义不可缺少的东西。”（军事科学院 1981：59）提出了暴力革命最初的步骤，就是要去“武装无产阶级”“武装人民”。主张无产阶级必须建立自己的武装。强调“红军比什么都重要，苏维埃俄国的每个组织都要把军队问题放在第一位。目前，一切都已确定下来，首要的问题就是战争问题，巩固军队问题”（中央编译局 1965：59）。二是对俄国军队进行改造，使之更加无产阶级化，清除各种非无产阶级思想，加强党对军队的绝对领导，使之成为一支完全无产阶级性质的革命军队。三是调整军队领导体制。成立陆海军人民委员部，对陆军和海军实行统一领导。取消武装力量总司令职务，成立统一的工农红军参谋部，改组军区指挥机关。四是统一部队编制；五是建立地方民兵武装与正规军相结合的军事体制。

6.2 建立了世界上第一支无产阶级性质的军队，建立了世界上第一个无产阶级专政的国家

特别是打赢国内革命战争以后，苏维埃俄国军队成分复杂，既有工农赤卫队，又有前沙俄军队，军队需要进行正规化建设。1924 年，以伏龙芝为首的特别委员会根据俄共中央全会的决议，开始进行军事改革。通过改革，苏俄初步建立起一支较为强大的革命化、正规化的无产阶级军队。无产阶级军队的建立，巩固了新生的无产阶级革命政权。

纵观沙俄历史上的历次重大军事改革，可以发现以下几个规律：一是改革多从逆境中开始，都是被迫、被动之举。沙俄历史上的历次重大军事改革大都是从逆境中艰难起步，往往是在遭遇战争失败后的被迫无奈之举。如米留金改革发生在沙俄惨败于克里米亚战争之后，1905—1912 年改革发生在沙俄惨败于俄日战争之后等；二是军事改革与社会改革同步进行，改革措施大都激进。多数情况下，沙俄军事改革都与其社会改革同步进行，成为社会改革的重要组成部分。如伊凡四世时的军事改革，为强化中央集权发挥了重要作用，军事改革成为社会改革的重要组成部分；米留金的军事改革使俄国走上资本主义道路，打通太平洋出海口，摆脱了巴黎和约束缚；三是改革成效明显，军事改革增强了国力，扩张了疆土。俄国历史上的军事改革大多取得了成功，主要标志是改革后俄军实力的提高和战斗力的加强，使俄国增强了对外扩张的实力与资本，使俄国在对外扩张的侵略战争中屡屡得手。如彼得大帝改革后，俄打赢了北方战争，成为欧洲强国；叶卡捷琳娜二世的改革使沙俄不仅成为欧洲崛起的封建帝国，而且成为维护欧洲腐朽封建统治秩序的重要支柱；米留金改革后，俄打赢了俄土战争，夺取大片领土。俄国历史是军事改革每每成功一次，疆土就扩大一大片；另外，个人因素在历次军事改革中都发挥重要作用。由于长期奉行集权体制，最高统帅的个人意志对俄军改革产生决定性影响。如伊凡四世改革、彼得大帝改革、叶卡捷琳娜二世改革等，无一不是统治者个人意志的体现，领导人的个人因素在改革中发挥了不可替代作用。

参考文献

[1] 陈之骅 . 苏联史纲（十八世纪第一个二十五年）[M]. 北京：人民出版社，1991.

[2] 军事科学院 . 列宁军事文集 [M]. 北京：军事科学出版社，1992.
[3] 吴春秋 . 俄国军事史略 [M]. 北京：世界知识出版社，1983.
[4] 中央编译局 . 列宁全集（第 29 卷）[M]. 北京：人民出版社，1965.

乌克兰新教育法的前“因”后“果”考

上海外国语大学　梅颖　宋霞

【摘要】本文介绍了乌克兰新教育法产生的前因后果，重点分析了该教育法产生的背景原因以及匈牙利对该法强烈反弹的原因。该法的实施将影响乌克兰入欧努力的成败，而乌克兰的入欧与否也将影响着并不稳定的世界地缘政治局势。

【关键词】乌克兰；新教育法；少数民族；语言教育

乌克兰最高拉达（议会）2017 年 9 月 5 日通过新教育法，总统波罗申科于 9 月 25 日正式签署该法。新教育法的既定目标是通过 2018 年 9 月实施的改革，实现公共教育的现代化。改革包括把义务的小学 - 中学教育的年限由 11 年提高到 12 年。法律将赋予学校相当大程度的自治，并提高教师的工资。然而，新教育法有关教学语言的第七节引起了包括俄罗斯、匈牙利、罗马尼亚、波兰、摩尔多瓦在内多个国家的抗议。该法规定，自 2018 年 9 月 1 日起，乌克兰少数民族儿童的母语教育只许在幼儿园和小学五年级之前而且只能在地方自治政府所办学校的专门班级进行。从五年级开始，所有的课程都只能用乌克兰语教授，少数民族语言仅作为一门单独的课程。而 2020 年 9 月 1 日后，教育将不分年级全面使用乌克兰语。也就是说，未来除各民族语言科目外的所有科目均将采用乌克兰语教学，因此，该法大幅降低了使用少数民族语言学习的可能。

关于此次乌克兰出台新教育法的背景原因主要有以下两点：

首先，乌克兰新教育法的出台并非一时兴起，而是乌克兰政府推行乌克兰化政策的又一手段。乌克兰化是指乌克兰政府增加乌克兰语的使用和促进乌克兰文化发展的政策，具体表现在公共生活的各个领域，如：教育、出版、政府和宗教等。其目的是解决并消除在各公共生活领域里对乌克兰语和乌克兰文化上的同化压迫政策，最典型的就是沙俄时代和苏联时期的俄罗斯化政策时代，也包括一些西乌克兰地区的波兰化和罗马尼亚化。但是乌克兰化政策并非是从 2013 年底乌克兰危机以后才有的，而是早在 20 世纪初就开始，并且在 20 世纪几个不同时期以各种形式进行。十月革命后，乌克兰与整个俄罗斯出现了混乱局面，新的国家认同意识发展起来，乌克兰开展了独立国家的斗争，在现代历史上乌克兰第一次有了自己的政府，乌克兰语获得了国家事务上的使用。二十世纪 20 年代早期苏联政府停止了沙俄以前的同化政策，以帮助改善苏联形象，促进政府和普通民众之间的关系。1923 年 7 月 27 日颁布的《关于对教育和文化机构乌克兰化的执行法令》被认为是乌克兰化计划的开始。30 年代初，乌克兰化政策突然逆转，"乌克兰资产阶级民族主义"被宣布为乌克兰的首要问题，乌克兰很多著名学者和文化界领导人被清洗，大量乌克兰报纸刊物和学校教学语言变换成俄语。乌克兰化政策在之后的几十年内仅在 60 年代中期与 80 年代末得到有限推行，直到 20 世纪 90 年代乌克兰重新独立后尤其是 2013 年底乌克兰危机以来，该政策得到了最大力度的贯彻执行。此次的新教育法即是乌克兰化政策达到最高程度的体现之一。

其次，出台新教育法也是乌克兰政府企图一举解决长期以来困扰乌克兰国内语言问题的终极方案。乌克兰共有 130 多个民族，人口 4578 万，其中乌克兰族约占 77%，俄罗斯族约占 20%，其他为白俄罗斯人、犹太人、鞑靼人、摩尔多瓦人、波兰人、匈牙利人、罗马尼亚人、希腊人、德意志人、保加利亚人等。众所周知，由于受沙俄与苏联大力推广俄语的语言政策及移民政策的影响，有相当多的乌克兰人使用俄语。实际的语言格局呈双语特征，并且地域分布特征较为明显——东部和南部居民主要说俄语，西部和中部居民主要说乌语。在今天的欧洲各国中，乌克兰仍是母语为非官方语言人口最多的国家。独立后，为了摆脱俄罗斯的影响，借此寻求独立的国家身份和文化认同，乌克兰政府采取了种种压制俄语地位和限制俄语使用范围的政策与措施，其中，乌克兰宪法以国家根本大法的形式保障了乌克兰语的国语地位，俄语仅被界定为少数民族语言。乌克兰危机之后，乌克兰政府更是加快了一边倒的步伐，努力争取加入欧盟，融入西方，去俄化政策接连不断。但是乌克兰当局者们的语言政策与语言现实之间总是出现严重错位，因为俄语不仅是俄罗斯少数民族的语言，也是乌克兰境内重要的族际交际语言。虽然此次乌克兰的新教育法有关教学语言的规定主要针对的是生活在乌克兰境内的俄罗斯少数民族，匈牙利、波兰等少数民族只是陪绑，但是该法不仅遭到了来自俄罗斯的抗议，更得罪了欧盟内的一些近邻国家，所引起的乌克兰与周边国家关系的震荡至今仍未结束，严重影响了乌脆弱的政治生态环境，更使其加入欧盟的希望变得愈发渺茫。

俄罗斯联邦委员会（议会上院）于 2017 年 9 月 27 日呼吁联合国、欧安组织和欧洲各国议会谴责乌克兰新通过的教育法。莫斯科表示，基辅通过此教育法违反了乌克兰宪法，违背了国际公约。俄罗斯联邦委员会通过的文件中说："我们呼吁联合国人权事务高级专员、欧安组织少数民族问题高级专员、欧洲委员会人权专员以及欧洲国家议会针对乌克兰通过的反民主的教育法做出客观评估，保护该国少数民族的权利，保护这个国家儿童的权利。"① 波兰驻乌克兰大使扬•佩克洛10月15日表示，乌克兰与波兰将举行部长级磋商，讨论乌克兰新教育法。他指出，波兰方面认为，乌克兰必须为少数民族学习母语提供保障。波兰希望乌克兰澄清其在语言教学法规方面的立场，并将与乌克兰的波兰少数民族进行协商。爱沙尼亚外交部表示："立法必须遵守乌克兰做出的国际承诺，基辅需要协调教育立法和欧盟法律。" 但是爱沙尼亚反对阻止乌克兰入欧。欧委会也对新教育法进行了表态。10月12日，欧洲委员会议会大会多数通过决议，该决议中指出："议会大会对乌克兰最高拉达2017年9月5日通过的新教育法感到担忧。新的法律似乎没有保障官方语言与少数民族语言之间必要的平衡。" 欧委会认为，在乌克兰应确保乌克兰语作为国家语言受到保护，同时也要确保少数民族和地方语言受到保护。不过此次对新教育法反应最为激烈的当属匈牙利。在乌克兰有超过15万匈牙利人。他们是由于终结第一次世界大战的凡尔赛和约而滞留在被划归乌克兰的外喀尔巴阡地区的。匈牙利已决定向欧盟和联合国提出申诉。9月26日，匈牙利对外经济和外交部部长西亚尔托对匈通社记者表示：波罗申科迄今一直说要让乌克兰靠近欧洲，而其签署新教育法的决定却让乌克兰在相反的方向上迈出了一大步，新教育法限制了少数民族的语言教育，在乌克兰国内和国外引起抗议。匈牙利将在欧盟内全力阻止和否决一切在"东方伙伴关系"计划框架内有助于乌克兰在欧洲一体化进程中取得进展的措施。② 匈牙利的反对派也一致反对乌克兰的新教育法，组织了多次示威游行。为缓和紧张关系，乌克兰外长帕夫洛•克里姆金表示，乌克兰语知识的普及是涉及国家安全的重大问题，新教育法的目的正是维护国家安全的需要。他同时承认，除国家语言外，少数民族和族群的语言也应得到持续保护。克里姆金9月28日晚上在其"推特"网上宣布，由于匈牙利方面对乌克兰新教育法的批评，乌克兰召回其驻匈牙利大使柳波夫•涅波普。"乌克兰的对匈关系没有变化，我们

① http://sputniknews.cn/russia/201709271023689762/.

② http://world.huanqiu.com/hot/2017-09/11287573.html.

随时准备就任何问题与匈牙利进行建设性的讨论。”乌克兰外长强调指出。

众所周知，在乌克兰和匈牙利近二十年的外交关系史上，几乎没有出现过如此剑拔弩张的时刻。为什么匈牙利此次有如此激烈的反弹呢？究其原因有以下三点：

第一，乌克兰独立之后，两国的外交关系是在保障乌克兰匈裔权利的基础上建立起来的。匈牙利认为，新教育法的出台违背了两国签署的基本条约。1990 年 8 月，时任匈牙利总理的安塔尔·约瑟夫对来访的乌克兰外长表示，匈牙利支持乌克兰靠近欧洲，但也“要保障喀尔巴阡山匈牙利民族的集体权益。匈牙利依旧尊重欧洲的界限，但是敦促乌克兰能给予喀尔巴阡山地区自治权”。[①] 四个月后，两国在基辅签署了睦邻友好合作的匈乌基本协议。协议指出，两国边界不可更改，同时，为了保护两国少数族裔的权利，需要在其文化、语言和宗教认同上创造必要的条件。虽然该协议中并没有提到安塔尔所说的自治问题，但协议仍为乌克兰喀尔巴阡山的匈牙利人提供了发展自身文化的保证。

第二，在乌喀尔巴阡山地区匈牙利少数民族的权益一直是两国关系的焦点。不管如何更迭，匈牙利政府，尤其是三次获得大选胜利的欧尔班政府一直想要实现喀尔巴阡山匈牙利族裔的自治。此次乌克兰新教育法的出台无疑是打碎了乌克兰匈牙利少数民族自治的梦想。2000 年 2 月，欧尔班在喀尔巴阡山匈牙利文化组织的别列戈沃座谈会上表示，需要加强喀尔巴阡山的匈牙利机构、在家庭用地上对喀尔巴阡山的匈牙利家庭进行补贴，吸引匈牙利企业对乌克兰进行投资等。[②] 为了有机会进一步推进该地区的自治，2004 年的乌克兰大选中匈牙利少数民族支持尤先科参加总统竞选。因为在大选之前，尤先科和喀尔巴阡山匈牙利文化组织的主席科瓦奇·米克洛斯签署了协议，匈牙利族裔支持尤先科，作为回报，尤先科承诺，将保障匈牙利民族在内的乌克兰少数民族的议会代表权，规定喀尔巴阡山匈牙利人的语言使用范围，在民族文化自治的框架下发展喀尔巴阡山匈牙利教育机构网络以及建立独立的匈牙利教育区域。值得一提的是，

① Keskeny Ernő: A magyar-orosz kapcsolatok 1989-2002. Budapest: Századvég Kiadó 2012, 82.

② Fedinec Csilla: Ukrajna helye Európában és a magyar-ukrán kapcsolatok két évtizede, 2012, Tél, 109.

该协议签署当天，时任匈青民盟主席的欧尔班也在场。[①]2014 年 6 月，第三次成为匈牙利总理的欧尔班继续向乌克兰提出匈牙利族裔自治，但遭到了乌克兰的拒绝。[②]

第三，与匈牙利欧尔班政府保守强硬的民族主义路线有关。欧尔班于 1998 年、2010 年和 2014 年当选匈牙利总理。欧尔班在任期间推行的政策反映了他的执政特点：国内宣扬强烈的民族主义、外交上则以匈牙利自身利益为导向。乌克兰的新教育法关于教学语言的限制将大大削弱少数民族语言的发展，其中包括在乌匈牙利少数族裔。这对不断强调民族主义并以此赢得选票的欧尔班政府来说是不可容忍的。如果观察过欧尔班在难民等问题上不惜得罪欧盟的态度，就不难看出，这次乌克兰是撞到枪口上了。

实际上，这不是乌克兰第一次因为教学语言问题而引起匈牙利的不满。当时季莫申科政府的教育部长伊万·瓦卡尔丘克为了全民接受乌克兰语教育曾引入针对在乌少数民族的“过渡性教育模式”。匈牙利国会 2009 年 12 月 3 日因此提出过抗议，时任匈牙利总理戈登也致信季莫申科：“乌克兰的教科书丑闻影响了喀尔巴阡山匈牙利少数族裔的权益。”但抗议无效，因为接下来的一个学年乌克兰并没有预订匈牙利语教科书。[③] 这一次，匈牙利在相同的问题上再次表示不满，但不同的是，这次能以“阻止乌克兰加入欧盟”作为要挟筹码，而且是直中乌克兰要害的筹码。而在乌克兰推行新教育法之前，匈牙利一直支持乌克兰加入欧盟。

乌克兰政治观察家彼得·奥列舒克撰文称：“生活在乌克兰的保加利亚人远比匈牙利人多，保加利亚并没有对乌克兰新教育法提出异议，匈牙利为什么反应如此激烈呢？”奥列舒克认为原因在于，对匈牙利来说，外喀尔巴阡边境地区并不是侨民散居点，而是根据居民的民族成分应属于匈牙利但被乌克兰统治的地区。在匈牙利，这些领土和人口被认为是“暂时分开的”。这也是由于匈牙利政府一直宣传保守民族主义思想的结果。奥列舒克总结说：“事实证明，语言问题——这不仅仅是语言问题，也是邻国尊重我们与否的问题。如果他们

---

① Fedinec Csilla: Ukrajna helye Európában és a magyar-ukrán kapcsolatok két évtizede, 2012, Tél, 111.

② 乌克兰拒绝匈牙利总理提出的匈牙利族自治呼吁。

③ Magyar Külpolitika Évkönyv 2007. Budapest: Külügyminisztérium, 2008, 272.

承认乌克兰是独立自主的国家，那么就会像对待其他国家一样一视同仁。不管原因如何，如果这个国家对乌克兰没有领土要求，那么对教育法就不会有异议。所以，新教育法有一个附加效应，它帮助我们发现了国际舞台上谁是朋友谁是敌人，仅此一点，这项法律也是有用的。”① 但是不管是敌是友，在乌克兰奋力加入欧盟的征途上匈牙利等国的支持与否将直接影响其入欧努力的成败，而乌克兰的入欧与否也将影响着并不稳定的世界地缘政治局势。

参考文献

[1] http://sputniknews.cn/russia/201709271023689762/.

[2] http://world.huanqiu.com/hot/2017-09/11287573.html.

[3] http://replyua.net/europa-news/78320-poltolog-cey-zakon-korisniy-hocha-b-tim-scho-vn-viyaviv-vsh-nashih-druzv-na-mzhnarodny-aren.html.

[4] Keskeny Ernő: A magyar-orosz kapcsolatok 1989-2002. Budapest: Századvég Kiadó 2012.

[5] Fedinec Csilla: Ukrajna helye Európában és a magyar-ukrán kapcsolatok két évtizede, 2012.

[6] Magyar Külpolitika Évkönyv 2007. Budapest: Külügyminisztérium, 2008.

① http://replyua.net/europa-news/78320-poltolog-cey-zakon-korisniy-hocha-b-tim-scho-vn-viyaviv-vsh-nashih-druzv-na-mzhnarodny-aren.html.

捷克文化中的胡斯形象

北京第二外国语学院　陈欢欢

【摘要】扬•胡斯是捷克历史中最重要的人物之一，至今仍是捷克人民的英雄和骄傲，他为真理献身的光辉形象是捷克文化中的深刻印记。胡斯形象随着时代而衍变和发展，与社会发展、国家需要有着密切联系。胡斯战争时期他是“宗教徒”“殉难者”，捷克民族复兴时期，他又是“民族英雄”。捷克现代史中，他更是“改革家”。近年来，胡斯形象不只拘泥于宗教、社会和民族领域，而是出现了教育发展和人的发展两个新的视角。新视角下，胡斯是“高等教育家”，是“新时代欧洲人的榜样”，激励着捷克当代人。

【关键词】胡斯形象；捷克文化；高等教育家；新时代欧洲人的榜样

捷克历史上并没有出现很多名人，像胡斯一样深深地烙印在整个社会的记忆上，时至今日仍能激发全民族的自豪与热情。

宏伟的胡斯雕像赫然居于布拉格老城广场的中央，几乎每个捷克城市都有以胡斯命名的街道，捷克共和国的座右铭“真理必胜”来自对胡斯的口号“真理能够战胜一切”的缩写，胡斯逝世的7月6日被称为胡斯日，是捷克的公共假期……这都说明胡斯仍然是捷克社会和民族意识中非常重要的存在。

1415年康斯坦茨的火刑场上扬•胡斯结束了他的人生，但是这场大火也点燃了他的“第二次生命”，永恒的生命。“重生的胡斯”不只是“宗教徒”“殉难者”，而且是“宗教改革者”“民族英雄”“学者”，甚至“高等教育家”“新时代欧洲人的榜样”。

本文拟结合时代发展、社会变化和国家需要，分别介绍宗教、民族、教育和人的发展四个视角下的胡斯形象。

1. 从“异端”到“殉道者”再到“宗教改革家”

“异端”“殉道者”和“宗教改革家”的形象根植于胡斯的基督徒身份。1415年7月6日，胡斯被以“异端”的罪名烧死在康斯坦茨城火刑架上，他的殉难在捷克大地上直接引发了胡斯战争。历史上，人们对胡斯学说和他赴死的行为存在过鲜明的分歧。《捷克宗教改革家约翰·胡斯综合述评》[①]中梳理和解读了国内外学者从宗教视角对胡斯认识的衍变。

一方面，《约翰·胡斯：波西米亚的宗教改革和社会改革》中写到15和16世纪出版的捷克史刻画胡斯为异端、胡斯派为最邪恶之人。另一方面，彼得的《关于约翰·胡斯教士的记述》将胡斯塑造为基督的坚定殉道者，由此可见，胡斯的形象出现了殉道者与异端的对峙。

新教改革之后，胡斯的形象中增添了宗教改革者的面容。《约翰·胡斯的生平与时代：十五世纪的波西米亚宗教改革》对胡斯作为宗教改革家的一生进行了详尽刻画，而且对波西米亚的宗教改革视野进行了长时段的考察。

直至1999年，罗马教皇保罗二世代表天主教会正式为迫害胡斯至死道歉，最终确立了胡斯在宗教领域的地位。

2. “民族英雄”和“社会改革家”

捷克启蒙运动时期和民族复兴时期，人们对胡斯研究的视角由宗教转向民族主义。

著名的捷克史学家、布拉格大学第一任捷克语专业教授，弗兰蒂泽克·马丁·佩尔茨尔（František Martin Pelcl）认为，胡斯对教会的批评在宗教和社会政治层面符合启蒙运动，他在胡斯身上看到了启蒙运动先行者的身影。[②]捷克著名的历史学家、斯拉夫学奠基人约瑟夫·多布洛夫斯基（Josef Dobrovský）在他的《捷克语言文学史》中将胡斯运动作为一个特定时代来研究。在他看来胡斯不仅是殉道者，更是捷克的改革家和文化名人。

迫切需要民族英雄和精神领袖来摆脱德国压迫、争取政治和民族独立的捷克人们坚定地选择了胡斯。1862年，胡斯信徒在康斯坦茨树立起第一块纪念碑；随后不久在捷克地区也立起第一座现代纪念碑；1868年夏天，不顾奥地利当局阻碍，二三百人参与了第一次至康斯坦斯的游行。[③]这个时期作为爱国者的扬·胡斯是激发民族意识的传奇，是引领民族复兴的动力。

不可否认的是，当时的史学家有意淡化胡斯的宗教身份和实践，而是将胡斯视为民族主义者、社会革命家、政治家，但是这种选取符合当时捷克所处的

① 曾祥敏 . 捷克宗教改革家约翰·胡斯研究述评 [J]. 西南民族大学学报 ,2013(2).

② Šmahel František. Jan Hus život a dílo[M]. Prague: Argo, 2013: 225-226.

③ Šmahel František. Jan Hus život a dílo[M]. Prague: Argo, 2013: 228..

政治环境和社会需要。

3. “高等教育家”

胡斯与布拉格大学（现查理大学）关系密切。一方面，年仅 16 岁的胡斯于 1390 年来到布拉格大学修读艺术专业，并在这里先后取得了学士和硕士学位；另一方面，他在学业完成之后便留校任教，1401/1402 学年冬季学期任艺术学院院长，1409-1410 年任布拉格大学校长，是第一位担任此职的捷克人。

胡斯担任布拉格校长一职不仅对当时的布拉格大学，甚至对整个捷克社会都产生了深远影响。1348 年，查理四世下令建立的布拉格大学，老师和学生主要来自捷克、巴伐利亚、萨克森和波兰四个民族，这四个民族的代表选举院长、校长和决定学院间预算分配。起初捷克学者在大学管理中处于少数，拥有一份选票，对抗另外三个民族的三张选票，没有任何优势。直到 1409 年 1 月 18 日瓦茨拉夫四世颁布《库特纳山法令》，彻底改变了大学选举中的选票比例，捷克族占 3 票，其他民族只有 1 票。同年 10 月 20 日依照新法令举行校长选举，大学士胡斯被选举为校长。[①] 胡斯当选为布拉格大学校长，使得捷克民族在大学的地位和优势明显提升，自此布拉格大学真正地成为捷克人的大学。

此外，从教育学的角度来看，胡斯的校长发言具有重要的研究意义。作为大学领导者和高等教育教师，他尤为看重师者的典范作用。以 1409 年 11 月 3 日的致辞为例，胡斯说：“校长不只必须用心领导他人，更要进行自我管理和内心管理，因为如此才能成为榜样，名正言顺地领导被管理者过高尚生活。”同样在这次致辞中，胡斯还提到，“我们规矩地站在老师之中，是为了让学生们也在自己的队伍中规矩地站着，我们尝试更好的，学生才能收获更大。我们要知道，老师应尽责关心学生，如此学生也会听从和尊重老师。”[②]

关于胡斯和布拉格大学，我国著名教育家梅贻琦先生早有提及。1941 年《清华学报》刊登的《大学一解》中这些写到：

即就西洋大学发展之初期而论，14 世纪与 15 世纪初年，欧洲中古文化史有三大运动焉，而此三大运动者均自大学发之。一为东西两教皇之争，其终于

① Jiří Král Josef. Jan Hus 1415-1915[M]. Chicago: Ústřední svazu Sdružení svobodomyslných spolek pro oslavy Husovy, 1916: 26.

② Stein Evžen. Mistr Jan Hus jako universitní profesor a rector[M]. Prague: Laichter, 1948: 33.

平息而教权复归于一者，法之巴黎大学领导之功也；二为魏克文夫（yclif）之宗教思想革新运动，孕育而拥护之者英之牛津大学也；三为郝斯（John Hus）之宗教改革运动，率与惠氏之运动均为16世纪初年马丁•路得宗教改革之先声，而孕育与拥护之者，布希米亚（战前为捷克地）之蒲拉赫（Prague）大学也。[①]

当时，中国高等教育初兴，人们对什么是大学，大学应如何施教以及大学对民族的意义并不清楚。在这样的背景下，梅贻琦先生写下了此文。其中以西方大学发展初期的三个大学和相应的三大运动为例，揭示了大学与民族的关系。这是本人迄今所看到的中国学者对胡斯、胡斯运动和布拉格大学的书面记录。

2015年，查理大学以纪念胡斯逝世600周年为契机，举办了“胡斯与布拉格大学”展览、“大学十扬・胡斯”国际大会和“大学士扬・胡斯的意义”圆桌讨论，将探究胡斯与布拉格大学的关系这一议题置于国际学术研究平台。在致辞中，查理大学校长托马斯・兹玛教授（Tom á š Zima）强调了这位改革家作为曾经哲学院的院长和大学校长与学校的历史发展有着深远联系，查理大学十分珍视他留下的遗产。[②]

4. 新时代的欧洲人的榜样

“新时代的欧洲人”这一全新认识来自2015年在捷克举行的名为“扬•胡斯——新时代的欧洲人”国家庆典活动。活动由“胡斯600周年”组织发起倡议，学校、图书馆、博物馆和其他市级组织等众多文化机构自发参与。活动高度评价了他对欧洲历史发展的贡献，认为胡斯的行为促使了一个尊重个人和真理的全新的欧洲时代的到来。

尤为特别的是，捷克人开始抛开胡斯的教士、学者、改革者等身份，而是将他视作新时代的欧洲人的榜样，以审视人的视角解读胡斯身上所具有的同时是当今时代迫切需要的人类品质：个人责任感，感性良知、教育、自我、真实、信念、深思熟虑、勤劳和英雄主义等，希望借此来激励当代人。

① 梅贻琦 . 大学一解 [J]. 清华学报 ,1941(13-1).

② Suchánek Drahomír. Konferencc na UK připomněla vztah Jana Husa k pražské univerzitě[Z]. 2015.09.18 (http://hus.cuni.cz/HUS-29.html).

结语

从“宗教徒”“殉难者”到“民族英雄”“改革家”，再到“高等教育家”“新时代欧洲人的榜样”，为我们呈现了一个具有多种身份、多面形象的胡斯。

我们无法否认这样的事实，一位中世纪的布道者在数百年的历史长河中始终处于人们甚至是无神论者们关注的中心，并且在今天仍能在捷克激发出强烈的、统一的民族意识。这说明，胡斯及胡斯精神值得我们中国学者更深入地去探索。

参考文献

[1] Jiří Král Josef. Jan Hus 1415-1915[M]. Chicago: Ústřední svazu Sdružení svobodomyslných spolek pro oslavy Husovy, 1916: 26.

[2] Stein Evžen. Mistr Jan Hus jako universitní profesor a rector[M]. Prague: Laichter, 1948: 33.

[3] Suchánek Drahomír. Konference na UK připomněla vztah Jana Husa k pražské univerzitě[Z]. 2015.09.18 (http://hus.cuni.cz/HUS-29.html) .

[4] Šmahel František. Jan Hus život a dílo[M]. Prague: Argo, 2013: 225-226, 228.

[5] 梅贻琦 . 大学一解 [J]. 清华学报 , 1941(13-1).

[6] 曾祥敏 . 捷克宗教改革家约翰 • 胡斯研究述评 [J]. 西南民族大学学报 ,2013(2).

“一带一路”背景下的中吉关系

上海外国语大学　苏祖梅

【摘要】吉尔吉斯斯坦战略地位重要，是连接我国与中亚地区的通道，是实现“一带一路”倡议的关键环节。中吉建交20多年来，两国建立起了平等互利、相互尊重、相互信任和真正的睦邻友好关系，两国高层访问和民间往来频繁，彻底解决了边界问题，经贸合作发展迅速。文中论述了中吉关系的历史渊源、动因、取得的成果，以及“一带一路”背景下中吉关系的走向。

【关键词】中吉关系；历史渊源；成果；展望

吉尔吉斯斯坦位于欧亚大陆的枢纽地带，与我国新疆紧密相连，是中国向西经贸发展的必经之路，是实现“一带一路”倡议的关键环节。吉尔吉斯斯坦自1991年独立之后，同我国建立起了平等互利、相互尊重、相互信任和真正的睦邻友好关系。两国高层访问和民间往来频繁，彻底解决了边界问题，经贸合作发展迅速。我国是最早承认吉独立、并与吉建交的国家之一。1991年12月27日，我国承认吉国家独立。1992年1月5日，中吉发表建交公报，宣布建立大使级外交关系。吉方重申坚定奉行一个中国政策，承认中华人民共和国政府是代表全中国的唯一合法政府，台湾是中国领土不可分割的一部分。中方对吉方这一原则立场表示高度赞赏，重申支持吉方为维护国家独立、主权和领土完整以及为维护国内稳定、发展民族经济所作的努力。

建交以来，中吉双方在政治、贸易、经济、文化、人道主义、安全和打击“三股势力”等领域开展了卓有成效的合作。在习主席2013年提出“一带一路”倡议构想后，两国的交流与合作从此迈上了新台阶。

1. 吉尔吉斯斯坦与中国的历史渊源

吉尔吉斯斯坦与中国的联系长达数千年之久。历史和地理将两国人民的命运连结在一起，我们世世代代毗邻而居，不断进行贸易和文化交流。

吉尔吉斯人的祖先坚昆人最早居住在今叶尼塞河上游地区。唐朝时，吉尔吉斯人被称作“黠戛斯”。唐朝征服漠北之后，在黠戛斯地区设立了坚昆都督府，任命黠戛斯首领失钵屈阿栈为坚昆都督。当时黠戛斯与唐朝保持着密切的联系，多次遣使入唐。13 世纪蒙古汗国崛起之后，吉利吉思（即吉尔吉斯）地区并入元朝政府版图。17 世纪末、18 世纪初，叶尼塞河流域大部分吉尔吉斯人迁徙到中亚天山地区，与此前已到达这里的吉尔吉斯人会合，逐渐形成了今天的吉尔吉斯民族。清朝时期，大多数吉尔吉斯部落与清朝保持着良好的关系，清政府也曾多次奖赏、册封吉尔吉斯各部落头人。

学者们普遍认为，今天的吉尔吉斯民族，是在历史上不断吸收、融合其他民族的基础上而形成的。有史料证明，中国人也参与了吉尔吉斯民族共同体的形成过程。汉武帝时，将军李陵率 5000 名将士出漠北抗击匈奴，因寡不敌众投降匈奴，匈奴单于任命李陵为坚昆首领。这批将士在当地定居下来，其繁衍的后代无疑融入了坚昆部落，成为今天吉尔吉斯民族祖先的一部分。

天山山脉和帕米尔 — 阿赖山脉绵亘于中吉边境。吉尔吉斯东南部与中国新疆相邻，拥有 1100 千米的边境线。两国有众多跨境民族存在，如中国新疆的克尔克孜族（与吉尔吉斯族是同源的民族）、维吾尔族、哈萨克族等，而在吉尔吉斯境内则居住着东干人，他们是中国回族的海外分支，是 19 世纪末从中国西北地区迁移到中亚的。

中国和吉尔吉斯斯坦的文化也紧密相连。在很长的历史时期内，吉尔吉斯民族没有自己的文字，因此研究吉民族早期的历史常常要借助我国史书的记载。吉尔吉斯斯坦碎叶河畔的托克马克还是我国唐代伟大诗人李白的诞生地，李白诗中的豪放浪漫、乐观洒脱就充分体现了逐水草而居的游牧民族的性格特征。在吉尔吉斯斯坦的现代生活中同样也能感受到中国文化的影响。吉尔吉斯斯坦首都比什凯克国家历史博物馆 2011 年 10 月举行传统高冠帽子展览，展品中有一款艳丽夺目的“卡尔帕克”，其制作融入了中国元素，被称为“中吉卡尔帕克”。

2. 发展中吉关系的动因

中吉两国都对发展友好关系持积极态度，这是因为两个国家在很多方面都彼此需要、相互依存。主要有以下几点：

2.1 两国需要在国家安全领域进行合作

一方面，中国十分需要吉尔吉斯斯坦在“反恐”和打击“东突”上的合作。中国改革开放取得重大成就的实践证明，稳定的环境是发展的必要条件和重要保证。我国正在大力进行的西部开发不仅要求国内要有稳定的环境，也要求周边有稳定的环境，对与中亚国家毗邻的新疆地区尤其如此。吉尔吉斯斯坦与中国南疆接壤，而南疆是“东突”势力的大本营，这就意味着吉尔吉斯斯坦是距中国“东突”最近的国家，是新疆“东突”势力进出国界最近的通道。从地理位置上看，吉尔吉斯斯坦南方地处费尔干纳盆地，而费尔干纳盆地一直是“三股势力”横行的重灾区。乌兹别克斯坦伊斯兰运动、伊斯兰解放党（伊扎布特）在这一带十分活跃。此地的恐怖分子中有一部分是“东突”分子，他们在阿富汗受过训练，不少人都能熟练使用多种轻重型武器。费尔干纳离中国很近，是从中亚进入中国的重要通道。也就是说，吉尔吉斯斯坦既是中亚恐怖主义和极端主义势力活跃的地区，又与中国“东突”势力活跃的地区直接相连，因此吉尔吉斯斯坦对中国新疆地区安全的影响十分直接。吉国宗教极端势力若能得到及时有效的遏制、国家保持和平稳定，将对我国西部的政治稳定和经济开发起到十分积极的作用。

另一方面，吉的国家控制能力和自卫能力比较薄弱，是受恐怖主义危害比较严重的地区之一。1999 年和 2000 年春夏大股武装分子在吉边境地区出现，给吉造成了严重的安全问题。而与中国保持友好合作关系，对吉国的经济发展和国家安全具有重要意义。众所周知，中国是世界第二大经济体，是联合国安理会常任理事国，在全球和地区事务中都是负责任的国家。

2.2 经济具有互补性

中国是一个经济高速发展的国家，因而对石油和天然气的需求日益增加，未来中国对石油的需求缺口将越来越大。1993 年我国已成为石油净进口国，并且这种趋势还在进一步增大。这主要是由两个因素决定的：一是中国石油储量有限，产量呈逐渐递减趋势。二是随着中国经济的发展，石油的消费量愈来愈大。国家能源局 2010 年 1 月 22 日发布的数据显示，2009 年我国原油产量 1.89 亿吨，净进口原油 1.99 亿吨。据此测算，我国原油对外依存度约为 51.3%。石油供求失衡加剧，已成为制约我国经济发展的瓶颈。目前中国的油品大多来自中东石油，因而这将使中国日益陷于依赖中东石油进口的被动局面。

为了能源安全，中国正积极实施能源来源的多元化战略，而中亚地区是一个可能的重要来源。据能源专家估计，即使不把里海石油计算在内，中亚也是仅次于中东和西伯利亚的世界第三大石油储积区。尽管吉没有丰富的油气资源，但中吉关系在中国与中亚地区的关系中占有重要地位。原因在于，吉国的地理位置十分重要，是连接我国与中亚地区的通道，是中国向中亚、西方拓展的关键，是实现中亚整体战略最为重要的环节。

再者，加工业是吉国的薄弱行业，而中国是制造业大国，与吉国在农产品、食品、轻工产品、纺织品等领域的生产加工合作，前景十分广阔。

2.3 交通领域的合作

吉尔吉斯斯坦在交通领域对中国具有重要意义。作为一个交通枢纽，吉国对推动中国与中亚地区的经济可产生有效作用。它的另一个重要功能是可改善中国与中亚的交通布局，使中国与中亚的交通结构更加合理，交通环境更加优良。吉尔吉斯斯坦交通大通道的作用将主要通过修复中吉乌公路和开通中吉乌铁路发挥出来。

中吉乌铁路全长约 504 千米，其中中国境内 175.9 千米，吉尔吉斯斯坦境内 278.1 千米，乌兹别克斯坦境内约 50 千米。它能够改善中亚地区和整个中国西部的交通状况，打通中亚和中国新疆地区通往西亚和北非、南欧的便捷通道。同时，吉尔吉斯斯坦能借此机会发展“过境经济”，把发展“过境经济”作为其经济发展战略的重要组成部分之一。

从吉国内交通来看，公路一直是其最重要的交通方式，但吉国道路老化和损毁严重，因资金短缺，公路建设停滞不前，严重制约了该国的经济发展。而基础设施建设恰好是丝绸之路经济带的重要内容，与中国合作吉国正好可以搭顺风车，借此实现道路的修复和完善。

可以说，在交通运输领域，吉尔吉斯斯坦与中国存在密切的相互依存关系，在该领域合作是双方的现实需要和发展机会。

3. 中吉关系取得的成果

自 1991 年建交以来，经过双方的不懈努力，取得了一系列重要成果，主要表现在以下几个方面：

3.1 彻底解决了边界问题

苏联解体后，中国和吉尔吉斯斯坦的边界问题成为两国必须首先解决的问题。1992 年 10 月，哈、吉、俄、塔四国政府联合代表团与中国政府代表团在北京就中国与上述四国边界问题举行谈判，同意继续通过谈判解决遗留的边界问题。1996 年 7 月，中吉两国签署了边界协定，双方同意就未解决的区段继续进行谈判。1999 年 8 月，双方签署边界补充协定。2004 年，中吉政府签署了《关于中吉国界线的勘界议定书》，并附中吉国界线地图，至此中吉边界问题完全解决。边界问题的解决有助于两国睦邻友好关系的发展，有利于边境地区的稳定和安宁。

3.2 联合军演

首次中吉联合军事演习是在 2002 年 10 月，中国派出了 100 多名士兵和 10 多辆装甲车参加。这是上海合作组织框架内两国首次举行的双边联合军事演习，也是中国军队第一次与外国军队联合举行实兵演习。它出现在中吉关系中不是偶然的，这除了表明反恐在中吉关系中的重要性，也反映了吉在中国国家战略上的地位。此后，中国军队与包括吉在内的上合组织其他成员国又举行了一系列多边联合反恐演习。它们是："联合 —2003" 上海合作组织成员国武装力量联合反恐军事演习、"和平使命 —2007" 上海合作组织联合反恐军事演习、"和平使命 —2010" 联合反恐军事演习、"和平使命 —2014" 联合反恐军事演习、"和平使命 —2016" 联合反恐军事演习等。

3.3 经贸合作

在中亚五国中，吉尔吉斯斯坦是中国第二大贸易伙伴。以 2006 年的统计为例，中国与乌兹别克斯坦的贸易为 9 亿多美元，与塔吉克斯坦的贸易为 3 亿多美元，与土库曼斯坦的贸易不到 2 亿美元，而中吉贸易达到 20 多亿美元。其后的贸易总额有升有降，但从近几年的情况来看，中国一直稳居吉第二大贸易伙伴国、第二大进口来源国和主要出口目的国之一。

由此可以看出，中吉贸易的水平是相当高的。苏联解体之初，中亚五国生活日用品和耐用消费品匮乏，其绝大部分依靠从中国进口，中国为该地区居民提供了各领域全方位的商品保障。由于乌兹别克斯坦、塔吉克斯坦、土库曼斯坦与中国无直接通商口岸，货物只能通过吉中转至周边国家，因此吉成为中亚的贸易中转站，其贸易辐射消费人口范围达 3 亿以上。吉尔吉斯由于地理位置优势以及贸易投资环境宽松，吸引大量中国企业在此开展贸易、投资等经营活动。目前在吉生活和工作的中国人约有 2 万。

中国不仅是吉尔吉斯斯坦最主要的贸易伙伴之一，中国同时是吉尔吉斯斯坦最大的投资来源国之一。中方投资的主要行业为地质勘探和炼油厂等加工业企业。2015 年 7 月，中国紫金矿业公司投资建设的塔尔德布拉克左岸金矿项目投产运营。

中方贷款在吉外债占比也不断提高，截至 2016 年 8 月底已达 38.3%，贷款余额 14.44 亿美元。近几年来，中国政府在上海合作组织框架内向吉提供多笔优惠贷款，推动吉南部电网改造、“达特卡 — 克明”输变电线、“北 — 南”公路和比什凯克热电站等吉国能源与交通领域多个大型基础设施项目建设。吉国还获得我方的多项赠款，如 2016 年 11 月，李克强总理访吉期间，签署了政府间经济技术合作协议，吉方获得 3000 万美元赠款用于恢复农业灌溉系统。

3.4 文化、体育、人道主义合作

中国与吉尔吉斯斯坦是友好邻邦，多年来，中吉两国文化交流活动不断发展，为加深两国人民的了解，促进两国人民的友谊做出了重要贡献。

我国中央民族大学的胡振华教授是国内外享有盛誉的最早翻译和研究《玛纳斯》的学者，他多次受邀访问吉尔吉斯。胡振华教授 1989 年首次访吉时，不仅用吉尔吉斯语在吉科学院及一些高等院校作了关于史诗《玛纳斯》的学术讲演，而且在吉国家电视台作了 52 分钟的讲演。吉尔吉斯为庆祝史诗《玛纳斯》问世 1000 周年，于 1995 年出版了《〈玛纳斯〉百科全书》，该书专门把胡振华教授用一个词条作了说明。2000 年 8 月，吉国举行了奥什建城 3000 年国际学术研讨会。胡振华教授在会上宣读了《关于吉尔吉斯斯坦古城奥什》的论文，论证了“丝绸之路”是公元前 138 年、前 119 年汉代的张骞两次率团出使中亚时开辟的。张骞回国后报告汉武帝大宛国贰师城有好马。贰师城就是今天的奥什，奥什是古丝绸之路上的重要城市。他的论证得到了与会者的肯定。

近年来，随着中吉两国在政治、经济、人文等领域交流与合作日益密切，吉尔吉斯斯坦的“汉语热”悄然升温。2008 年至 2016 年吉先后开办了 4 所孔子学院。孔子学院不仅是传播中国文化的桥梁，也是中吉两国人民友好交往、民心相通的桥梁，并且也有助于中吉两国在学术和经贸等方面的交流与合作。

体育方面中吉两国也交流频繁。2008 年北京奥运会期间，吉派出 20 名运动员参加拳击、摔跤、柔道等 9 个项目的角逐。在此次奥运会上吉代表团获得一银一铜两枚奖牌。

2010 年上海世博会期间，吉尔吉斯斯坦在亚洲联合馆进行展示，以“面向世界的城市 —— 比什凯克”为主题，介绍了吉尔吉斯斯坦民族的文化历史、风俗习惯，讲述了首都比什凯克经济、文化、旅游业和谐发展的历程。2010 年 8

月 5 日，上海世博园迎来吉国家馆日，来自吉国的民间乐团“Ordo Sakhna”让参观者领略了美妙地道的吉尔吉斯斯坦传统音乐，同时音乐家们还展示了瑰丽的传统中亚民族服装，将听觉和视觉融合为美丽的演出场景。

此外，两国在人道主义领域的合作也日趋加强。2008 年 5 月 12 日，我国四川省汶川县发生了 7.8 级大地震。2008 年 5 月 25 日，吉向我国提供了救灾物资。这批援助物资共有 2 车 137 吨，价值约 20.7 万美元，主要包括简易帐篷、建筑材料、饮用水处理设备等。这批救援物资用于救助甘肃南部地震灾区受灾群众。

吉尔吉斯斯坦 2010 年 4 月发生骚乱以后，中国同样也及时向该国伸出了援手，提供了多批救援物资，共计 80 余吨，价值 1100 万元人民币。这些救援物资都是当时吉国受灾民众急需的生活必需品，分为食品、衣物、日常用品、学习用品四大类。

近些年来，中国还为吉方援建了一系列改善民生的项目，比如：比什凯克国家泌尿诊疗中心建设项目，项目投资超过 6000 万元人民币；为吉南方重建提供 500 万美元，用于奥什 66 套住宅楼项目建设；奥什阿克 — 济列克区 150 张病床的医院建设项目，项目投资约为 3000 万元，等等。

4. 对发展中吉关系的展望

建交以来，尽管存在这样那样的问题，但中吉关系始终稳步健康发展。双方政治互信不断加深，各领域务实合作全面展开，取得显著成果。2002 年 6 月，中吉签署了《睦邻友好合作条约》，这是两国关系的政治纲领，2004 年 9 月，两国又签署了《中华人民共和国和吉尔吉斯斯坦共和国 2004 年至 2014 年合作纲要》，这是在具体合作领域的长期规划。这也为继续深化中吉睦邻友好合作关系，密切两国在联合国、上海合作组织等多边框架内的协作与配合打下了良好的基础。2013 年，习主席对吉国的访问将中吉关系提升至战略伙伴关系。

在安全领域，恐怖主义是中亚地区国家面临的严重威胁，中方同样是恐怖主义的受害者，中方将在双边和上海合作组织框架内加大同吉方的反恐合作，坚决打击一切形式的恐怖主义，切实维护地区安全稳定。

在经济领域，吉重视发展同中国的关系。吉国正处在经济转型期，吸引外资，寻求外援为国内经济建设服务是其外交重点。“一带一路”倡议以经济发展为支点，以经济合作为目标，契合了吉谋求发展的迫切需求。作为对倡议的呼应，吉尔吉斯制订了《至 2040 年发展规划》。这些年来，吉方积极响应丝路经济带建设，并从中受益，得到了中方对其提供的多项援贷款支持，这也让吉看到了与中国合作所能获得的机遇和发展空间。

此外，中方还将支持扩大吉尔吉斯斯坦产品对华出口，尤其是开放农产品和加工产品市场，取消可能存在的壁垒。中方产能过剩，而这恰好是吉方所需要的，中国制造和中国建造受到吉等中亚国家的欢迎，2016 年 5 月 23 日吉尔吉斯斯坦经济部副部长萨兹巴科夫对媒体宣称，将中国的过剩产能转移到吉尔吉斯斯坦将极大地推动吉国经济发展。吉国市场有限,但吉加入了欧亚经济联盟，从而拓展了市场规模，吉国产品可以向俄罗斯和哈萨克斯坦转口销售。从中国转移过剩产能对吉国经济益处在于能创造更多就业岗位、带来大量税收收入，中国的先进技术与生产工艺进入吉国，将推动吉国内市场升级。吉总统阿塔姆巴耶夫曾表示，如果吉尔吉斯斯坦想要美好的未来，就应当加强与中国的合作，并看到其广阔前景和机遇。

大量事实表明，几经更迭的吉国政府已深刻认识到，中国是最为稳定的强大邻居，发展与中国这个近邻的睦邻友好关系，抓住双方经济大发展的契机对每一方来说都是重要的发展机遇期。而我们在同包括吉在内的中亚各国发展关系时，要明确“中亚是我国西部周边战略延伸”的思想和“作好中亚石油大文章”的主张。

因此可以预见，今后中吉关系的发展方向应该是：继续大力发展睦邻友好关系，在“反恐”和打击“东突”问题上相互合作，同时利用“一带一路”倡议带来的良好契机，加强人文交流，促进民心相通，深入开展交通领域基础设施和贸易投资领域的经贸合作。

参考文献

[1] 艾莱提・托洪巴依 . 吉尔吉斯斯坦政局发展与新疆稳定 [C]// “颜色革命”袭击下的中亚 . 乌鲁木齐：新疆人民出版社，2006.

[2] 阿斯卡尔・居努 . 中国与吉尔吉斯斯坦边界演变 [J]. 新疆大学学报（哲学・人文社会科学版），2008（2）.

[3] 常庆 . 中亚五国与中国西部开发 [J]. 东欧中亚市场研究，2001（9）.

[4] 侯艾君 . 中国与吉尔吉斯斯坦：现状、问题、与前景 [J]. 国际论坛，2004（2）.

[5] 廖成梅，王彩霞. 制约中吉乌铁路修建的原因探析 [J]. 国际研究参考，2016（5）.

[6] 陆兵 . 中国与中亚五国地缘政治（论坛主旨报告）[R].2017 年上海市研究生学术论坛：“俄罗斯东欧中亚与当代世界语言：文化与区域国别研究”，2017 年 9 月，上海外国语大学 .

[7] 马大正，冯锡时 . 中亚五国史纲 [M]. 乌鲁木齐：新疆人民出版社，2005.

[8] 孙壮志 . 中亚地区的安全环境 [J]. 东欧中亚市场研究，2001（12）.

[9] 吴大辉 . 美国对中亚的军事安全政策 [J]. 俄罗斯中亚东欧研究，2008（2）.

[10] 谢锋斌 .“一带一路”背景下中国与吉尔吉斯斯坦战略合作探讨 [J]. 商业时代，2014（34）.

[11] 杨心宇 . 吉尔吉斯“郁金香革命”的若干问题 [J]. 俄罗斯研究，2006（4）.

[12] 杨中强 . 中亚石油与中国 [J]. 俄罗斯研究，2001（1）.

[13] 赵常庆 . 中亚五国与中国西部开发的关系 [J]. 东欧中亚市场研究，2001（12）.

[14] 赵华胜 . 中国的中亚外交 [M]. 北京：时事出版社，2008.

[15] 中华人民共和国商务部网站：http://kg.mofcom.gov.cn/.

吉尔吉斯斯坦的俄语现状及发展趋势

上海外国语大学　苏祖梅

【摘要】本文介绍了吉尔吉斯斯坦独立后的俄语现状，先是出台语言法，规定吉尔吉斯语为吉国国语，全面推广国语，结果是俄语地位下降。随后又调整了语言政策，提高了俄语地位。事实上，吉国的发展离不开俄罗斯，离不开俄语，因而吉语—俄语双语制符合当今吉国的国情。

【关键词】吉尔吉斯斯坦；俄语；吉尔吉斯语；俄语地位

在苏联时期，俄语是各民族的共同交际语言，相当于国语，吉语在吉尔吉斯斯坦处于次要地位。苏联解体后，吉语在吉国成了国语，俄语的地位受到了严峻挑战，沦为族际交际语，其使用领域受到限制。这些年来，吉语在教育、科学研究、图书出版、大众信息工具、官方交际等领域内的使用范围有了明显的扩大，俄语在这些领域内的功能逐渐弱化。

1. 俄语地位的下降

俄语地位在吉国的下降，主要体现在相关政策和具体做法两个方面。

1.1 相关政策

1985 年戈尔巴乔夫执政，他提倡“新思维”和“民主化”，强调少数民族语言的作用。在此背景下，苏联的第一部语言法《爱沙尼亚共和国语言法》于 1989 年 1 月 18 日通过。在此后的一年之内中亚各加盟共和国政府都相继赋予本共和国主体民族的语言以国语的地位，俄语则降为族际交际语。

1989 年 9 月，吉尔吉斯苏维埃社会主义共和国通过了《吉尔吉斯苏维埃社会主义共和国国语言法》，规定吉尔吉斯语将在社会政治生活的各个领域起国语作用。该语言法规定，吉尔吉斯语为吉尔吉斯斯坦共和国国语，俄语为族际交际语，所有吉尔吉斯斯坦的公民都有义务学习国语，官方的正式文件应该翻译成吉尔吉斯语，政府公务员必须懂吉尔吉斯语。同时规定，公民在语言使用上有自由，政府机构不能歧视讲少数民族语言的人，政府为不懂吉尔吉斯语的少数民族的公民提供学习吉尔吉斯语的机会。1989 年语言法所反映的语言原则至今仍在使用。这种语言政策标志着主体民族语言在共和国的所有领域内享有优先发展和被使用的权利，更象征着吉国开始在本民族事务上的政策逐渐摆脱苏联时代的影子。

1992 年 12 月出台的教育法涉及了教学指导语问题，规定吉尔吉斯语是基本的教学用语，但是在所有的学校，吉尔吉斯语、俄语和英语都是必修课程。

1993 年 5 月，通过独立后第一部宪法，该宪法重新确认了吉尔吉斯语作为国语的事实。如宪法第五条规定，吉尔吉斯语是吉尔吉斯斯坦共和国的国语。吉尔吉斯斯坦共和国保证保留、平等而自由发展共和国居民所使用的俄语及其他一切语言，并保证使其发挥功能作用。不允许因不懂得或没有掌握国语而侵害公民的权利和自由。宪法第十五条规定，在吉尔吉斯共和国，法律面前人人平等。任何人都不能因为出身、性别、种族、民族、语言、政治和宗教信仰或者其他任何个人或社会性质的条件和情况而受到任何歧视，以及权利和自由受到侵害。但宪法没有对俄语的地位进行任何说明，俄语被纳入到少数民族语言的行列，与 1989 年的语言法相比，俄语的法律地位有所下降。

2003 年 2 月，吉尔吉斯斯坦通过了新的宪法草案，再次确认共和国国语为吉尔吉斯语。

1.2 具体做法

弘扬民族文化。在日益高涨的民族主义的推动下，吉国竭力通过各种方式复兴民族文化，如重写吉国历史、弘扬民族文学、宣传民族英雄。英雄史诗《玛纳斯》被认为是吉尔吉斯民族的根，独立后它的重要性以及所表达的精神被充分地挖掘，1995 年，吉尔吉斯斯坦大张旗鼓地纪念吉尔吉斯民族史诗《玛纳斯》问世 1000 周年，国家总统、总理等 20 位各界重要人士签名发布《玛纳斯》宣言。同时大力复兴在苏维埃时期受到压制的伊斯兰教，清真寺的数量急剧上升，重新宣讲宗教教义和宗教信念、恢复宗教传统，试图以伊斯兰教的精神来团结国内的穆斯林群众，进而巩固国家的统一。

全面推广国语。共和国尽一切力量全面发展国语，扩展它在本国政治、经济、文化和社会生活等一切领域的功能。在吉国的公文事务用语中实行国语化转变，并制定了时间表，吉尔吉斯斯坦政府实现行政机关办公国语化的时间先定为 1998 年，后推迟到 2005 年。要求总统候选人必须通晓吉语。社会上更是形成一股把俄语的城市或街道名称改为吉尔吉斯语的风潮，以此来彰显国家的独立和苏维埃权力的瓦解。比如首都由伏龙芝更名为比什凯克，共和国东部历史名城普尔热瓦尔斯克也改用旧名称卡拉科尔，比什凯克市的列宁广场被改为阿拉套广场，等等，甚至连商店、学校、地铁站、公路、农场、企业等也都纷纷改用吉语来命名。此外，共和国国家科学院改称民族科学院，共和国国立大学也更名为国立民族大学。

纯化吉尔吉斯语和吉尔吉斯语的标准化。吉尔吉斯语受俄语的影响很深，特别在科技和政治方面，乃至渗入到日常生活中。独立后，吉尔吉斯国内开展了一场纯化吉尔吉斯语和吉尔吉斯语标准化的运动。纯化吉尔吉斯语运动包括剔除相关的俄语借词，在拼音上也进行了一些更改。吉尔吉斯文字的个别字母至今还没有固定下来，从俄文中借用的“Е，Ю，Я”书写时也遇到很大的困难。吉尔吉斯语长元音的书写也存在一些问题。吉尔吉斯文正字法也存在着一些需要解决的问题。为了方便操俄语者学习吉尔吉斯语，使吉尔吉斯语成为全社会共同的交际工具，巩固国家的统一，政府努力促进吉尔吉斯语的标准化。

开展吉尔吉斯语学习。在吉尔吉斯斯坦的公民都有义务学习国语。为非吉尔吉斯语成人开设吉尔吉斯语课程，这些课程通常在下班后的工作场所进行，语言课程也以广播、电视的方式展开。

用吉语教学。苏联解体初期，中亚五国的俄语教学普遍遭受重创。至2000年，哈国接受俄语教育的中小学生占中小学生总数的1/2，吉国占1/5。俄语学校大幅减少。1991至1997年仅比什凯克市俄语学校就下降了29.5%。

2. 俄语的回归

尽管吉国主体民族语言被宣布为该国的国语，但以俄罗斯人为主的斯拉夫民族对学习、使用主体民族语言却持消极甚至抵制的态度，他们要求将俄语与主体民族语言并列为国语。另一方面，俄罗斯历来视中亚地区为自家后院，俄政府对吉国俄罗斯人的权益非常重视。从1994年开始，解决境外俄罗斯人问题就成了俄政府的战略任务。面对来自各方的压力，吉国当局不得不在俄罗斯人权益和俄语问题上有所让步，对本国的语言政策进行某些调整。

1993年5月，吉通过的独立后的第一部宪法中规定，保证保留、平等而自由地发展共和国居民所使用的俄语和其他一切语言。

2000年5月，吉通过的《官方语言法》中明文规定，俄语为吉尔吉斯斯坦的官方语言，官方语言受国家的保护，国家机关为使官方语言发挥作用及其发展创造必要条件。相比1993年的宪法，俄语地位有了提高。该法强调，总统的命令和指示、政府决议及其他规范性法律文件都用吉尔吉斯语和俄语两种语言公布。在议会上，议员有权用官方语言发言。在司法领域，吉尔吉斯斯坦共和国的法律同时用国语和官方语言两种语言公布，诉讼程序用国语或者官方语言进行。在教育领域，俄语是所有学校的必修课，并被列入教育文件的学科目录。

2003年2月，吉通过了新的宪法草案，再次确定俄语作为官方语言使用。这一表述对于苏联解体后其他新成立的国家来说是少有的，因为大多数独联体国家直接宣布俄语没有特殊地位。

2004年4月，时任总统阿卡耶夫再次强调，在吉尔吉斯斯坦，俄语会受到坚决保护，俄语和吉尔吉斯语将永远共同存在。

与此相应，俄语也得到了重新审视。20世纪90年代早期，很多吉尔吉斯语居民父母把自己的孩子送到吉尔吉斯语学校，几年后很多吉尔吉斯族父母又把他们的孩子转回俄语学校。近年来，吉国俄语教学出现了学习人数逐年回升的现象。在2006—2008年，普通俄语学校从143所增加至160所，俄语—其他语言学校的数量也在增加，2006年为363所，至2008年，仅俄语—吉语学校就增加至400所。在高校，俄语是必修课，医学类学校、比什凯克国际工商管理学校、斯拉夫大学等更是全部采用俄语教学，不懂俄语就意味着会失去接受高质量教育的机会。这也是俄语学校受欢迎的原因之一。

不难看出，推进俄语顺应民意，有利于缓和民族矛盾、促进经济发展。这是因为：

（1）俄语居民人数众多，俄语有着广泛基础。在中亚地区曾生活着大量的俄语居民，由于长期跟俄罗斯人交往，人们深受俄罗斯文化的影响，形成了使用俄语的传统。1959年吉尔吉斯斯坦的俄罗斯人有62.3万多，占总人口的30.2%。苏联解体后很多俄罗斯人离开了吉国，据2015年的统计数据，当年吉国境内的俄罗斯人仍有36.4万多。加上吉国民族结构复杂，有90多个民族，要让如此众多的民族在短期内掌握主体民族的语言绝非易事，俄语的通用语作用在相当长的时间内不可替代。事实上，中亚居民大都将俄语摆在十分重要的位置，有相当多的居民希望学习和掌握俄语。

（2）俄语在大众传媒中使用广泛。独立二十年多年来，俄罗斯媒体以及当地的俄语媒体在中亚大众传媒市场上仍保持着一定的优势地位。该地区人口中的大多数仍青睐于看俄罗斯电视节目，读俄罗斯报纸，上俄罗斯网站。在吉尔吉斯斯坦，俄语出版物和电子传媒在当地发挥着重要作用，主要的俄语出版物有《共青团真理报》《论据与事实》和《俄罗斯报》等，主要的电视广播媒体有“第一频道”“俄罗斯广播电台”和“莫斯科回声”等。俄语还是吉国重要的信息载体，特别是计算机科学方面的书籍资料、软件开发等，多使用俄语。

（3）掌握俄语会给每个人带来全新的机遇。2005 年 12 月 8 日，吉时任总统库尔曼别克·巴基耶夫在题为“21 世纪 — 欧亚空间内文化间对话、经济增长和精神复兴的世纪”的国际论坛上发言时指出，对于吉尔吉斯斯坦人民来说，放弃使用俄语将会造成无法弥补的损失；俄罗斯教育在吉尔吉斯斯坦的发展中发挥了无法估量的作用，它具有非常优秀的、历时几个世纪的传统，因此掌握俄语会给每个人带来全新的机遇。巴基耶夫总统认为，俄语在吉尔吉斯斯坦将继续发挥重要作用。总统还介绍说，当他到各地区视察时，有许多当地的居民向他提出了开办俄语授课学校的要求。俄罗斯教育在吉普及已逾 130 年，俄语在人们的经济活动和知识积累中发挥着积极作用。

（4）吉国的发展离不开俄罗斯。尽管在苏联的民族政策中存在诸多问题，特别是有大俄罗斯沙文主义的表现，但十月革命也给吉国带来了巨大的历史性变化。因此，阿斯卡尔· 阿卡耶夫总统曾说，“我们拥护吉尔吉斯斯坦和俄罗斯两国人民之间自古以来就存在的亲密关系，两国人民之间的众多历史遗产不仅能够保存下去，而且应该发扬光大。”

吉独立后经济陷入困境，俄罗斯向其提供了大量贷款，例如，1993 年俄罗斯向吉尔吉斯斯坦提供 150 亿卢布技术贷款和 10 亿卢布工业贷款；1994 年 2 月，俄罗斯向吉尔吉斯斯坦提供 750 亿卢布贷款，以使吉尔吉斯斯坦实施抑制其俄罗斯居民外流的计划。俄罗斯是吉最重要的贸易和合作伙伴。吉在国家安全和政局稳定方面也离不开俄罗斯。吉尔吉斯斯坦国小势弱，独立后的头几年（1993 年 5 月 —1999 年 8 月），吉尔吉斯斯坦的国界线一直由俄罗斯边防军代守。2010 年 6 月吉南方发生种族骚乱时，俄罗斯在协调独联体国家帮助吉尔吉斯斯坦临时政府平定骚乱中发挥了重要的作用。俄罗斯是吉尔吉斯斯坦外交活动的优先方向和战略伙伴。吉尔吉斯斯坦的领导人曾不止一次强调，吉尔吉斯斯坦需要俄的核保护伞，无论如何俄都是吉外交活动的优先方向和战略伙伴。

另外，俄语在中亚国家的地位问题是影响中亚国家与俄罗斯关系的重要因素之一。俄罗斯一直把中亚的俄罗斯族人看作是自己的海外侨胞，俄罗斯非常关注在中亚国家俄语的地位问题。例如，2000 年 5 月吉国通过《官方语言法》后，7 月 27 日，俄罗斯总统普京回应说，吉政府赋予俄语官方语言的地位具有积极意义，将推动两国关系进一步发展。俄罗斯政府对俄语在独联体国家的地位也给予了高度重视。2000 年底，俄罗斯副总理赫里斯坚科就曾表示，俄罗斯政府将利用一切机会、采取一切办法促进俄语在独联体各国的使用和推广。俄罗斯总统普京专门下令制订并实施“在俄境外推广俄语的特别计划”。2004 年，俄罗斯政府在这方面的经费投入达 2.5 亿卢布。

可以说，回归俄语的政策是理性的，它有利于吉国的民族团结和经济发展。

3. 未来趋势：吉语—俄语并行发展

吉语虽然规定为国语，但吉语自身仍处在发展过程中，缺乏专业术语，修辞体系尚不完善，规范化程度也比较低，并且只有少量的社会专职人员掌握了其规范的语法形式和专业修辞手法。这些都明显地限制了它的使用范围，很难做到短期内在科学、技术、教育及国民经济等领域内取代俄语。而俄语是通用语，利用俄语可以及时了解外面世界的信息并取得个人成功。况且，俄语是独联体的工作语言，在目前情况下，独联体国家不论是高层会晤，还是民间交往，俄语都是最方便、快捷的交际手段，如中亚国家领导人会晤时一般都使用俄语。

所以，吉语 — 俄语双语制符合吉经济的发展，值得坚持和推广。世界上不乏利用双语或多语制发展社会的国家，例如，新加坡有英语、汉语、马来语等多种官方语言。由于这个国家的大部分居民都掌握这些语言，因此他们在地区劳动力市场上与周边国家相比更有竞争力。也正是这种多语言优势使得外国投资者大都把自己的南亚地区办公地点设在新加坡。有学者就认为，这种明智的实用的语言政策也是促使新加坡出现经济奇迹的原因之一。

吉国发展双语制前景看好。相比中亚其他国家，俄语在吉尔吉斯斯坦的地位还算是较高的，而且在社会上的使用领域较广，民族语言 — 俄语双语制的社会环境和俄语居民数量上的优势都为俄语在该国的稳定发展奠定了基础。吉尔吉斯斯坦学者指出，吉尔吉斯斯坦有两种方案，或者发展多语言，或者转向单一语言。在第一种情况下可以获得巨大的和有效的资源来发展现代科学、教育、技术，并推动经济进步。此外，还能加强政治稳定，加快公民社会和法治国家的发展。在第二种情况下，得到的只能是社会紧张、移民增加、经济危机持续。因此，对于吉尔吉斯斯坦来说，可以借鉴新加坡等国家语言政策方面的成功经验，充分利用俄语搭建与其他各国交往的桥梁，以促进本国政治、经济、文化等的全面发展。

参考文献

[1] 艾莱提・托洪巴依 . 吉尔吉斯斯坦：中国西部邻国（内部资料）[G]. 新疆社会科学院中亚研究所，2004.

[2] 安蕾 . 中亚突厥语国家独立后的语言政策调整及背景因素分析 [J]. 中国社会科学院研究生院学报，2011（6）.

[3] 何俊芳 . 中亚五国的语言状况 [J]. 世界民族，2001（1）.

[4] 黄小勇 . 独立后吉尔吉斯斯坦语言政策及其特征研究 [D]. 乌鲁木齐：新疆师范大学，2011 .

[5] 李冬梅 . 还有谁在说俄语 [J]. 世界知识，2008（5）.

[6] 刘庚岑，徐小云 . 吉尔吉斯斯坦 [M]. 北京：社会科学文献出版社，2005.

[7] 廖成梅 . 中亚国家的语言政策论析 [J]. 国际关系学院学报，2011（6）.

[8] 聂书岭 . 中亚国家多数居民会说俄语 [J]. 中亚信息，2004（1）.

[9] 聂书岭 . 吉尔吉斯斯坦总统谈俄语的重要性 [J]. 译自《今日哈萨克斯坦报》2005 年 12 月 8 日消息 . 中亚信息，2006（1）.

[10] 王尚达，王文 . 苏联对中亚的语言政策：评论和反思 [J]. 俄罗斯中亚东欧研究，2005（6）.

[11] 吴宏伟 . 中亚文字改革问题 [J]. 语言与翻译（汉文），2002（3）.

[12] 张宏莉，张玉艳 . 俄语在中亚的现状及发展前景 [J]. 新疆社会科学，2010（6）.

[13] 张馨 . 俄语成为吉尔吉斯斯坦官方语言 [J]. 译自哈萨克斯坦《全景报》2001 年 12 月第 50 期 . 中亚信息，2002（1）.

表象和意志：奥·斯拉夫尼科娃小说《2017》中的存在主义思想

中国人民大学　丁颖

【摘要】俄罗斯当代作家奥·斯拉夫尼科娃在小说《2017》中致力于表现世界的荒谬和人在荒谬世界中的异化，揭示了现代人信仰缺失、孤独失落、迷茫绝望的精神困境。然而，在承认世界充满偶然性和非真实性的同时，作家作为积极的存在主义者，竭力避免个性遭到毁灭，通过对身处其中的“孤独个体”的关注并展现主人公终其一生进行反抗，以创造的意志探寻生命意义的道路，表现其存在主义哲学和人道主义关怀：从充满悲剧意识的存在中挖掘反抗生存危机的力量。

【关键词】荒谬；表象；异化；孤独；反抗；意志

俄罗斯当代作家斯拉夫尼科娃（Ольга Александровна Славникова）的创作不以书写宏大为目标，而是始终关注平凡个体的存在和命运，聚焦其心灵世界和精神困境。关于生命存在的意义、自由与道德的冲突、信仰缺失、自我实现的思考贯穿其整个创作体系。小说《2017》（2006）被认为是截至目前作家最高艺术成就的代表，它不仅同时获得2006年俄罗斯“布克奖”和“大学生布克奖”，而且入围同年俄罗斯“大书奖”。另外，该部小说还陆续出版了包括英语、法语、汉语和瑞典语在内的多个版本，在世界范围内引起了较大的关注。

小说《2017》讲述的是十月革命胜利一百周年之际（即2017年）发生在里菲雅地区（实指乌拉尔地区）和州首府叶卡捷琳堡的故事。小说内容主要围绕钻石切割工克雷洛夫和陌生女子塔季扬娜的爱情故事展开。克雷洛夫为前去盗采宝石的安菲洛果夫教授送行，由此结识了塔季扬娜并开启了一段渴望与失望交织的情感之旅。与故事主线并行的还有两条副线：一是教授和助手历经艰险，深入乌拉尔森林挖矿采宝的探险之旅；二是克雷洛夫的前妻塔玛拉的殡葬生意及其社会反响。三条线索之间环环相扣，密不可分。小说结尾处三个故事均走向了终结：教授和助手由于乌拉尔森林的地下水污染而中毒身亡；塔玛拉作为地下水污染治理案件的既得利益者，由于案件的曝光遭到通缉；克雷洛夫在庆祝城市日的纪念活动中与塔季扬娜走散，千方百计寻找却发现塔季扬娜实为教授之妻叶卡捷琳娜，他最终踏上了前往乌拉尔森林寻找宝石的征程。

俄罗斯著名评论家涅姆泽尔（Андрей Семенович Немзер）曾说，“斯拉夫尼科娃有着斗士般的精神和对生活底层人民深刻的同情，有着非凡的心理学家的观察能力和新奇故事的写作激情，她偏好幻想又立足现实，能够记录时间的特点并展示（创造）其象征意义，偏好纳博科夫式的写作，渴望被世人承认，尊重传统又致力创新（尽管有时候并非特别创新）。这一切都在小说《2017》中得到了体现。”[①] 小说之所以能够获得高度评价，不仅在于其华丽优美的语言特点，新颖独特的叙事角度以及融现实与想象于一体的创作风格，更是因为作品立足现实,从存在主义视角对现当代人类普遍的生存状态进行了合理的观照，揭示了人在荒谬世界中的异化图景并试图通过创造的意志寻找人类生存的出路，表现了深切的人道主义关怀。

1. 作为表象的荒谬世界

世界的荒谬源于价值的失落,而价值的失落则主要是由于宗教信仰的失落。如果说“上帝已死”是西方社会在现代转型过程中对包括基督教在内的整个传统价值体系的宣战，那么它在斯拉夫尼科娃的笔下则主要表现为作为准则的信仰的失落，并且已经成为当代世界的基本特征。作家不止一次地写道，“上帝死了”（Бога нет）“没有上帝”（отсутствие Бога）“上帝不在场”（освобожденное от присутствия Бога），而形容词“不存在的”（несуществующий）更是成为“上帝”的唯一修饰语。小说营造了一个典型的没有上帝，没有信仰的后现代社会。上帝不再为人们提供庇护，丧失了信仰的人们仿佛被抛入了社会生活的洪流，陷入了严重的精神危机，变得孤独焦虑、踌躇迷茫。

信仰的失落造成了世界的荒谬感，这种荒谬在小说中主要表现为真实的缺失。叔本华（Arthur Schopenhauer）在《作为意志与表象的世界》中提出其基本论题，认为“这世界的一面自始至终是表象，正如另一面自始至终是意志”[②]。

---

① Немзер А. Это только присказка [Электронный ресурс]. Режим доступа: http://www.ruthenia.ru/nemzer/slavnikova2017.html

② [德] 叔本华 . 作为意志和表象的世界 [M]. 石冲白，译 . 杨一之，校 . 北京：商务印书馆，2009：28.

客观事物只是意志的客体化，而世界也仅是因为表象的需要而存在。斯拉夫尼科娃笔下的荒谬现实不再是传统的充满恶的世界，而是继承了叔本华作为表象的世界的特征，其中现实或者说真实是“缺席”的，理性的、规则的、逻辑的世界不复存在，取而代之的则是叠影、幻象、梦境和脱离现实的存在。作家频繁使用“不真实的”（ненастоящий）“非真实性”（неподлинность）“幻境”（зазеркалье）“幻影”（призрак）“魂灵”（привидение）“幻觉”（иллюзия）“剪影”（силуэт）和“影子”（тень）等词汇，着力强调现实的非真实性特征。对此，俄罗斯著名评论家阿穆辛（Марк Фомич Амусин）曾指出，“斯拉夫尼科娃在描绘俄罗斯—里菲雅地区的现实时，强调的正是它的非现实性、戏剧性和非真实性。以及它的多层次性，（现实）似乎充满了缝隙，通过这些缝隙里菲雅首府的日常生活中渗透进了来自其他世界的幻影似的现象和事物。”[①] 诚然，在小说《2017》中，人物、环境乃至故事情节都笼罩着一层不真实感。

首先是人物方面，无论是人物的姓名、相貌、身份或是意识，一切都是表象。比如，处于恋爱关系中的克雷洛夫和叶卡捷琳娜并不告知各自的真实身份，只以化名“伊凡”和“塔季扬娜”互称；小说中的女性角色均迷恋于高档驻颜术，因为所谓的驻颜术可以使其恢复充满弹性的脸庞，从而产生战胜自然法则，掩盖岁月痕迹的错觉；主人公克雷洛夫试图用假名字办假护照，而假护照还可以有各种选择：以色列的、加拿大的、西班牙的和俄罗斯的。文中这样的例子不胜枚举，一言以蔽之，即人可以给他人呈现任何他所期望呈现的样子，而非他的本真。在制造表象的同时，人类的意识也反过来被表象所占据和控制。最为典型的例子即作为城市精神象征的“毒蘑菇”电视塔伴随着它的爆破在集体意识中永远地消失了。被称为“毒蘑菇”的废弃电视塔象征着当地人的冒险精神和狂热的无目的性的对事物的掌控，尤其是对被禁止的东西的掌控。“毒蘑菇”曾吸引了一批批热衷冒险的年轻人、无线电爱好者和极限跳伞爱好者。这些探险家们冒着巨大风险经由生锈的不牢靠的梯子爬上四百米的高地，只是为了证明自己对高空的征服。由于“毒蘑菇”日渐陈旧并严重影响了城市安全，它遭到了爆破拆除，而曾经真实存在的“毒蘑菇”成为意识中的真空地带。“后来，只要一有烟尘升起（仿佛在空气中又撒上了一些细细的标记物），或者只要太阳刚从云层中以特别的角度探出脑袋来，这座塔就会显出影来；雪下得密的时

① Амусин М. Новая российская футурология. Звезда. – 2007. –№12.

候也能看见它，仿佛大雪在用肥皂清洗电视塔留下的淡紫色的影子。”[①]可是，人们已经不再相信自己曾经在那儿生活过了。

其次是环境方面，无论是自然环境或是社会环境都具有极大的迷惑性。在描绘环境时，斯拉夫尼科娃采用了一贯的镜像写作原则，大量地使用镜子意象以及其他一切具有反射功能或可以作为对称轴使用的物质，比如湖水、眼睛、墙面等，这些镜像既划分了真实与虚幻的界限，也模糊了其中的差别。比如，在描写某个积水的露天矿场时，作家这样写道：“看不出那里有水，石英岩壁映照在水面上，因此在酷热的正午时光，有一面岩壁像火一样烫，那是真正的岩壁，还有一面，那是映在水里的，则像冰一样冷，后者在细节上如此酷似前者，因此眼睛无法分辨真正的悬崖岩壁往下到哪里结束，而映在水面上的虚幻的岩壁又是从何处开始展开的；在这种美妙得惊人的镜像对称里不仅有石英岩壁，而且还有最后完成对称的天空，以及星星点点倒映在水上的白桦树丛。”（第 72 页）面对主人公家乡的剧变，作家则写道，“一切都变了，变得似乎不真实了，就像在镜子里看到的东西。在这样的镜子里已经搞不明白：谁在干什么，谁正往哪里走。”（第 53 页）镜中的形象并非实在，只是实体的投射，作家通过镜像模糊了真实与虚幻间的界限，极大地增强了现实的虚构性和致幻性。

再者是情节方面。主人公克雷洛夫和塔季扬娜的爱情故事作为小说的主要线索将世界的非真实性特点体现得淋漓尽致。克雷洛夫和塔季扬娜同为教授安菲洛果夫送行，随后相识并开始约会。但在这个过程中，两人“禁止让对方进入自己的实际生活”，具体地说就是不向彼此透露各自的姓名、身份和任何联系方式，并且只在约定的时间和地点见面。甚至就连约定的时间和地点，他们也只是在每次约会结束后随意确定的，一旦有一方未能赴约，这种恋爱关系就会中止。作家借塔季扬娜之口说道，“现实的、活生生的人不适合这场游戏。”（第 215 页）显然，这样的爱情游戏对于现实的逻辑的世界而言是悖谬的、荒诞的。另外，克雷洛夫和塔季扬娜爱情征程中的插曲——由城市纪念日的欢庆活动演变成的暴力革命更加体现了非真实、虚无的本质。全城范围内的对节日的期待和准备推动小说情节走向高潮，然而本该是充满欢乐气氛的庆祝活动却变成了毫无缘由的流血冲突，穿着白军衣服和红军衣服的人互相射杀，“诸如

① [俄]斯拉夫尼科娃. 2017.[M]. 余人，张俊翔，译. 南京：译林出版社，2011：69. 以下本小说引文出处同此，仅在正文括号中标注页码。

化装舞会的服装一样不真实的东西突然之间则获得了真实性并能颠倒世界”（第346页），暴动的原因已不再重要，重要的是所有的人都加入了这场荒诞的战斗，杀戮、暴力、疯狂和恐怖蔓延至全国。

世界被表象充斥的直接后果就是生活的戏剧化，一切都成为表演。甚至可以说，形成了某种新的文化，某种虚拟的“复印件缺少原件的文化”（第220页）。比如，清楚明白、条理清晰的新闻节目越来越少，令人炫目的电视秀却不断涌现，电视秀节目中被制造的现实剥夺了实际发生的一切事情原本的真实性。同时，频繁出现的无休止的选美比赛似乎给人营造了一幅美的盛景，实际上却恰恰证明了美的缺乏和消逝。再比如，沿街乞讨的穿着破衣烂衫的老头、动弹着残肢的残疾人和肮脏的小孩并非是真正的穷人，他们挣的钱比任何一种形式的设计师和专家顾问还多，对此，作家不无讽刺地说道，“乞丐是真正的人民剧院的演员，是艺术唯一的活的种类的代表者——这种艺术是在假定性的商业形象中表演不幸的情景。”（第220页）正是在这样的语境下，“所有的人忽然感到自己成了长篇小说里的主人公，也就是虚构的现实里的角色；所有的人都想说话——但是又不用为说出的哪怕一句话负责。”（第219页）

总体来看，斯拉夫尼科娃从人物、环境和情节三个方面入手，着力描绘了一个幻象成为真实，荒谬成为主导的表象社会，揭示了当代社会本真缺失、表象当道的实质。

2. 荒诞世界中异化的人类

在这个荒谬的不真实的世界中，人遭到了普遍的存在主义层面的异化，面临着同样的困境：我是谁？我活着的意义是什么？我与周围的世界是什么关系？小说中的人物无一例外地或者无法在现世生活中找到生命的意义，或者无法作为独立的自我存在，或者缺失基本的人的意识。

正如加里耶娃（Жанна Георгиевна Галиева）曾在文章《天地之间的界限》中的评论，“不仅仅是主人公及其命运，还有现实本身和现实与人之间的多种多样的关系——这就是斯拉夫尼科娃整个创作的主题，”[①] 主人公克雷洛夫与现实的关系就相当值得考量。童年时代的克雷洛夫对于所见的一切确信无疑，然而80~90年代的社会乱象却让这位天真的少年“大失所望”，并使其产生了

① Галиева Ж.Г. Граница между небом и землёй. Ольга Славникова // Вопр. литературы. – 2009. – № 6. – С. 130.

一种“近似于父母还在人世的时候却怀有强烈地成为孤儿的感觉”（第55页）。无人理解的心境，无故消失的小姨加之与父母间的恶劣关系，这一切导致他不再相信现实，现实成为他的敌人。克雷洛夫坚持认为自己与世界是平等的，对其采取“以牙还牙”的原则，“总是把自己从外部环境中接收的东西原原本本地返还给这个环境”（第65页）。例如，有人从他包里偷了一本书，那么他也会在书摊上或者图书馆里偷走一本。通过这种所谓的平衡原则，克雷洛夫将自己与现实完全对立起来。正是因为对于现实的不信任和与现实之间的对立关系，克雷洛夫找不到现世生活的价值，他不断尝试逃离，逃离至现世的彼岸并开启另一种生活。他尝试着办理假护照并营造“幻境”中的生活，“在其中成长为另外一个人——而且在他本人和偶然遇到的那个陌生女郎之间发生的一切，即使对于这个现实世界是不真实的，但是在‘幻境’当中却是合乎情理的，是真真正正的实在。”（第25页）为了营造这种幻境，克雷洛夫还在市中心买了一套公寓，一个除了他之外无人知晓的住所，一个脱离了现实的处所。与其说克雷洛夫是给自己设立了一个避难所，毋宁说他是要在此体验另一种生活，在这样的生活中他是个人命运的掌控者，是一切因果关系的决定者。“克雷洛夫决定把那种穿透世界的作用力从自己的领地清除出去……现在他在属于自己的这五十平方米的范围内设定了一个目标，即不给这种力量哪怕一点点机会。在这个区域内，没有一样物体不经过克雷洛夫的意志是能够发生位移的。”（第209页）

塔玛拉面临的困境则是自我意识的缺失，或者说是过强的自我意识反而导致了自我价值的缺失。萨特（Jean-Paul Charles Aymard Sartre）在《存在与虚无》指出由于他人意识的出现，自我意识才会发生，“他人”是“自我”的先决条件。另外，他还认为，我与他人的关系的根源在于自我意识与他人意识的关系，两者之间存在着相互依存却又矛盾的关系。一方面，“他人不是作为对象给予我们的。他人的对象化是他的注视—存在的颠覆”①；而另一方面，“他人的对象化是对我的存在的一种护卫，它恰恰使我从我的为他存在中解脱出来，因为它给了他人一种为我的存在”②。小说《2017》中，塔玛拉与丈夫的关系精准地体现了萨特的这一理论：塔玛拉不断地将丈夫对象化并通过对其进行掌控

① ［法］萨特．存在与虚无［M］．陈宣良，等，译．北京：生活·读书·新知三联书店，1987：347.

② 同上。

以感知或者说实现自身的存在。在与丈夫的相处过程中，塔玛拉“恨不能用自己的身体将克雷洛夫从四周团团包住，给他穿衣，给他穿鞋，喂他吃喝，用价格昂贵的电子产品挂满他的全身，用奶油大蛋糕上的小玫瑰装饰他的头部”。（第 185 页）对于塔玛拉而言，克雷洛夫是她全部生活和工作的意义，“失去克雷洛夫成了这样一种悲惨的事情，就像导演失去了演员，作家失去了读者”（第 151 页）。正因为如此，即使在与丈夫离异后，塔玛拉仍不断地给克雷洛夫提供女朋友，企图通过这样的方法侵入他的生活，将他占为己有并弥补自己内心的空白；而塔玛拉的个人生活，尤其是感情生活，却处于真空的状态，偌大空旷的居所和成双成对设置的房间、家具等不仅见证了并且放大了她内心的虚空。事实上，塔玛拉从未想过要和克雷洛夫分手，并且认为他们俩之间的关系能够并且应该永远继续下去，因为他们间存在着某种更高层次的高于民事法庭判决解除关系的联系，这种所谓的更高层次的联系即克雷洛夫是塔玛拉存在的前提，没有了克雷洛夫，那么塔玛拉作为独立的人也不复存在了。

如果说克雷洛夫面临的主要困境是无法在现世生活中找到生命的意义，塔玛拉无法作为独立的自我存在，那么安菲洛果夫遭遇的危机则是更为严重的无法确立自己作为基本的人的自我意识。安菲洛果夫是大学历史系教授，同时也是盗采宝石者，但无论是社会地位较高的教授职务还是带来巨额财富的盗采宝石工作都没能解决他的身份认同危机。身为教授，安菲洛果夫的讲课只是例行公事，他认为教师的工作毫无意义，而学生则是“不干正经事的糊涂少年，他们什么知识都不需要，他们憎恨所有站在黑板旁面对着他们的人”（第 108 页）；作为盗采宝石者，安菲洛果夫却又无法融入团体，他不曾向这个群体中的任何人诉说过工作琐事或是个人私事，甚至当他将其他探宝人聚到一起时，也从不介绍他们认识，而是成为这些人之间不可逾越的障碍。可以说，安菲洛果夫从未在社会生活中找到自己的位置，而身份认同危机的根本原因在于他是个重度怀疑论者，他否定自然之美，否定人类的感情和思想以及一切真实的存在。对于安菲洛果夫而言，大自然的美丽远不如人工制造的美景能够让他心安，“有时候安菲洛果夫觉得，似乎在这样的‘美丽’面前他马上就要死去，因为这‘美丽’不是物质性的，他也就无法将它移开。”（第 117 页）安菲洛果夫还缺乏作为人的本能，他不相信情感和思想的存在和所谓的内心世界的交流。而“如果有两个人当着他的面开始交流这种昙花一现的‘元素’”，也就是‘分享情感’，那么教授为深深的孤独感所苦恼，好像他被从生活中开除了”（第 229 页）。

在这种心理的驱使下，婚姻于他而言只是履行丈夫的世俗义务，并且这种义务也是按计划每逢周六和周四执行完成的。更有甚者，安菲洛果夫否定了现实中一切本真的存在。从这个角度来说，安菲洛果夫的肉体虽然依然存在，精神却早已消亡。关于安菲洛果夫流传着各种不甚明了的说法，任何东西于他而言都不是唯一的，有人说他似乎娶了两个妻子，也有传言说他有着六七套房产，而真实情况却无人知晓。教授之所以不断复制自己以及自己的命运，与其说是为了保持神秘性，毋宁说是为了掌控现实，用虚构的或者说幻想的东西来代替现实。实际上，确定性和真实性的缺失恰恰在某种程度上说明了教授作为人在现实生活中的“不在场”，或者说“不存在”。

斯拉夫尼科娃以独特的方式，通过挖掘人与世界的关系、人与他人的关系和人与自我的关系关照了本体论的人，揭示了当代人普遍的生存危机。

3. 孤独个体的反抗及生命意志的创造

如果说异化是人类在这个作为表象的世界中注定面临的结局，那么，在某种程度上可以被认为是局外人的主人公克雷洛夫面对生活的有限性，始终以本能和直觉的力量与“异己”的现实抗衡，以积极的态度对待生活，试图在非真实、无意义的现实的基础上超越现实并寻找真实、有意义的现实，进而创造意义并赋予生命以价值。

面对荒谬的“没有上帝”的世界，人们普遍失去了精神依靠，变得无所适从。克雷洛夫也不例外，他是孤独落寞的，被抛弃、被遗忘的感觉就像一张大网裹挟着他，让他无处可逃。“克雷洛夫感到，实在无法忍受今天白天的孤独。这个白天才刚刚开始，而且光线充足，好像它是一种溶液，借助于太阳的加热，正在溶解薄荷一样的夜梦的残留物，——但是这个白天几乎已经完全展示出天空那吓人的空旷程度”。（第 6 页）然而，就像叶尔莫林（Евгений Анатольевич Ермолин）在《真相的时代来临了》中所写的那样，“斯拉夫尼科娃不是悲观主义者，尽管在她的新小说（指《不死的人》）中偶尔也会有类似安德烈·普拉东诺夫式的东西。”[①] 斯拉夫尼科娃虽为主人公设置了地狱般的现实场景和处于崩溃边缘的精神困境，却并没有使其在荒谬的世界中弃善从恶，走向毁灭，而是通过创造的意志走向了永恒。克雷洛夫不愿面对失

① Ермолин Е. Время правды пришло // Новый мир. – 2011. – №11.

去信仰后的生命的虚无，因此一直试图反抗虚无，而反抗虚无的方式就是反抗既定的命运，或者说，个人取代上帝成为命运的决定者。小说中的爱情线索正是克雷洛夫对上帝是否存在，命运是否注定的测试。关于爱情主题的独特处理方式，作家曾解释道："当代人对爱情的信念似乎被摧毁了，人们不相信自己能够爱与被爱。现在人们谈论的是'做爱'，而不是'爱'。所以我的人物每次都在检验自己和对方。他们每次都想核实这是否是真正的爱情。"[①] 其实，不留联系方式，指着地图随意确定某条街道和某个门牌号作为约会地点并因此随时可能会失去联系的约会模式恰恰是克雷洛夫"在体验命运对他们的安排"（第26页），是在检验上帝的意图，检验上帝能否知晓人类的意图，检验上帝能否将他们的爱情安排妥当。另外，小说内容的多层次性决定了关于其阐释的丰富性，克雷洛夫在市中心的公寓既可以解释为逃离现实的场所，也可以理解为他对上帝意志的体验之地。这是一个"不受上帝'在场'之影响的领地"（第222页），一个"无论发生什么都是他的意志控制之下的领地"（第213页）。克雷洛夫和塔季扬娜的走散以及前妻塔玛拉发现他的寓所似乎证明了克雷洛夫的失败，成为测试的牺牲品，但从个体意识发展的角度看，他却是精神的胜利者。原本无所依托的克雷洛夫开始希冀上帝的存在，呼唤上帝的回归，这意味着他对生命存在的肯定，也意味着他对生命价值的肯定。当克雷洛夫把唯一的"避难所"留给落难的塔玛拉，他充满怜悯地想着"如果屋子里还是没有上帝，那就意味着没有谁能够保护她"（第424页）；当他终于决定自行前往山区寻找宝石时，他强烈地感受到了上帝与其命运的密切联系，并不由得发出了呐喊："上帝！是我啊！跟我说话！"（第438页）在从对上帝的否定和反抗逐渐转变为对上帝的渴求的同时，克雷洛夫也从消极等待教授探宝归来并因此带来可观的物质利益走向了积极的行动，此时的主人公已经走出了犹豫彷徨的精神陷阱，走向了精神的复活，走向了生命的新生。

贯穿全文的关于主人公生命体认的还有另外一条较为隐秘的线索，即逐步变化的家庭关系。亲情作为人类情感中最重要的部分，在克雷洛夫的眼里却是束缚、羁绊，是一文不值的存在。年少的主人公反抗父母，反抗亲情，反抗最为基础的人类情感。克雷洛夫与父母的关系总是处于剑拔弩张的状态：父母"对少年克雷洛夫的态度是由无穷无尽的猜疑构成的"（第61页），他们相信"附

---

① 康舒．魅力《2017》[J]. 世界文化，2013（10）.

近发生的一切带犯罪性质的坏事都是克雷洛夫干的”（第 62 页）；而克雷洛夫经过父亲身边时感受到的是“未成年‘贵族’子弟在渺小低微的父亲身旁经受的所有庸俗的痛苦”（第 61 页），对于母亲则认为她“有某种程度的偏执——可以说是一种从里向外的偏执”（第 61 页）。斯拉夫尼科娃没有交代克雷洛夫和母亲关系变化的原因，只是通过一些细节来表现它从破冰到融冰到暖春的过程。成年后的克雷洛夫与母亲的关系开始渐渐地走向缓和，他开始同情身患重病的母亲。在与母亲居住时，他逐渐能够容忍母亲和她搜集的废旧物件。而当他决定自行前往山区探宝后，他不由地回家看望老母亲。此时的“母亲咧开缺牙的嘴巴，微微一笑，浮肿的面颊跟婴儿的脸差不多。她让克雷洛夫觉得，她完成了身为成年儿子的母亲应该完成的重要使命：在他前途不明之际，让他相信自己随时随地都能回家（第 472 页）”。从年少时的叛逆，对父母的无由的反抗到逐渐理解母亲，最后感受到母亲带给他的心灵慰藉，克雷洛夫与母亲关系的缓和不仅意味着他感受到了家人带给他的力量，发现了家人的意义，找到了生命的支撑，更意味着他走向了最终的自我统一，以及与世界的和谐统一。这恰恰是无意义的现实背后的意义所在。

作家不仅展示了主人公对于命运的反抗，对于亲情的反抗，还呈现了其对于现世的否定之路。对于现世的否定，一方面通过主人公办理假护照和安置独居住房等得到了直接的揭示，另一方面也通过主人公对于彼岸的肯定和追求得到了间接的强化。彼岸在小说中的体现就是水晶，是水晶透过光线时折射出来的透明。克雷洛夫自小便对水晶体闪现的透明十分感兴趣并沉迷于晶体折射出来的光线。“圆锥形的水晶体，就像是从根部砍下来，然后移放到博物馆的呢绒面的台座上似的，水晶所具有的品质让少年克雷洛夫在意识刚刚被激起忽闪的亮光时就对它喜欢不已，他简直被它迷住了。这水晶在完全的意义上具有这样的品质——透明。”（第 49 页）在少年克雷洛夫看来，“所有简单物体属于平常的世界，即此岸世界：不管它们构建得多么奇巧，焊接得多么牢固，都是可以打开并看看里面到底如何的。透明体则属于另一种秩序的世界，将它们打开并深入其内部都是不可能的。”（第 50 页）可以说，这种透明已经不再是简单的晶体的物质属性，而是成为某种不可实现的存在的象征。它可以是自由、永恒，到达不了的彼岸世界抑或某种统治世界的力量。从年少时专心致志地在博物馆里观察水晶到大学毕业后放弃教师职业并在宝石加工坊里沉迷于宝石打磨，以及最后选择远离现世生活并前往危险丛生的山林探宝，主人公对于透明的向往和追求贯穿小说全文。在主人公做出最终的选择时，小说中的另一个角色——暗探起到了关键作用。有研究者将暗探归为克雷洛夫的平行同貌人，认为作家借助同貌人对主人公的形象塑造进行了补充，揭露了主人公内心深处的隐秘。这样的理解和阐释具有强大的文本支撑，但本文关于其“暗探怂恿克雷洛夫共同盗卖教授带回的宝石以获取高额利益，其实是说出了他内心的想法，克雷洛夫就此开始动摇立场”的论点持有不同看法。应该说，克雷洛夫的镜像人物暗探扎瓦利辛只是主人公的一小部分，他们的内心活动并不完全重叠或者完全相反。在对金钱的态度方面，两者的观念是相反的，暗探一心发财，而克雷洛夫则从未考虑利用不法手段谋取金钱。对于暗探的提议，克雷洛夫只觉得“打电话找抢匪的过程就跟打电话叫出租车或者匹萨饼外卖一样荒唐”（第 389 页）。但在宝石加工方面，暗探却实实在在地“猜出了克雷洛夫内心深处的想法”（第 390 页），他的确渴望打磨出奇珍异石，打磨出让人们为之疯狂的透明晶体。对于物质利益的否定和对于属于另一个世界的透明的追求，象征着克雷洛夫反抗现世生活，同时以积极、创造的态度对待生活，试图在非真实的现实的基础上超越现实并寻找真实的现实，通过创造的意志赋予生命以价值。

斯拉夫尼科娃从主人公对命运、亲情以及现世生活的否定三个方面展示了主人公作为“孤独个体”的充满反抗精神的一生，但作家没有为否定而否定，而是在否定中走向肯定，在反抗中走向统一，通过主人公创造的意志赋予生命以价值。主人公前往乌拉尔森林寻找透明的结局喻示着作家对人类社会前景的乐观态度和对价值人生的坚守。

结语

奥·斯拉夫尼科娃在小说《2017》中表现了信仰失落后的世界的荒谬及其表象化、虚无化的特征，展示了人在荒谬世界中的异化，人与世界、人与他人以及人与自我之间的疏离状态，揭示了现代人信仰缺失、孤独失落、迷茫绝望的生存困境。然而，在承认世界充满偶然性和非真实性的同时，作家作为积极的存在主义者，竭力避免个性遭到毁灭，通过对身处其中的“孤独个体”的关注并展现主人公终其一生进行反抗，以创造的意志探寻生命意义的道路，表现其存在主义哲学和人道主义关怀：从充满悲剧意识的存在中挖掘反抗文化危机的力量。

参考文献

[1] Амусин М. Новая российская футурология[J]. Звезда, 2007(12).

[2] Галиева Ж. Граница между небом и землёй. Ольга Славникова[J]. Вопросы литературы. 2009(6).

[3] Ермолин Е. Время правды пришло[J]. 2011(11).

[4] Немзер А. Это только присказка [Электронный ресурс], Режим доступа: http://www.ruthenia.ru/nemzer/slavnikova2017.html.

[5] Славникова О. 2017[M]. Москва: АСТ, 2006.

[6] Фролова Г А. Взаимодействие реального и ирреального в романе О.Славниковой. Ученые записки Казанского университета. Том 156, кн. 2.,2014.

[7] 康舒 . 魅力《2017》[J]. 世界文化，2013（10）.

[8] [法] 萨特 . 存在与虚无 [M]. 陈宣良，等，译 . 北京：生活・读书・新知三联书店，1987.

[9] [德] 叔本华 . 作为意志和表象的世界 [M]. 石冲白，译 . 杨一之，校 . 北京：商务印书馆，2009：28.

[10] [俄] 斯拉夫尼科娃 . 2017[M]. 余人，张俊翔，译 . 南京：译林出版社，2011.

[11] 闫盛雪 . 斯拉夫尼科娃长篇小说《2017》的创作研究 [D]. 哈尔滨：黑龙江大学，2016.

[12] 赵敦华 . 现代西方哲学新编（第二版）[M]. 北京：北京大学出版社，2014.

浅谈辛波斯卡诗作与庄子哲学的共通之处

北京外国语大学　龚泠兮

【摘要】辛波斯卡，波兰著名当代女诗人，1996年获诺贝尔文学奖，被誉为“诗界莫扎特”。她的诗中充满有关存在、生死、变化、偶然等命题的哲学思考。这些思考，与我国战国时代思想家、哲学家、文学家，庄子的哲学理论有许多共通之处。通过对《庄子》和辛波斯卡诗作的部分文本解读，对其进行比较研究，发现其共通之处。

【关键词】辛波斯卡；诗歌；文学；庄子；哲学

辛波斯卡，波兰当代最受欢迎的女诗人之一，也在国际诗坛饱受赞誉，被誉为“诗界莫扎特”，于1996年获诺贝尔文学奖。辛波斯卡常关注日常生活中的微小事物、边缘人物、容易被忽略的细节和被遗忘的感觉，以朴素、凝练、幽默的诗意语言向读者传递严肃的主题和深刻的思想。存在、偶然、变化、生死等哲学命题也常在其诗作中出现，并被赋予了独特而精辟的解读。

庄子，我国战国时代思想家、哲学家、文学家，是道家的创始人和代表人物之一。他的哲学思想博大精深、历久弥新，对中华文化和一代代中国人影响深远。而庄子对于存在、自然、死亡这些哲学命题的探讨，也是其思想中非常重要、且国人较为熟悉的部分。

本文试从世界观、生死观、运动观、偶然观几个方面着眼，通过对《庄子》一书和辛波斯卡部分诗作的文本分析和解读，诠释庄子和辛波斯卡两位不同时代、不同国籍的大家对几个主要哲学命题的思考，解读其共通之处。

1. 天地有常的世界观

《庄子·天道》中曾言，“天地固有常矣，日月固有明矣，星辰固有列矣，禽兽固有群矣，树木固有立矣。”“常”即规则、规律，庄子认为，世间万物的存在和发展都按照一定的客观规律进行，不被神、人或其他意志所支配或影响。由此看来，即使是一粒沙、一片湖、一朵云等自然界中最为普通又渺小的意象也都是如此。

辛波斯卡在其代表作《一粒沙看世界》中表达了类似的看法。无论是宏大的或渺小的、具体的还是抽象的事物，它们都始终按自己的方式存在着，不会被人类对它们的认识所影响。

就沙这一事物而言，“我们称它为一粒沙，但它既不自称为粒，也不自称为沙。”“它不需要我们的瞥视和触摸。它并不觉得自己被注视和触摸。”沙本身对于名字、对于人的注视和触摸并无感知，它的名字是人通过注视、触摸等手段认识世界的产物。无论这一名字是否贴切、无论人类对它的认识是否正确，沙都始终以自己的方式存在。

这首诗中出现的其他几种具体事物也同理：“湖底其实无底，湖岸其实无岸。”“湖水既不觉自己湿，也不觉自己干。”“对浪花本身而言，既无单数也无复数。”“落日根本未落下”“风吹皱云朵，理由无他——风在吹”。人类所说的湖底湖岸、湖水、浪花、落日、风和云，都是从人的角度被认识的、被赋予了概念的主观意象，因此湖是有底有岸的，湖水一定是湿的，浪花就是很多朵叠加的复数，太阳应该有升有落，风会故意把云吹皱。而辛波斯卡认为，客观事物的存在并不伴随着人类强加的一切，比如名字或描述，比如感受和理解。“风景不会自我观赏。它存在这个世界，无色，无形，无声，无臭，又无痛。”

上升到抽象事物，人物、时间、信息等也都是人类主观认识的结果。秒、分、时、天、年等是人类创造的衡量时间的单位，时间是人类用以描述物质运动过程或事件发生过程的参数；人物是人类单个个体认识到的生存群体中的其他个体；信息是人类获得、传播、识别自然界和社会的数据。从定义不难发现，是人类作为认识的主体和核心，将抽象事物以人的思维表达。但客观的变化、所有个体的存在及存在的状况都与人无关、与人类创造的名词无关，所以，“一秒钟过去，第二秒钟过去，第三秒。但唯独对我们它们才是三秒钟。”“人物是捏造的，急促是虚拟的，讯息与人无涉。”

世界是客观的，不是以人为中心、由人所定义、为人所掌控的。世间万物是其自身的主宰，万物的产生及变化缘于自身，万物都有自身的规律。人类可以认识世界，却无法改变其内在本质和规律。这是庄子和辛波斯卡相同的世界观。

2. 死生命也的生死观

从人类有意识开始，对死亡的焦虑和恐惧便不断折磨着人类，引导着人类去思考和探讨生死。而文学和哲学作为人类意识的结晶，必然也绕不过这一主题。

《庄子》一书中有许多故事反映了庄子对生与死的思考，辛波斯卡也有多篇诗作围绕这一主题，两位对于生死的相同见解可以概括为以下几个层面。

第一，人的生命是有限的，人生大限的到来是必然的。庄子在《知北游》中写过一段话："人生天地之间，若白驹之过隙，忽然而已。注然勃然，莫不出焉；油然漻然，莫不入焉。已化而生，又化而死。"。也就是说人生就如同一匹白色的骏马跳过一道沟壑，不过是顷刻之间的事情。生命突然来到世间又离开世间，转化而生，转化而死。辛波斯卡和庄子一样，承认人生的有限性，她在《灵魂》一诗中写道，"有时我们会有一个灵魂。没有人能不间断地永远拥有它。"没有谁会永生不死，对于任何个体而言，存在的终极都是泯灭和消亡。

第二，生和死是一种自然现象，遵从自然界的规律。无论是庄子所言"死生，命也；其有夜旦之常，天也"。还是辛波斯卡所说的"地球自转一周后，并不是所有事物都能留存"。都传达了自然规律凌驾于生死之上的观点。以地球自转为代表的时间运动是不可逆的自然现象，而由它带来的生和死就像日与夜的交替，是生命形态的自然演变和循环常势。

第三，对生死的超脱与豁达。正是因为庄子和辛波斯卡都认识到生死的必然性与自然性，认识到存在的运动趋向和最终归宿，认识到生死的道理和生命的真谛，才能摒弃执着，以坦然的心态面对生死。庄子在妻子死亡后鼓盆而歌，在自己将要离开人世时对弟子言"吾以天地为棺，以日月为连璧，星辰为珠玑，万物为赍送，吾葬具岂不备邪？！"要求葬于天地之间让形体归于自然，无不可见其超然生死之外的生命哲学。无独有偶，辛波斯卡也思考过自己的身后事，甚至早早地为自己写好了《墓志铭》："在此长眠着一个旧派的女人，像个逗点。她是几首诗歌的作者，大地赐予她永久的安息，尽管她不属于任何的文学派别。她的坟墓没有豪华的装饰，除了这首小诗、牛蒡和猫头鹰。"诗人对死亡仿佛也并不惧怕和悲伤，对自己获得诺奖的文学成就轻描淡写，对长眠之所的安排也极为简朴，只将自己这一生概括成"旧派"两字。她对生的光环和死的沉寂的漠然态度，也只有看淡了生死才能做到。

生死是人生的永恒话题，但生是人的本能，无论古今中西，对死的恐惧、对生的眷恋一直是人类的主流情感和作品主题。庄子和辛波斯卡则对生死有着更清醒、更理性和坦然的认识，不回避生的有限性和死的必然性，不以生死左右情感喜悲。

3. 所常无穷的运动观

在我国的先秦时代，先哲们就对时间的运动性有着深刻的认识，其中最具代表性的是《论语》中的“子在川上曰：逝者如斯夫，不舍昼夜”，孔子将时间比作了流水，强调了它的流逝和不可逆转。庄子则是通过时间如白驹这一形象的比喻，强调了时间的这一特性。随着时间的流逝，万物也不是停滞不动、一成不变的，而是始终处在不断交替变更、循环往复的运动过程中。庄子的《天运》篇中，开篇“天其运乎？地其处乎？”等十四问，就日、月、云、雨等自然现象提出疑问，又借其与宋国太宰的对话，得出了世间一切都是其自身运动的结果、万物的运动永恒而无尽这一结论。在《天道》篇中，庄子开篇即言“天道运而无所积，故万物成”，说明因为自然规律的运行从不曾有过停留和积滞，万物才得以生成。所以，随着时间的运动，不仅万物是运动的，它们所遵循的规律也是运动的，这是一个不断运动变化着的客观世界。

最能代表辛波斯卡运动观的诗作为《三个最奇怪的词》：“当我说‘未来’这个词，第一音方出即成过去。当我说‘寂静’这个词，我打破了它。当我说‘无’这个词，我在无中生有。”时间是不断流淌的，不会被定格在说的那一刻。因此当说出“未来”这个词时，即使这个词代表着未来的含义，但说它的那一瞬间已然成为过去发生的事。当说“寂静”这个词时，发出声音的一刻就并不再是之前寂静的那一刻。而当在说“无”这个词时，在说它的当下至少有了发出音节的声音，并非还是在这之前一无所有的状态。这三个词本身其实并不奇怪，是不断运动着的时间使得未来不断成为过去，寂静不断被打破，无中不断被创造出有，造就了它们的奇异之处。也正是因为时间的运动性，世界才处在不断的变化和发展之中，辛波斯卡曾说“同样的事不会发生两次”，即使是同一个人同一个事物，下一秒比起上一秒一定有所区别；即使是相同种类的事情，再一次一定会和上一次有所不同，这都是运动的结果。也正是因为诗人眼中的世界风云变幻又莫测无端，她才能敏锐地从中捕捉灵感，写下充满哲理的诗篇。

正如庄子《天运》篇所言，“所常无穷，而一不可待。”在不断运动着的世上，变化的方式无穷无尽，的确全不可以有所期待。但也正因为如此，世人才拥有了辛波斯卡诗里所提及的那份幸运：“我们何其幸运，无法确知，自己生活在什么样的世界。”关于世界和时间，庄子和辛波斯卡秉持的是共同的、造就了万千变化与不确定性的运动观。

4. 物之傥来的偶然观

世界的运动产生了无穷无尽的变化，也带来了无法言知的不确定性。这不仅仅是一个运动的世界，更是一个充满了偶然和意外的世界。

以生死为例，庄子认为，生和死作为结果而言是自然规律之下的必然走向，但就单个个体而言，生或死这一有着具体对象、时间、地点等指向的动作又充满了偶然性。他在《养生》篇中写道，“秉承于自然，受命于天，人偶然来到世上为应时而生，偶然离开人世，谓顺依而死。”一个生命，偏偏是它、是在此时、是在此处、是以此方式、是在此情境下来到这世上，这个动作纯属意外，同理，死这一动作也是，都是无法预测、无法安排也无法总结规律的。辛波斯卡在《在众生中》也写过类似的句子，“我就是我。一个令人不解的偶然，一如每个偶然。我原本可能拥有不同的祖先，从另一个巢振翅而出，或者从另一棵树脱壳爬行。”也就是说，世上任何一个“我”都原本有可能成为其他的人或物，是生这一动作的偶然性才导致“我”恰好成为现在的这个我。而也是因为这其中的偶然性，才使得“我”才成为独一无二的我，才使得世间万物都截然不同，才造就了生物的多样性和生命的独特性。

如果说连生命都是一场偶然间的意外的话，那么在这一生中遭遇或拥有的一切就更具有偶然性了。庄子在《缮性》中言，“物之傥来，寄也。寄之，其来不可圉，其去不可止。”意为外物的来去都是偶然的，是无法被阻挡的。荣华富贵如是，爱情亦是如此。辛波斯卡在其名篇《一见钟情》中曾猜想过一对男女在相遇前也许有过、彼此却不记得的交集。那时“时机尚未准备就绪，缘分绕不成命中注定”，所以他们不断地又巧合地在咫尺之间擦肩而过，没有任何的道理，直到有一天奇迹发生，他们才终于相遇。每一次错过都是无法被解释的意外，后来的相遇也是无法被安排的偶然，是一次次偶然书写了故事的情节，组合成了爱情和其他事物的模样，组合成为充满未知和惊喜的生活。

世界充满了无法被客观规律一以概括的偶然性和不确定性，一切才因此而不可预知，拥有着万千种可能性；一切也因此而充满个性，展现着各不相同的独特性；一切因此而美丽。庄子和辛波斯卡关于偶然性的看法意外地相似，也正是一种偶然性的体现。

综上所言，世界客观而存在的世界观，人生有限而理性面对死亡的生死观，万物皆动而不断变化发展的运动观，万事难测而一切充满意外的偶然观，是庄子哲学与辛波斯卡诗作中哲学思考的部分共通之处。横跨中西、纵穿古今，两位智者以相似的哲理与智慧看待世界、自然、事物与人生，并将其思考写作成不同形式、不同语言、不同风格的作品，这是中西文明共通又彼此独立的一种体现。而文化的和而不同，也是人类命运共同的一种体现。

参考文献

[1] 陈鼓应注译 . 庄子今注今译 [M]. 北京：中华书局，2009.

[2] 于丹 .《庄子》心得 [M]. 北京：中国民主法制出版社，2007.

[3] 陈红映 . 庄子思想的现代价值 [M]. 北京：人民文学出版社，2009.

[4] [波] 维斯瓦娃 · 辛波斯卡 . 万物静默如谜 [M]. 陈黎，张芬龄，译 . 长沙：湖南文艺出版社，2012.

[5] 尤程程 . 生命史视域下的女性主义新范例 —— 辛波斯卡的诗境探微 [J]. 长春大学学报，2015，25（9）.

Переход экономики КНР к использованию природного газа как перспективное политическое решение экологических и политико-экономических проблем

中国艺术研究院　秦婷婷

Аннотация: Автор анализирует ситуацию, связанную с политическими аспектами решения проблемы снижения объёмов использования угля в экономике КНР для предотвращения процессов загрязнения воздуха. Рассматриваются такие аспекты темы как политические и экономические взаимоотношения РФ и КНР в контексте газового сотрудничества. Особое внимание уделяется перспективам этого сотрудничества, которые будут иметь комплексный политико-экономический и экологический характер, связанный с политической и экономической стабильностью в Евразии.

Ключевые слова: загрязнение воздуха в результате сжигания угля, эффективность замены угля газом, трудности и проблемы Китайско-Российского газового сотрудничества.

Индустриализация, урбанизация и быстрое развитие Китая привели к загрязнению окружающей среды и серьёзному экологическому ущербу, что стало ключевым фактором сдерживания стабильного развития региональной экономики. Тенденция производства экологически чистой энергии становится всё более и более очевидной, поэтому особое значение здесь имеет возможность использования природного газа вместо угля.

Уголь в настоящий момент является основным источником производства энергии и основным источником загрязнения атмосферы в Китае.

В настоящее время Китай сталкивается с очень серьёзной проблемой предотвращения загрязнения воздуха, население страны с каждым днём всё больше требует улучшения качества окружающей среды, поэтому государство ведёт поиск способов предотвращения загрязнения воздуха. Основной причиной загрязнения воздуха в Китае является нерациональное потребление угля. Поэтому в ближайшей перспективе осуществление общественного контроля над расходами угля может быть эффективным способом решения противоречия между энергетической и экологической сферами жизни общества. А в будущем Китай планирует решать это противоречие с помощью изменения основной модели экономического развития страны.

Уголь играет важную роль в энергетической структуре Китая. С 1980 года в стране на долю угля приходится около 70 % удельного веса первичного производства энергии и объема потребления, что превосходит этот же показатель в странах Евросоюза в среднем на величину около 20%.

По статистическим данным «Китайского климатического официального бюллетеня» загрязнение воздуха приводит к появлению по всей стране ежегодного смога. В дополнение к этому существуют и другие факторы, приводящие к загрязнению воздуха, что ещё более усугубляет ситуацию [6] . Резко изменить ситуацию в сторону уменьшения объёмов сжигания угля не получиться. Но что же можно сделать в этой ситуации?

Замена угля на природный газ уменьшит загрязнения воздуха.

Использование природного газа вместо угля имеет определённые преимущества: с одной стороны, эффективность использования природного газа превосходит по энергетическим показателям уголь, с другой стороны, природный газ – это сравнительно чистый источник энергоресурсов, и загрязнения, образуемые за счёт его горения, сравнительно ниже тех, которые образуются от сжигания угля. В течение последних лет учёные ведут оценки экологической эффективности использования природного газа, и они пришли к выводу о том, что использование природного газа вместо угля в качестве промышленного топлива способствует снижению общей концентрации твёрдых частиц в воздухе, что несёт с собой значительную пользу для здоровья городского населения [4]. В то же время, природный газ прост в использовании и имеет высокий коэффициент эффективности, что само по себе в условиях современной экономики имеет определённое значение [2].

Китайско-Российское сотрудничество в газовой сфере способно очень многое изменить в сложившейся ситуации.

Объективно уже существует тенденция увеличения объёмов использования газа в экономике КНР. Так в прошлом году объём потребления природного газа в стране составил 180 млрд. кубических метров, при этом КНР стала третьей в мире по величине страной-потребителем природного газа, уступая по этому показателю только США и России. Ещё более важно отметить, что за последнее десятилетие Китай является страной, в которой наиболее быстро растёт потребление природного газа. В течение следующего десятилетия Китай будет самой большой страной-потребителем природного газа. В соответствии с национальным планом развития к 2020 году потребление природного газа в Китае достигнет 400 млрд. кубических метров, а в 2040 году достигнет 600 млрд. кубометров, больший показатель планируется только США [4].

Требуемое количество природного газа для Китая может обеспечить только его импорт. Для осуществления диверсификации импорта энергоресурсов и расширения объёма импорта природного газа Китай должен искать выгодные варианты. В Австралии и Катаре цена на сжиженный природный газ значительно выше, чем во Владивостоке, поэтому Китайско-Российское газовое сотрудничество выгодно Китаю.

Россия занимает первое место по поставкам природного газа в Европу, что составляет около 30% европейского потребления, что оценивается приблизительно в 150 млрд. кубических метров в год. Однако, за последние годы с увеличением норвежского экспорта природного газа и активности рынка LNG спрос на российский газ в Европе заметно сократился. Кроме ценовых причин здесь ещё имеет значение тот фактор, что ЕС в течение многих лет занимается развитием диверсификации источников производства энергии, также внёс свой вклад в этот процесс и Украинский кризис, добавив конкурентные преимущества норвежскому природному газу [1].

После того, как будут выполнены две ветки газопровода «Сила Сибири» и «Алтай», китайский импорт российского природного трубопроводного газа составит 68 млрд. кубических метров в год. К тому же в будущем возможен импорт LNG из Ямала, общий объём которого составит около 80 млрд. кубических метров в год. После 2025 года, если импорт российского природного газа будет работать на полную мощность, как и планировалось, то российский экспорт в Китай может достигнуть 80 млрд. кубических метров в год.

Таким образом, Китайско-Российское газовое сотрудничество является взаимовыгодным: Россия получит большой рынок Китая, Китай получит стабильные диверсифицированные источники газа.

В то же время существуют трудности Китайско-Российского сотрудничества в газовой сфере и проблемы, требующие усилий по их преодолению.

Восточный трубопровод, также известный как проект «Сила Сибири», может обеспечить объём поставляемого газа до 38 млрд. кубических метров в год. Западный трубопровод, также известный как проект «Алтай», планирует поставки газа до 30 млрд. кубометров в год. Эти два крупных проекта могут изменить структуру потребления природного газа в мире.

Китай должен серьёзно изучить внутреннюю энергетическую политику российского рынка для того, чтобы сделать правильный выбор в сфере сотрудничества по поставкам газа, а также понять законы и политику развития производства в России [3]. Вследствие того, что в России усилен государственный контроль в энергетическом секторе, компании с участием китайского капитала для начала должны укрепить сотрудничество с государственными монопольными компаниями, а затем принимать участие в российских энергетических проектах. Согласно российскому законодательству только государственные компании имеют право на разработку российского континентального шельфа, а это значит, что китайские компании, заинтересованные в нефтегазовых месторождениях на континентальном шельфе России, должны сотрудничать с ОАО «Газпромом», ПАО НК «Роснефть» и только после этого начать импорт российского газа. На политическом уровне доля этого есть все предпосылки. Достигнутая политически общая стратегия китайско-российского сотрудничества способствует сокращению экономических издержек на основе взаимного доверия и гарантий, а это, в свою очередь, стремительного развивает торгово-экономические отношения. Китайско-российское сотрудничество в области энергетики закреплено в межправительственных отношениях.

Кроме того, некоторые субъекты Российской Федерации планируют развивать региональное строительство линий электропередач, расширять жилищные и общественные транспортные предприятия в тесном сотрудничестве с китайскими и российскими предприятиями и местными органами власти. Всё это ещё больше расширяет возможности развития рынка энергоресурсов, но требует отдельной работы с региональной властью в России.

Ради того, чтобы привлечь иностранных инвесторов, Россия внесла изменения в законодательство и разработала целый ряд мер по привлечению иностранных инвестиций, в том числе в будущем предполагается выдача лицензий на право добычи полезных ископаемых. Также предполагается освобождение от налогообложения иностранного капитала на добычу полезных ископаемых, особенно для иностранных компаний, которые могут работать в Восточной Сибири и на Дальнем Востоке России. Китай также может принять участие в данных проектах, но это, в свою очередь, требует серьёзных усилий со стороны китайского бизнеса.

Китай является самым быстрорастущим рынком в мире по потреблению природного газа, так как его потребление в стране быстро растёт, то в будущем он изменит мировой рынок природного газа. Китайско-Российское газовое сотрудничество не только изменит структуру двусторонней торговли между Китаем и Россией, а также изменит структуру мировой торговли в области энергоресурсов, что, в свою очередь, позволит добиться политической и экономической стабильности в Евразии[8].

Литература

[1] Парамонов В.В. Центральная Азия в энергетической стратегии Китая [J]. Энергетическая политика, 2010, 4(5).

[2] 张中秀 . 特大城市天然气规模化利用的环境保护效益 [J]. 天然气技术与经济，2012(3).

[3] 赵力军，吴国奇 . 天然气应用对大气环境的影响 [J]. 煤气与热力，1998(5).

[4] 刘昊宇 . 中俄天然气合作：优势互补的共赢格局 [J]. 人民周刊，2015(10).

[5] 刘世锦 . 新常态下应树立提高 发 展 质 量 导 向 [J]. 人民日报，2014-12-24.

[6] Министерство охраны окружающей среды КНР, 2012 год правительственный вестник Китая по окружающей среде.

[7] 薛文博，付飞，王金南，等 . 基于全国城市 PM2.5 达标约束的大气环境容量模 拟 [J]. 中 国 环 境 科 学，2014(10).

[8] 胡奥林，白兰君 . 天然气利用之环境效益初探 [J]. 四川石油经济，2000(1).

[9] 杨雷 . 中俄天然气合作的历程与前景 [J]. 欧亚经济，2014(5).